外国人の法律相談

Q&A 第四次改訂版
―― 法的ポイントから実務対応まで

第一東京弁護士会人権擁護委員会国際人権部会［編］

ぎょうせい

発刊の辞

当会は、1992年に、在留外国人が抱える様々な法律問題の解決の指針となるべく、『外国人の法律相談Q＆A』を発刊しました。本書は、出入国や在留をめぐる問題、夫婦・親子をめぐる問題、労働に関する問題、相続や税金、年金などの多岐にわたる法律問題を網羅的に解説するものとして評価をいただき、その後も数次にわたって改訂を重ねてまいりました。

前回の改訂版を2016年に発刊した後、2017年にいわゆる技能実習適正化法が施行され、2018年には、新たな在留資格「特定技能」の創設、出入国在留管理庁の設置などを内容とする出入国管理及び難民認定法の改正が行われ、これに併せて2018年末には、新たな外国人材の受入れ・共生のための総合的対応策も策定されています。また、2018年1月からは「難民認定制度の適正化のための更なる運用の見直し」、2019年4月1日からは国際人事訴訟の裁判管轄に関する改正人事訴訟法の施行などの重要な制度の改変がありました。

本書『外国人の法律相談Q＆A―法的ポイントから実務対応まで―〈第四次改訂版〉』は、技能実習適正化法の施行、在留資格「特定技能」をはじめとする新たな外国人労働者受入れをめぐる制度改革、難民認定制度の見直し、国際人事訴訟の裁判管轄などについて加筆を行って改訂したものです。

グローバル化する世界情勢のもと、2018年に日本に入国した外国人は約3,010万人、前年比267万人増となっています。また、人口減少・中長期的な労働力不足が見込まれる中で、日本の外国人労働者数は約146万人（2018年10月末時点）となり、2013年時点の約72万人から倍増しています。

本書は、外国人が日本に入国し、社会の一員として生活するにあたって直面する様々な法的問題に答えることを目的とするものであり、このような大きな社会の変化の中で、外国人にかかわる行政・司法関係者、外国人の支援や相談事業にかかわる皆さん、外国人を雇用する事業者にとっても有益なものであることを確信しております。

本書が皆様に活用されることを切に願うものです。

2019年9月

第一東京弁護士会

会　長　　佐藤　順哉

まえがき

　本書は、当委員会が、1992年に発刊した『外国人の法律相談Ｑ＆Ａ』の４回目の改訂版に当たります。前回の改訂版である『外国人の法律相談Ｑ＆Ａ〈第三次改訂版〉』が発刊された2016年からは、３年の月日が経過しました。

　この間、観光目的等で日本に入国する外国人は、2018年の１年間で3,000万人を突破し、過去最高を記録しております。その中には、インターネット等の通信手段、SNSの発達に伴い、アニメ・コミックをはじめとする日本の文化が積極的に世界に発信されることとなり、それに興味をもち来日する外国人も含まれます。このように、海外でも日本の文化や生活に触れる機会が増えてきていることが、日本に長期間滞在したい、さらには生活の本拠を日本に置きたいと希望する外国人の増加につながっていると考えられます。

　また、日本で実際に中長期在留する外国人の数も、2018年末時点で273万人を超え、こちらも過去最高となりました。

　本書は、前回の改訂から現在までの間に、上記のような訪日外国人の動向や、入管法その他外国人に関連する法律の改正・施行がなされ、その法律問題が多様化していることを踏まえて、今回、改訂するに至りました。本書は、1992年の発刊時から、１冊で外国人の法律相談全てに対応できるようにすること、また、法律の専門家でなくとも理解できる記述であることを心がけて執筆しておりますが、今回の改訂版でもその目的は達成できたものと自負しております。

　加えて、外国人に魅力ある日本であるためには、法律相談を受けた者が単に法律を適用して結論を出すだけではなく、外国人の人権が侵害されていないかどうか常に留意する必要があろうと思います。多くの外国人が来日し、また、長期間生活をすることにより、日本の文化や生活を理解してもらうことは、他国との友好的関係を築く上で最も効果的であり、かつ、「恒久の平和」を目的とする日本国憲法の精神にも適うものであることはいうまでもありませんが、外国人の人権をないがしろにして、魅力ある日本や他国との友好的関係を築くことはできません。

　本書が、外国人からの法律相談を受ける方々のお役に立つと同時に、外国人の人権を保障することの一助となれば幸いです。

　2019年９月

第一東京弁護士会人権擁護委員会
委員長　　土井　智雄

凡　例

1　法令名等略語

　本文中の法令名は、特に言及のない限り原則として正式名称で記したが、次に掲げるものについては略語を用いた。

労働時間等設定改善法	労働時間等の改善に関する特別措置法
住基法	住民基本台帳法
通則法	法の適用に関する通則法
入管法	出入国管理及び難民認定法
入管法規則	出入国管理及び難民認定法施行規則
入管特例法	日本国との平和条約に基づき日本の国籍を離脱した者等の出入国管理に関する特例法
入管特例法規則	日本国との平和条約に基づき日本の国籍を離脱した者等の出入国管理に関する特例法施行規則

　＊なお、文中の「入管」については、平成30年12月8日に成立した改正入管法による地方出入国在留管理局ないし出入国在留管理庁を指すが、便宜的に単に「入管」という言葉を使用する。

2　裁 判 例

　裁判例を示す場合、「判決」→「判」、「決定」→「決」、「審判」→「審」、「調停」→「調」と略した。また、裁判所の表示及び裁判例の出典（代表的なもの一つに限った）については、次に掲げる略語を用いた。

(1)　裁判所名略語

大	大審院	○○地	○○地方裁判所
最大	最高裁判所大法廷	○○家	○○家庭裁判所
最○小	最高裁判所第○小法廷	○○支	○○支部
○○高	○○高等裁判所	○○出	○○出張所

(2)　判例集・雑誌等出典略語

民（刑）集	大審院民（刑）事判例集	交民	交通事故民事裁判例集
	最高裁判所民（刑）事判例集	判時	判例時報
高刑	高等裁判所刑事判例集	判タ	判例タイムズ
高民	高等裁判所民事判例集	判自	判例地方自治
東高刑時報	東京高等裁判所判決時報	労経速	労働経済判例速報
下民	下級裁判所民事裁判例集	労判	労働判例
家月	家庭裁判月報	重判解	重要判例解説 (ジュリスト臨時増刊)
労民	労働関係民事裁判例集		

総 目 次

第1章　出入国管理概説・難民・在留管理制度……………………………… 3

第2章　帰化・無国籍…………………………………………………………… 79

第3章　結婚・離婚及び夫婦関係……………………………………………… 91

第4章　親子関係………………………………………………………………… 145

第5章　相　　　続……………………………………………………………… 189

第6章　就労・雇用及び経済活動……………………………………………… 205

第7章　留　　　学……………………………………………………………… 281

第8章　刑事手続………………………………………………………………… 297

第9章　税　　　金……………………………………………………………… 321

第10章　暮らしの法律相談……………………………………………………… 337

　〈公的機関の利用〉…………………………………………………………… 337
　〈教　　育〉…………………………………………………………………… 346
　〈差別の禁止〉………………………………………………………………… 355
　〈社会保障〉…………………………………………………………………… 359
　〈民事裁判手続の利用〉……………………………………………………… 371

巻末資料…………………………………………………………………………… 387

　事項別索引……………………………………………………………………… 411
　裁判例年月日索引……………………………………………………………… 417

i

細 目 次

第1章　出入国管理概説・難民・在留管理制度

Q1　入国手続 ······ *3*
外国人が相談に来たのですが、どのような手続を経て日本に来たのかはっきりしません。外国人が適法に日本に在留するまでの、大まかな流れを教えてください。

Q2　ビザ・在留資格 ······ *5*
入管法では「ビザ」のことを「在留資格」というようです。そもそも「ビザ」と「在留資格」とは何が違うのでしょうか。

Q3　家族の呼寄せ・技術者の呼寄せ ······ *10*
次のような場合に、外国人を日本へ呼び寄せることはできますか。また、呼び寄せるためには、どのような手続をしたらよいでしょうか。
①　私（外国人）は、日本で「経営・管理」の在留資格で働いていますが、本国にいる妻と子どもと高齢の母を呼びたいです。
②　私（日本人）は、自分が経営している会社に、外国にいる外国人を技術者として呼びたいです。

Q4　上陸拒否 ······ *14*
私の友人（外国人）が、今日来日する予定で、既に成田空港に着いているはずですが、いつまで経ってもゲートから出てきません。
友人は、以前日本で大麻取締法違反により有罪判決を受けており、来日できるかどうか心配していました。友人はどうなっているのでしょうか。

Q5　在留期間の更新・在留資格の変更 ······ *19*
私（外国人）は、2年前に来日し、日本人の夫と結婚して「日本人の配偶者等」の在留資格で在留していますが、夫と離婚しようと思っています。
現在の在留資格の期限がもうすぐ切れてしまうのですが、在留資格を更新できるのでしょうか。また、夫と離婚した場合、日本に滞在し続けることはできるのでしょうか。

Q6　短期滞在からの在留資格変更申請 ······ *23*
私（外国人）は、日本人の婚約者と結婚するために日本に「短期滞在」のビザで来日し、結婚の手続が終了しました。このまま帰国せずに、日本で夫と暮らしたいのですが、そのようなことは可能ですか。

Q7　素行不良と在留資格の変更・更新 ······ *25*
私は、「留学」の在留資格で在留していますが、先日、万引きをして略式命令による罰金刑を受けました。在留期限が迫っていますが、在留資格の変更・更新に影響がありますか。

Q8　在留資格の変更・在留期間の更新の不服申立て ······ *26*
在留資格の変更や在留期間の更新が不許可になった場合、不服を申し立てる制度はないのでしょうか。そういう場合にはどうしたら再検討してもらえますか。

Q9　在留資格の変更が認められない場合の対応 ························· 27

　私は、在留資格の変更をお願いしましたが、入管の窓口で認められないと言われました。代わりに、出国準備をするのであれば、在留資格「特定活動」、在留期間30日を認めることができると言われています。私はどうしたらよいでしょうか。

Q10　再入国許可・上陸拒否の特例 ································· 29

　日本に滞在中、国の父が病気で倒れたとの知らせがあり、急いで帰国したいのですが、また日本へ来るのに、最初と同じ入国手続をとらなければならないのでしょうか。私は過去に窃盗罪で執行猶予付き懲役1年の有罪判決を受けています。このことは再入国に影響がありますか。

Q11　在留資格取消制度 ····································· 31

　私（外国人）は、就労活動を目的とする在留資格で日本におり、在留期間はまだあと1年あります。しかし、勤めていた会社が2か月前に倒産してしまったため、現在求職活動中です。在留資格があるときでも在留資格を取り消される制度があると聞きましたが、私の場合は大丈夫でしょうか。

　また、日本人の配偶者は、別居が長くなったときに在留資格が取り消されるようになったとも聞きましたが、どのような場合に取り消されるのでしょうか。

Q12　退去強制事由 ······································· 36

　私の友人が薬物の所持で逮捕されて裁判にかけられました。判決では執行猶予になる可能性が高いと弁護人からいわれていますが、友人は判決後に退去強制される可能性はありますか。退去強制となるのはどのような場合がありますか。

Q13　退去強制手続・在留特別許可・出国命令手続 ··············· 40

①　私（外国人）は在留期限を過ぎた後も日本で働いています。入管や警察に摘発された場合どうなりますか。

②　在留特別許可はどのような場合に与えられますか。

Q14　難民認定手続 ······································· 46

　私はA国人です。母国で政変が起き、私は前政権政党の党員として活動をしてきたため、90日の短期滞在ビザをとって、先月日本に逃れてきました。母国に帰ると命の危険があるので、難民として認めてもらいたいです。どのような手続をとればよいでしょうか。

Q15　難民申請者の地位 ··································· 53

　私は難民認定申請をしましたが、手続の間、私の在留資格はどうなりますか。申請手続をしている間にどのような支援を受けられますか。

　私の友人も難民申請をしていますが在留資格がありません。私と違いはありますか。

Q16　難民認定の効果など ································· 56

　難民として認定されると、どうなりますか。難民として認定されなかった場合には、すぐに出国しなければならないのですか。不認定の結果を争うことはできますか。

Q17　入管特例法について ································· 59

　終戦前から日本に在留している朝鮮半島及び台湾出身者並びにその子孫の日本での法的地位や日本への帰化について、他の在留外国人と比べて違う点がありますか。

Q18　在留カード ······································· 62

　在留カードとはどのようなものですか。どのような人に交付されますか。

外国人登録証明書とはどのように違うのですか。

Q19　在留カードの交付場面、届出事項 ·· 66

在留カードは、いつどこで交付されますか。住所や職場が変わった場合には、届出をしなければ不利益を受けますか。

Q20　外国人の住民登録 ··· 69

外国人も住民票が作成されるとのことですが、どのような外国人が対象となりますか。自ら届出が必要なことはありますか。

Q21　弁護士などによる入管代理手続 ·· 73

在留資格認定証明書や在留資格の更新・変更などの入管手続を弁護士が代理してくれると聞きましたが、どのような手続をどのように代理してくれるのでしょうか。また、退去強制手続や難民認定手続でも、弁護士に依頼をすることは可能でしょうか。

第2章　帰化・無国籍

Q22　「永住」と「帰化」 ··· 79

私は長年日本で生活している外国人です。おそらく今後も日本で暮らすと思います。永住権と帰化の違いを教えてください。

Q23　永住許可の要件と手続 ··· 80

私は日本人と結婚し、長年日本で生活している外国人です。今度、永住権を申請しようと考えています。永住の在留資格の条件と手続を教えてください。

Q24　一般的な帰化 ··· 83

私は、来日7年の外国人で、日本で会社を経営しています。私と同国人の妻とは4年前に結婚して母国から呼び寄せました。3歳の子どもは日本生まれです。私たち家族は日本に帰化できますか。また、妻が帰化を希望しない場合、私1人が帰化することはできますか。

Q25　日本人の配偶者の帰化 ··· 86

私は日本人男性と結婚し、夫の戸籍にも入ったのですが、日本人としての扱いを受けていません。早く日本人になる方法はないでしょうか。

Q26　無国籍者 ··· 87

私の在留カードには、無国籍と表示されています。私には国籍がないのでしょうか。日本の国籍は取得できますか。

第3章　結婚・離婚及び夫婦関係

Q27　婚姻の実質的成立要件 ··· 91

私は日本に留学生として在留している18歳の中国人ですが、20歳の日本人男性と結婚の約束をしました。中国の法律では、女性は20歳にならないと結婚できないと定められています。しかし、日本の法律では、女性は16歳以上であれば結婚することができると聞きました。私は、結婚することができるのでしょうか。

Q28　結婚の手続、日本人の配偶者としての入国　………………………… 94

　私（日本人）は、海外旅行中に知り合った外国人と結婚の約束をしました。結婚するためにはどうしたらよいですか。また、相手はまだ外国にいますが、結婚後は日本で暮らしたいと思っています。日本に呼び寄せるためにはどうしたらよいでしょうか。

Q29　国際結婚と国籍・戸籍・住民票・氏　………………………………… 99

　外国人と結婚した場合、私（日本人）や相手の国籍、戸籍や住民票はどうなるのですか。また、氏はどうなりますか。

Q30　日本に住む外国人同士の結婚　……………………………………… 103

　私たちは日本に住む外国人同士ですが、結婚することになりました。日本で結婚する場合、どのような手続をとればよいのでしょうか。また、その結婚手続は私たちの本国でも有効でしょうか。

Q31　在留期間経過後に日本に在留する外国人との結婚　……………… 105

　私（日本人）は、在留期間を過ぎて日本に滞在している外国人と結婚したいと思っていますが可能でしょうか。また、結婚後、相手が日本に合法的に在留することができますか。

Q32　外国人と重婚　……………………………………………………… 107

　私（日本人）が結婚した外国人には、本国に正式に結婚した配偶者がいることが分かりました。私との結婚の効力はどうなるのでしょうか。

　また、私と外国人との間に子どもが出生した場合はどうなるでしょうか。

Q33　外国人と再婚禁止期間及び在留期間　……………………………… 111

　私（日本人）は外国人女性（中国人）と結婚する予定ですが、彼女は前夫と離婚直後であり、もうすぐ日本での在留期間が切れてしまいます。日本の法律では再婚禁止期間中であっても結婚できるのでしょうか。

　また、彼女は一度帰国すると本国の事情で再来日は非常に難しいとのことです。どうしたら彼女と結婚して彼女は日本に在留を続けられるでしょうか。

Q34　扶養義務　…………………………………………………………… 113

　私（日本人）は外国人女性と結婚しています。私は、相手の両親・兄弟姉妹に対して扶養義務を負いますか。また、日本に住んでいる妻の兄弟姉妹は、お互いに扶養義務を負うのでしょうか。

Q35　夫婦間の財産問題　…………………………………………………… 116

　私（日本人）は外国人と結婚して日本に住んでいます。

　①　私が結婚前からもっている財産は、夫婦のものになってしまうのですか。

　②　夫婦で稼いだ財産はどうなりますか。

　③　また、夫の借金はどうなりますか。

Q36　渉外離婚の一般的問題―日本国内での離婚手続　……………… 119

　私（日本人）は外国人と結婚して日本に住んでいますが、相手が浮気したので離婚したいと思います。どのような手続をとればよいのでしょうか。また、相手が離婚に同意しない場合や、離婚成立前に本国へ帰ってしまった場合はどうすればよいのですか。相手の本国法で離婚を認めない場合はどうなりますか。

Q37　外国離婚判決の効力　……………………………………………… 125

　外国人の配偶者が私（日本人）を見捨てて自分の本国へ帰り、そこで一方的に手続をし、

v

離婚判決をとってしまいました。このような離婚判決は日本で効力を有するのでしょうか。

Q38　離婚の国際的効力 ·· 128

私（外国人）は日本人と結婚して日本に住んでいますが、離婚して本国に帰ることになりました。日本でなされた離婚は本国でも有効な離婚として認められるのでしょうか。

Q39　夫婦間の婚姻費用の分担 ··· 130

私（日本人）は外国人と結婚して日本に住んでいますが、現在は別居状態です。相手に婚姻費用の分担を求めたいと思いますが、この場合、日本の法律が適用されるのでしょうか。また、夫婦間で話がまとまらない場合、日本の裁判所を利用することができますか。外国人同士の夫婦の場合はどうでしょうか。

Q40　財産分与・慰謝料・養育費 ······································· 132

私（日本人）は外国人の配偶者と日本で暮らしていますが、離婚することになりました。相手に対して財産分与や慰謝料の請求はできますか。子どもがいて私が子どもを引き取った場合には、養育費を請求することはできますか。また、相手が本国へ帰ってしまった場合にはどうすればよいですか。

Q41　外国人配偶者との離婚と戸籍・氏 ······························· 137

私（日本人）は外国人配偶者と離婚することになりました。婚姻中は相手の外国人の氏になっていましたが、離婚すると私の戸籍・氏はどうなりますか。また、相手の在留資格はどうなりますか。

Q42　日本に住む外国人夫婦の離婚の手続 ····························· 139

私たちは、日本に住む外国人夫婦です。

①　日本で離婚の手続がとれますか。

②　慰謝料や財産分与については日本の裁判所を利用することはできますか。

第4章　親子関係

Q43　子の国籍の取得 ·· 145

日本人と外国人の間に生まれた子どもの国籍は、どうなるのでしょうか。また、戸籍はどのようになるのでしょうか。母親が日本人の場合と父親が日本人の場合で違いはありますか。

Q44　認知と国籍 ··· 147

①　私（外国人）にはある男性（日本人）との間に生まれた子どもがいます。私はこの男性と結婚しておらず、今後も結婚する予定はありませんが、その場合でも男性が認知をすれば子どもは日本国籍を取得できますか。

②　私（外国人）は、長年別居している夫（外国人）との離婚が成立する前に、別の男性（日本人）の子を妊娠しました。生まれてくる子どもは日本国籍を取得できますか。

Q45　二重国籍 ··· 151

私（日本人）の子どもはアメリカで生まれたので、アメリカの国籍と日本の国籍をもっています。この子はずっと二重国籍のままでいられますか。それとも、どちらかの国籍を選ばないといけないのですか。

Q46 子の氏 ･･･ *154*

私（外国人）と妻（日本人）との間に生まれた子に、私と同じ氏を名乗らせたいのですが、どのような手続が必要ですか。

Q47 日本人の子をもつ外国人の在留資格 ･･････････････････････････ *156*

私（外国人）は、日本人男性との子を生み、日本で育ててきましたが、この男性とは婚姻しておらず、今後も婚姻する予定はありません。私は、今後も日本で子どもを育てていきたいと思っています。私のように、日本人との間に生まれた子どもを育てる親のための在留資格はあるのでしょうか。

現在、私に在留資格がある場合にはどうなりますか。もし私に在留資格がない場合にはどうなりますか。

Q48 親 権 ･･･ *158*

私（フランス人）は、夫（日本人）と離婚することになりましたが、離婚後は私が未成年の子どもを引き取って日本で一緒に暮らしたいと考えています。しかし、夫も子どもを引き取りたいと言って、話合いがまとまりません。これから、どのような手続をとればよいでしょうか。

Q49 返還命令申立て・ハーグ条約の概要 ･･････････････････････････ *160*

私（日本人）はある男性（フランス人）と結婚して、子ども1人と一緒にフランスに暮らしていました。しかし、夫のDVがひどいので離婚しようと考え、夫に何も言わずに子どもと一緒に日本に帰国しました。すると、まもなく夫から返還命令の申立てがあったと裁判所から通知が来たのですが、どうすればよいのでしょうか。また、子どもを取り戻す手続と一緒に離婚の話合いをすることはできるのでしょうか。

Q50 子の返還手続の違い・ハーグ条約 ･･････････････････････････ *168*

私（イギリス人）は妻（日本人）と結婚して子どもが1人おり、3人でイギリスに暮らしていました。ところが、妻が子どもの夏休みに実家に3週間遊びに行くと言って、子どもと一緒に日本に帰国したまま帰ってこなくなり、尋ねてみると今は実家にはいないらしいのです。電話はつながるので妻には早く子どもと一緒に戻ってきてほしいと話しているのですが、話合いがうまくまとまりません。どのような解決方法がありますか。それぞれの解決方法に違いはあるのでしょうか。

また、話合い中に妻が知り合いのいる中国に子どもを連れて行ってしまわないか心配なのですが、どうしたらよいでしょうか。

Q51 子の連れ去り・ハーグ条約 ･････････････････････････････････ *172*

私（日本人）はある男性（ドイツ人）と結婚し、日本で子どもと暮らしていました。ところが、私が離婚を申し出たところ、子どもをとられたくないとして夫が子どもと一緒に勝手にドイツに帰国してしまいました。子どもを取り戻すにはどうすればよいでしょうか。

Q52 面会交流・ハーグ条約 ･････････････････････････････････････ *174*

私（日本人）は、夫（外国人）と結婚して子どもが1人いますが、離婚し、私が子どもを引き取り日本で生活しています。外国にいる元夫から子どもに会いたいと言われていますが、会わせなければいけないでしょうか。元夫と意見が合わない場合にはどうすればよいでしょうか。

vii

Q53　連れ子の在留資格　……………………………………………………………　176

　私（日本人）には最近結婚した外国人の妻がいます。妻を日本に呼び寄せる予定なのですが、妻は前夫との間の子どもと暮らしています。妻と一緒にその子どもも日本に呼び寄せることはできるでしょうか。また、私が死亡したり、妻と離婚したりした場合、来日した子どもの在留資格はどうなるでしょうか。

Q54　養子と在留資格　……………………………………………………………　178

　私（日本人）は、日本に住むある男性（外国人）を養子にしたいと考えています。彼の在留資格はもうすぐ切れますが、私の養子になると彼は日本に居続けることができますか。

Q55　日本人養親と外国人養子との養子縁組手続　……………………………　180

　私（日本人）は、外国人を養子にしたいのですが、どのような手続が必要ですか。養子の国籍によって手続は異なるのでしょうか。
　①　私が日本人と結婚している場合や養子が未成年の場合は、何か異なるところがありますか。
　②　私が外国人と結婚している場合はどうでしょうか。養子にした子どもの国籍、戸籍、住民票、氏はどのようになるのでしょうか。

Q56　外国人養親と日本人養子との養子縁組手続　……………………………　183

　私（外国人）は、日本人を養子にしたいのですが、どのような手続が必要ですか。
　①　私が日本人と結婚している場合は、何か異なるところがありますか。
　②　養子にした子どもの国籍、戸籍、住民票、氏はどのようになるのでしょうか。

Q57　離縁の手続　……………………………………………………………………　185

　日本人と外国人との養子縁組を解消するにはどのような手続をとればよいでしょうか。相手方が離縁に応じない場合にはどうしたらよいでしょうか。

第5章　相　　続

Q58　相続の準拠法　…………………………………………………………………　189

　私は、外資系会社に勤務するアメリカ人です。先月、アメリカのニューヨーク州にいるアメリカ人の父が亡くなりました。この場合の相続関係には、どこの法律が適用されるのでしょうか。なお、父名義の土地、建物が日本にあります。

Q59　外国人の相続と遺産分割　…………………………………………………　190

　私たちは、両親と子ども2人の4人家族で、全員中華人民共和国の国籍を有しています。私たちは何十年も日本に住んでいましたが、父が日本での交通事故により亡くなりました。父は日本と中国に不動産を所有していましたが、父の遺産についての話合いが一向に進みません。
　そこで、日本の家庭裁判所に遺産分割の調停ないし審判を申し立てたいと思っていますができますか。

Q60　相続の限定承認・放棄　……………………………………………………　192

　私たちは、在日韓国人の家族です。先日、父が亡くなり、母と子の私が残されました。父には多額の債務がありましたので、相続の限定承認ないし相続放棄をしたいと思います。どのようにしたらよいでしょうか。

Q61　外国人の相続登記　‥‥‥‥‥‥‥‥‥‥‥‥‥‥‥‥‥‥‥‥‥‥‥‥‥‥‥‥　*194*

先日、私たちの父が亡くなりました。父は戦前から日本に住んでいた朝鮮半島出身のいわゆる在日朝鮮人です。家族（亡父、母、私、及び弟）は皆、帰化しておらず特別永住者のままで、住民票の国籍欄は「朝鮮」です。家族で話し合って、父の財産は全て娘の私が相続することになりましたが、不動産の相続登記はどうしたらよいでしょうか。

Q62　相続人の不存在、特別縁故者への財産分与　‥‥‥‥‥‥‥‥‥‥‥‥‥‥‥　*197*

私（日本人）の友人で、職場の元同僚のＡさん（台湾人）が先日、亡くなりました。Ａさんには住んでいたマンションがありますが、相続人はいないようです。このマンションはどうなるのですか。

私は、長年、Ａさんを看病し、家族同様のお世話をしてきました。私は特別縁故者として財産分与を受けることができるのでしょうか。

Q63　遺 言 書　‥‥‥‥‥‥‥‥‥‥‥‥‥‥‥‥‥‥‥‥‥‥‥‥‥‥‥‥‥‥‥‥　*199*

私の夫はイギリス人で、日本で一緒に暮らしていましたが、先日、亡くなりました。夫の自筆による遺言書が見つかったのですが、どうすればよいでしょうか。

第6章　就労・雇用及び経済活動

Q64　就労可能な在留資格　‥‥‥‥‥‥‥‥‥‥‥‥‥‥‥‥‥‥‥‥‥‥‥‥‥‥　*205*

私（外国人）は、日本で働きたいと思っていますが、日本で働くことができるようにするには、どのような在留資格が必要になるのでしょうか。

Q65　就労可能な在留資格への変更の可否　‥‥‥‥‥‥‥‥‥‥‥‥‥‥‥‥‥‥　*208*

私（外国人）は、現在、観光目的で日本に在留しています。日本が気に入ったので、このまま日本に滞在して働きながら生活したいと思いますが、可能でしょうか。

Q66　在留資格と転職　‥‥‥‥‥‥‥‥‥‥‥‥‥‥‥‥‥‥‥‥‥‥‥‥‥‥‥‥　*210*

私（外国人）は、就労可能な在留資格で証券会社において働いていますが、もっと給与のよい会社に転職したいと思っています。在留資格との関係でこのような転職は可能でしょうか。また、可能であればどのような手続が必要なのでしょうか。出入国在留管理庁に転職したことを届けなければいけないのでしょうか。もし現在の会社を退職して転職するまでに数か月間かかる場合には、私の在留資格が取り消されることはあるのでしょうか。現在の会社が倒産して、次の就職先を探している場合はどうでしょうか。

Q67　外国人が事業主になろうとする場合の在留資格　‥‥‥‥‥‥‥‥‥‥‥‥　*214*

私（外国人）は、現在、タイ料理レストランでコックとして働いています。日本が気に入ったので、将来は日本で自分のレストランをもちたいと思っていますが、認められるでしょうか。具体的にどのようにしたらよいでしょうか。

Q68　不法就労者を雇用した場合の事業主の刑事処罰　‥‥‥‥‥‥‥‥‥‥‥‥　*217*

不法就労者を雇った場合、事業主は刑事罰を受けることがありますか。

Q69　不法就労者の刑事処罰　‥‥‥‥‥‥‥‥‥‥‥‥‥‥‥‥‥‥‥‥‥‥‥‥　*220*

私（外国人）は留学生として日本語学校に通っていますが、友達からホステスとしてクラブで働かないかと誘われています。ホステスとして働いて、入管や警察に発見された場合、処罰されるのでしょうか。また、私の在留資格はどのようになりますか。

Q70　外国人労働者雇用の注意点　$\cdots$　223
外国人労働者を雇用する場合に注意しなければならない点はどのようなことですか。

Q71　外国人労働者への労働者保護法の適用　$\cdots$　226
日本では労働者を保護する各種の法律があるそうですが、外国人にもそれらの法律の適用はあるのでしょうか。特に、最低賃金制度の適用の有無について教えてください。

Q72　退社制限契約の有効性、労働契約の期間規制　$\cdots$　229
私（外国人）は、コンサルティング会社に勤務していますが、もっと高給の会社に転職を希望しています。今の会社との雇用契約には、契約中途での退社につき、給料の3か月分の罰金を払うという規定がありますが、このような規定は有効でしょうか。また、今の契約は6年契約ということになっていますが、3年とか5年を超える契約はできないということも聞きました。どういう意味でしょうか。

Q73　就職制限規定の有効性　$\cdots$　231
私（外国人）は、プログラマーとして働いていますが、別の会社に移りたいと思っています。現在勤務している会社との雇用契約には、退職後1年間は同業他社に勤務してはならないとの規定がありますが、有効なのでしょうか。

Q74　労働災害、不法就労者（資格外就労者）の労働災害　$\cdots$　234
私（外国人）は、留学生として滞在して建設現場でアルバイトをしています。仕事中に事故で怪我をした場合、補償はどうなるのでしょうか。また、同じ現場にはオーバーステイで不法就労をしている人もいるのですが、その人たちも同じような補償があるのでしょうか。

Q75　外国人と雇用保険　$\cdots$　237
私（外国人）は、日本の会社で働いていますが、会社から雇用保険料を徴収されています。私にも雇用保険の適用があるのでしょうか。在留資格がない場合であっても、同じでしょうか。

Q76　賃金不払いの救済方法　$\cdots$　239
私（外国人）は、観光ビザで滞在して町工場で働いていますが、経営者が約束の給料を払ってくれません。私はどうしたらよいでしょうか。また、経営者は、給料から宿舎代や食事代、作業衣代を差し引いており、私は当初言われていた給料の半分くらいしかもらえません。知り合いは日本に来るのに経営者に旅費を立て替えてもらっているので、給料から旅費分が差し引かれ、数か月間ほとんど給料をもらえていないと言っています。これらの費用は給料から差し引かれても仕方がないのでしょうか。

Q77　職業紹介、派遣、業務請負の規制　$\cdots$　242
私（外国人）は、日本で仕事をすることを希望しています。仕事をあっせんしてくれるという日本国内のあっせん業者を紹介されました。その人に仕事のあっせんを頼んでも構わないでしょうか。日本国外にいるあっせん業者はどうでしょうか。業者に雇われて派遣先へ派遣される場合はどうでしょうか。また、業者から、日本の建設工事の仕事を請け負って働かないかと言われました。注意することはありますか。

Q78　人身取引　$\cdots$　246
私（フィリピン人）は、日本で「接客業」を行えばフィリピンの年収の10倍は稼げると聞いて、借金をして、フィリピンのあっせん業者に高額の手数料を支払って来日しました。しかし、日本では、売春をさせられ、借金を返すまではと逃げることもできませんで

した。その後、入管に摘発され、退去強制手続のため、入管に収容中です。私は、このまま帰国しなくてはならないのでしょうか。

Q79 解 雇 ………………………………………………………………… *248*
私（外国人）は、1年ごとに契約を更新して、これまで3年間工場で働いていましたが、「景気が悪くなった。仕事も一所懸命やっていない」として、契約の更新を拒否されました。従わなければならないでしょうか。

Q80 日系人の来日と就労 ……………………………………………… *252*
私の会社では、南米の日系3世に来日して働いてもらいたいと計画しています。どのような手続をとればよいのでしょうか。また、来日と就職をあっせんする業者があるとも聞きましたが、何か問題はありますか。

Q81 外国人技能実習生の受入れ …………………………………… *254*
技能実習制度とはどのような制度ですか。

Q82 特定技能外国人の受入れ ……………………………………… *257*
特定技能とはどのような在留資格ですか。

Q83 外国人の日本での経済活動の制限―職種の面から ………… *261*
外国人が日本で働くに際し、職種によっては外国人にはできないものがありますか。公務員についてはどうでしょうか。

Q84 外国人による土地・株式の購入 ……………………………… *264*
私は日本に土地を買って自宅を建てたいと思っています。外国人であることによって何らかの制約があるのでしょうか。また、日本の会社の株式の取得についてはどうでしょうか。

Q85 外国人による会社の設立及び会社の取得 …………………… *268*
私は、日本で会社を設立することを考えていますが、外国人が会社を設立するに当たって注意すべき点があれば教えてください。
また、外国人が日本の企業を買収する場合に注意すべき点があれば、教えてください。

Q86 外国人による特許等の取得 ………………………………… *270*
私はアメリカ人ですが、画期的な語学教育ソフトウェア（コンピュータ・プログラム）を開発しました。このソフトウェアに関して特許を日本国内で出願したいのですが、どのような手続が必要ですか。英語でも出願できますか。
また、特許による保護のほかに、私の開発したソフトウェアの権利保護を受ける方法がありますか。その方法も教えてください。このソフトウェアに商標を付して商品として売りたい場合、どのように商標登録すればよいでしょうか。

Q87 外国人による実用新案出願 ………………………………… *275*
私はアメリカの国籍を有する日本在住の者ですが、このたび通常のハンガーにちょっとした工夫を加えて、通常のハンガーよりも洗濯物を乾かしやすい形状にした物干しハンガーを考案しました。この物干しハンガーに関して特許か実用新案を日本国内で出願したいのですが、どのような手続が必要ですか。特許か実用新案どちらを出願したらよいのでしょうか。英語でも出願できますか。
私の考案した物干しハンガーはデザイン的にみても特殊で、優れているものだと思いますし、これをみた人から真似される可能性もありますが、どうしたらこのデザインを保護

できるでしょうか。

また、これらの出願をした後、本国に帰ろうと思いますが、日本国内で引き続き権利の保護を受けたい場合、どのようにすればよいのでしょうか。

第7章　留　　学

Q88　留学、その資格・要件と手続 ……………………………………………………… *281*
私（外国人）は、日本の大学に留学して勉強したいと考えています。留学の手続はどのようにしたらよいでしょうか。

Q89　日本語学校 ………………………………………………………………………… *283*
私（外国人）は、日本で日本語の勉強をしたいと思います。どうしたらよいでしょうか。「日本語学校」に入る必要があると聞きましたが、「日本語学校」とはどういう学校ですか。

Q90　日本語学校の転校 ………………………………………………………………… *285*
私（外国人）は、日本語学校で勉強している留学生ですが、今の学校の授業内容等に不満があるため、友人の通っている日本語学校に転校したいと思います。転校することは、入管法上何か問題があるのでしょうか。

また、現在の日本語学校を辞めた後、転校に時間がかかった場合には、私の在留資格が取り消されることがありますか。

Q91　休学後の在留期間の更新 ………………………………………………………… *287*
私（外国人）は、日本語学校に在学中の留学生ですが、病気で学校を休まないといけません。学校を休んでいる間に在留資格が取り消されることがありますか。

また、6か月の在留期間が切れた後、在留期間更新の手続をする必要がありますが、病気で学校を休むと学校の出席率や成績は悪くなります。この場合でも在留期間の更新は認められるでしょうか。同じように、大学に通っている留学生の友人が休学した場合には、在留資格取消しや在留期間の更新はどのようになるのですか。

Q92　留学生とアルバイト ……………………………………………………………… *289*
私は留学生ですが、学費や生活費の不足を補うためアルバイトをしたいと思います。アルバイトをするには許可を受ける必要があると聞いていますが、どうすればよいのでしょうか。許可を受けずにアルバイトをするとどのような不利益がありますか。

Q93　留学生等の卒業後の就職 ………………………………………………………… *291*
大学や専門学校を卒業したら日本で就職することができますか。日本語学校を卒業した場合はどうでしょうか。卒業後、就職活動や起業活動をするために在留することはできますか。

第8章　刑事手続

Q94　外国人の生活にかかわる刑罰 …………………………………………………… *297*
外国人が日本で生活するに当たり、とくに留意すべき刑罰にはどのようなものがありますか。

①　在留資格・在留期間に関するもの（入管法）

② 労働に関するもの（入管法）

③ 在留カードに関するもの（外国人登録法の廃止及び入管法の改正）

④ 外国為替及び外国貿易法（外為法）に関するもの

Q95 外国人が逮捕されたら ··· *300*

友人（外国人）が捕まってしまいました。

① 弁護人を付けたほうがよいと思うのですが、どうすればよいでしょうか。

② 勾留されてしまい、弁護人を依頼することを希望していますが、お金がありません。
どうすればよいでしょうか。

③ 面会・差入れで注意すべきことはありますか。

④ 友人の本国の領事は力になってくれるのでしょうか。

Q96 在留期間の更新・在留資格の変更の際の影響 ········· *304*

友人（外国人）が警察に捕まりました。起訴はされませんでしたが、これからも日本に
在留できますか。

① 在留資格が「日本人の配偶者等」で、「覚せい剤自己使用」の嫌疑をかけられた場合

② 在留資格が「技能」で、「傷害」の嫌疑をかけられた場合

Q97 保釈請求 ··· *306*

私の夫（外国人）は、身柄拘束のまま起訴されました。弁護人に頼んで保釈を請求した
いと思いますが、どのような点に留意すべきでしょうか。

Q98 外国人の弁護活動の留意点 ·································· *308*

外国人の被疑者・被告人について弁護人となりましたが、どのような点に注意すればよ
いでしょうか。

Q99 外国人事件の判決後の手続 ·································· *315*

外国人の刑事事件において、判決後、被告人の身柄はどうなるのでしょうか。また、判
決後も日本に滞在できるのでしょうか。

Q100 外国人の受刑 ·· *317*

友人（外国人）が刑事裁判で懲役3年の実刑判決を受けましたが、今後の刑務所での生
活に不安を感じているようです。外国人という理由で、日本人とは違う不便があるのでしょ
うか。なお、友人はイスラム教徒です。

第9章 税 金

Q101 納税義務者・税金の種類 ·································· *321*

日本にいる外国人も納税の義務がありますか。外国法人はいかがですか。

Q102 所得税の課税範囲 ·· *323*

次の収入は、日本で課税されますか。

① 在外外国人Aが日本に所有するマンションを賃貸して受け取る家賃

② 日本の会社に勤務し日本に住んでいる外国人Bが本国で土地を売却した場合の売却
代金

Q103 相続税について ··· *327*

私（外国人）は日本人の夫と結婚していましたが、先日、夫が亡くなりました。子ども

はいません。夫の財産を相続するに当たり、相続税の申告はどこの国で行うことになりますか。

Q104　納税方法 ··· *330*
外国人はどのような方法で所得税を納めるのですか。

Q105　租税条約 ··· *332*
租税条約とはどのような条約ですか。租税条約が適用される場合は、適用されない場合に比べて課税にどのような違いがあるのですか。

第10章　暮らしの法律相談

〈公的機関の利用〉

Q106　役所等への届出 ··· *337*
私たちは外国人同士の夫婦です。先日長男が生まれたのですが、息子の出生に関してどのような届出が必要なのでしょうか。その他、結婚、住所の変更などの届出についても教えてください。

Q107　印鑑と印鑑登録 ··· *338*
私（アメリカ人）は、母国では全てサインで済ませていましたが、日本では印鑑がよく使われているようで、印鑑登録という制度があると聞きました。日本において印鑑はどのような働きをしており、その取扱いについてはどのようなことに注意をしたらよいのでしょうか。また、私でも印鑑登録をすることができますか。

Q108　不動産売買における登記手続 ··· *340*
外国人が日本で不動産を購入したときの登記手続、譲渡したときの登記手続について教えてください。

Q109　住宅問題 ··· *342*
外国人にとっては、日本人以上に住宅問題が深刻です。私の友人の外国人が今、日本の住宅を探しているのですが、どのようなことに気を付ければよいでしょうか。公共の住宅に入居できればありがたいのですが、友人も入居の申込みをすることができるでしょうか。また、住宅を購入するときに、住宅金融支援機構からお金を借りられますか。

Q110　外国人と民泊サービス ··· *344*
私は今、観光ビザ（短期滞在）で日本に来ていますが、日本人の知り合いから日本の家を購入して、今後は、日本で暮らしたいと思います。また、生活に慣れてきたら自国からの観光客に民泊サービスを提供したいと考えています。気を付けることはありますか。

〈教　　育〉

Q111　小学校入学 ··· *346*
私（外国人）は、子ども（外国人）を公立の小学校に通わせたいのですが、外国人でも入学することができるのでしょうか。子どもが在留資格のない外国人である場合はどうでしょうか。入学できるとすれば、その手続を教えてください。また、授業料など費用についても説明してください。

逆に、自宅で家庭教育をするため子どもを小学校に通わせたくない場合は、通わせないことも許されるのでしょうか。

Q112　高校入学前の教育 ··· *348*

私たち夫婦は、母国（ブラジル）から、子ども２人を連れて一緒に来日しました。

① 下の子は中学１年生の年齢ですが日本語がほとんどできません。地元の中学校に
　入って勉強についていけるか不安ですが、日本語ができない子どものためのサポート
　はありますか。また、上の子は中学校を卒業しておりませんが、既に16歳であるため、
　地元の中学校には入学を断られてしまいました。どうしたらよいでしょうか。

② ２人とも高校に入学するには、どのようにしたらよいでしょうか。

Q113　高校卒業後の在留資格 ·· *351*

私は、３年前に両親に連れられて来日し、現在、「家族滞在」の在留資格で地元の公立
高校に通う３年生です。卒業後は進学せずに就職したいと思っておりますが、専門的な知
識がなくとも働くことができる在留資格に変更することは可能ですか。

Q114　奨学金 ··· *352*

私（外国人）は、今度、大学進学を予定していますが、親の収入からみて学費が十分で
はありません。そこで、奨学金を受けたいと思っていますが、奨学金は外国人でも受けら
れますか。また、教育資金を借りることはできますか。

Q115　大学入学の資格 ··· *353*

私（外国人）は、来年３月に外国人学校を卒業する予定ですが、日本の大学に行きたい
と思っています。外国人学校を卒業すれば大学の入学資格を取得することができますか。
また、高等学校卒業程度認定試験（旧大学入学資格検定）を受験することはできますか。

〈差別の禁止〉

Q116　ヘイトクライム／ヘイトスピーチ ······································· *355*

私の子どもは朝鮮学校に通っていますが、人種差別主義的な団体が毎日のように学校に
押し掛け、「朝鮮人は帰れ」などと大声をあげています。子どもたちの教育にも支障が出
ていますが止めさせることはできないのでしょうか。

〈社会保障〉

Q117　社会保障総合 ··· *359*

私（外国人）は、先日来日したばかりでよく分からないのですが、日本において外国人
が受給できる社会保障にはどのようなものがあるのでしょうか。

Q118　医療保険 ··· *362*

私（外国人）は２年間の在留期間で日本に滞在していますが、国民健康保険への加入は
認められるのでしょうか。私の妻の加入も認められるのでしょうか。認められるとすれば、
加入する場合の手続や保険料はどのようになっているのでしょうか。

また、加入後に引っ越した場合や本国へ帰国するときはどのような手続をしたらよいの
でしょうか。

Q119　国民年金 ··· *365*

私（日本人）の妻（アメリカ人）は専業主婦ですが、国民（基礎）年金の対象になりま
すか。退職後、妻とともにアメリカで暮らすことも考えているのですが、妻は国民年金に
加入した場合、アメリカに帰ってからでも年金を受け取れますか。

また、妻の妹が２年間日本に滞在する予定で来日しました。このような外国人において
も国民年金に加入する意味はあるのでしょうか。

xv

さらに、友人（外国人）は本国の年金保険に加入していましたが、日本の老齢年金の受給要件である加入期間の算定のため、本国の加入期間との通算は認められますか。

Q120　厚生年金 ……………………………………………………………………… 368

私（外国人）は今年の春先に入国し、４月からＡ社で働いています。給料の明細をみますと、年金の保険料が差し引かれています。私の在留資格は短期ですので、保険料を納めることは意味がないと思うのですが、加入しないことはできるのでしょうか。もし、このまま年金保険に加入していた場合は掛け捨てになってしまうのでしょうか。

Q121　生活保護 ……………………………………………………………………… 369

私（外国人）は、定住者の在留資格で日本に在留しています。現在無職であるため、生活保護を受けたいのですが、可能でしょうか。

また、私のオーバーステイの友人は、先日大怪我をしてしまい、治療が必要な状態ですが、治療費を支払う能力がありません。どうしたらよいでしょうか。

〈民事裁判手続の利用〉

Q122　裁判所の利用 …………………………………………………………………… 371

私（外国人）は、ある日本人に100万円を貸しましたが、期限を過ぎても返してもらえません。そこで、私自身が裁判所を利用して返還請求をしたいのですができるでしょうか。また、民事裁判手続等を弁護士に頼みたいのですが、まとまったお金がありません。どうしたらよいでしょうか。

Q123　国際裁判管轄権、送達 ………………………………………………………… 373

私（日本人）は、取引先の外国人にお金を貸していたところ、返済しないまま本国に帰ってしまいました。相手が外国にいる場合でも、日本の裁判所に貸金返還請求訴訟を起こせますか。また、送達の問題があると聞きましたが、どういうことでしょうか。

Q124　外国判決の執行力 ……………………………………………………………… 376

私は、昨年アメリカ・カリフォルニア州の裁判所から「補償的損害賠償として42万ドル、懲罰的損害賠償として112万ドルを支払え」との判決を言い渡されました。この判決に基づき、日本にある私の預金１億円が差し押さえられることがありますか。

Q125　外国での仲裁と執行 …………………………………………………………… 379

私は中華人民共和国の会社の代表をしていますが、日本の会社との貿易でトラブルとなり、中国で仲裁判断をもらい、日本の会社に対し、損害賠償請求権を有することが確定しました。この仲裁判断に基づいて、日本で強制執行できるのでしょうか。

Q126　日本での交通事故と渡航費、治療費等 ……………………………………… 382

私の友人（アメリカ人）が日本で交通事故に遭い入院しました。その友人はアメリカに帰って治療を受けたのですが、アメリカでの治療費、アメリカへの渡航費などについても損害賠償として日本の裁判で認められるのでしょうか。

また、別の友人（外国人）が留学のため日本に来ていたところ、日本で交通事故に遭い死亡しました。遺族の日本への渡航費用も損害賠償請求することができるのでしょうか。

巻末資料

出入国管理及び難民認定法（別表）……………………………………………………… *387*

公的機関及び民間団体による外国語対応の相談窓口（一部、日本語のみ）……………… *391*

  1   弁護士会の法律相談　*391*

  2   日本司法支援センター（法テラス）　*392*

  3   外国人労働相談　*400*

  4   東京都の労働相談情報センターの外国人労働相談　*408*

  5   外国人在留総合インフォメーションセンター等問合せ先　*409*

事項別索引……………………………………………………………………………………… *411*

裁判例年月日索引……………………………………………………………………………… *417*

第1章　出入国管理概説・難民・在留管理制度

Q 1　入国手続

外国人が相談に来たのですが、どのような手続を経て日本に来たのかはっきりしません。外国人が適法に日本に在留するまでの、大まかな流れを教えてください。

1　本国で準備すること

　外国人が日本に入国するためには、まず有効な旅券（パスポート）が必要です。旅券は、当該外国人が、国籍国の政府から発給を受けるものです。そして、旅券には、有効な査証（ビザ）を受けていることが必要です。査証は、旅券が有効であることを確認するとともに、入国しても支障がないという推薦の意味を有しています。査証は、外国人が、自身の居住している国・地域にある日本の領事館などに申請して発給を受けることができ、来日する外国人は原則として査証を取得しなければなりません。ただし、査証免除措置国・地域の外国人が、短期滞在の在留資格で一定期間滞在する場合には、査証発給を受ける必要はありません。査証免除措置は、現在68の国・地域を対象としています（2019年9月現在。外務省ウェブサイト参照）。なお、長期間の在留資格に関して査証を受けるには、外国人自身で行おうとすると大変な手間と時間がかかるため、日本へ呼び寄せる側が、外国人による査証申請に先立って在留資格認定証明書を用意する場合があります（Q3参照）。

2　上陸手続

　外国人は、査証を受けた旅券を持って、日本の空港や港で上陸の申請をし、入国審査官が上陸審査を行います（Q4参照）。一般的にはカウンターでの入国手続をイメージしてください。なお、入管法では、入国は日本の領海・領空に入ること、上陸は日本の領土に足を踏み入れることと区別しており、それぞれについて要件を設けていますが、上陸審査の際にはそのいずれについても審査をすることになります。

　入国審査官は、当該外国人が上陸許可要件を満たしているかどうかを判断します。上陸許可要件とは、旅券と査証が有効かどうか、申請している在留活動が虚偽でなく在留資格該当性が認められるか（Q2参照）、上陸拒否事由に該当しないか（Q4参照）、在留期間は適合しているか等の上陸許可要件を満たしているかを審査します。そして、指紋と顔写真等の個人情報の提供を受けます（特別永住者など一部は除外されています。）。

　そして、上陸許可要件を満たしていると判断すれば、在留資格、在留期間を定めて在留許可をします。上陸許可が出れば、適法に在留することができます。

　上陸許可要件を満たしているかどうか疑いがある、あるいは上陸許可要件を満たしていないとなれば、別室の特別審理官室に呼ばれ、口頭審理が行われます（Q4参照）。

3　在留資格

　外国人が日本に在留するためには、在留資格を有していることが必要です。よく日本に在留する外国人は、「ビザがない」とか「ビザが切れた」ということがあります。実は、ビザとは法的には「査証」のことを意味しますが、実態としては在留資格を指すために用いられていることが大変多く、前記のような「ビザがない」という場合にも在留資格を指しています。

　在留資格は、国内で行おうとする活動に基づくものや、身分又は地位に基づくものとして合

計29種の在留資格が規定されており、国内に在留しようとする外国人は、このいずれかの在留資格を取得することが必要です。また、国内で外国人が行うことのできる活動も、就労については、在留資格により制限があります（Ｑ２参照）。万一、在留資格を有しないで日本に滞在している場合、退去強制の対象となります（Q12、Q13参照）。

4 設問に対する回答

　一般的には、外国人が日本に在留するには、有効な旅券を入手し、在外日本公館において査証の発給を受けた上で、日本の空港・港で上陸許可申請を行い、入国審査官による上陸審査を受けます。ここで無事上陸許可を受けて、在留資格を付与されれば、日本に上陸、滞在することになります。

【フローチャート】

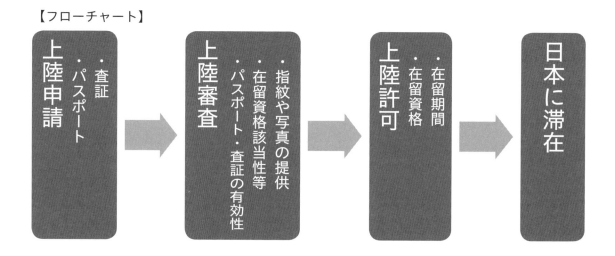

上陸申請
・査証
・パスポート

→

上陸審査
・指紋や写真の提供
・在留資格該当性等
・パスポート・査証の有効性

→

上陸許可
・在留期間
・在留資格

→

日本に滞在

Q2　ビザ・在留資格

　入管法では「ビザ」のことを「在留資格」というようです。そもそも「ビザ」と「在留資格」とは何が違うのでしょうか。

1　在留資格とは

　外国人が日本に適法に在留するためには、在留資格を持って在留することが必要です。よく日本に在留する外国人について「ビザがない」とか「ビザが切れた」などということがありますが、ここでいう「ビザ」というのは、正確には「在留資格」のことを指していることになります（Q1参照）。

　入管法は、外国人が日本で行おうとする活動や身分・地位に着目して、日本が受け入れることのできる外国人の活動を類型化し、在留資格として定めています。外国人は、いずれかの在留資格に該当しないと日本に入国できず、日本に在留を続けるためには有効な在留資格を持っていなければなりません。

　日本で行うことのできる活動についても、就労については、在留資格の種類によって、できるものとできないものがあります（Q64参照）。ただし、外国人についても、憲法や国際人権法が保障する基本的人権や差別を受けない権利は保障されていますので、在留資格制度のもとでもこれらの権利をいたずらに制約して活動を制限したりすることは許されません。

　なお、第二次世界大戦の終戦前から引き続き日本に在留していた韓国・朝鮮人及び台湾人は、入管法とは別に、入管特例法により、特別永住の地位が与えられることにより日本に在留することが認められています（Q17参照）。

2　在留資格の種類

(1)　在留資格の種類

　29種類の在留資格は、在留の目的やその外国人の身分・地位に応じて区別されます。入管法の末尾には、全ての在留資格を一覧にした「別表」があります。別表は大きく第1、第2に分かれており、第1の中に更に1～5まで区分された内容が記載されています（後掲の一覧表参照）。

　なお、2009年の入管法改正では、在留資格「技能実習」が創設され、在留資格「就学」と「留学」は在留資格「留学」に一本化されました。また、2014年の入管法改正では、在留資格「高度専門職」が創設され、在留資格「投資・経営」は「経営・管理」に名称が変更され、在留資格「技術」と「人文知識・国際業務」は在留資格「技術・人文知識・国際業務」に一本化されました。さらに、2016年の入管法の改正では、在留資格「介護」が創設されました。2018年の入管法改正では、新たな在留資格「特定技能」が追加されました。

　このように入管法の改正によって、在留資格自体が創設・整理される場合がありますので、在留資格の種類についても、常に最新の入管法で確認する必要があります。

(2)　別表第1の在留資格について

　別表第1（「経営・管理」「留学」「短期滞在」等25種）の在留資格は、その外国人の日本における活動内容に着目して付与されるものです。そのため、日本での活動も、原則として在留目的の活動に限られます。

よって、就労活動については、就労が予定された在留資格（「技術」「報道」等）については
その限りで認められ、就労が予定されていない在留資格（「留学」「家族滞在」等）については
原則として一切認められないことになります。

もっとも、後者の場合でも、地方出入国在留管理局への申請により、アルバイト等の副次的
な就労は可能となります（資格外活動／入管法19条2項、Q92参照）。

(3) 別表第2の在留資格について

別表第2の在留資格（「永住者」「日本人の配偶者等」「永住者の配偶者等」「定住者」）は、当
該外国人の身分又は地位に着目して付与されるものであり、日本での活動内容に制限はありま
せん。そのため、就労活動についても、別表第1の在留資格のような制限はない点が特徴です。

③ 在留資格該当性

(1) 在留資格該当性を確認するために

入管法の別表には、各在留資格該当性の具体的基準は記載されていません。そのため、各在
留資格の具体的基準・内容は、省令や告示等の下位規範を確認する必要があります。

これらの省令や告示は、入国管理行政実務を反映して改正が繰り返されており、その数も多
いため、見落としやすいものです。法務省のウェブサイト内の出入国在留管理庁（2019年4
月1日から法務省の外局として設けられました）のページや、出入国在留管理庁のホームペー
ジには、省令や告示やガイドライン等、各在留資格の該当性の判断基準に関する情報等が掲載
されているため、これらのウェブサイト上の情報を確認するとよいでしょう。

(2) 主な下位規範

主な下位規範として、以下のようなものが掲げられます。

ア　入管法規則別表第3、第3の2

入管法規則別表第3及び第3の2には、在留資格ごとに、在留許可申請時の添付資料が列挙
されています。ここに列挙された添付資料を入手し得ることが、在留資格取得に際し最低限の
条件となります。

イ　上陸基準省令（「出入国管理及び難民認定法第7条第1項第2号の基準を定める省令」）

入管法別表第1の2と第1の4の在留資格については、上陸に当たって、在留資格該当性だ
けでなく、この基準省令の基準を満たすことも必要になります。

ウ　高度専門職省令（出入国管理及び難民認定法別表第1の2の表の高度専門職の項の下
　　欄の基準を定める省令）

2014年入管法改正により、高度の専門的な能力を有する外国人材の受入れの促進のための
措置として、従来「特定活動」の在留資格を付与し各種の出入国管理上の優遇措置を実施して
いる高度人材の方を対象とした新たな在留資格「高度専門職1号」が設けられ、さらに、この
在留資格をもって一定期間在留した方を対象とした、活動制限を大幅に緩和し在留期間が無期
限の在留資格「高度専門職2号」が設けられました。

高度専門職省令は、「高度の専門的な能力を有する外国人材」として認められるための基準
を示したものです。

エ　特定活動告示（「出入国管理及び難民認定法第7条第1項第2号の規定に基づき同法
　　別表第1の5の表の下欄に掲げる活動を定める件」）

在留資格「特定活動」が認められる具体的基準について列挙されています。

就業目的の外国人の家事使用人、ワーキング・ホリデー、交換留学生、経済提携協定に基づく外国人看護師・介護福祉士候補、特別活動の在留資格を有する外国人の扶養家族など、限定的な場合に限られています。

オ　定住者告示（「出入国管理及び難民認定法第７条第１項第２号の規定に基づき同法別表第２の定住者の項の下欄に掲げる地位を定める件」）

定住者の在留資格が付与される基準について、列挙されています。

日系三世で素行が善良な者、日系二世・三世の配偶者、日本人の配偶者の連れ子、６歳未満の養子などが該当します。

カ　ガイドライン・通達等

例えば、永住許可申請については、ガイドラインが示されています（「永住許可に関するガイドライン」）。

同ガイドラインによれば、引き続き10年以上日本に在留していることという法律上の要件の特例として、日本人・永住者・特別永住者の配偶者で、婚姻関係が３年以上継続しかつ１年以上本邦に在留する者（その実子等の場合は１年以上本邦に継続して在留していること）、難民の認定を受けた者の場合認定後５年以上継続して本邦に在留していること、「定住者」の在留資格で５年以上本邦に在留している者などが、あげられています（2019年５月31日改定）。

また、「『技術・人文知識・国際業務』の在留資格の明確化」、「在留資格『経営・管理』の基準の明確化（２名以上の外国人が共同で事業を経営する場合の取扱い）」等、特定の在留資格の該当性についての出入国在留管理庁の考え方が公表されています。

さらに、例えば、入国管理局の1996年７月30日付けの「日本人の実子を扶養する外国人親の取扱について」との通達によって、未成年かつ未婚の日本人実子を扶養するため本邦在留を希望する外国人親については、その親子関係、当該外国人が当該実子の親権者であること、現に当該実子を養育、監護していることが確認できれば、「定住者」（１年）への在留資格の変更を許可するとの考え方が公表されています。

4　在留期間

「短期滞在」では最長で90日の在留期間しか付与されないのに対し、中長期滞在の場合、最長５年、概ね３年以内の在留期間が付与されることになります（入管法規則３条別表第２参照）。なお、「永住者」には在留の期限はありません。

日本にいる外国人が、在留期間を過ぎて日本に滞在することはできません。そのため、引き続き在留を希望する外国人は、在留期間経過前に、同一在留資格で在留期間の更新を行うか（入管法21条）、若しくは在留資格を変更させ、これに伴って新たな在留期間の付与を受ける必要があります（同法20条）。

なお、在留外国人が、日本滞在中に、当該在留資格該当性を喪失したとしても（例えば、「日本人の配偶者等」の在留資格で滞在中、当該日本人と離婚をした場合など）、当然に在留資格が失効するわけではありませんが、在留資格の取消制度の適用を受けることがあります。

【日本において行うことができる活動に基づく在留資格】（入管法別表第1参照、2018年改正入管法に基づくもの）

在留資格	該 当 例	在留期間 （入管法規則別表第2参照）
1 の 表		
外　　交	外国政府の大使、公使、総領事、代表団構成員等及びその家族	外交活動の期間
公　　用	外国政府の大使館・領事館の職員、国際機関等から公の用務で派遣される者等及びその家族	5年、3年、1年、3月、30日又は15日
教　　授	大学教授等	5年、3年、1年又は3月
芸　　術	作曲家、画家、著述家等	5年、3年、1年又は3月
宗　　教	外国の宗教団体から派遣される宣教師等	5年、3年、1年又は3月
報　　道	外国の報道機関の記者、カメラマン	5年、3年、1年又は3月
2 の 表		
高度専門職	ポイント制による高度人材	第1号は5年 第2号は無期限
経営・管理	企業等の経営者・管理者	5年、3年、1年、4月又は3月
法律・会計業務	弁護士、公認会計士等	5年、3年、1年又は3月
医　　療	医師、歯科医師、看護師	5年、3年、1年又は3月
研　　究	政府関係機関や私企業等の研究者	5年、3年、1年又は3月
教　　育	中学校・高等学校等の語学教師等	5年、3年、1年又は3月
技術・人文知識・国際業務	機械工学等の技術者、通訳、デザイナー、私企業の語学教師、マーケティング業務従事者等	5年、3年、1年又は3月
企業内転勤	外国の事業所からの転勤者	5年、3年、1年又は3月
介　　護	介護福祉士	5年、3年、1年又は3月
興　　行	俳優、歌手、ダンサー、プロスポーツ選手等	3年、1年、6月、3月又は15日
技　　能	外国料理の調理師、スポーツ指導者、航空機の操縦者、貴金属等の加工職人等	5年、3年、1年又は3月
特定技能	特定技能外国人	第1号は1年、6月、4月ごとの更新（通算5年を超えない範囲） 第2号は3年、1年、6月

技能実習	技能実習生	第1号は法務大臣が個々に指定する期間（1年を超えない範囲） 第2号、第3号は法務大臣が個々に指定する期間（2年を超えない範囲）
3の表		
文化活動	日本文化の研究者等	3年、1年、6月又は3月
短期滞在	観光客、会議参加者等	90日若しくは30日又は15日以内の日を単位とする期間
4の表		
留　　学	大学、短期大学、高等専門学校、高等学校、中学校及び小学校等の学生・生徒	4年3月、4年、3年3月、3年、2年3月、2年、1年3月、1年、6月又は3月
研　　修	研　修　生	1年、6月又は3月
家族滞在	在留外国人が扶養する配偶者・子	5年、4年3月、4年、3年3月、3年、2年3月、2年、1年3月、1年、6月又は3月
5の表		
特定活動	外交官等の家事使用人、ワーキング・ホリデー、経済連携協定に基づく外国人看護師・介護福祉士候補者等	5年、3年、1年、6月、3月又は法務大臣が個々に指定する期間（5年を超えない範囲）

【日本において有する身分又は地位に基づく在留資格】（入管法別表第2参照、2018年改正入管法に基づくもの）

在留資格	該　当　例	在留期間 （入管法規則別表第2参照）
永　住　者	法務大臣から永住の許可を受けた者（入管特例法の「特別永住者」を除く。）	無期限
日本人の配偶者等	日本人の配偶者・子・特別養子	5年、3年、1年又は6月
永住者の配偶者等	永住者・特別永住者の配偶者及び日本で出生し引き続き在留している子	5年、3年、1年又は6月
定　住　者	第三国定住難民、日系3世、中国残留邦人等	5年、3年、1年、6月又は法務大臣が個々に指定する期間（5年を超えない範囲）

Q3　家族の呼寄せ・技術者の呼寄せ

次のような場合に、外国人を日本へ呼び寄せることはできますか。また、呼び寄せるためには、どのような手続をしたらよいでしょうか。
① 私（外国人）は、日本で「経営・管理」の在留資格で働いていますが、本国にいる妻と子どもと高齢の母を呼びたいです。
② 私（日本人）は、自分が経営している会社に、外国にいる外国人を技術者として呼びたいです。

1　外国人を日本へ呼び寄せるためにできること

外国人が来日するための手続については、Q1で説明したとおりです。こうした準備や申請の全てを来日しようとする外国人自身が行おうとすると、査証取得にも上陸審査にも、手間と時間がかかってしまいます。そこで、日本で当該外国人を呼び寄せたい側が協力してあげることで、来日する外国人の負担や審査のための時間を減らすことができます。それが、在留資格認定証明書制度です。

在留資格認定証明書とは、法務大臣が、来日しようとする外国人が上陸許可要件に適合していることを事前に証する証明書のことです（入管法7条の2第1項、入管法規則6条の2第5項）。この在留資格認定証明書は、日本国内にいる者が地方出入国在留管理局の窓口で申請を行って取得します。例えば、「留学」で来日しようとする外国人のために、留学先の日本語学校が在留資格認定証明書を用意したり、「日本人の配偶者等」で来日しようとする外国人のために、配偶者である日本人が在留資格認定証明書を用意したりするような具合です。

地方出入国在留管理局から在留資格認定証明書が交付されると、日本で交付申請を行った者がこれを受け取ります。そして、その者が、来日しようとする外国人本人に当該在留資格認定証明書を送ります。これを受け取った外国人本人が日本の在外公館に提示して査証申請を行うと査証審査期間が短縮されますし、上陸審査の場面でもこれを提示すれば、審査がスムーズに行われることになります。

現在、在留資格認定証明書は大変広く使われており、その交付件数は年間で40万件以上（2017年時点）に上っています。

【在留資格認定証明書がない場合の査証審査】　【在留資格認定証明書がある場合の査証審査】

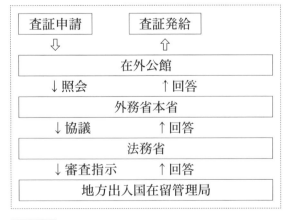

2 在留資格認定証明書交付申請について

(1) 在留資格認定証明書制度の対象

在留資格認定証明書制度の対象となる在留資格は、「短期滞在」以外の全ての在留資格です（Q2参照）。したがって、「短期滞在」以外の在留資格での来日を希望する場合、原則として、在留資格認定証明書を取得することを考えたほうがよいでしょう。ただし、「特定活動」と「定住者」という在留資格の場合、在留資格認定証明書交付の対象は、あらかじめ法務大臣による告示（「特定活動告示」および「定住者告示」）に該当する者に限られます。この2つの在留資格は、在留資格に該当する活動等について「法務大臣が個々の外国人について特に指定する活動」（特定活動）、「法務大臣が特別な理由を考慮し一定の在留期間を指定して居住を認める者」（定住者）と抽象的に規定しているため、その一部は法務大臣が告示に定めています。そして、在留資格認定証明書交付制度はこれらの告示に明記された人に限られます。また、「永住者」の在留資格は、一定の期間日本に滞在し続けるか、永住者の子として日本国内で生まれることが前提となっており、その性質上、日本国外にいる外国人が来日と同時に取得することができない在留資格ですから、「永住者」の在留資格認定証明書交付申請も想定し得ません。

(2) 申 請 人

在留資格認定証明書の交付申請を行うことができる者は、①日本に上陸しようとする外国人本人（入管法7条の2第1項）又は②入管法上の「代理人」を指します（同条2項）。

まず、①日本に上陸しようとする外国人本人は在留資格認定証明書交付申請を行うことができます。しかし、注意すべきことは、ここでいう外国人本人は日本に在留している人に限られ、外国にいる人を含まないということです。そのため、外国人本人が交付申請をする場合とは、日本に滞在している外国人が、何らかの理由により一度本国へ帰国し、改めて在留資格を取り直して来日する必要があるときに、日本出国前に自ら在留資格認定証明書を取った上で帰国するような場面に限られます。

次に、②在留資格認定証明書交付申請をすることができる「代理人」は、外国人本人から頼まれたら誰でもよいわけではなく、規則によってあらかじめ定められた者に限られます（入管法7条の2第2項）。「代理人」になることができる者や機関については、入管法規則6条の2第3項、同規則別表第4に明示されていますから確認してください。原則として、来日する外国人を受け入れる機関や人物が、この「代理人」として認められています。

(3) 申請の取次ぎ

申請に当たっては、上記①ないし②で掲げた在留資格認定証明書交付申請人本人の出頭義務が課されているため、本人が地方出入国在留管理局窓口に赴いて行わなければならないのが原則です（入管法61条の9の3第1項参照）。しかし、上記申請者が、①規則所定の公益法人の職員、②弁護士会・行政書士会を通じて届出を行った弁護士・行政書士、③当該外国人の法定代理人（入管法規則6条の2第4項）に申請の手続を依頼すれば、本人は入管窓口に出頭しないでよいとされています。こうして在留資格認定証明書交付申請人から依頼を受けた者は、取次申請人といわれます。なお、外国にいる外国人本人は、そもそも自身では在留資格認定証明書交付申請を行うことができませんので、申請取次人に申請の委任をすることもできません。

規則所定の取次申請人以外の者が手続をしようとしても、申請者本人の出頭義務が免除されず、本人の出頭を求めずに手続することができないため、注意が必要です。

⑷　申請方法

　在留資格認定証明書の交付申請は、申請人または申請取次を行う者が、来日する外国人の居住予定地を管轄する地方出入国在留管理局に申請書を提出する方法により行います。

　申請のためには、所定書式の申請書等を作成し、さらに所定の資料を提出する必要があります。これら所定資料は、入管法規則別表第３に規定してあります。また、入管のウェブサイトにて所定用紙や申請必要書類の案内がありますから、これらを参考にして準備をするとよいでしょう。

⑸　審査期間

　審査の所要期間は、具体的ケースや時期によっても異なりますが、通常２、３か月、場合によってはそれ以上の時間を要することを見込んでおくべきです。申請は、来日しようとする時期を考えながら、余裕をもって早めに行ったほうがよいでしょう。

③　在留資格認定証明書交付の要件

　在留資格認定証明書交付の要件は、原則として上陸許可要件を全て満たすことです。すなわち、①在留資格該当性が認められること、②日本で行おうとする活動が虚偽でないこと、③上陸許可基準を定めた基準省令に適合すること（いずれも入管法７条の２第１項、７条１項２号）、④在留期間の相当性、⑤上陸拒否事由が存在しないこと（同法規則６条の２第５項、同法７条の２第１項１号、３号、４号）です（①についてはQ2、②、④、⑤についてはQ4参照）。

　このうち、③の上陸許可基準を定めた基準省令とは、別表第１の一部の在留資格について上陸に必要な条件を定めた法務省令（上陸許可基準）のことを指します（上陸許可基準についてはQ4、別表第１の在留資格についてはQ2参照）。この基準省令については、「出入国管理及び難民認定法第７条第１項第２号の基準を定める省令」としてウェブサイト上で公開されていますから、確認してください。

　なお、上陸拒否事由がある場合でも、諸般の事情を考慮して在留資格認定証明書が交付されることがあります（Q4参照）。

④　呼び寄せがうまくいかない場合とは

　来日したいという外国人が上陸できない場合とはどのような場合でしょうか。

⑴　在留資格認定証明書が交付されなかったとき

　前記③で説明した在留資格認定証明書の要件を満たさなければ、在留資格認定証明書は交付されません。

　なお、在留資格認定証明書が交付されない場合、地方出入国在留管理局はその理由を説明します。このときに説明を受けた不許可理由によっては、改めて書類を補充するなどして再度申請することもあるでしょう。あるいは、不交付処分取消請求訴訟を提起することもあり得るかもしれません。どちらがよいかは、その不許可理由によっても異なるため、個々の事案に即して、慎重に検討する必要があります。

⑵　在留資格認定証明書をもらっても査証が発給されないとき

　在留資格認定証明書は査証発給を保証するものではありません。そのため、在留資格認定証明書を取得しても査証が発給されないということも起こり得ます。注意しなければならないのは、在留資格認定証明書は、証明書交付決定時点で入管が把握していた事情に基づいて前記

③①～⑤の要件を証明するものにとどまるということです。そのため、証明書交付決定後に、前記各要件の充足を否定する事実が新たに生じたり、明らかとなったりした場合には、仮に在留資格認定証明書を有していたとしても、査証発給や上陸許可を得ることは困難になります。

また、特段新たな事情の発覚又は発生がない場合であっても、在外公館において上陸許可要件を満たさないと判断すれば、査証が発給されないことも起こり得ます。残念ながら、在留資格認定証明書が交付されたにもかかわらず、査証発給が受けられなかったというケースが、特に南アジア圏で多数報告されています。

このような査証不発給に対しては、訴訟を提起したとしても、裁判所が実体判断を行うかどうか定かではありません。また、在留資格認定証明書の有効期間は3か月程度ですから、同一証明書を用いての再度の査証申請は事実上不可能です。このような場合、再度在留資格認定証明書交付申請から手続する以外に有効な術がないのが現実です。

(3) 査証が発給されても上陸許可が下りないとき

在留資格認定証明書の発行を受け、査証の発給を受けていたとしても、上陸審査の時点で前記③①～⑤の要件を否定する事実が新たに生じたり、明らかとなったりした場合には、上陸が許可されないということもあり得ます（Q4参照）。

5 設問に対する回答

設問①について、まず日本へ呼び寄せたい人の取得できる在留資格を検討します。「経営・管理」の在留資格を有する外国人に扶養されている配偶者や子は、「家族滞在」という在留資格を取得することができます（別表第1）。他方、高齢の母親は、その対象ではないため、「短期滞在」の在留資格で入国することしかできないものと思われます。ただし、病気療養等の事情がある場合には、来日後、それらの事情を理由として「特定活動」の在留資格へ変更する余地もありうるかもしれません（Q6参照）。

相談者は、配偶者や子の「家族滞在」の在留資格認定証明書交付申請の代理人となることができます（入管法規則別表第4）。そこで、相談者が、地方出入国在留管理局へ申請を行い、在留資格認定証明書の交付を受けることができます。具体的な手続は前記②のとおりです。在留資格認定証明書が交付されたら、これを配偶者らに送り、配偶者らが最寄りの日本領事館・大使館へ持参して査証申請を行うことになります。査証取得後、来日して上陸審査を受け、無事上陸許可が下りれば、晴れて日本に滞在することができます。

次に、設問②についても、相談者において、まずは呼び寄せるビザの種類を検討するべきです。相談者は、技術者を呼びたいということですから、「技術・人文知識・国際業務」の在留資格での呼び寄せを検討することになるかと思われます。そして、当該外国人が「技術・人文知識・国際業務」の在留資格を取得しようとする場合、在留資格認定証明書交付申請ができる「代理人」は、「本人と契約を結んだ本邦の機関の職員」ですから（入管法規則別表第4参照）、相談者が当該外国人と契約を締結するのであれば、相談者が代理人となって在留資格認定証明書交付申請をすることができます。そのため、相談者において、前記②に記した方法で地方出入国在留管理局へ在留資格認定証明書交付申請を行います。無事在留資格認定証明書が交付されたら、その後の手続は設問①と同じです。

Q4　上陸拒否

　私の友人（外国人）が、今日来日する予定で、既に成田空港に着いているはずですが、いつまで経ってもゲートから出てきません。
　友人は、以前日本で大麻取締法違反により有罪判決を受けており、来日できるかどうか心配していました。友人はどうなっているのでしょうか。

1　上陸の手続

　来日しようとする外国人は、空港に到着すると、入国審査官による上陸審査を受けなければなりません（入管法6条、7条、9条、Q1参照）。

　上陸審査において上陸許可要件を満たしていると判断されれば、在留資格が付与されて上陸が許可されます。しかし、上陸許可要件を満たしていない、あるいは満たしているかどうか疑わしいと判断されれば、当該外国人は別室に連れて行かれ、特別審理官による口頭審理を受けなければなりません（同法9条6項、10条1項）。口頭審理の結果、上陸許可要件を満たしていると判断されれば、すぐに上陸許可が下りますが（同法10条8項）、審査の結果、上陸許可要件を満たさないと認定されれば、外国人はその認定に異議を唱えるかどうかの選択を迫られます（同条10項）。もしもその認定に異議を唱えなければ、日本へ上陸しないで退去するよう「退去命令」が出されて、そのまま帰国することになります（同条11項）。他方、その判断に異議があれば、当該外国人は認定から3日以内に異議申出を行います。異議申出に対し、法務大臣

【上陸の手続】

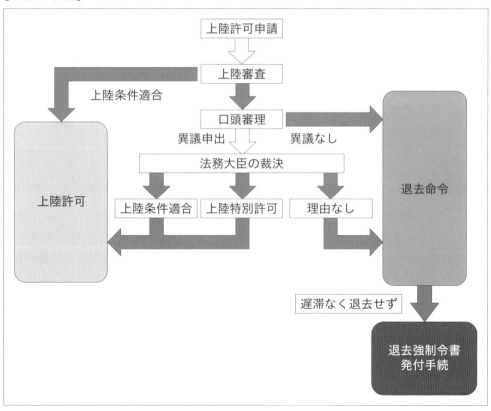

は、改めてその外国人の上陸を認めるかどうかを判断します（同法11条）。この判断には、①上陸許可要件を満たしているために上陸を許可する判断、②上陸許可要件は満たさないけれども法務大臣が特別に上陸を許可する判断（「上陸特別許可」、同法12条1項）、③異議には理由がないとして異議申出を退ける判断の3種類があり得ます。①と②は最終的に上陸が許可されますが、③異議に理由がないとなれば、やはり「退去命令」が出されます。

退去命令が出されると、適切な航空機に乗って帰国しなければなりません。もしも、退去命令に従って遅滞なく退去しなければ、そのことが退去強制事由となり、退去強制手続が進んでいきます（Q13参照）。

これらの手続を経た外国人は、一定期間（上陸拒否期間）、日本へ上陸することができなくなることがあります。

上陸を拒否された場合、その拒否理由が薬物の不法所持（入管法5条1項6号）ないし銃砲・刀剣類・火薬類の不法所持（同項8号）であれば1年の上陸拒否期間がありますが（同項9号イ）、他の理由による上陸拒否であれば上陸拒否期間はありません。他方、退去命令に従って帰国せずに退去強制令書が発付されると、上陸拒否期間は原則として5年となります（同項9号ロ）。

② 上陸審査と上陸許可の条件

⑴ 上陸許可要件

上陸審査時に審査される事項は次のとおりです。

① 旅券が有効であること（入管法7条1項1号、6条1項）
② 査証が有効であること（査証免除措置の場合を除く。入管法7条1項1号、6条1項）
③ 在留資格該当性が認められること（入管法7条1項2号）
④ 本邦で行おうとする活動が虚偽でないこと（入管法7条1項2号）
⑤ 入管法7条1項2号の省令（基準省令）に適合していること（入管法7条1項2号）
⑥ 在留期間が適合していること（入管法7条1項3号）
⑦ 上陸拒否事由が存在しないこと（入管法7条1項4号、5条1項）

なお、上陸審査の際には、個人識別情報（指紋情報と顔写真）を提供しなければならず、これを提供しない場合、前記上陸要件を満たすか否かにかかわらず、口頭審理の対象となります（入管法7条4項）。

⑵ 上陸許可要件の説明

①旅券が有効であることは、入国の要件です（入管法3条1項）。上陸審査においては、入国の要件も審査されることになっています（同法7条1項1号）。

②有効な査証の所持は、上陸の要件です（Q1参照）。ただし、日本が査証免除協定を締結している国から「短期滞在」の在留資格で一定期間来日する外国人の場合、査証は不要です。本書執筆時現在、日本は68の国・地域と査証免除協定を締結しています。外務省のウェブサイトで査証免除措置国一覧が載っていますから、参考にするとよいでしょう。

③また、当該外国人は、来日後に予定している活動や身分又は地位が、現に得ようとしている在留資格が予定した活動や身分又は地位に該当していることが必要です（Q2参照）。

④本邦で行おうとする活動が虚偽のものでないこと（活動の真実性）とは、在留資格該当性を基礎付ける事実が虚偽でないことを意味します。例えば、「日本人の配偶者等」の在留資格

で本邦に滞在する場合の婚姻の真摯性（偽装結婚でないこと）、「経営・管理」の在留資格で本邦に滞在する場合の就労先や就労内容等の真実性を意味します。この要件は、前記③在留資格該当性の要件の一部として説明されることもあります。

　⑤入管法7条1項2号の省令は、別表第1の在留資格のうち一部の在留資格について、上陸しようとする場合に適合を求められる基準を定めたものです（Q2参照）。この省令は、一般に「基準省令」と呼ばれたり、「上陸許可基準」といわれたりします。

　⑥在留期間の適合性とは、外国人が申告する滞在予定期間が、その在留資格について定められた在留期間に適合することです（入管法7条1項3号）。

　(3)　上陸拒否事由について

　最後に、⑦上陸拒否事由が存在しないことという要件について説明します。

　上陸拒否事由とは、その事由があれば上陸が拒否されることとなる法定事由のことで、入管法5条1項において定められています。上陸拒否事由に応じて、上陸拒否期間が特定されている場合と無期限となっている場合があります。代表的な上陸拒否事由を列挙しますが、詳しくは同法5条1項の各号の規定を確認してみてください。

【上陸拒否事由】

上陸拒否事由	上陸拒否期間	入管法5条1項
過去に1回、退去強制されたことがある	5年	9号ロ
過去に2回以上、退去強制されたことがある	10年	9号ハ
過去に薬物不法所持又は銃砲・刀剣類・火薬類の不法所持を理由に退去命令を受けたことがある	1年	9号イ
過去に出国命令を受けたことがある	1年	9号ニ
懲役・禁錮1年以上の有罪判決を受けたことがある	無期限	4号
覚せい剤取締法違反等の薬物事犯について有罪判決を受けたことがある	無期限	5号
売春業務に従事したことがある	無期限	7号
貧困者、放浪者等で生活上国又は地方公共団体の負担となるおそれがある	無期限	3号

　これらのうち、懲役・禁錮1年以上の有罪判決を受けたことがある場合（4号）に関しては執行猶予判決が含まれると考えられていますから、仮に執行猶予期間を経過したとしても、この条項への該当性が認められることになります。また、覚せい剤取締法違反等の薬物事犯の場合（5号）、有罪判決であれば上陸拒否事由となります。この場合、刑の種類や刑期を問いませんから、万一懲役1年未満の有期懲役であったとしても、上陸拒否事由に該当するため注意が必要です。さらに、売春業務従事者だった場合については（7号）、有罪判決さえ必要ではなく、入管においてその事実を認めれば上陸拒否事由となります。

　なお、貧困者等で国又は地方公共団体の負担となるおそれがあるという上陸拒否事由に関連して、近年、呼び寄せる側が生活保護を受給している場合には、当該事由に該当すると判断さ

れることがありますから、留意しておく必要があります。

(4) 在留資格認定証明書と上陸許可要件

在留資格認定証明書の交付に当たって、入管は上陸許可要件に適合するかどうかについて審査しています。そのため、在留資格認定証明書を保持する者については、原則として、これらの要件を満たしている者として扱われ、上陸審査がスムーズに進むことになります（Q3参照）。

③ 上陸許可について

(1) 上陸特別許可

上陸許可条件を1つでも満たさない場合には、原則として上陸は許可されません。しかし、①再入国許可を得ていたとき、②人身取引等により他人の支配下に置かれて本邦に入ったとき、③「その他法務大臣が特別に上陸を許可すべき事情があると認めるとき」には、法務大臣によって上陸特別許可が与えられることがあります（入管法12条1項各号）。特に③の規定に基づく上陸特別許可はしばしば利用されており、例えば、過去に退去強制となった外国人が、日本人と婚姻していることを理由として上陸拒否期間中（例えば退去から3年経過後）に上陸をしたいと希望する場合にも、上陸特別許可による上陸が認められることがあります。

(2) 上陸拒否の特例

上陸拒否事由に該当する外国人が日本に上陸しようとする場合、前記のように、異議申出を経た上で、法務大臣から上陸特別許可を得なければならないのが原則です（入管法12条1項参照）。

しかし、入管側としても、上陸拒否事由となる事実（例えば過去に一度懲役1年以上の有罪判決を受けた事実）を踏まえつつ、当該外国人に査証を発給したり、在留資格認定証明書を交付したり、あるいは在留を許可したりすることがあります。これらの場合、入管は、上陸拒否事由の存在を踏まえた上で、当該外国人の上陸や在留が相当であると判断していると考えられます。そのような場合にまで、当該外国人が日本に上陸するたびに、毎回異議申出を行い、上陸特別許可の手続を踏まなければならないのは煩雑です。

そこで、日本に在留する当該外国人が前記上陸拒否事由の存在を前提として在留している場合、再入国許可を取得すれば、上陸拒否の特例として、口頭審理を経ることなくそのまま上陸を認めることができるようになっています（入管法5条の2、入管法規則4条の2第1項）。同様の理由から、外国にいる当該外国人が上陸拒否事由を踏まえつつ在留資格認定証明書交付や査証発給を受けた場合にも、口頭審理を経ずに上陸を認めることができるようになっています（同法5条の2、同法規則4条の2第1項）。ただし、ここでいう査証は、外務省と法務省の協議（査証事前協議）を経て発給判断がなされたものに限ります。

この特例を受けるためには、みなし再入国許可ではなく、本来どおりの再入国許可の手続を踏む必要があるので注意してください（Q10参照）。

そして、この特例による許可を受けた場合には、在留資格認定証明書や査証とは別に、所定の通知書を交付されることになっています（入管法規則4条の2第2項）。

④ 上陸審査の実際

上陸許可が下りない場合、その後の手続は非常に早く進んでいきます。

口頭審理は早ければ上陸審査日当日に行われますし、その後の手続も2、3日以内には全て

終えることがほとんどです。この間、当該外国人は、日本に上陸することはできないため、空港内に設置された出国待機施設や航空会社が準備する施設に留め置かれます。

また、この間、当該外国人は外部への連絡が制限されることもありますから（平成18年6月6日法務省管審第345号入国管理局長通達参照）、外部から積極的に問合せをして状況を把握し、急いで口頭審理等の準備を進めることになります。

したがって、もし、約束の時間に入国カウンターを通過してこない外国人がいれば、急いで専門家に相談する必要がありますし、専門家側は、当日遅くとも翌日には急いで対応する必要があります。

5　代理人としての活動

代理人としては、口頭審理の立会いや資料提出、口頭審理後の異議申出のための資料提出が主な活動になります。とはいえ、口頭審理それ自体は、上陸審査から時間を置かずに行われることが多いため、事前に予測していなければ対応が困難と思われます。上陸拒否事由があることがあらかじめ分かっている場合などは、事前に口頭審理のための資料を準備して本人に持たせておく必要があるでしょう。

仮に口頭審理が終わってしまった場合でも、法務大臣の裁決を得るための異議申出において代理人として活動を尽くす余地があります。異議申出に当たって、補充資料や意見書を付して、上陸許可が付与されるべきこと、又は上陸特別許可が認められるべきことを主張していくことになります。前記のとおり、時間が勝負の手続ですから、迅速に、資料や意見書を提出する必要があります。

6　設問に対する回答

相談者の場合、友人が入国ゲートから出てこないということですから、上陸審査で上陸許可を得られずに、口頭審理手続が行われていることがうかがわれます。

その友人は過去に大麻取締法で有罪判決を受けているとのことですから、実際にも上陸拒否事由（入管法5条1項5項、上陸拒否期間は無期限）に該当しますので、口頭審理の手続に進んでいることは間違いないものと思われます。

その友人は、上陸特別許可が得られない限り、上陸が認められることはありません。そこで、上陸特別許可を得られるように、今後上陸の必要性や許容性を急いで立証していくことが考えられます。

万一、法務大臣の裁決においても上陸特別許可が認められなければ、そのまま退去を促す退去命令が出されることになります。退去命令に従って退去するのか、あるいは退去命令に従わずに滞在を続けて退去強制手続に進むのか、そのリスクを踏まえて慎重に方針決定することが求められます。

Q5 在留期間の更新・在留資格の変更

　私（外国人）は、２年前に来日し、日本人の夫と結婚して「日本人の配偶者等」の在留資格で在留していますが、夫と離婚しようと思っています。

　現在の在留資格の期限がもうすぐ切れてしまうのですが、在留資格を更新できるのでしょうか。また、夫と離婚した場合、日本に滞在し続けることはできるのでしょうか。

1　在留期間の更新

　日本に在留する外国人は、原則として、在留資格制度のもとで何らかの在留資格をもって在留しなければなりません。そのため、今ある在留資格の在留期間経過後も引き続き本邦に滞在しようとする外国人は、新たな在留の許可を得なければなりません。現在の在留期間経過後に日本における活動目的や身分又は地位に変更がない場合には、在留期間の更新許可（入管法21条）を得ることになります。他方、日本での活動目的や身分又は地位に変化が生じた場合には、在留資格の変更許可（同法20条）を得る必要があります。

(1)　在留期間更新許可の要件

　在留期間の更新が認められるには、①在留資格該当性と②期間更新を認めるに足りる相当な理由（一般に「相当性」といわれます）が必要とされています（入管法21条３項）。

(2)　別居中や離婚中の在留資格該当性

　在留資格は、その人が行おうとする活動又はその人の身分若しくは地位のいずれかに着目して定められており、このことを在留資格該当性といいます（Q2参照）。

　設問の外国人の在留資格は「日本人の配偶者等」ですが、この在留資格は、日本人の配偶者という身分又は地位に着目して与えられる在留資格です。設問の相談者は日本人の配偶者との離婚を考えているということですので、別居中であることや離婚調停中であることが考えられます。このような場合、日本人の配偶者等の在留資格該当性があるかが問題になり得ます。

　いまだ離婚が成立していない場合に、「日本人の配偶者等」の在留資格が認められるかについて、現在の出入国在留管理行政実務では、有効な婚姻関係があるというだけではなく、同居・協力という婚姻の実質が伴うものでなければならないとされています。実際の判断に当たっては、別居の経緯や関係修復の意思、子の有無や家族関係・状況等を総合考慮していると考えられています。

　判例・裁判例は、共同生活の実態がなく回復の見込みが全くない場合には配偶者の在留資格該当性を失うと判断したものがありますが（最一小判平成14年10月17日民集56巻８号1823頁）、婚姻関係が冷却化し、同居相互扶助の活動が事実上行われていない場合でも、その状態が固定化しておらず、婚姻関係を修復維持できる可能性がある場合には、在留資格該当性が失われないと判断したものもあります（東京地判平成９年９月19日判時1650号66頁）。

　出入国在留管理行政実務上も、いまだ離婚が成立していない場合に「日本人の配偶者等」の在留期間の更新を許可することがあります。もっとも、このような事情のある場合、在留期間は比較的短期間（最短で６か月）となり得ますのでその点は覚悟しておく必要があります。

(3)　更新の相当性

　期間更新の相当性の判断には、法務大臣に裁量があるとされており、在留中の活動状況や行状、在留の必要性等が考慮されます。相当性の判断に当たっての主な考慮要素は、「在留資格

の変更、在留期間の更新許可のガイドライン」（法務省ウェブサイト参照）に掲載されていますので確認してください。現在、当該ガイドラインで明示されている要素は次の５点です。ただし、常にこれらを全て満たしていなければ、相当性が肯定され得ないわけではありません。

① 素行が不良でないこと
② 独立の生計を営むに足りる資産又は技能を有すること
③ 雇用・労働条件が適正であること
④ 納税義務（健康保険料の支払を含む）を履行していること
⑤ 入管法に定める届出等の義務を履行していること

⑷ 申請手続

在留期間更新の許可申請は、弁護士による代理などの場合を除いて居住地を管轄する入管へ出頭して行います。申請に必要な書類や申請についての基本的事項は、法務省のウェブサイトで確認できます。申請に当たっては入管が要求する必要最低限の書類をウェブサイトなどで確認して用意するほか、前述のガイドラインの各条件に応じて資料を補充するべき場合もあります。

設問のように離婚を考えており、別居等をしている場合には、⑵で述べた婚姻実態についての事実関係を丁寧に説明することが必要です。また、日本人の配偶者等の在留期間の更新に当たっては、配偶者が身元保証書を提出することとされていますが、配偶者と別居中で配偶者の協力が得られない場合には、その他の親族や知人などの身元保証人を見つけることも必要です。

在留期間更新許可申請は、現在有している在留資格の在留期間内に行わなければなりません。在留期間を経過してしまった場合は、不法残留となり、退去強制手続の中で在留特別許可を得ることになります（退去強制事由についてはQ12、退去強制令書発付手続についてはQ13参照）。もっとも、在留期間経過後であっても、特別な事情があって数日遅れてしまったというような事情がある場合に、入管実務上の例外的措置として入管が特別に申請を受理する場合があります（一般に「特別受理」といわれています）。

⑸ 在留期間更新許可申請中の地位

在留期間更新許可申請をした後、従前の在留資格の在留期間が過ぎてしまうことがありますが、在留期間更新許可申請をした場合（30日以下の在留期間を決定されている者が申請した場合を除く）、従前の在留期間が過ぎた後も、審査期間中又は在留期間満了時から２か月経過する日のいずれか早い日までの間は、引き続き従前の在留資格で日本に滞在することができます（入管法21条４項、20条６項）。

② 在留資格の変更

現在の在留資格が予定している活動を終了して別の活動に移行したり、身分又は地位が変わったりした場合には、新たな在留資格を得る必要があります。日本に在留したまま、別の在留資格に変更して引き続き在留することを可能にするのが、在留資格の変更許可制度（入管法20条）です。

⑴ 在留資格変更許可の要件

在留資格の変更が認められるためには、①新たに取得しようとする在留資格の在留資格該当性と②変更を認めるに足りる相当な理由（相当性／入管法20条３項）があることが必要です。

⑵ 離婚後の在留資格に関する在留資格該当性

「日本人の配偶者等」の在留資格により在留する外国人が、配偶者と離婚（又は死別）した

場合には、当該事由発生日から14日以内に出入国在留管理庁長官にその旨通知しなければなりません（入管法19条の16第3号）。これを怠ると在留資格を喪失してしまう危険もあるため注意が必要です。

また、離婚後正当な理由もなく6か月が経過すると在留資格が取り消される可能性もあります（入管法22条の4第1項7号）。

日本人の配偶者と離婚が成立した場合、「日本人の配偶者等」の在留資格該当性が失われます。この場合、在留資格該当性を満たしていると思われる他の在留資格への変更を検討していくことになります。

一般に、日本人と離婚又は死別した外国人が「定住者」への在留資格変更を求めるケースが多く見受けられます。「定住者」は、法務大臣が特別な理由を考慮して居住を認める在留資格です。日本人と離婚した外国人も日本での在留期間等の生活実績が考慮されてこの在留資格への変更が可能な場合があります。実務上は、目安として実体のある婚姻期間が3年程度あり（第171回国会参議院法務委員会会議録第13号、平成21年6月30日政府参考人答弁）、独立して生計を営むことができ、仕事や生活面でも日本との関連性が相当程度あることが必要になると考えられています。

未成年かつ未婚の日本人の実子を扶養するために本邦に在留を希望する外国人親については、その親子関係、当該外国人が当該実子の親権者であること、現に当該実子を養育、監護していることが確認できれば、「定住者」への在留資格への変更が許可されることになっています（法務省平成8年7月30日通達「日本人の実子を扶養する外国人親の取扱について」）。

(3)　在留資格変更申請の手続

在留資格の変更許可申請手続も、弁護士による代理などの場合を除いて本人が居住地を管轄する入管に出頭して申請書を提出しなければなりません。入管が要求する必要最低限の書類をウェブサイトなどで確認して用意するほか、前述のガイドラインの各条件に応じて資料や、定住者の要件を満たすことを具体的な資料を補充して提出するべきでしょう。

(4)　在留資格変更許可申請中の地位

在留資格変更許可申請中も、在留期間更新許可申請中と同様に、申請後の従前の在留資格の在留期間が経過した場合であっても、審査期間中又は在留期間満了時から2か月経過する日のいずれか早い日までの間は、引き続き従前の在留資格で日本に滞在することができます（入管法20条6項）。

3　設問に対する回答

(1)　日本人の配偶者等の在留期間の更新

日本人の夫との離婚を考えている場合に「日本人の配偶者等」の在留資格の更新が認められるかどうかは、現在の婚姻関係が修復不可能な程度に至っているかどうかということにより判断されることになります。具体的には、相談者と日本人の夫と別居の有無、別居している場合には別居の経緯及び期間や、双方が婚姻継続の意思を有しているか等を考慮して、婚姻関係に修復可能性がないような場合には在留資格の期間の更新が認められるのは難しいでしょう。ただし、離婚調停又は訴訟が係属している間は、在留期間が「6月」になるものの期間更新自体は概ね認められています。逆に、別居期間が短く、どちらかが離婚に合意していない場合には修復可能性があるとして更新が認められる可能性があります。

⑵　定住者への在留資格の変更

　離婚が成立した後、一定の場合に「定住者」の在留資格への変更が認められ日本に滞在し続けることができる場合があります。元夫との間の実子を親権者として養育監護している場合、そのような実子がいない場合でも元夫との婚姻期間が３年程度以上あり、安定した収入を得て、日本社会で生活しているような場合には「定住者」への在留資格の変更が認められ、離婚後も日本に滞在することができる可能性があるでしょう。

⑶　不許可となった場合

　在留期間の更新や在留資格の変更が不許可となった場合の対応については、Q8及びQ9を参照してください。

Ｑ６　短期滞在からの在留資格変更申請

　　私（外国人）は、日本人の婚約者と結婚するために日本に「短期滞在」のビザで来日し、結婚の手続が終了しました。このまま帰国せずに、日本で夫と暮らしたいのですが、そのようなことは可能ですか。

1　短期滞在からの在留資格の変更

　相談者は、「短期滞在」の在留資格で滞在していますが、婚姻手続を完了したことから、「日本人の配偶者等」の在留資格に在留資格を変更することが考えられます。在留資格を変更するためには、一般に、在留資格該当性と相当性の要件を満たす必要があります（Q5参照）。これに加えて、「短期滞在」からの在留資格変更許可申請の場合、「やむを得ない特別の事情に基づくものでなければ許可しない」（入管法20条３項）と定められているため、他の在留資格からの変更よりも厳しく判断されることになっています。

　そのため、短期滞在で来日した後、長期の在留資格該当性を充足する状況になったからといって、当然のように在留資格変更許可が認められると考えることには慎重でなければなりません。もっとも、設問のように婚姻手続が完了した場合、その婚姻の真実性に争いがなければ、在留資格の変更が認められることもあります。申請する場合には、リスクを認識した上で、手続に臨むとよいでしょう。

2　短期滞在からの在留資格の変更の困難さ

　前記のように、短期滞在からの在留資格の変更については、他の在留資格からの変更の場合と比べても厳しく制限されています。

　実務上の傾向としては、特に別表第１の在留資格（Q2参照）への変更は、特に厳しく判断されているように思われます。

　なお、「特定活動」や「定住者」といった在留資格の場合、それぞれの告示に記された以外の理由により在留を希望するときには、一旦短期滞在の在留資格で来日し、その後「特定活動」や「定住者」の在留資格へ変更許可申請を行わざるを得ません（Q5参照）。これらの在留資格は、法律上、あらかじめ告示で定められた理由以外では上陸許可が下りないようになっているからです（入管法７条１項２号）。

3　短期滞在からの変更が認められない場合

　入管は、当該申請者の在留資格変更許可が認められないと考える場合、当該申請者に対し、申請に応じた許可を出さない旨説明した上で、出国準備期間としての「特定活動」ないし「短期滞在」へ申請内容の変更の届出（入管法規則21条の３参照）を行うかどうかの判断を求めることがあります。

　申請者が変更届出に応じれば、原則として、その場で出国準備のための「特定活動」又は「短期滞在」の在留資格が付与されます。

　こうした勧めに応じなければ、申請者には在留資格変更不許可処分が出されてしまい、そのまま不法滞在となり得ることから、適法な在留を続けるためには申請内容の変更に応じざるを得ません（Q9参照）。他方で、その変更に応じてしまえば、在留資格変更の不許可処分が出さ

れたことにはならないため、不許可処分について訴訟で争うことができなくなると考えられていることから慎重な判断が求められます。

　仮に、一旦は出国準備のための「特定活動」又は「短期滞在」への申請内容変更に応ずることになったとして、その後、再度当初申請を試みた在留資格への在留資格変更許可申請を行うべきか、帰国するべきかの判断は、事案によって異なります。

　こうした判断は困難を伴いますから、専門家である弁護士に相談することをお勧めします。

4 短期滞在の在留期間更新について

　「短期滞在」の在留期間の更新についても、楽観的に考えることはできません。在留資格変更申請が不許可になったからといって、安易に短期滞在の在留期間を更新すればよいと解することは危険であり、在留期間更新を繰り返すことができるか否かについては慎重に考えるべきです。

　「短期滞在」の在留資格は、あくまでも短期的・一時的な滞在を想定しているため、この資格で在留期間更新許可を繰り返し行って長期間日本に滞在するということは考えられていません。そこで、入管の内部規則（入国・在留審査要領第12編・ただし2018年3月6日時点のもの）において、その滞在期間は、原則として上陸時から合計180日（6か月）までとされています。そして、それ以上の滞在については、「人道上真にやむを得ない事情又はこれに相当する特別の事情」があると認められる時に限られるとして、厳しく制限しています。実務上、この運用はかなり厳格になされており、短期滞在の在留資格を得て滞在しようとする外国人は6か月を超えないように滞在日数を計算しながら在留するなどの対応を迫られているのが実情です。

　もちろん、事案によっては、在留期間更新が認められ続けて合計滞在期間も1年を超えることもあります。万が一更新をしなければならない場合には、なぜ在留期間を更新しなければならないのか、特に更新を繰り返し行っている場合には、その必要性を十分に説明する必要があります。

　また、出国準備期間として「短期滞在」や「特定活動」の在留資格を与えられている場合、その更新は厳しくなっていきます。本来出国準備のために付与された期間であるため、出国に必要な相当期間を超えてなお更新を繰り返すことに慎重な判断がなされるからです。特に、旅券上に「終止」「Final」といったスタンプが押されている場合、今後更新を許可しないという入管側の明示的な意思表示ですから、今後の更新許可を期待するべきではないでしょう。

5 設問に対する回答

　相談者は、「短期滞在」の在留資格から「日本人の配偶者等」の在留資格への変更許可を求めているところ、婚姻の真実性等について問題がないと判断された場合には、本件変更が認められる可能性があります。しかし、短期滞在の在留資格からの変更は本来的に厳しい要件でなされていることから、不許可となる可能性もあります。その場合には、一度帰国し、在留資格認定証明書を取得するなどして（Q3参照）、再度来日を試みることになるでしょう。

Q7 素行不良と在留資格の変更・更新

　私は、「留学」の在留資格で在留していますが、先日、万引きをして略式命令による罰金刑を受けました。在留期限が迫っていますが、在留資格の変更・更新に影響がありますか。

1 在留資格の変更・更新

　日本に在留する外国人は、在留資格制度のもとで、何らかの在留資格を持って在留しなければなりません。そのため、新たに別の在留資格に在留資格を変更して引き続き在留することを可能にする在留資格変更の制度（入管法20条）と、現に有する在留資格を変更することなく引き続き在留することを可能にする在留期間更新の制度（同法21条）が存することはQ5で述べたとおりです。

　そして、在留資格の変更・更新の許可については、国は、これを認めるに足りる「相当な理由があるときに限り」許可することができるとされており（入管法20条3項、21条3項）、この相当性の判断について、入管が「在留資格の変更、在留期間の更新許可のガイドライン」を発表していることもQ5で述べたとおりです。

2 相当性判断の要素としての「素行が不良でないこと」

　前記ガイドラインでは、「素行が不良でないこと」が相当性の判断要素になると明示されており、具体的には、「素行については、善良であることが前提となり、良好でない場合には消極的な要素として評価され、具体的には、退去強制事由に準ずるような刑事処分を受けた行為、不法就労をあっせんするなど出入国管理行政上看過することのできない行為を行った場合は、素行が不良であると判断されることとなります」との記載があります。

　設問の事例では、「留学」の在留資格で万引き（窃盗罪）で略式命令による罰金刑を受けたということです。

　入管法24条4号の2は、別表第1の在留資格を持つ外国人について、窃盗罪等で懲役又は禁錮の刑の言渡しを受けこれが確定した場合を退去強制事由としていますから、略式命令による罰金刑の場合は直ちに退去強制事由に該当するわけではありませんが、「退去強制事由に準ずるような刑事処分」と評価される可能性は否定できません。特に、万引きをした商品の金額が高額であるとか、以前にも万引きでの処分歴がある等の事情があれば、その可能性は高まるでしょう。

　とはいえ、相当性の判断は、ガイドラインの他の要素を含めた在留の状況、在留の必要性等を総合的に勘案して行われるものですから、在留資格の変更・更新に当たって、例えば、在留の状況について、留学生の本分として学業の成績が優秀であること、在留の必要性について、既に本邦の企業への就職が内定していること等の積極的な事情をアピールすることで、相当性があると判断される可能性もあると思われます。

3 在留資格の変更・更新申請が不許可となったら

　残念ながら在留資格の変更・更新申請が不許可となった場合の対応については、Q8を参照してください。

Q8　在留資格の変更・在留期間の更新の不服申立て

在留資格の変更や在留期間の更新が不許可になった場合、不服を申し立てる制度はないのでしょうか。そういう場合にはどうしたら再検討してもらえますか。

1　入管法上の制度の欠如

在留資格の変更申請や在留期間の更新申請の不許可処分に対する不服申立制度は、入管法上は直接の規定がありません。また、行政不服審査法上の審査請求や異議申立ての規定は適用されません（行政不服審査法7条10号）。

2　不許可理由の確認

不許可処分を受けた場合、まず不許可になった理由を聞くことが重要です。不許可通知に記載された理由は極めて概括的なものが多いので、補充すべき説明や資料を判断することができません。可能であれば、手続の代理を委任した弁護士や、申請書類の作成や申請取次を依頼した行政書士に同席してもらって、担当官から詳しい理由を聞くと以後の方針が立てやすくなります。

3　再申請など

在留期間が残っている場合には、もう一度書類を揃えて再度の申請をすることがあります。例えば、「技術・人文知識・国際業務」の在留資格の在留期間更新申請で、仕事の内容が翻訳等ではなく単純労働であると誤解された場合には、会社に貿易部門があることを説明したり、具体的な仕事の成果（翻訳した契約書など）を資料として添付して再申請をすると、誤解が解けて許可が出ることがあります。

4　変更申請を利用する場合

不許可処分の時点で、在留期間内に再申請できないと判断した場合には、出国準備を目的とする「特定活動」への変更許可申請への申出をすることがあります（Q9参照）。

ただし、一旦在留資格が「特定活動」になると、以前の更新許可申請手続の不許可処分に対しては行政訴訟の提起ができなくなってしまうので、具体的な見通しをもって入管との交渉を慎重に行うべきです。この場合は、入管問題に精通した弁護士などの専門家とよく相談して助力を得たほうがよいでしょう。

5　行政訴訟

不許可処分を最終的に争う方法は、不許可処分の取消を裁判所に求める行政訴訟です。

行政訴訟を提起できるのは、処分又は裁決があったことを知った日から6か月以内又は処分又は裁決の日から1年以内のいずれか早い日ですが、正当な理由がある場合にはこの限りではありません（行政事件訴訟法14条1項、2項）。

Q9　在留資格の変更が認められない場合の対応

　私は、在留資格の変更をお願いしましたが、入管の窓口で認められないと言われました。代わりに、出国準備をするのであれば、在留資格「特定活動」、在留期間30日を認めることができると言われています。私はどうしたらよいでしょうか。

1　不許可理由の確認

　Q5で解説したとおり、在留資格の変更許可は、在留資格該当性と相当性が必要とされています。不許可ということは、これらが認められないと判断されたことになります。そして、相談者は、結果告知の際、在留資格変更許可申請の内容を、出国準備を目的とする申請に変更する旨の変更申出書を提出すれば、出国準備期間としての「特定活動」を付与するという判断を迫られていると考えられます（入管法規則21条の3第1項参照）。

　出国準備を目的とした在留資格の場合、原則として出国のための猶予を与えるために滞在を認めるため、これ以上の滞在が認められない可能性があります。

　もっとも、以下に述べる手段をとることにより、日本での滞在が認められる場合がありますが、どの手段を選択するかについては、不許可理由の分析が重要です。申請者が入管で変更不許可の通知を受けるとき、実務上通知書が交付されています。通知書には、不許可の「理由」と「根拠となる事実」が簡単に書かれています。また、入管で結果の告知を受ける際には、担当官から、その記載以上に詳しい事情を直接聞くことができます。どのような事情が原因で不許可となったかについては、担当官に直接確認したほうがよいでしょう。なお、現在の運用では、結果告知の場に弁護士が不在でも、後日、本人と同席することで弁護士が理由を確認することもできます。

2　再度の変更申請

　Q8で解説したとおり、入管法上、不許可処分に対する不服申立制度はありません。そのため、日本での滞在を希望する場合には、次のような手段が考えられます。

　出国準備を目的とする「特定活動」に変更を受け、不許可理由が在留資格該当性について立証不十分であることや事実の誤解に基づく場合には、他の証拠を提出したり、文書等に基づき詳細に事情を説明し、再度の在留資格変更許可申請を行うことで、目的としていた在留資格の変更が許可される場合があります。例えば、日本人と婚姻したため「日本人の配偶者等」への在留資格に変更申請をしたものの、交際期間及び婚姻期間が非常に短いこと、夫婦間の年齢差が大きいことなどが消極的に評価され不許可とされたような場合には、婚姻が真摯なものであることを示すために、家族や友人から婚姻が認められていること、同居の実態等について写真や嘆願書等を提出することで認められる場合があります。

　他方で、目指していた在留資格ではなく、もともと有していた在留資格への変更を別途申請することも考えられます。ただし、在留資格変更許可申請中の地位には留意する必要があります。「特定活動」に変更を受けた上で、在留期間内に再申請を行うことはもちろんですが、在留期間が30日となっているので、在留期間経過後に不許可の結果が出た場合には、原則として在留期限経過時点から不法残留となります（入管法20条6項本文括弧書。30日以下の在留期間が指定された場合には、いわゆる特例期間が認められません。Q5参照）。実務上は、この

ような場合でも、再度出国準備のための「特定活動」を付与されることがありますが、場合によっては不法滞在となるリスクは覚悟する必要があるでしょう。いずれにしても、どの在留資格への変更申請を再度行うかについては、専門家に相談して検討するとよいでしょう。

3 在留特別許可

　例えば、設問の申請者が在留資格変更許可を認められなかった理由が、在留中に有罪判決を受けたことにあったとします。その有罪判決が、1年以上の実刑であれば退去強制事由に該当しますし（Q12参照）、そうでなくとも、それに「準ずるような刑事処分を受けた」と評価されれば、相当性判断で不利な事情として考慮されるため、在留資格の変更が不許可となる可能性もあります（Q5参照）。

　このように、在留資格該当性ではなく相当性に問題があった結果、変更が認められない場合には、そのまま在留を続けて在留特別許可を求めることが考えられます。例えば、有罪判決を受けて退去強制事由に該当するときは、在留資格の変更申請をしたとしても一般的に許可されない可能性が高いと考えられますが、日本に養育すべき幼少の実子がいる等の理由から在留特別許可が付与される可能性が一定程度存在する場合があります。その場合には、変更許可申請が不許可となったときに、出国準備を目的とする申請に変更することなく、変更申請の不許可処分を受けた上で、退去強制手続の中で在留特別許可を求める方法を選択することが一般的です。出国準備を目的とする変更許可を受けないのは、在留特別許可を求める場合、出国を前提としないことが明らかなためです。もっとも、出国準備を目的とする変更許可を受け、在留期間経過後に在留特別許可を求める場合もあるでしょう。いずれにしても、一旦は不法残留の状態となりますので、専門家と相談していずれの対応をとるか決めるとよいでしょう。

4 裁　　判

　申請者が在留資格変更の不許可という結果を受けた場合には、その不許可処分を捉えて取消訴訟を提起することが考えられます。ただし、申請内容を出国準備を目的とする申請に変更してしまい、「特定活動」の在留資格の交付を受けると、もとの申請内容自体が変更されてしまうため、不許可処分が観念できなくなります。このため、一度「特定活動」の在留資格を付与された場合には、一般的には処分性がないとされており、裁判ができないといわれています。したがって、在留資格変更許可申請の不許可処分を裁判で争う意向がある場合には、出国準備を目的とする申請への変更申出をしないことを前提としたほうがよいでしょう。

　また、裁判を始めると判決を得るまでには一定の期間を要し、裁判中であっても在留期限を徒過した後は不法残留となります。裁判を提起するか否かについては、専門家によく相談して対応するとともに、一定のリスクを覚悟する必要があるでしょう。

5 設問に対する回答

　以上のように、相談者が日本に滞在することを希望する場合、前記2～4のとおりいくつかとり得る手段がありますが、どの手段を選択するかについては、変更不許可の理由を分析した上、専門家に相談するなどして慎重に進めるとよいでしょう。

Q10　再入国許可・上陸拒否の特例

　日本に滞在中、国の父が病気で倒れたとの知らせがあり、急いで帰国したいのですが、また日本へ来るのに、最初と同じ入国手続をとらなければならないのでしょうか。私は過去に窃盗罪で執行猶予付き懲役1年の有罪判決を受けています。このことは再入国に影響がありますか。

1　再入国許可制度（入管法26条）

　日本に在留する外国人は、その在留期間満了の日以前であっても、日本を出国するとその時点で在留資格がなくなります。しかし、日本に再び入国する予定で一時的に出国するときは、在留資格を消滅させずにあらかじめ再入国の許可を認めるという再入国許可制度があります。再入国許可を得るには、出国前に、入管に申請書、旅券等を提出して再入国許可の申請をします。再入国許可の有効期間は5年以内の定められた日となります。有効期間内に再入国できない場合は、日本の在外公館において1回に限り1年間の有効期間延長を申請することができます。再入国許可は、原則1回の出国についてのみ有効とされていますので、出国のたびに再入国許可を得る必要があります。ただし、在留期間中に頻繁に出入国をする必要がある外国人のために、数次の再入国許可を認めることもあります。数次再入国許可の場合は有効期間内に何度でも再入国できます。

2　みなし再入国許可（入管法26条の2）

　前記のような再入国許可制度の利便性を高めるため、2012年7月から「みなし再入国許可」制度が開始されました。これは、有効な旅券を所持し、在留カードを有する中長期在留の外国人が再び入国意図を表明して出国するときは、再入国許可を得なくても、再入国許可を得たものとみなされる制度です。したがって、出国のたびに入管に申請して再入国許可を得る必要がありません。有効期間は出国の日から1年間ですが、在留期間がその前に満了するときは満了日となります。なお、有効期間は延長できないので、有効期間前に帰国するよう注意しましょう（入管法26条の2第3項）。みなし再入国許可制度を利用するときは、出国時に在留カードを提示して、再入国出国用EDカードの「みなし再入国許可による出国を希望します」という欄にチェックして入国審査官に提出しましょう（同法規則29条の2）。

　ただし、みなし再入国許可制度の対象とならない方もいるので注意が必要です。例えば、難民認定申請中の「特定活動」の在留資格を有する者はみなし再入国許可の対象者にはなりません（入管法26条の2第1項ただし書、同法規則29条の4第1項各号）。入管法26条の2第1項ただし書に該当する難民認定申請中の「特定活動」の在留資格を有する方などは、あらかじめ出国前に再入国許可を取得する必要があります。

3　上陸拒否の特例

　過去に、窃盗罪で懲役1年の有罪判決を受けたことは、上陸拒否事由に該当します（入管法5条1項4号）。入管法5条1項4号は「……1年以上の懲役若しくは禁錮又はこれらに相当する刑に処せられたことのある者」と規定しますが、「刑に処せられたことのある」とは、執行猶予判決を受け実刑に服していない場合も含むと解されています。そのため、原則として一

度出国すれば上陸することができなくなりますが、事前に再入国許可を申請してこれが認められた場合や、在留期間の更新が許可された場合など入管法規則4条の2第1項各号に該当する場合で「相当と認めるとき」は、1年以上の懲役刑の有罪判決を受けたということのみをもって上陸は拒否されません（上陸拒否の特例／同法5条の2。Q4参照）。

　したがって、設問にあるように、1年以上の懲役刑の有罪判決を受けるなど上陸拒否事由に該当する場合に、出国をして再度日本に戻ることを希望するときは、みなし再入国許可制度を利用することなく、あらかじめ再入国許可を申請して許可を受けることが必要です。上陸拒否の特例に該当すると判断された場合には、通知書が交付されることになります（入管法規則4条の2第2項）。

4　設問に対する回答

　相談者は、過去に窃盗罪で執行猶予付きで懲役1年の有罪判決を受けているということですので、上陸拒否事由に該当します（入管法5条1項4号）。そのため、みなし再入国許可で出国すると、再入国できないおそれがあります。あらかじめ地方入管で再入国許可の申請をして、上陸拒否の特例に該当する旨の通知書の交付を受け、再入国許可を得て出国するとよいでしょう（同法5条の2、同法規則4条の2第2項）。

Q11　在留資格取消制度

　私（外国人）は、就労活動を目的とする在留資格で日本におり、在留期間はまだあと１年あります。しかし、勤めていた会社が２か月前に倒産してしまったため、現在求職活動中です。在留資格があるときでも在留資格を取り消される制度があると聞きましたが、私の場合は大丈夫でしょうか。
　また、日本人の配偶者は、別居が長くなったときに在留資格が取り消されるようになったとも聞きましたが、どのような場合に取り消されるのでしょうか。

1　在留資格取消制度について

　在留資格取消制度とは、特定の事由が生じた場合又は判明した場合に、在留期間の途中であっても、外国人に与えた在留資格を取り消す制度です。
　在留資格取消制度は、2004年の入管法改正により新設され、2009年の入管法改正で取消事由が追加されました。また、2016年の改正により、所定の活動を継続して３か月以上行わないで在留している場合（同法22条の４第１項６号）に加え、所定の活動を行わず、「他の活動を行い又は行おうとして在留している」場合も取消事由に加わり（同項５号）、在留資格取消しの範囲が拡大しました。
　実際に６号の取消事由により在留資格が取り消された件数は、2016年は80件でしたが、2017年は172件と倍増しました。新設した５号の取消事由による取消しも2017年は25件ありました。2018年の取消件数は合計832件で、2017年の385件と比べると116.1％増加となっています（「平成30年の『在留資格取消件数』について」2019年８月　法務省報道発表資料）。

2　在留資格取消事由

(1)　入管法22条の４第１項

　在留資格を取り消す場合は、入管法22条の４第１項に規定されています。同条項に定められている取消事由は、次の表のとおりです。

【在留資格取消事由】

22条の４ 第１項	取消事由	具体例
1号	上陸拒否事由（５条１項各号）があるにもかかわらず、偽りその他不正の手段によって上陸許可を受けたこと。	過去に退去強制され上陸拒否期間中にある者が、その事実を隠し、偽名を使用して上陸許可を受けた場合など。
2号	日本で行おうとする活動について、偽りその他不正の手段によって上陸許可を受けたこと。	専ら働く目的を有し、日本の学校等で教育を受ける予定のない者が、「留学」の在留資格で上陸許可を受けた場合など。
3号	１号又は２号以外の場合で、虚偽の書類を提出して上陸許可を受けたこと。	外国人を呼び寄せようとした日本の会社が、虚偽の書類を提出して当該外国人が上陸許可を受けた場合など。

4号	偽りその他不正の手段によって、在留特別許可を受けたこと。	日本人との婚姻を理由に在留特別許可を受けたが、婚姻の実態がない場合など。
5号	別表第1の在留資格を有する外国人が、当該在留資格に係る活動を行っておらず、かつ、他の活動を行い又は行おうとしていること（正当な理由がある場合を除く）。	「留学」の在留資格を有する外国人が除籍になった後、仕事をして在留していた場合など。
6号	別表第1の在留資格を有する外国人が、当該在留資格に係る活動を継続して3か月以上行わないこと（正当な理由がある場合を除く）。	「留学」の在留資格を有する外国人が、不登校等で学校から除籍になった後、他の学校に入学せず、留学生として活動する見込みのない場合など。
7号	「日本人の配偶者等」又は「永住者の配偶者等」として在留資格を有する外国人が、配偶者の身分を有する者としての活動を継続して6か月以上行わないこと（正当な理由がある場合を除く）。	配偶者と離婚してから6か月以上経過し、6か月経過したことについて正当な理由がない場合など。
8号	上陸許可又は在留特別許可を受けたこと等によって新たに中長期在留者となった外国人が、当該上陸許可等を受けた日から90日以内に出入国在留管理庁長官に住居地の届出をしないこと（正当な理由がある場合を除く）。	在留特別許可を受け、新たに「日本人の配偶者等」の在留資格を取得した外国人が、特に届出ができない理由がないにもかかわらず、その取得の日から90日以内に住所地の届出をしなかった場合など。
9号	中長期在留者が届け出た住居地から退去した場合、退去後90日以内に出入国在留管理庁長官に新住居地の届出をしないこと（正当な理由がある場合を除く）。	中長期在留者が届け出た住居地から他へ転居したが、特に届出ができない理由がないにもかかわらず、転居後90日以内に新住所地の届出をしなかった場合など。
10号	中長期在留者が、出入国在留管理庁長官に虚偽の住居地を届け出たこと。	中長期在留者が実際の居住地とは異なる場所を居住地として届け出た場合など。

(2) 7号について

ア 「配偶者の身分を有する者としての活動」を行わない場合

日本人の配偶者及び永住者等の配偶者が、配偶者の身分を有する者として在留が認められている場合、当該外国人が離婚等により配偶者の身分を失うなどしてそれらの身分を有する者としての活動を継続して6か月以上行っていない場合も取消事由となります。

「配偶者の身分を有する者としての活動」を行わない場合とは、配偶者と離婚又は死別した場合のほか、婚姻の実態が存在しない場合も含まれます。

イ 正当な理由

配偶者の身分を有する者としての活動を行わない場合でも、そのことについて正当な理由がある場合には取消事由に該当しません。

例えば、①配偶者からの暴力を理由として一時的に避難又は保護を必要としている場合、②子どもの養育等やむを得ない事情のために配偶者と別居して生活しているが生計を一にしている場合、③本国の親族の傷病等の理由により、再入国許可（みなし再入国許可を含む。）による長期間の出国をしている場合、④離婚調停又は離婚訴訟中の場合などは、在留資格の取消しを行わないとされています（2012年7月法務省入国管理局発表）。

　　ウ　在留資格変更申請又は永住許可申請の機会への配慮（入管法22条の5）

　形式的には7号の取消事由に該当する場合でも、申請により定住者等の在留資格への変更可能な場合があります。

　そのため、7号の取消事由に該当する外国人に対しては、意見聴取（入管法22条の4第2項）の際に在留資格の変更申請を行う意思があるか否かについて確認し、在留資格の変更を許可するのが相当である場合には、在留資格取消手続を終了し在留を認めるよう法務大臣に一定の配慮を促す規定が新設されました。

　日本人の配偶者及び永住者の配偶者等から定住者への変更が認められる場合の具体例については、法務省入国管理局（当時）作成の資料「『日本人の配偶者等』又は『永住者の配偶者等』から『定住者』への在留資格変更許可が認められた事例及び認められなかった事例について」（http://www.moj.go.jp/content/000099555.pdf）を参照してください。

(3)　8号、9号の「正当な理由」の具体例

　住居地の届出を行わない場合でも、正当な理由がある場合は取消事由に該当しません。

　例えば、①勤めていた会社の急な倒産やいわゆる派遣切り等により住居を失い、経済的困窮等によって新たな住居地を定めていない場合、②配偶者から暴力を理由として避難又は保護を必要としている場合、③病気治療のため医療機関に入院している等、医療上のやむを得ない事情が認められ、本人に代わって届出を行うべき者がいない場合、④転居後急な出張により出国した場合等再入国許可（みなし再入国許可を含む。）による出国中である場合、⑤頻繁な出張を繰り返して1回当たりの本邦滞在期間が短いもの等在留活動の性質上住居地の設定をしていない場合などは、在留資格の取消しを行わないとされています（2012年7月法務省入国管理局発表）。

③　在留資格取消しの手続・取消しの判断

(1)　在留資格取消手続の概要

　在留資格を取り消す場合、入管法22条の4第2項から第9項に定められた手続を経て行わなければなりません。

(2)　各手続について

　　ア　意見聴取通知書の送達

　在留資格取消原因となる事実が判明し、法務大臣が在留資格の取消しを行おうとする場合、法務大臣は担当入国審査官に当該外国人の意見を聴取させなければなりません（入管法22条の4第2項）。また、意見聴取の実施に先立ち、意見聴取の期日及び場所並びに取消しの原因となる事実を記載した意見聴取通知書を当該外国人に送達しなければなりません（同条3項本文）。

　もっとも、急を要する場合には意見聴取通知書は送達されず、口頭で期日等が通知される場合があります（入管法22条の4第3項ただし書）。

　意見聴取通知書を受け取った外国人は、期日までに期日に出頭する代理人を選任することが

【在留資格取消しの手続】

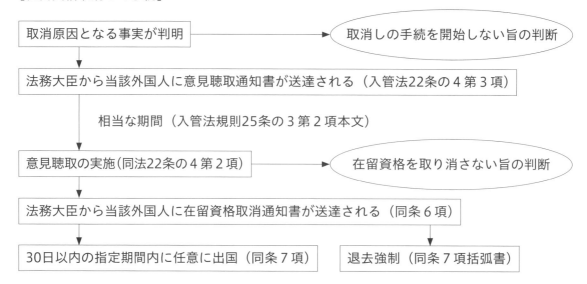

でき（入管法規則25条の4）、また、利害関係人を意見聴取手続に参加させるよう求めることができます（同規則25条の5）。さらに、法務大臣に対し、当該在留資格の取消原因となる事実に関する資料について、閲覧を求めることができます（同規則25条の12）。

当該外国人又はその代理人は、やむを得ない理由があるときは、意見聴取の期日又は場所の変更を申し出ることができます（入管法規則25条の6）

　　イ　意見聴取の実施

意見聴取通知書を受け取った外国人は、通知書で指定された期日に、指定された場所に出頭しなければなりません（入管法規則25条の8第1項）。当該外国人が正当な理由なく意見聴取に応じない場合、法務大臣は意見聴取を実施しないで在留資格を取り消すことができます（入管法22条の4第5項）。

意見聴取期日において、担当入国審査官は在留資格の取消原因事実について当該外国人に説明し、当該外国人から意見を聴取しなければなりません（入管法22条の4第2項、同法規則25条の9）。また、担当入国審査官は意見聴取の結果等について調書及び報告書を作成して、速やかに法務大臣に提出する必要があります（同規則25条の11）。

当該外国人は、意見聴取の際に担当入国審査官に質問したり証拠を提出したりして、取消原因事実が存在しないことを主張することができます（入管法規則25条の9第2項）。

　　ウ　在留資格取消通知書の送達

在留資格が取り消される場合、法務大臣から在留資格取消通知書が送達されます（入管法22条の4第6項）。

取消事由のうち入管法22条の4第1項1号及び2号の場合を除き、在留資格取消通知書には、30日以内の指定された期間及び住居制限等条件が付された場合は当該条件が記載されなければなりません（同法22条の4第7項ないし第9項）。

　(3)　在留資格の取消し

　　ア　在留資格を取り消すか否かの判断について

在留資格の取消しは、「法務大臣は、……（中略）……在留資格を取り消すことができる。」

（入管法22条の４第１項柱書）と規定されているように、取消事由が存在する場合でも在留資格の取消手続を開始するか否かについては法務大臣に裁量があり、取消原因となる事実が判明しても取消手続が開始されない場合もあります。

その場合には、在留期間更新の許可申請の際に、在留資格該当事由が存在しない等として更新の許可が認められないことがあるので注意が必要です。

　　イ　在留資格が取り消された場合

入管法22条の４第１項各号の取消事由のうち、３号から10号までの理由により在留資格が取り消された場合、前述のように30日以内の出国の準備に必要な期間が指定されます（同条７項）。そのため、当該外国人は、その期間内に出国しなければなりません。

もし、指定期間内に出国しなかった場合は退去強制事由に該当し（入管法24条２号の３）、退去強制手続に移行します。

また、取消事由のうち入管法22条の４第１項１号及び２号の理由により在留資格が取り消された場合は、出国準備期間が与えられないことから、直ちに退去強制事由に該当し（同法24条２号の２）、退去強制手続に移行します。

4　設問に対する回答

(1)　前段の質問

設例では、勤めていた会社の倒産により、２か月間就労活動を目的とする在留資格に該当する活動をしていない状況であり、現時点では、入管法22条の４第１項６号の「３か月」を経過していません。このまま就職できず３か月経過した場合には、前記で説明したとおり、在留資格取消事由（６号）に該当するため、取消手続に入る可能性があります。

しかし、勤めていた会社が倒産し、その後、在留資格に係る活動を継続すべく現在就職活動中とのことですから、一応、正当な理由があると考えられます。

したがって、在留資格取消しにならないよう、例えば失職した時点から就職活動を直ちに開始し、併せて倒産の事実や就職活動の証明資料を準備することが望ましいと考えられます。

(2)　後段の質問

別居期間が６か月経過し、婚姻関係が形骸化している場合には、在留資格取消事由（７号）に該当します。しかし、夫の暴力から逃れるためシェルターに避難している場合や、離婚調停（訴訟）中の場合は正当な理由が認められ、在留資格は取り消されないと考えられます。

また、正当な理由が認められない場合でも、日本人実子を監護・養育する必要がある場合などは、定住者への変更が認められる可能性があります。

Q12　退去強制事由

　　私の友人が薬物の所持で逮捕されて裁判にかけられました。判決では執行猶予になる可能性が高いと弁護人からいわれていますが、友人は判決後に退去強制される可能性はありますか。退去強制となるのはどのような場合がありますか。

1　退去強制事由について

(1)　退去強制手続

　退去強制事由については、入管法24条各号に定められており、当該事由に該当する外国人は、退去強制手続の対象となります（同法27条以下参照）。また、退去強制事由に該当すると疑うに足りる相当の理由があるときは収容される可能性があります（同法39条1項）。

　退去強制となる事項は、入管法、薬物関係、売春業務関係等の法違反を犯したこと、それ以外の犯罪を犯したこと、これに加えて治安立法的な内容等が含まれています。

　具体的には本問末尾の「退去強制事由リスト」のとおりです。

(2)　代表的な退去強制事由

　以下では退去強制事由のうちよく問題とされてきたものについて触れておきます。

　　ア　入管法24条3号の4（不法就労助長行為）

　事業活動に関し、外国人に不法就労活動をさせること（入管法24条3号の4イ）、不法就労をさせるために外国人を自己の支配に置くこと（同ロ）、業として、外国人に不法就労活動をさせる行為又は外国人に不法就労活動をさせるために自己の支配下に置く行為に関しあっせんすること（同ハ）は退去強制事由となります。これらの行為を教唆し、又は幇助することも退去強制事由となります。実務上、この規定の文言は、広く解釈及び適用される傾向にあることに留意する必要があります。

　　イ　入管法24条4号イ（資格外活動）

　資格外活動についての規定は、入管法「第19条第1項の規定に違反して収入を伴う事業を運営する活動又は報酬を受ける活動を専ら行っていると明らかに認められる者」と定めており、「専ら」「明らか」の文言が争点となっています。

　以前からよく問題とされる事案は留学生のアルバイトのケースです。留学生が本邦において行うことができる活動は基本的に勉学だけですが、一定限度の時間と職種について、資格外活動許可を得て仕事をすることが認められています（入管法19条2項）。この点に関し、一斉摘発の際に留学生が資格外活動許可の範囲外であるスナックや風俗営業に関与していた事案が相当数発覚し、同法24条4号イに反するとして収容される例が頻発しました。これらの摘発された外国人の中には、専門学校、大学への出席率もよく、成績も優秀な学生が多数含まれていましたが、そのような学生に対しても資格外活動を「専ら行っていると明らかに認められる」として退去強制令書を発付する例が散見されました。

　しかし、前述のとおり、入管法24条4号イは、「専ら」「明らか」と二重に絞りをかけて規定しています。これは、認められた時間を多少超えたり、認められていない職種の仕事をしてしまったからといって、直ちに在留資格を奪って退去強制手続を進めるものではないという趣旨であり、本来の在留資格で予定されていた活動が実質的に変更されたということが証拠上明らかな場合を指すと考えられます。

裁判例においては、入管法24条4号イに規定する「専ら行っている」とされるのは、「留学」の在留資格で在留する外国人が、①在留資格外の報酬活動等を行い、その程度が本邦滞在中の費用の主要部分を賄おうとするまでに至っており、かつ、②そのような状態が相当期間にわたっていて継続性が見込まれる場合等、在留目的及びそれによる活動全体の性格が既に変わってしまっていると評価し得る場合であるときと解するのが相当であるとしたものがあります（東京地判平成19年1月31日裁判所ウェブサイト）。その上で、この裁判例においては、報酬活動の程度は、本邦滞在中の費用の主要部分を賄おうとするまでに至っている状態にあったと認められるものの、在留目的及び本邦における活動が、全体としてみて「留学」の在留資格に係る在留目的及びそれによる活動類型から既に変更されてしまったと評価される程度にまで報酬活動を行っていたとはいえないから、報酬活動を「専ら行っている」ということはできないと判示されています。その他、大阪地判平成16年10月19日裁判所ウェブサイト及び同判決の控訴審判決である大阪高判平成17年5月19日裁判所ウェブサイトは、類似事案において、いずれも国側の「専ら」「明らかな」資格外活動という認定が誤りと判断し、退去強制処分を取り消しました。

　かかる観点からすれば、大学等の出席率もよく成績も優秀な学生がホステスとして働いて酒食の提供をし、稼働時間が日常生活においてアルバイトの程度を超えるほど長時間を占めていたということはできない場合には「専ら」「明らかな」資格外活動とはいえないことになります。

　ただし、在留中の経費の大部分を在留資格外の報酬活動により支弁していた事案について、資格外活動が留学の在留資格に係る活動を阻害する程度にまで至っていないと評価する余地があるとしても、在留目的が実質的に変更したと評価し得る程度にまで資格外活動を行っているとして、報酬活動を「専ら行っている」と判断した裁判例もあることに留意が必要です（大阪地判平成18年1月25日裁判所ウェブサイト）。

　なお、資格外活動の規定については、人身取引等により他人の支配下に置かれている者は除外されています。

　また、「技術・人文知識・国際業務」「経営・管理」等の在留資格を有している外国人がその在留資格で認められた活動以外で報酬を受ける就労活動を行う場合も資格外活動となり、許可が必要になります。

　　ウ　入管法24条4号チ（薬物関連）

　薬物関連の法に違反して有罪の判決を受けた者については、その判決が確定すると、入管法24条4号チの退去強制事由に該当します。また、執行猶予付き判決を下された場合であっても、判決が確定すれば退去強制事由に該当します。したがって、薬物所持で執行猶予付き判決を受け、その判決が確定すると当該外国人は退去強制事由に該当することになります。

　　エ　入管法24条4号リ（ニからチに掲げるもののほか、昭和26年11月1日以後に無期又は1年を超える懲役若しくは禁錮に処せられた者。ただし執行猶予の言渡しを受けた者を除く）

　犯罪を犯し、1年を超える懲役若しくは禁錮の実刑判決を受けた場合、退去強制事由が発生します。ここでは、執行猶予の言渡しを受けた場合が除外されているため、執行猶予付き判決を受けた場合には退去強制事由は発生しないことになります。

　　オ　入管法24条4号ヌ（売春関連業務従事者）

　この条文は、判決とは無関係の定義となっています。そこで、実務上の扱いでは、第1審の

有罪判決言渡し前であっても出入国在留管理庁が売春関連業務の事実があるとして認めた場合には、退去強制事由が発生したとして、収容令書の発付手続が開始され、第1審の有罪判決の言渡し時に法廷（傍聴席）に収容令書を携えた入国警備官が来て、有罪判決の言渡し直後に収容令書を執行するのが通例です。

なお、人身取引等により他人の支配下に置かれている者は除外されています。

　　カ　入管法24条4号の2

入管法24条4号リの条文だけですと、刑が1年未満であれば実刑判決を受けても退去強制事由が発生しないことになることから、この4号の2が設けられています。別表第1の上欄の在留資格をもって在留する者が、以下の犯罪について、懲役又は禁錮刑に処せられた場合には退去強制事由に該当するとされました。

具体的には、住居侵入、文書偽造などの偽造関係、賭博、富くじ、殺人、傷害、逮捕、監禁、略取、誘拐、人身売買、窃盗、強盗、詐欺、恐喝、横領、盗品等に関する罪、暴力行為等処罰に関する法律違反、盗犯等の防止及び処分に関する法律違反等です。

刑法27条では、執行猶予期間を満了すると刑の言渡しがなかったことになるので、刑に処せられたことにはならないのですが、入管の解釈では、言渡しがあれば、執行猶予期間が満了しても刑に処せられた者に該当するとされ、退去強制事由が発生します。

以上より、別表第1の上欄の在留資格をもって在留する者が前記犯罪を犯し懲役又は禁錮の判決が確定した場合には、1年未満の刑であっても、執行猶予の言渡しを受けた場合であっても、全て退去強制事由に該当します。

ただし、別表第1の上欄の在留資格をもって在留する者との限定が付いていますので、「日本人の配偶者等」「定住者」等の別表第2の上欄の在留資格を有している人たちにはこの規定は当てはまりません。例えば、日本人の配偶者が傷害事件等を起こして懲役刑に処せられたとしても、入管法24条4号の2の退去強制事由は発生しません。

2　設問に対する回答

設例のように、外国人が薬物を所持し、薬物関連の犯罪を犯した場合、その有罪判決の確定により退去強制事由が発生します（入管法24条4号チ）。また、同法24条4号チの条文には「有罪の判決を受けた者」の文言があり、他方、「執行猶予の言渡しを受けた者を除く」との文言がないことから、薬物犯罪の有罪判決が確定すれば、執行猶予付きの判決を受けた場合であっても、退去強制事由に該当することになります。

したがって、設問では、判決で執行猶予となったとしても、判決確定後に退去が強制（強制送還）される可能性があります。その前提として、有罪判決を受けた後、入管に収容される可能性もあります（入管法39条1項）。

ただし、単純なオーバーステイの事案と比べれば困難ではありますが、「在留特別許可に係るガイドライン」に示される積極要素などの事由が存在する事案においては、在留特別許可が認められ残留の可能性もないとはいえません。

なお、薬物犯罪に関して刑に処せられた場合は、上陸拒否事由にも該当します（入管法5条1項5号）。当該規定の「刑に処せられた」場合とは、執行猶予期間中の場合、猶予期間が無事満了した場合も含むと考えられており、執行猶予付き判決を受けた者も、「上陸拒否事由該当者」として扱われますので、在留特別許可を受けて在留が認められたとしても、出国時には

上陸拒否の特例を検討するなど注意が必要です（Q4参照）。

【退去強制事由リスト（入管法24条関係）】
■　入管法・入管制度の違反者
　・３条違反（１号　不法入国―有効な旅券なく入国）
　・上陸許可等なし（２号　不法上陸―上陸許可等受けず上陸）
　・在留資格を取り消された者（２号の２、２号の３）
　・不正に上陸許可等させる目的での文書の偽造等・教唆・幇助（３号）
　・国際約束により本邦への入国を防止すべきとされている者（３号の３）
　・不法就労助長行為等・教唆・幇助（３号の４）
　・在留カード等の偽造・変造等（３号の５）
　・資格外の収入を伴う事業運営活動又は報酬を受ける活動を専ら行っていると明らかに認められる者（４号イ）
　・人身取引等・教唆・幇助（４号ハ）
　・不法入国・不法上陸をあおり、そそのかし又は助けた者（４号ル）
　・国際競技会等に関する不法行為者（いわゆるフーリガン）（４号の３）
　・仮上陸条件違反（５号）
　・退去命令違反（５号の２）
　・出国命令を取り消された者（９号）
　・難民認定を取り消された者（10号）
　・在留期間経過後滞在（４号ロ　超過滞在―期間更新・変更を受けず期間経過後残留、２号の４、６号、６号の２、６号の３、６号の４及び７号―在留期間以外の期間経過後滞在、８号―出国命令に付された出国期限後残留）

■　反社会性が強いと考えられる類型
　・刑罰法令違反
　・旅券法違反（４号ニ―有罪判決確定）
　・集団密航に関する犯罪（４号ホ―有罪判決確定）
　・資格外活動の犯罪（４号ヘ―禁錮以上確定）
　・少年法上の少年（４号ト―長期３年以上の懲役・禁錮確定）
　・薬物犯罪（４号チ―有罪判決確定）
　・前記以外の犯罪（４号リ―無期又は１年以上の懲役・禁錮確定、ただし執行猶予を除く）
　・売春関係業務従事（売春、周旋、勧誘、場所提供等）（４号ヌ）
　・公安関係（４号オ、ワ、カ）
　・別表第１の在留資格を有する者による一定の犯罪（４号の２―懲役・禁錮確定）
　・中長期在留者による住居地等に関する虚偽届出等（４号の４―懲役確定）

■　「テロリスト」の送還（３号の２―公衆等脅迫目的の犯罪行為・予備・幇助）

■　一般条項（４号ヨ―日本国の利益又は公安を害する行為を行ったと認定）

Q13 退去強制手続・在留特別許可・出国命令手続

① 私（外国人）は在留期限を過ぎた後も日本で働いています。入管や警察に摘発された場合どうなりますか。
② 在留特別許可はどのような場合に与えられますか。

---

1 退去強制手続

⑴ オーバーステイの摘発

在留期限を過ぎた、いわゆるオーバーステイの摘発は、入管、警察の単独又は両者共同で行われます。警察に摘発された場合刑事手続がどうなるかについては、Q94、95及び97を参照してください。刑事事件として起訴されるケースの多くは、入国自体が不法であった場合です。全ての不法入国事案が刑事事件として起訴されるわけではありませんが、起訴の有無にかかわらず、不法入国は退去強制事由に該当するので（入管法24条4号ロ）、最終的には入管に収容されて退去強制手続に移行します。

⑵ 退去強制手続

入管法24条で規定されている退去強制事由については、オーバーステイ以外にも様々なものがあります（Q12参照）。

退去強制手続の流れは、本問末尾の図を参考にしてください。

まず、退去強制事由に該当すると思料される外国人について、入国警備官による違反調査が行われます（入管法27条）。

次に、入国警備官が入国審査官に身柄を引き渡し、入国審査官は違反審査を行います（同法45条1項）。この段階で本人は原則として収容されますが（同法39条1項）、自ら出頭して退去強制事由に該当する旨の違反事実を申告した案件などでは、在宅で調査されることが多く、その場合には形式的に収容という形態をとり、即時に仮放免が許可される運用となっています。

入国審査官が、退去強制事由に該当すると判断した場合には、違反認定をし、認定通知書が交付されます（入管法47条3項）。日本人と結婚している等の事情で日本での在留を希望する場合は、この段階で口頭審理の請求をします（同法48条1項）。在留希望の場合には口頭審理を放棄しないように注意する必要があります。

この認定に服し口頭審理も請求しない場合には、退去強制令書が発付されます（入管法48条5項）。

口頭審理の請求を受けると、特別審理官が口頭審理を行います（入管法48条3項）。口頭審理の結果、違反認定に誤りがないと判定された場合、その旨及び異議申出ができる旨の通知がなされます（同条8項）。それに対して、通知を受けた日から3日以内に法務大臣に対して異議申出をし、在留特別許可を求めることになります（同法49条1項）。在留特別許可を希望する事案の場合は、違反認定に誤りがないと判定したこと及び異議申出ができる旨を通知する際に異議申出書が用意されており、「在留希望ならここに署名するように」と言われていますので、多くの場合、その場で異議申出をしているようです。

口頭審理の際には代理人の立会いが認められ、新たな資料や意見書を出すことができます（入管法48条5項、10条3項）。代理人はあらかじめ委任状を提出して口頭審理の期日を入管と打ち合わせ、出すべき資料や事情説明はできる限り早い段階で行うべきです。

⑶ 出国まで

退去強制は、入管法上は国費出国が原則で、例外的に自費出国を許可するような規定となっていますが（同法52条3項、4項）、実際の運用では、自費出国が原則的な扱いになっています。帰国の旅費と有効な旅券があれば、自費出国の許可を得て比較的早期（多くの場合入管に収容されてから1週間から数週間）に帰国することができるようです。帰国旅費の調達ができない場合や、旅券を持っていないので本国政府から帰国のための渡航証を発行してもらわなければならないものの発行までに時間がかかる場合などには、収容が長引くこともあります。

⑷ 仮放免

収容令書若しくは退去強制令書の発付を受けて収容されている場合には、本人や一定の関係人の請求又は職権で一時的に収容を停止してもらう仮放免（入管法54条1項）の請求をすることが考えられます。この場合、保証人と保証金（上限は300万円）が必要です（同条2項）。保証金の金額はケースバイケースですが、100万円を超えるケースはあまりありません。

収容令書に基づく収容は原則として30日間に限られ、やむを得ない事情がある場合にはさらに30日間延長可能です（入管法41条1項）。退去強制令書が発付された後については、条文上収容期限が定められていないことから、長期の収容が可能となっています（同法52条5項）。一旦退去強制令書が出されると収容期間が6か月を超えることも少なくないようです。

仮放免は、当該外国人の情状及び仮放免の請求の理由となる証拠並びにその者の性格、資産等が考慮されて、必要な条件等を付された上で許可されます（入管法54条2項）。具体的には、①仮放免請求の理由及びその証拠、②被収容者の性格、年齢、資産、素行及び健康状態、③被収容者の家族状況、④被収容者の収容期間、⑤身元保証人となるべき者の年齢、職業、収入、資産、素行、被収容者との関係及び引き受け熱意、⑥逃亡し、又は仮放免に付す条件に違反するおそれの有無、⑦日本国の利益又は公安に及ぼす影響、⑧人身取引等の被害の有無、⑨その他特別の事情が勘案されますが（仮放免取扱要領2章9条）、不許可になった際にこれらの事情のどれが不許可の原因になっているかについては明らかにされていません。さらに、出入国在留管理庁内部で定められている仮放免運用方針も仮放免許可の判断に大きな影響を与えていると考えられますが、仮放免運用方針の詳細も明らかにされていません。

仮放免許可後の生活には様々な制約があり、就労は許可されず、住居指定、出頭義務などを課され、1～3か月ごとに最寄りの入管に出頭し仮放免延長許可申請書を提出し延長の許可を受けることになり、居住している地域及び入管までの出頭ルート以外の場所に行く場合には一時旅行許可が必要になります。仮放免延長が許可されず、再収容されるケースもあります。

2 在留特別許可

⑴ 在留特別許可とは

退去強制事由に該当する外国人は、日本から退去強制されるのが原則です。しかし、例外的に、引き続き在留を希望する退去強制事由に該当する外国人に対して、退去強制手続の最終段階で法務大臣が特別な事情を認めて在留を許可する場合があり、在留特別許可と呼ばれています（入管法50条1項）。

難民認定申請をして、難民としての認定を求めている場合には、難民認定申請手続の中で、在留特別許可の検討もなされます（入管法61条の2の2第2項）。

⑵　在留特別許可に係るガイドライン等

　法務省は、ウェブサイトにおいて、「在留特別許可に係るガイドライン」や「在留特別許可された事例及び在留特別許可されなかった事例」を公表し、在留特別許可を判断する際に考慮する事項を列挙して、一応の基準を示しています。積極要素、消極要素として考慮される事項を列挙し、積極要素として考慮すべき事情が明らかに消極要素として考慮すべき事情を上回る場合には、在留特別許可の方向で検討することとなるとしていますので、参考にしてください。

⑶　在留特別許可までの手続

　退去強制事由に該当する外国人が、自ら出頭してその違反事実を申告したり、摘発されることによって、退去強制手続が開始されます。退去強制手続は、違反調査、違反審査、口頭審理、法務大臣裁決という流れで進み、在留特別許可は、退去強制手続の最終段階である法務大臣裁決によって与えられることになります（入管法49条3項、50条1項）。「在留特別許可」という在留資格はなく、許可された場合には、当該外国人にふさわしい「日本人の配偶者等」「永住者の配偶者等」「定住者」等の在留資格と在留期間が付与されます（同法50条2項）。

　在留特別許可に係るガイドライン等が示す基準に照らして許可が得られる見込みがあり、これを希望する場合には、自ら入管に出頭して進んで違反事実を申告するとともに、在留希望の意思とその理由を明示するほうが賢明です。これによって入国警備官による違反調査（入管法27条）が始まりますが、自分で出頭した場合には収容はされず、在宅で調査を行っている場合が多いようです。また、在留特別許可に係るガイドラインには、自ら出頭して違反事実を申告したことは「その他の積極要素」の一つとしてあげられています。

　最近では、在留希望の事案が多いため、入管は、在留希望の場合の必要書類のリストや、違反事実や婚姻の事情、経歴などを申告するための書込み式の定型の陳述書用紙なども用意しています。在留特別許可を希望する場合は、この違反調査の段階で、例えば日本人との婚姻実態が存在すること、生活が安定していること、素行が善良であること、周囲の支援や理解など、有利な事情を示す資料の提出や書面での事情説明を十分に行う必要があります。

　また、この段階で虚偽の申告をすると、後々不利ですから、陳述書などの作成に際しては十分客観的資料と照合して間違いのない記載をするようにしましょう。

⑷　国際人権法等による法務大臣の裁量の制約

　従来、在留特別許可は、法務大臣の広範な裁量のもとで行われるものであると国は主張してきました。しかし、近時、法務大臣の裁量も一定の事案では覊束されるとして、国際人権条約の人権基準や在留特別許可に係るガイドラインを参照したり、重要な事実についての事実誤認や比例原則違反を根拠としたりすることなどにより、法務大臣が在留特別許可を与えずに退去強制令書を発付した処分を取り消す裁判例もみられます。

　原告側が国際人権法違反を主張する際に多く引用する基準は、私生活、家族等への恣意的干渉の禁止（自由権規約17条）、家族・婚姻の保護（同規約23条）、児童の保護（同規約24条）、子どもの最善の利益の尊重（子どもの権利条約3条）、父母からの分離の禁止（同条約9条）などであり、オーストラリアにおける外国人家族の退去強制の事例についての個人通報手続において、子どもを残して両親のみを強制退去させることは前記自由権規約の17条、23条及び24条に違反するとした自由権規約委員会の見解（Communication　No.930/2000,CCPR/C/72/D/930/2000）などが参考になります。

　個人通報制度は、国際人権条約において定められた権利を侵害されたと主張する個人が条約

機関に直接訴えを起こして救済を求める条約上の制度であり、日本はいまだ導入に至っていませんが、今後、導入の可能性が高まる中で、日本の裁判所も端的に国際人権条約を根拠に在留特別許可を与えるべきとする判決を出す可能性もあるでしょう。

(5) 不許可に対してとり得る手段

在留特別許可が認められず退去強制令書が発付された場合には、不服申立ての方法としては、行政訴訟しか残されていません。退去強制令書発付処分取消訴訟を提起することとなりますが、この訴訟を提起しても退去強制令書の執行を止める効果はないので、退去強制令書執行停止の申立てを併せて行うのが一般的です。

ただし、法律上明文はありませんが、入管実務上、「再審情願」と呼ばれる方法で再度在留を求める実務的運用があります。これは、退去強制処分が確定した後に生じた事由も加味して、法務大臣に対して再度の在留希望の審査を求めるものです。

3 出国命令手続

帰国する意思でオーバーステイの外国人が自分から入管に出頭した場合には、前述の通常の退去強制手続の場合とは、異なる手続が設けられています。

(1) 出国命令制度について

不法残留者で出国の意思をもって自主的に出頭した者については、一定の要件に該当する場合には、収容令書を発付せず、退去強制令書によらずに、簡易な手続によって出国させる出国命令制度が存在します（入管法24条の3）。ただし、不法入国、不法上陸、摘発先行、在留特別許可を求めている場合等については、この制度の適用はありません。

(2) 手続の流れ

出国命令手続の流れは、以下のとおりです。

出国命令が出される場合には、15日を超えない範囲内で出国期限が定められ（入管法55条の3第1項）、住居及び行動範囲の制限その他必要な条件を付することができます（同条3項）。出国命令を受けた者がこの条件に違反したときは、当該出国命令を取り消すことができ（同法55条の6）、このときは、通常の退去強制手続が行われることになります。

(3) 上陸拒否期間

出国命令により出国した者の上陸拒否期間は1年間（退去強制であれば5年ないし10年）となります（入管法5条9号ニ）。

過去に退去を強制された者や出国命令によって出国した者は、出国命令を受けることはできません（入管法24条の3第4号）。

4 設問に対する回答

(1) ①について

オーバーステイは退去強制事由に該当するので（入管法24条4号ロ）、摘発され刑事事件として起訴されて有罪判決を受けて執行猶予となった場合、刑事事件として立件された後に起訴

猶予処分になった場合、最初から入管に摘発されて刑事事件としては扱われなかった場合のいずれであっても、最終的には入管に収容され退去強制手続に移行します。

(2) ②について

在留特別許可が与えられる可能性がある例としては以下のようなケースがあります。

　　ア　日本人・永住者の家族

不法入国ないし不法残留中に日本人・永住者（特別永住者を含む。以下同じ）と婚姻した場合、日本人・永住者との間に子どもをもうけた場合、外国人と日本人・永住者との間に生まれたが在留資格を得ていない場合等。

　　イ　子どもがいる長期滞在家族

一家で不法入国し、その後長期にわたって日本に滞在している場合、不法残留の外国人同士が結婚し、日本で子どもが生まれ家族で長期にわたって日本に滞在している場合等。

　　ウ　難民認定されるには至らないが、人道上の配慮で保護される者

難民申請をした者で難民認定されるには至らないが、本国に帰国した場合に非人道的な扱いを受けるおそれがある場合等（入管法61条の2の2第2項）。

　　エ　人身取引の被害者（入管法50条1項3号）

ブローカー等から借金返済名目で強制的に飲食店、風俗店等で稼働させられていた場合等。

　　オ　その他

極めて長期にわたる滞在者、日本における治療継続が必要な病気治療中の者など。

【退去強制手続図―在留特別許可を中心に】

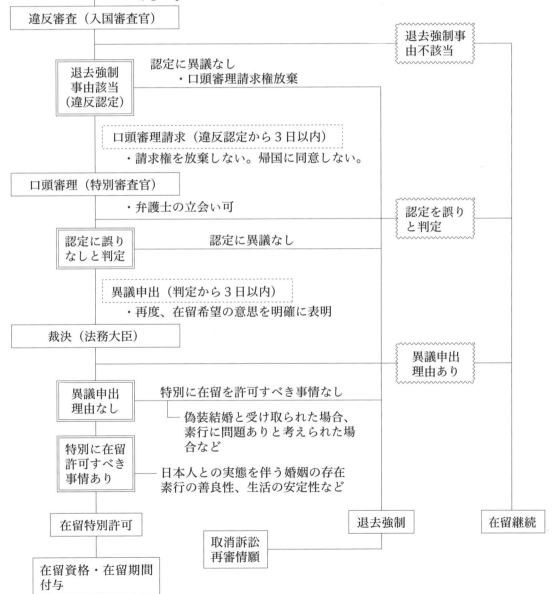

Q14　難民認定手続

　私はＡ国人です。母国で政変が起き、私は前政権政党の党員として活動をしてきたため、90日の短期滞在ビザをとって、先月日本に逃れてきました。母国に帰ると命の危険があるので、難民として認めてもらいたいです。どのような手続をとればよいでしょうか。

1　難民とは

⑴　定　義

　難民の地位に関する条約（以下「難民条約」）は、締約国に対し、難民を保護するための様々な義務を課しています。日本も、1981年にこの条約に加入したため、難民を保護する義務が生じています。

　では、難民とは、どういった状態にある人々のことを指すのでしょうか。

　一般的に、難民という言葉は、戦争や迫害から逃れてきた人のみならず、天災や貧困、飢餓から逃れてきた人々のことを指すものとして広く用いられることがあります。

　しかし、難民条約では、難民について、「人種、宗教、国籍若しくは特定の社会的集団の構成員であること又は政治的意見を理由に迫害を受けるおそれがあるという十分に理由のある恐怖を有するために、国籍国の外にいる者であって、その国籍国の保護を受けることができないもの又はそのような恐怖を有するためにその国籍国の保護を受けることを望まないもの……」と定義しています（難民条約1条Ａ⑵、入管法2条1項3号の2）。

　ですから、天災や貧困、飢餓から逃れてきた人は、難民条約上の難民ではありません。

⑵　難民認定制度について

　難民条約は、いかなる難民認定制度を設けるかについて、締約国の裁量に委ねています。これを受けて、日本では、入管法7章の2において難民認定手続が規定されています。

　ただし、難民条約が締約国の裁量に委ねているのは、手続的事項に関する部分のみであって、難民性の判断基準までも各国の裁量に委ねているわけではありません。前記難民条約1条Ａ⑵の事情が存在する者は必ず難民として認定されなければならず、その判断に行政裁量の余地はないのです。もっとも、後述するように、日本の難民認定率は、国際的にみて著しく低く、難民認定制度は国際基準とは乖離した運用がなされているとの批判があります。

2　難民認定手続について

⑴　手続概要

　日本の難民認定手続（行政手続）は、一次審査と審査請求の2段階に分けられています。一次審査は難民調査官という入国管理局職員のみが関与して行われるのに対し、審査請求には難民審査参与員（以下「参与員」）という有識者も審査に加わる点が、両手続の大きな違いです。入管法上一次審査と審査請求の判断は、法務大臣が行うと規定されていますが（入管法61条の2の2、61条の2の9）、一次審査の難民認定又は不認定処分についての法務大臣の権限は、出入国在留管理庁長官に委任され、さらに、出入国在留管理庁長官から地方入管局長に委任されています（同法69条の2、同法規則61条の2第13号）。そのため、地方入国管理局長名義で難民認定、不認定の判断がなされることがあります。もっとも、「難民の認定」については出入国在留管理庁長官に対して請訓を行い、その結果を受けて拒否の決定を行うものとすると

されているので、「難民の認定」の場合はとくに、地方出入国在留管理局レベルの判断ではなく、出入国在留管理庁の判断が大きく影響するといえます（難民認定事務要領）。

⑵ 一次審査

ア 申請について

① 申請方法

申請は、原則として、申請しようとする外国人本人が、地方入管に出頭して行います。ただし、空港などの上陸時や入管の収容施設、刑事施設などでは入管職員が出向くことにより難民認定申請を受け付けています。難民認定申請を行うことができるのは、本邦に在留する外国人に限られます。この難民認定申請には、現行法上回数制限はありません。しかし、政府は、難民認定制度の運用の見直しの一環として、再申請者については原則として在留制限をとる運用を開始しました（法務省「難民認定制度の適正化のための更なる運用の見直しについて」（2018年１月12日））。

また、難民認定申請書は初回申請用のものと、再申請用のものとに区別されています。

難民認定申請時の提出資料としては、①難民申請書１通、②難民に該当することを証する資料（又は難民であることを主張する陳述書）１通、③正面上半身の写真２葉（ただし、在留資格未取得者は３葉）です（入管法規則55条１項）。

申請書用紙は、地方入管の窓口で入手することができますが、法務省出入国在留管理庁のウェブサイトから各国語の申請書をダウンロードすることもできます。

難民該当性を示す資料は、申請後に追完することも可能ですので、入手できた資料から順次提出すればよいでしょう。

なお、申請時に提示が要求されるものとして、⒜旅券又は在留資格証明書、⒝在留カード（在留カードを所持している場合）、⒞仮上陸や寄港地上陸など上陸の特例で上陸を許可されているものはその許可書、⒟仮放免中のものは仮放免許可書等があげられます。これらの資料のうち、当該外国人が所持しているものがある場合には、それを提示しなければなりませんが、旅券等を所持していないときは、その理由を説明した文書を提出します（同規則55条２項）。

② 申請の効果

在留資格未取得者が、難民認定申請を行った場合、入管法61条の２の４第１項所定の事由が存在しない限り、仮滞在許可が認められることになっていますが（同法61条の２の４）、現在の実務では実際に仮滞在許可が認められる人数は限られています（Q15参照）。

イ 難民認定申請手続

① 審査手続

2015年秋に難民認定事務要領が改正され、難民認定実務の運用が変更されました。難民認定申請が受け付けられると、「振分け担当者」によって案件が振り分けられます。

振り分けの分類は、以下のとおりです。

A案件 難民条約上の難民である可能性が高いと思われる案件、又は、本国情勢等により人道上の配慮を要する可能性が高いと思われる案件

B案件 難民条約上の迫害事由に明らかに該当しない事情を主張している案件

C案件 再申請である場合に、正当な理由なく前回と同様の主張を繰り返している案件

D案件 上記以外の案件

このように、案件が振り分けられた後、難民調査官は関係記録を精査し、関係行政機関等に

対する照会をし、調査に必要な出身国情報の入手等し、原則として難民調査官が申請者を面接（インタビュー）して申請者の主張内容等を確認します。

このとき、Ａ案件については、優先的に難民調査官による調査を実施することとされています。Ｂ案件とＣ案件については、原則として難民調査官がインタビューすることによって事情を聴取しますが、Ｂ案件とＣ案件に該当すると確認されると、事情聴取は打ち切られ、その後の手続は迅速になされ（難民認定事務要領）、難民不認定処分が出される方向に進みます。

処理期間についても、振り分けられた類型ごとに異なります。Ａ案件については、「可能な限り早期処理に努める」とされている一方で、Ｂ案件とＣ案件については、申請のあった日から処分告知までの期間を３か月以内とするとされています（難民認定事務要領）。

難民調査官が聴取した内容は、供述調書として作成されます。将来的に、審査請求時に参与員が意見を述べる際の参考としたり、裁判になったときにも参照されます。

一次審査において、弁護士は難民調査官によるインタビューに立ち会うことはできません。ただし、保護者を伴わない年少者や重度の疾病を抱える申請者については迅速に処理を行うと同時に、必要に応じて申請者の医師、カウンセラー、弁護士等のインタビューの立会いを認める運用が試行されています（法務省入国管理局「難民認定制度の運用の見直しの概要」（平成27年９月））。

② 判断過程

難民調査官は、調査を終了すると事案概要書を作成し、供述調書、調査報告書等を添えて一件記録を作成し、地方局等の長に報告します。地方局等の長が調査終了の報告を受けて、難民の認定に係る判断をした場合は、出入国在留管理庁長官に請訓し、出入国在留管理庁長官から難民と認定するとの回訓を受けた場合には、難民と認定することを決定して、難民認定証明書を作成します。しかし、難民と認定しないとの回訓を受けた場合は、難民不認定を決定し、通知書を作成することになります。

また、地方局等の長があらかじめ難民と認定しない判断をし、Ｂ案件、Ｃ案件と確定したもの等については、自ら難民不認定処分を決定して、通知書を作成します（難民認定事務要領）。

③ 結　　　果

申請者には、難民認定がなされると難民認定証明書が、難民不認定処分がなされると、その理由を記した通知書が交付されます。なお、通知書には、「この通知を受けた日から７日以内に、法務大臣に対し審査請求をすることができる」旨が明記されています。

(3) 審査請求

審査請求は、不認定の通知を受けた日から７日以内に所定の審査請求書と審査請求を基礎付ける資料を地方出入国在留管理局に提出する方法で行います。そして、審査請求をすると、まず、審査請求を行った理由等を記載した申述書を提出するよう求められます（入管法61条の２の９第６項による行政不服審査法30条１項の読み替え）。

2014年改正行政不服審査法が2016年４月に施行され、難民認定に関する異議申立制度も改正の対象となり、不服審査の名称も「審査請求」と改められました。もっとも、改正行政不服審査法の規定は、入管法で多数条文の読み替え等がなされており、入管法上に特別法が置かれているという関係になっています。

ア 参与員制度

審査請求には、参与員が加わり、難民の認定に関する意見を出します（入管法61条の２の

10第1項、現状では1件につき3名）。法務大臣は、審査請求に当たり、参与員の意見を聴かなければならない、とされています（同法61条の2の9第3項）。

　参与員は、人格が高潔であって、審査請求に関し公正な判断をすることができ、かつ、法律又は国際情勢に関する学識経験を有する者のうちから、法務大臣が任命することとされており、法曹経験者や元外交官等の学識経験者、NGO関係者などの中から選任されています（入管法61条の2の10第2項）。任期は2年ですが、再任は妨げられず、非常勤の取扱いとなっています（同条3項、4項）。

　なお、2017年に一部の参与員の問題発言・行動について注意を喚起し参与員制度の改善を促す申入書が法務省に提出されています（全国難民弁護団連絡会議「難民審査参与員の問題発言・行動に対する申入書」（2017年9月12日）参照）。

　　イ　口頭意見陳述

　審査請求では、口頭意見陳述の機会が与えられます。もっとも、「当該申立人の所在その他の事情により当該意見を述べる機会を与えることが困難であると認められる場合又は申述書に記載された事実その他の申立人の主張に係る事実が真実であっても、何らの難民となる事由を包含していないことその他の事情により当該意見を述べる機会を与えることが適当でないと認められる場合には、この限りでない。」とされています（入管法61条の2の9第6項による行政不服審査法31条1項ただし書の読み替え）。

　口頭意見陳述は、書面審査の例外として申立人が口頭で意見を述べることができる貴重な機会であり、審査請求をすると口頭意見陳述の申立ての有無を確認されますので、口頭意見陳述の申立書を提出して口頭意見陳述を求めましょう。なお、口頭意見陳述の期日では、代理人弁護士も出席して意見を述べることができます。

　また、口頭意見陳述期日では、申立人は、審理員の許可を得て、審査請求に係る事件に関し、処分庁等に対して質問を発することができます（行政不服審査法31条5項）。つまり、処分庁等に対して、どうして難民不認定処分が下されたのか、その理由や根拠を直接問いただすことができるのです。もっとも、①申立人から処分庁等の招集を要しない旨の意思の表明があったとき、または②参与員があらかじめ審査請求に係る事件に関する処分庁等に対する質問の有無及びその内容について申立人から聴取した結果、処分庁等を招集することを要しないと認めるときには、処分庁等が招集されず、質問権の行使が認められない場合があります（入管法61条の2の9第6項による行政不服審査法31条2項の読み替え）。

　審査請求をして口頭意見陳述の申立てをすると、口頭意見陳述期日における処分庁に対する質問の有無、及び処分庁の招集を要請する有無を回答するよう「申出書」の提出を求められますので、処分庁の招集を要請し、処分庁に対する質問があることを記載した申出書を提出するようにしましょう。なお、質問内容の記載も求められますが、不認定理由をよく吟味したり、一次審査の供述調書等を確認したりしないと有効な質問内容を考えることはできません。そのため、この申出書には「おって、質問内容は提出します」とだけ記載して提出することもできます。

　なお、口頭意見陳述期日では、参与員から、申立人に対しても順次「質問」がなされます（行政不服審査法36条）。

　こうした口頭意見陳述期日にかかる時間は、入管では一期日につき概ね90分を目安とするとされていますが（難民審査請求事務取扱要領）、事案によってはそれ以上に時間を要するこ

ともあります。

　口頭意見陳述期日が終了すると、口頭意見陳述等調書が作成されます。もっとも、入管では「陳述の要旨」を記載すればよいとしているので、口頭意見陳述や質問のやりとり全てが記録されるものではありません。その結果、参与員の質問内容や申立人が発言したことが記載されないこともあります。訂正等は、調書閲覧後2週間以内に申し入れることが求められています（難民審査請求事務取扱要領）。その後の裁判手続等をする可能性も考えると、調書に事実と異なる内容が記載されていたり、不正確な状態である場合には、訂正の申し入れを行っておくことが望ましいでしょう。

　　ウ　判断過程

　参与員は、口頭意見陳述期日が終了すると、協議を行います。そして、参与員は当該審査請求に対する意見及びその理由を記載して、意見書を提出します。地方局等の長は、原処分に係る事案概要書、意見書及び通知書、担当参与員から提出を受けた意見書の写し及び口頭意見陳述等調書の写しに事件記録及び担当参与員の意見書を添えて、法務大臣（出入国在留管理庁長官宛て）に進達がなされます（難民審査請求事務取扱要領）。その後、審査請求が認容されるか棄却されるかの判断がなされます。

　　エ　結　果

　審査請求が認容された場合、裁決書と難民認定証明書が交付され結果が告知されます。認容の場合も判断理由の付記は必須とされています（行政不服審査法50条1項4号）。これまで難民認定がなされた場合には、理由は付記されていませんでしたが、行政不服審査法の改正を経て実務の運用の変化が注視されています。

　審査請求が棄却された場合には、理由を付記した裁決書が交付され、結果が通知されます。

③ 行政手続段階における弁護士の活動

(1)　一次審査段階

　一次審査において、代理人弁護士は、現状では原則としてインタビューに立ち会うことはできないため、申請者の難民該当性について意見書を提出するなどして、難民調査官に対しその主張を伝える必要があります。

　また、難民該当性を基礎付ける資料を収集整理する必要もあります。その際には、当該申請者の出身国の情勢一般（出身国情報）に関する資料と本人の難民性を基礎付ける個別事情に関する資料（陳述書等）のいずれも十分に準備するべきです。

　審査請求以降の段階で、一次審査時に主張しなかった事実や一次審査の際の供述内容と矛盾する事実を主張すると、その供述の信用性が疑われてしまうため、事実の確認を行い、供述内容を確認する作業も不可欠です。

(2)　審査請求段階

　代理人弁護士は、まず、審査請求に当たって、口頭意見陳述の申立書、処分庁の質問や招集の有無に関する申出書が提出されているかを確認し、口頭意見陳述を求めておらず、処分庁の招集や質問も不要としているならば、改めて代理人名義で求める旨を提出しましょう。

　次に、審査請求段階では、一次審査における本人の供述内容が重視されるため、代理人弁護士は、一次審査における申立人の供述内容を把握する必要があります。審査請求後、申立人本人又は法定代理人に一次審査段階の供述調書や提出資料の開示を請求してもらい、開示資料を

よく精査しましょう。

これを踏まえ、代理人弁護士は、口頭意見陳述の期日に先立って事前に行政庁等に対する質問内容を「おって提出」としている場合には質問事項を提出します。

そして、一次審査の難民不認定理由を検討し、出身国情報や申立人の事情、さらにその供述の信用性など口頭意見陳述の場で主張しきれない事情を主張立証するため、一次審査段階の本人供述の補充や訂正を行ったり、一次審査後の事情の変更や新たな事情の発生がある場合にはその事情を主張する意見書を作成し、一次審査で提出していない追加証拠とともに提出する必要があります。

その上で、代理人弁護士は口頭意見陳述に立ち会い、処分庁に対する質問を行い、参与員から申立人への質問等については必要に応じて支援を行い、申立人の難民該当性に関する主張を行います。

4 難民不認定処分取消訴訟

難民不認定の判断がなされた場合には、その旨の通知を受けた日から6か月以内に不認定処分取消訴訟や難民認定の義務付訴訟等を地方裁判所に提起することができます（Q16参照）。

5 難民に関する処分と在留資格

(1) 難民認定がなされる場合

難民認定と在留資格付与は、入管法上別個独立した処分です。

しかし、一次審査や審査請求の結果として難民認定がなされた場合、当該外国人は、原則として「定住者」の在留資格取得が許可されます（入管法61条の2の2、Q16参照）。そのため、それまで在留資格を持たなかった外国人も、難民と認められた場合には、日本における安定的地位を確保することができるのです。

他方、裁判で難民不認定処分の取消しが認められた場合には、理論上、過去の不認定処分が取り消されるのみで積極的に難民認定が行われるわけではないため、当然に在留資格を取得するわけではありません。この場合、改めて難民認定申請を行い、難民認定を受けた上で、在留資格を取得する必要があります。

(2) 難民認定がなされない場合

一次審査の結果、難民として認定されなかった場合でも、在留を特別に許可すべき事情の有無が審査され、在留特別許可に基づき在留資格が付与されることがあります（入管法61条の2の2第2項）。審査請求が棄却された場合には、法文上、在留特別許可を与える法律上の根拠はありませんが、現在の実務では在留特別許可が認められ在留資格が付与されることがあります（Q16参照）。

6 難民認定の現状

日本での難民認定数は、諸外国に比べると極めて少人数であり、年間で10人を下回る場合もあります。日本において難民認定を受けることは非常に厳しいのが現状です。2018年に国連難民高等弁務官事務所は、「グローバル・トレンド2017年」において、庇護国の傾向として庇護率が10％以下の国の例に日本を示した上、とりわけ、日本は庇護率が1％以下であり、庇護率が異常に低い国であることを特定して指摘しました。

申請者を国籍別にみると、2018年においてはネパールが最も多く、2018年の申請者のうち16.3％を占めています（法務省「平成30年度における難民認定者数について」（平成31年3月27日））。

　また、一次審査の平均処理期間は約13.2か月、不服申立ての平均処理期間は約18.0か月であり、処理に長期間を要しています（法務省「平成30年度における難民認定申請者数について」（平成31年3月27日））。

　このように、日本の難民認定の現状は、難民認定率が低いことに加え、難民として認定されるまでに相当な長期間を要するという問題があります。

【難民庇護の状況等】

	一次申請				異議申立／審査請求				合計			人道配慮
	申請数	認定	不認定	認定率	申立数	認容	棄却	認定率	総処理数	総認定数	総認定率	
2011	1,867	7	2,002	0.35%	1,719	14	635	2.2%	2,658	21	0.7%	248
2012	2,545	5	2,083	0.24%	1,738	13	790	1.6%	2,891	18	0.6%	112
2013	3,260	3	2,499	0.12%	2,408	3	921	0.32%	3,426	6	0.1%	151
2014	5,000	6	2,906	0.21%	2,533	5	1,171	0.43%	4,088	11	0.2%	110
2015	7,586	19	3,412	0.55%	3,120	8	1,763	0.45%	5,202	27	0.5%	79
2016	10,901	26	7,492	0.35%	5,197	2	2.112	0.09%	9,632	28	0.2%	97
2017	19,629	19	9,742	0.19%	8,530	1	3,084	0.03%	12,846	20	0.1%	45
2018	10,493	38	10,541	0.36%	9,021	4	6,013	0.07%	16,596	42	0.2%	40

（参照）法務省ホームページ

7　設問に対する回答

　相談者がA国で前政権政党の党員として活動していたこと、A国に帰ると命の危険があること等を示す資料、A国の情勢に関する資料等を提出して、難民認定申請を行うことができます。一次審査で不認定の処分を受けた場合には審査請求を行い、又はこれと並行して不認定処分取消訴訟も提起し、難民不認定処分について争うことができます。

8　参考文献

　難民認定手続の詳細や弁護士の活動等に関しては、日本弁護士連合会人権擁護委員会編『難民認定実務マニュアル』（現代人文社、2017年）が参考になります。

Q15　難民申請者の地位

　私は難民認定申請をしましたが、手続の間、私の在留資格はどうなりますか。申請手続をしている間にどのような支援を受けられますか。
　私の友人も難民申請をしていますが在留資格がありません。私と違いはありますか。

1　難民申請者の地位

(1)　在留資格がある場合

　2015年秋頃から、難民認定申請後、難民申請者はＡ、Ｂ、Ｃ、Ｄ案件と分類して振り分けられるようになりました（案件の分類等についてはQ14参照）。また、法務省「難民認定制度適正化のための更なる運用の見直し」（2018年１月12日）で、初回案件（Ａ、Ｂ、Ｄ案件）について案件内容の振り分け期間（２月を超えない期間）を設け、それによって在留資格上の措置（在留許可、在留制限、就労許可、就労制限）をとることを明確にしました。

　在留資格を有する者が難民認定申請を行った場合、もともとの地位や資格で在留資格該当性が失われない場合を除いては、振り分けされるまでの間、通常「特定活動（期間２月、就労不可）」の在留資格が与えられます（在留審査要領第12編在留資格）。

　振り分けがなされた後は、初回申請と再申請の場合で状況が異なります。

　まず、初回申請の場合、難民である可能性が高い申請者又は本国情勢等により人道上の配慮を要する可能性が高いと思われる申請者と判断されたＡ案件については、振り分け後速やかに「特定活動（期間６月、就労可）」の在留資格が与えられます。他方で、難民条約上の迫害事由に明らかに該当しない事情を主張していると判断されたＢ案件については、振り分け後、在留資格の在留期間は更新されず、就労許可も与えられません。

　それ以外の申請者と判断されたＤ案件に対しては、振り分け後に「特定活動（期間３月、就労不可）」が与えられます。これらの申請者は、通常はこの「特定活動（期間３月、就労不可）」の在留資格が２回許可され、申請から６か月経過後は「特定活動（期間６月、就労可）」の資格を与えられることになり、就労可能となります（在留審査要領第12編在留資格）。

　もっとも、このＤ案件の中で、現に有する在留資格に該当する活動を行わなくなった後に難民認定申請をしたり、出国準備のために在留を認められた期間中に難民認定申請をしている場合には、申請から６か月経過後も就労の許可は与えられません。例えば、技能実習生が技能実習先から失踪した後や留学生が退学処分になった後に難民認定申請をした場合は、申請から６か月経過後も、原則として就労は許可されないので注意が必要です。また、これらの場合の在留期間は「３月」となり、「特定活動（期間３月、就労不可）」のままとなります。

　次に、再申請の場合ですが、原則として在留資格は更新されず、就労不可となります。もっとも、再申請者であっても難民である可能性が高いと思われる申請者又は人道上の配慮を要する可能性が高いと思われる申請者と判断された場合は、「特定活動（期間６月、就労可）」の在留資格が与えられます。

　2018年におけるＡ〜Ｄ案件の振り分け数は、以下のとおりです。

Ａ案件	Ｂ案件	Ｃ案件	Ｄ案件
27	1825	486	8155

　このように現状では、約８割の申請者がＤ案件に振り分けられており、Ｄ案件では申請から

約8か月が経過した後に就労許可が認められる運用になっています。

(2) 在留資格がない場合

ア 仮滞在許可

在留資格を有しない者が難民認定申請を行ったときは、仮滞在許可の適否が判断されます。原則として日本に上陸した日から6か月以内に難民認定申請を行っていること、迫害を受けるおそれがある領域から直接来日していること、退去強制令書の発付を受けていないこと等の一定の条件を満たした場合に仮滞在許可が認められます（入管法61条の2の4第1項）。しかし、仮滞在許可は、現状、ほとんど認められていません。2018年に仮滞在の許可の可否を判断した人数は977人、そのうち仮滞在許可が認められた件数は38人にとどまります（法務省入国管理局・平成30年のプレスリリース「平成30年における難民認定者数等について」）。仮滞在許可を受けると一時的に退去強制手続が停止されます（同法61条の2の6第2項）。仮滞在許可の滞在期間は原則として6か月ですが、難民認定申請、異議申立手続が係属している間は、許可期限が切れる10日前から更新申請を行い、仮滞在許可を更新することができます（同法61条の2の4第4項、5項）。もっとも、仮滞在許可を受けている間に、就労することは認められていません（同法規則56条の2第3項2号）。

イ 収容と仮放免

仮滞在が認められない場合、難民認定申請や審査請求が係属していても退去強制手続は停止されませんが、送還自体は停止されます（入管法61条の2の6第3項）。

難民認定申請時に既に収容されている場合には、仮放免（入管法54条1項）が認められるまで収容が継続します。仮放免許可申請は本人でもすることができますが、申請には身元保証書等の一定の資料の提出が必要とされ、許可されるときは保証金の納付が求められます（同法54条2項、同法規則49条1項）。

難民認定申請時に収容されていない場合には、現在の運用では難民申請と同時に収容されることはありません。もっとも、退去強制事由に該当する難民申請者を収容しないとする国内法上の規制はありません。収容されないとしても、退去強制手続は進行し、多くの場合、収容令書が発付されると同時に仮放免が認められる運用となっています。また、手続中に退去強制令書が発付されることもありますが、前記のとおり手続の係属中は送還されません。仮放免が認められても正規に就労することは認められていません。

ウ 収容の長期化傾向

なお、2018年2月18日付法務省入国管理局長指示「被退去強制令書発付者に対する仮放免措置に係る適切な運用と動静監視強化の更なる徹底について」が出され、近時、仮放免許可の運用は厳格になされ、収容は長期化する傾向にあります。

難民認定制度の悪質な濫用事案として在留が認められなかった者、明らかに難民とは認められない理由で難民認定申請を繰り返す者に該当すると判断されると、「送還の見込みが立たない者であっても収容に耐え難い傷病者でない限り、原則送還が可能となるまで収容を継続し送還に努める」とされ、収容所施設における死亡事件も多発しており、収容の長期化と収容施設内の処遇について懸念が示されています（日本弁護士連合会2019年8月8日付「入国管理センターにおける被収容者の死亡事件及び再収容に関する会長声明」、東京弁護士会2019年7月31日付「人間の尊厳を踏みにじる外国人長期収容と違法な再収容に抗議する会長声明」、2019年7月1日付「外国人の収容に係る運用を抜本的に改善し、不必要な収容を直ちにやめ

ることを求める会長声明」、2019年4月18日付「入管収容施設で繰り返される被収容者の生命・健康の軽視や死亡事件に抗議し、適時適切な医療の提供及び仮放免の適切な運用を求める会長声明」等参照)。

2　難民申請者が受けられる援助

(1)　生活援助
　ア　生活保護
　外国人は生活保護受給権を有しないとされており、事実上の受給対象者は「永住者」「定住者」「日本人の配偶者等」「永住者の配偶者等」に限定されています(平成2年10月25日厚生省社会局保護課企画法令係長による口頭指示。なお、最二小判平成26年7月18日判自386号78頁は、永住者は行政措置による事実上の保護の対象になるとしても、生活保護法に基づく保護の対象とはならないとしています。)。事実上ほとんどの難民申請者はこれらの在留資格を有しないため、生活保護の受給対象に含まれませんが、各自治体の運用により例外的な対応がなされる場合もあります。
　イ　難民事業本部による保護費等
　外務省の外郭団体である公益財団法人アジア福祉教育財団・難民事業本部は、その調査に基づいて、生活困窮者と認められる難民申請者に対して、保護費(生活費・住居費・医療費)の支給を行い、宿泊場所がない者に対してESFRA(難民認定申請者緊急宿泊施設)の提供をしています。もっとも、生活保護に比較すると保護費の支給額は低額です。昨今の難民申請者数の急増もあり、全ての難民申請者が援助を受けられるわけではありません。2016年度中は345名が保護費の支給を受けました(第193回国会・質問第146号　参議院議員石橋通宏議員「難民認定状況に関する質問主意書」に対する答弁書)。
　ウ　NGOなどによる支援
　認定NPO法人難民支援協会等は、緊急性の高い難民申請者にシェルターを提供したり、医療機関と連携した医療支援等を行ったりしています。
(2)　法的援助
　難民認定申請、審査請求、在留資格のない外国人による行政裁判手続については、法テラスを通じた国による民事法律扶助制度の対象外であるため、これを利用することはできません(総合法律支援法30条1項2号)。
　これらの手続についての法律援助は、日本弁護士連合会が法テラスに事業を委託しており、在留資格がなくても資力基準や援助の必要性・相当性を満たす場合には、この委託事業による法律援助を利用することができます。

3　設問に対する回答

　相談者が難民認定申請手続を行っている間は、もともとの在留資格にもよりますが、期間の更新、又は「特定活動」への変更が認められます。相談者の在留資格は「特定活動」に変更され、1で述べたように案件の振分結果により、現状では多くの申請者は、特定活動の資格が数度許可され、難民認定申請から6か月を経過した場合は、就労可能な在留資格となります。また、手続中には、難民事業本部やNGO等から援助を受けられる場合があります。
　相談者の友人の場合は、前記の一定条件を満たした場合には仮滞在許可が認められますが、就労はできません。相談者と同様に、前記の支援を受けられることがあります。

Q16　難民認定の効果など

難民として認定されると、どうなりますか。難民として認定されなかった場合には、すぐに出国しなければならないのですか。不認定の結果を争うことはできますか。

1　難民と認定された場合

(1)　在留資格の付与

難民として認定されると、日本に上陸した日から6か月以内に難民認定申請をしたこと等一定の要件を満たす場合には、「定住者」5年の在留資格が許可されます（入管法61条の2の2第1項、難民認定事務取扱要領）。

他方で、難民として認定されたものの、同法61条の2の2第1項各号の除外事由に該当する場合には、同条2項の在留特別許可が認められた結果「定住者」5年の在留資格が付与されます（同条2項、難民認定事務取扱要領）。いずれにせよ難民として認定されれば、通常「定住者」5年の在留資格が付与されるため、「定住者」の在留資格のもとで享受される利益は全て受けることができます。

(2)　難民旅行証明書の発給

難民は本国の旅券を取得することが困難であり、海外旅行の際に必要な渡航文書として、申請により難民旅行証明書の発給を受けることができます（入管法61条の2の12）。また、これとは別に、本国の旅券が取得できないとして、申請により再入国許可書の交付を受けることもできます（同法26条2項）。この再入国許可書は冊子様の形状であり、外国に出国してこれを用いて日本に再度入国する場合には旅券とみなされます（同条8項）。

(3)　家族の呼寄せ

難民認定された者が、外国にいる家族を呼び寄せて一緒に暮らしたいと考えることがあるでしょう。家族を呼び寄せるには、在留資格認定証明書の申請を行い（入管法7条の2第1項）、これが認められたら外国の家族に送付し、家族が現地で査証の発給を受けて来日することになります（Q3参照）。難民認定者の家族呼寄せについては、法令上の優遇措置はなく、呼寄せ側に一定の資力があることも審査されます。ここでの家族とは、配偶者や未婚の未成年の子といった狭義の家族に限定されています。

(4)　永住許可の特則

難民認定された者が永住許可を申請する場合、通常の永住許可要件である「独立の生計を営むに足りる資産又は技能を有すること」を満たさなくても永住許可が認められます（入管法61条の2の11）。

(5)　属人法が日本法となること

難民について、その属人法は、原則として「住所を有する国の法律」とされています（難民条約12条1項）。属人法とは、人に関する一定の法律関係の準拠法として、人がどこに赴いても常に適用されるべき法域の法とされ、人の身分や能力に関する事項は属人法の支配する領域であるとされています。つまり、親族、相続などにかかわる事項は属人法によって規律されます。例えば、通則法24条は、婚姻の実質的要件について、各当事者の本国法を準拠法とすることを定めていますが、難民条約12条1項は通則法の特別法に当たるため、難民については、本国法とある部分を住所地（又は居所地）法と読み替えなければなりません（三浦正晴「難民

条約と戸籍事務」戸籍451号（1982年）4〜5頁参照）。したがって、難民が婚姻する場合には、住所地は日本であると解されるため、民法に基づく婚姻要件を満たす必要があります。

⑹　帰　　化

難民条約は、難民の帰化をできる限り容易なものとする旨定めていますが（難民条約33条）、難民の帰化について法令上の優遇措置は定められていません。

⑺　定住支援

公益財団法人アジア教育福祉財団・難民事業本部は、難民認定された者及びその家族に対して、無料の日本語教育や生活ガイダンスの定住支援を行っています。希望者は、半年コースか1年コースを選ぶことができます。

☐２　難民と認定されなかった場合

⑴　在留特別許可を受けた場合

難民としては認定されないものの、人道上の配慮に基づき在留特別許可が認められ、在留資格が付与される場合があります（入管法61条の2の2第2項）。入国後10年を経過している場合には「定住者」が付与され、それ以外の場合には「特定活動」となります（難民認定事務取扱要領）。

もっとも、実務上「特定活動」を付与された後、日本での在留期間が10年を超えた場合や「特定活動」を付与されてから3年が経過した場合、「定住者」への変更が認められる運用となっています。「特定活動」では生活保護の受給対象者とはならず、国外にいる家族を呼び寄せることも原則としてできません。

在留特別許可を受けた場合でも、別途、難民不認定処分を裁判で争うことができます。この場合、通知を受けてから6か月以内に難民不認定処分取消請求訴訟等を提起します。

⑵　在留特別許可を受けられなかった場合

　ア　審査請求

難民認定申請の結果難民として認定されない場合には、通知を受けた日から7日以内に審査請求をすることができます（入管法61条の2の9第1項、2項）。在留特別許可を付与しない処分については、審査請求はできません。

なお、難民不認定に係る審査請求が棄却された場合、法律上の根拠はありませんが、実務上その時点で在留特別許可を与えられることがあります。

　イ　裁　　判

難民認定申請の結果、難民不認定となり在留特別許可も与えられなかった場合に、審査請求とは別に難民不認定処分取消請求訴訟及び在留特別許可をしない処分の取消請求訴訟を直ちに提起することができます。

審査請求が棄却され退去強制令書も発付された場合に、この時点でも難民不認定処分取消請求訴訟及び退去強制令書発付処分取消請求訴訟を提起することができます。

いずれも、通知を受けた日から6か月以内に提起します。

　ウ　退去強制手続・収容

仮滞在許可を受けた者が難民認定申請から審査請求まで全ての行政手続を終了した場合、停止されていた退去強制手続が開始されます（入管法61条の2の6）。仮放免許可を受けて行政手続に従事していた者については退去強制令書が発付され、収容の可能性があります。

3 設問に対する回答

　相談者が難民として認定された場合、「定住者」として5年の在留資格が付与されることになります。難民として認定されなかった場合にも、在留特別許可が認められ、在留資格が付与されることがあります。難民として認定されなかった場合には、審査請求や取消訴訟を提起して争うことができます。相談者が仮滞在許可を受けていた場合で、審査請求手続が終了した場合には、退去強制手続が開始され、退去強制令書が発付され、場合によっては収容を伴い退去を命じられることがあります。

Q17　入管特例法について

終戦前から日本に在留している朝鮮半島及び台湾出身者並びにその子孫の日本での法的地位や日本への帰化について、他の在留外国人と比べて違う点がありますか。

1　従前の三つの法的地位

　終戦前から引き続き日本に在留していた内地戸籍に入籍すべき事由のない朝鮮半島及び台湾出身者は、1952年4月28日の平和条約の発効によって、自己の意思とかかわりなく、日本国籍を失うこととされました。そのため外国人として在留することとなり、昭和27年法律第126号によって「別に法律で定めるところにより、その者の在留資格及び在留期間が決定されるまでの間、引き続き在留資格を有することなく、本邦に在留することができる」とされました。そこで、朝鮮半島及び台湾出身者については、「法126-2-6該当者」と称されました。
　大韓民国（以下「韓国」）との国交回復を契機として、1965年12月18日、日本国に居住する大韓民国国民の法的地位及び待遇に関する日本国と大韓民国との間の協定（いわゆる日韓法的地位協定）が締結されました。その協定の実施に伴う出入国管理特別法に基づき、1945年8月15日以前から申請の時まで引き続き日本国に居住している者及びその直系卑属として1945年8月16日以後この協定の効力発生の日から5年以内に日本国に出生し、その後申請の時まで引き続き日本国に居住している者については、申請により永住権が付与されました。いわゆる「協定永住」といわれた地位です。その後1981年の入管法改正の際、「法126-2-6該当者」とその子について、1982年から5年間に限り、申請により無条件に入管法上の永住が許可されました。いわゆる「特例永住」といわれた地位です。
　以上のように、定住していた朝鮮半島及び台湾出身者の地位としては、従来、「法126-2-6該当者」、「協定永住者」、「特例永住者」の三者が基本的に併存していました。
　なお、朝鮮半島出身者の国籍については、Q61の1(1)を参照してください。

2　入管特例法による「特別永住」

　1991年1月10日、日韓法的地位協定に基づく協議の結果に関する覚書が日韓両国外相の間で取り交わされ、この覚書の趣旨のもとに、1991年4月26日入管特例法が成立しました。この入管特例法により、従来三者に分かれて併存していた地位を一本化し、それらの者及びその子孫は一律に「特別永住」の地位が認められることとなりました（入管特例法3条、4条、5条）。

3　中国大陸出身者

　中国大陸から日本内地に移り住み、戦後も引き続き在留している人たちがいますが、一時期、日本国籍を有するものとされていた台湾出身者や朝鮮半島出身者とは異なり、外国人として扱われ続けてきたことから、入管特例法の適用はありません。
　もっとも、戦前から引き続き在留していれば既に何十年もの在留実績がありますので、ほとんどの人が永住権を取得していることが多いと思われます。

4 「特別永住者」の地位内容

(1) 退去強制の特例

特別永住者でも退去が強制されることはありますが、特別永住者の法的地位を安定させるため、日本国の重大な国家的利益が侵害されたような場合に限って、退去強制の対象となる旨定められています（入管特例法22条1項各号参照）。

(2) 再入国許可（Q10参照）

再入国許可に当たっての有効期間が、一般外国人では5年を超えない範囲内で定める（延長を含めると6年）ものとされているところ、特別永住者では6年を超えない範囲内で定める（延長を含めると7年）とされています（入管特例法23条1項）。

また、特別永住者は、本邦から出国の際、有効な旅券及び特別永住者証明書を提示し、「みなし再入国許可」による出国の希望を申告することで、出国の日から2年以内に再入国する出国について再入国許可は不要になります（入管特例法23条2項）。ただし、「みなし再入国許可」の有効期間は延長ができず、その期間を経過すると特別永住者の地位が失われることになりますので、注意が必要です。

(3) 上陸のための審査の特例

再入国の許可を受けて上陸する外国人は、通常、入管法7条1項1号（旅券の有効性）及び4号（上陸拒否事由の有無）の審査を受けますが、特別永住者では上陸拒否事由の有無の審査はなされないことになっています（入管特例法20条）。もし特別永住者に上陸拒否事由を適用すれば、再入国許可を受けて出国し再入国する際に一般の外国人と同様に上陸拒否されてしまい、一般の外国人が退去強制されるのと事実上変わらない基準で退去強制されることとなってしまうからです。

(4) 外国人登録証明書から特別永住者証明書へ

2012年7月9日施行の改正入管特例法により、これまで特別永住者にも常時携帯を義務付けられていた外国人登録証明書が廃止され、記載事項が大幅に減った「特別永住者証明書」が発行されることとなりました。なお、特別永住者証明書は、常時携帯義務が課せられていません（同法17条4項）。

もっとも、2012年7月9日の時点で特別永住者が従前の外国人登録証明書を所持しているときは、当該証明書の次回確認（切替）申請期間の始期に当たる当該外国人の誕生日を有効期限として、外国人登録証明書が特別永住者証明書とみなされます。

特別永住者証明書にも有効期間があり、16歳未満の者は16歳の誕生日まで、16歳以上の者は各種申請・届出後7回目の誕生日までに更新が必要です。有効期間、更新について詳しくは、法務省「外国人在留総合インフォメーションセンター」（巻末資料5参照）等に問い合わせるとよいでしょう。

(5) 住民基本台帳制度

外国人登録法が廃止され、2009年に改正された住基法により特別永住者も住民基本台帳制度の対象となりました（Q20参照）。

5 設問に対する回答

終戦前から日本に在留している韓国・朝鮮人及び台湾人並びにその子孫は、前記のとおり、

特別永住者として、退去強制、再入国許可、上陸のための審査、身分を証明する書類について、他の在留外国人と異なる扱いがなされています。

Q18　在留カード

在留カードとはどのようなものですか。どのような人に交付されますか。
外国人登録証明書とはどのように違うのですか。

1　在留カードとは

　在留カードとは、出入国在留管理庁長官が「中長期在留者」に対して、上陸許可、在留期間の更新許可や在留資格の変更許可等の在留に係る許可に伴って交付する文書（カード）です。

　在留カードは、これを所持する者について、出入国在留管理庁長官が日本に中長期間適法に在留する者であることを証明する「証明書」としての性格を有します。また、在留に係る許可については、従来、旅券に許可の証印が押されていましたが、在留カードの交付によって、その許可が明示されることとなりました。このため、在留カードは、いわば「許可証」としての性質も有します。

　従前は、日本に在留する外国人は、日本に在留することとなった日から一定の期間内に居住する市区町村に身分事項等を届け出て、外国人登録を行うこととされていました。しかし、2012年に2009年改正入管法が施行され、外国人登録制度は廃止され、外国人登録証明書は在留カードに切り替えられました。

【在留カードのイメージ図】
〈表面〉　　　　　　　　　　　　　　〈裏面〉

（出典：法務省出入国在留管理庁）

2　在留カードの交付対象者

(1)　中長期在留者

　在留カードの交付対象者である中長期在留者とは、以下の事項に該当しない者をいいます（入管法19条の3）。

① 　3か月以下の在留期間が決定された者
② 　短期滞在の在留資格が決定された者
③ 　外交又は公用の在留資格が決定された者
④ 　①〜③に準ずる者として法務省令で定めるもの

①〜③に準ずる者とは、「特定活動」の在留資格を決定された者であって、台湾日本関係協

会の本邦の事務所の職員又は当該職員と同一世帯に属する家族の構成員としての活動を特に指定されたもの（入管法施行規則19条の5第1号）、「特定活動」の在留資格を決定された者であって、駐日パレスチナ総代表部の職員又は当該職員と同一世帯に属する家族の構成員としての活動を特に指定されたものです（同条2号）。

(2) 交付対象外の者

特別永住者には、特別永住者証明書が交付されますので、在留カードは交付されません。また、従来は、外国人登録証明書が交付されていた在留資格を有しない非正規滞在者については、在留カードは交付されません。さらに、一時庇護上陸許可などの特例上陸許可を受けた者、仮滞在許可を受けた者などについても在留カードは交付されませんが、特例上陸許可を受けた者や仮滞在許可を受けた者は、非正規滞在者とは異なり、住民基本台帳制度の対象者となります。

③ 在留カードの記載事項

(1) 記載事項

在留カードには、写真のほか、次の情報が記載され、記載事項の全部又は一部を記録したICチップが搭載されます（入管法19条の4）。

① 氏名、生年月日、性別及び国籍の属する国又は入管法2条5号ロに規定する地域
② 住居地
③ 在留資格、在留期間及び在留期間の満了日
④ 許可の種類及び年月日
⑤ 在留カードの番号、交付年月日及び有効期間の満了日
⑥ 就労制限の有無
⑦ 資格外活動許可を受けているときはその旨

①について、入管法2条5号ロに規定する地域とは、「出入国管理及び難民認定法第2条第5号ロの地域を定める政令」により定められた、台湾、ヨルダン川西岸地区及びガザ地区です。

また、無国籍者については、無国籍と表示されます。もっとも、在留カード上の国籍・地域欄の国籍、無国籍の表示が、必ずしも正確ではない場合があることについては、Q26を参照してください。

②「住居地」とは、本邦における主たる住居の所在地を意味します。外国人登録証明書では、居住地が表示されていましたが、この居住地には、外国人が存在する公園や路上も含まれていました。しかし、在留カードではこれを排除する概念として「住居地」とされました。

(2) 外国人登録証明書との違い

外国人登録証明書では、出生地、出身国の住所、父母及び配偶者、職業や勤務先、旅券情報、世帯主関係の情報が記載されていましたが、在留カードではこれらの情報は記載されません。他方で、就労制限や資格外活動許可の情報は、在留カードで新たに表示されるものです。また、外国人登録証明書では、通称名が併記されていましたが、在留カードや特別永住者証明書では記載されなくなりました。

④ 在留カードの携帯等の義務

中長期在留者は、出入国在留管理庁長官が交付し、又は市町村の長が返還する在留カードを受領し、常にこれを携帯しなければなりません（入管法23条2項）。在留カードの受領義務に

違反した場合には、1年以下の懲役又は20万円以下の罰金の対象となります（同法75条の2第1号）。また、在留カードの携帯義務に違反した場合には20万円以下の罰金の対象となります（同法75条の3）。

さらに、中長期在留者は入国審査官、警察官等から在留カードの提示を求められたときには、在留カードを提示しなければならず（入管法23条3項）、提示義務違反に対しては、1年以下の懲役又は20万円以下の罰金の対象となります（同法75条の2第2号）。

ただし、16歳に満たない者については、在留カードの携帯等の義務は課せられていません（入管法23条5項）。

5 ICチップ

在留カードには偽造変造防止のために、高度なセキュリティ機能を有するとされるICチップが搭載され、在留カード記載事項の全部又は一部が記録されています（入管法19条の4第5項）。つまり、ICチップを読み取り、ICチップに搭載された情報と在留カードの券面に記載された事項を見比べることによって、在留カードの偽変造の有無を確認することができるというわけです。入管は、金融機関などの民間業者が、本人確認の場面などでカードの偽変造等確認を容易に行うことができるようにするためとして、在留カード等のICチップの読み出しに係る仕様を公開しています。

6 在留カードの有効期間

在留カードの有効期間は在留カードを交付された中長期在留者の年齢等により以下のように異なります（入管法19条の5第1項）。

【在留カードの有効期間】

中長期在留者の年齢、永住者か否か	在留カードの有効期間
①　16歳以上の永住者、高度専門職（別表第1の2の表の高度専門職の項の下欄第2号に係る者）	交付日から7年
②　16歳未満の永住者	16歳の誕生日
③　16歳以上の上記①②以外の者	在留期間の満了日
④　16歳未満の上記①②以外の者	在留期間の満了日又は16歳の誕生日のいずれか早い日

外国人が在留期間の満了の日までに在留資格の変更又は在留期間の更新申請をした場合に、在留期間の満了の日までに当該申請に対する処分がなされないときは、当該外国人は、その在留期間満了後も、当該処分がされるとき又は従前の在留期間の満了の日から2か月を経過する日のいずれか早い時までの間は本邦に在留することができ（入管法20条6項、21条4項）、在留カードの有効期間も同様に伸長されます（同法19条の5第2項）。

永住者に在留カードが交付されるときなど在留期間満了以外の事由で有効期間が満了する場合には、在留カードの有効期間の満了日の2か月前（有効期間の満了の日が16歳の誕生日とされているときは6か月前）から有効期間が満了するまでの間に出入国在留管理庁長官に対し

て在留カードの有効期間の更新をしなければなりません（入管法19条の11第1項）。ただし、長期の病気療養や長期出張等のやむを得ない理由により、更新期間内に在留カードの有効期間の更新を申請することが困難である場合には、更新期間前においても在留カードの有効期間の更新を申請することができます（同条2項）。

7 在留カード偽造罪等

在留カードの偽造等については、入管法で罰則規定が設けられています（入管法73条の3ないし6）。

【在留カード偽造罪と罰則規定】

行為態様	刑罰
①・行使目的での在留カードの偽造／変造 ・偽造／変造の在留カードの行使 ・行使目的での偽造／変造の在留カードの提供又は収受	1年以上10年以下の懲役
② 行使目的での偽造／変造の在留カードの所持	5年以下の懲役又は50万円以下の罰金
③ 行使目的での在留カードの偽造／変造の用に供する目的で、器械／原料の準備	3年以下の懲役又は50万円以下の罰金
④・他人名義の在留カードの行使 ・行使目的での他人名義の在留カードの提供、収受、所持 ・行使目的での自己名義の在留カードの提供	1年以下の懲役又は20万円以下の罰金

8 特別永住者証明書

特別永住者には、在留カードではなく、特別永住者証明書が交付されます（入管特例法7条以下、Q17参照）。特別永住者証明書の記載内容は、外国人登録証明書と比較すると、その記載事項は減少しています。すなわち、写真のほか、氏名、生年月日、性別、国籍の属する国又は入管法2条5号ロに規定する地域、住居地、証明書番号、交付年月日、有効期間満了日です。もっとも、前述のとおり通称名は記載されません。

いわゆる在日コリアンについて、朝鮮半島出身者を意味する者として特別永住者証明書の国籍・地域欄に「朝鮮」との表示がなされることがあります。しかし、法務省によれば、これは国籍ではなく「記号」であるとされています。つまり、「朝鮮」との表示は、朝鮮民主主義人民共和国の国籍に属することを意味するものではありません。

9 設問に対する回答

在留カードとは、出入国在留管理庁長官が、上陸許可、在留期間の更新許可や在留資格の変更許可等の在留に係る許可に伴って交付する文書（カード）で、対象者は中長期在留者となります。外国人登録証明書とは記載内容が異なるほか、外国人登録証明書にはなかったICチップが搭載されています。

Q19 在留カードの交付場面、届出事項

在留カードは、いつどこで交付されますか。住所や職場が変わった場合には、届出をしなければ不利益を受けますか。

1 在留カードの新規の交付

(1) 新規の上陸時

外国人が、日本に入国する際、上陸許可を受けて中長期在留者となった場合には、入国審査官より在留カードの交付を受けます（入管法19条の6）。この場合、原則として上陸した出入国港において、上陸許可に伴い、在留カードの交付を受けます。ただし、一部の出入国港では在留カードの発行体制が整備できないところもありますので、その場合には、旅券に「後日在留カードを交付する」と記載され、当該外国人が住居地の届出をした後に、在留カードが交付されます（同法附則7条1項）。

(2) 在留の審査時

外国人が、在留資格の変更許可（入管法20条4項1号）、在留期間の更新許可（同法21条4項）、永住許可（同法22条3項）、在留資格の取得許可（同法22条の2第3項及び第4項）又は在留特別許可（同法50条3項、61条の2の2第3項1号）を受け、引き続き又は新規に中長期在留者となった場合には、申請を受け付けた地方入管において、在留カードの交付を受けます。

(3) その他の場面

前記のほか、外国人のその氏名、生年月日、性別及び国籍の属する国など入管法19条の4第1項1号に掲げる事由に変更が生じた場合の変更の届出（同法19条の10第2項）、永住者等における在留カードの有効期間の更新申請（同法19条の11第3項）、紛失等による在留カードの再交付申請（同法19条の12第2項）又は汚損等による在留カードの再交付申請（同法19条の13第4項）をした場合には、届出又は申請を受け付けた地方出入国在留管理局において、新たな在留カードの交付を受けます。

2 在留カードの再交付

(1) 紛失等による在留カードの再交付

外国人が、紛失、盗難、滅失その他の事由により在留カードの所持を失ったときは、その事実を知った日（本邦から出国している間にその事実を知った場合は、その後最初に入国した日）から14日以内に出入国在留管理庁長官に対し、在留カードの再交付を申請しなければなりません（入管法19条の12第1項）。

(2) 汚損等による在留カードの再交付

ア 外国人は、在留カードが著しく毀損し、若しくは汚損し、又はICチップ上の記録が毀損したときは、出入国在留管理庁長官に対し、在留カードの再交付を申請することができます（入管法19条の13第1項前段）。

イ 前記アの場合に加え、在留カードの交付を受けた中長期在留者は、在留カードが毀損等した場合でなくても、在留カードの交換を希望するときは、正当な理由がないと認められるときを除き、在留カードの再交付を申請することができます（同項後段）。

これは、民間業者等による在留カードの番号をキーとすることによる不当なデータベースの構築についての懸念に対する措置として、特段在留カードに毀損等がなくても、自発的に異なる在留カード番号の在留カードの取得を認めるものです。

　ウ　出入国在留管理庁長官は、著しく毀損し、若しくは汚損し、又はICチップによる記録が毀損した在留カードを所持する中長期在留者に対して、在留カードの再交付を申請することを命ずることができます（入管法19条の13第2項）。命令を受けた者は、当該命令を受けた日から14日以内に、在留カードの再交付を申請しなければなりません（同条3項）。

⑶　再交付申請義務違反に対する罰則

　紛失等又は汚損等による在留カードの再交付申請義務に違反した場合には、1年以下の懲役又は20万円以下の罰金の対象となります（入管法71条の2第2号）。

③　住居地の届出及び変更届出

　まず、新規に日本に上陸した中長期在留者の外国人は、前述のとおり、原則として上陸時に在留カードの交付を受けますので、その後、住居地を定めることになります。この場合は、住居地を定めてから14日以内に住居地を定めた市町村において、在留カードを提出して住居地の届出をしなければなりません（入管法19条の7第1項）。

　また、在留資格の変更等により、新たに中長期在留者になった場合については住居地を定めた日（既に住居地を定めている者については、当該許可の日）から、届け出た住居地を変更した場合については新住居地に移転した日から14日以内に、住居地又は新住居地の市町村において、出入国在留管理庁長官に対する住居地の届出をしなければなりません（入管法19条の8第1項、19条の9第1項）。

　これらの届出については、住基法上の転入・転出届をすることによって、入管法上の届出義務が果たされます（入管法19条の7第3項、19条の8第3項、19条の9第3項）。なお、住居地の新規届出又は変更届出を90日以内にしなかった場合は、正当な理由のある場合を除いて、在留資格取消事由に該当しますので、注意が必要です（同法22条の4第1項8号、9号、Q11参照）。

　住居地の新規届出や変更届出を怠った場合には20万円以下の罰金、虚偽の住居地を届け出た場合には1年以下の懲役又は20万円以下の罰金の対象となります（入管法71条の5第1号、2号、71条の2第1号）。

④　住居地以外の変更届出

⑴　住居地以外の在留カード記載事項

　外国人のその氏名、生年月日、性別及び国籍の属する国又は入管法2条5号ロに規定する地域の各項目に変更が生じた場合には、14日以内に出入国在留管理庁長官に変更の届出をしなければなりません（入管法19条の10第1項）。

⑵　所属機関等の事項

　在留カードの記載事項ではありませんが、入管法別表第1の在留資格を有する者については、在留資格に応じて、次の事項を14日以内に出入国在留管理庁長官に変更届出をしなければなりません（入管法19条の16第1号、2号）。

【所属機関等の変更届出】

在留資格	届出事項
教授、高度専門職（別表第1の2の表の高度専門職の項の下欄第1号ハ又は第2号（同号ハに掲げる活動に従事する場合に限る。）のみ）、経営・管理、法律・会計業務、医療、教育、企業内転勤、技能実習、留学、研修	在留資格に応じた活動を行う本邦の公私の機関の名称・所在地の変更、消滅 当該機関からの離脱、移籍
高度専門職（別表第1の2の表の高度専門職の項の下欄第1号イ若しくはロ又は第2号（同号イ又はロに掲げる活動に従事する場合に限る。）のみ）、研究、技術・人文知識・国際業務、介護、興行（本邦の公私の機関との契約に基づく場合のみ）、技能、特定技能	契約の相手方である本邦の公私の機関（高度専門職の在留資格（同表の高度専門職の項の下欄第1号イに係るものに限る。）にあっては、法務大臣が指定する本邦の公私の機関）の名称・所在地の変更、消滅 当該機関との契約の終了又は新たな契約の締結

⑶　配偶者との離婚・死別

「家族滞在」、「日本人の配偶者等」、「永住者の配偶者等」の在留資格該当者で、日本人又は外国人の配偶者としての身分を有する者は、その配偶者と離婚又は死別した場合には、14日以内に出入国在留管理庁長官に届出をしなければなりません（入管法19条の16第3号）。

⑷　在留資格取消制度との関係性

入管法別表第1の在留資格を有する者が、前記⑵で述べたような届出事情が生じ、その活動を継続して3か月（高度専門職の在留資格（別表第1の2の表の高度専門職の項の下欄第2号に係るものに限る。）該当者については6か月）以上行わないで在留している場合には、正当な理由がある場合を除いて、在留資格の取消制度の対象となります（入管法22条の4第1項6号、Q11参照）。

また、「日本人の配偶者等」、「永住者の配偶者等」の在留資格を有する者が、配偶者と離婚・死別などして、その活動を6か月以上行わないで在留している場合には、正当な理由がある場合を除いて、在留資格の取消制度の対象となります（入管法22条の4第1項7号、Q11参照）。

⑸　罰　　　則

前記⑴〜⑶で述べた住居地以外の在留カード記載事項や所属機関等の変更、配偶者との離婚・死別についての届出を怠った場合には20万円以下の罰金（入管法71条の5第3号）、これらの事項について虚偽の届出をした場合には1年以下の懲役又は20万円以下の罰金の対象となります（同法71条の2第1号）。

5　設問に対する回答

在留カードは、新規の上陸時には原則として出入国港で、在留に係る許可時には地方入管において交付されます。住所が変わった場合には、14日以内に住居地の市区役所・町村役場で届出が必要です。職場の変更については、入管法別表第1の前記で述べた在留資格に該当する場合には、14日以内に地方入管で届出が必要です。届出をしないでいると罰則の対象となったり、場合によっては、在留資格の取消制度の対象となり得ます。

Q20 外国人の住民登録

外国人も住民票が作成されるとのことですが、どのような外国人が対象となりますか。自ら届出が必要なことはありますか。

1 外国人登録制度の廃止と外国人住民登録制度の導入

2009年の入管法改正と同時に住基法も改正され、外国人登録制度が廃止される代わりに外国人住民登録制度が導入されました（2012年7月6日施行）。

この制度により、住民基本台帳には、日本人だけでなく外国人も記載されることとなり、これまで世帯ごとの把握が困難だった日本人と外国人の世帯についても、1つの世帯としての把握が可能となり、住民票などにも1つの世帯として記載されることとなりました。

2 外国人住民登録の対象者

外国人住民登録制度で対象となる外国人は下表のとおりです（住基法30条の45）。

【外国人住民登録の対象者】

中長期在留者	本邦に在留資格をもって在留する外国人のうち、次に掲げるもの以外の者をいい、在留カード交付の対象となる外国人（入管法19条の3） ・3月以下の在留期間が決定された者 ・短期滞在の在留資格が決定された者 ・外交又は公用の在留資格が決定された者 ・以上の者に準ずる者として法務省令で定めるもの
特別永住者	入管特例法3条〜5条により認められている特別永住者
一時庇護許可者又は仮滞在許可者	・一時庇護許可者 　難民の可能性があるものであって、一時的に上陸を許可された者 ・仮滞在許可者 　在留資格を有さない難民申請者で難民認定手続を進める上で仮の滞在を許可された者
出生による経過滞在者又は国籍喪失による経過滞在者	出生又は日本国籍の喪失により我が国に在留することになった外国人 　入管法22条の2の規定により、出生又は国籍離脱の日から60日以内は在留することができる。

住民登録の対象となる外国人住民には、日本人住民と同様、原則として個人を単位とする外国人住民票を作成し、世帯ごとに編成されます。住民基本台帳ネットワークシステムや住民基本台帳カードも、日本人住民と同様に適用対象となります。

なお、不法入国者等在留資格のない者については、従来、市区役所・町村役場は、外国人登録制度のもとでその存在を把握していました。新制度のもとでは、原則として住民票は作成されませんが、仮滞在許可者などは例外的に作成されることとなっています。

また、子の就学、母子保健、緊急医療といった基本的人権にかかわる地方行政サービスは、在留資格の有無にかかわらず、引き続き提供されることとなっており、住民票が作成されない

仮放免者については、定期的に、入管からその居住する自治体に居住地の情報が送付されることとなっています（入管法平成21年7月15日附則60条参照）。

3　外国人住民の住民票記載事項

　　外国人住民登録制度の対象となる外国人住民の住民票には、日本人のみに編成される戸籍情報など一部を除き、日本人住民の住民票と同様の事項が記載されますが、外国人特有の事項として、国籍、在留カードに記載されている在留資格、在留期間、在留カードの番号等も記載されることになっています（住基法30条の45、下図の記載例を参照）。

　　また、本名とは別に用いられている日本式の通称名がある場合には、申出書の提出と通称名を使用する必要性を示す書面の提示により、その記載がなされます。

【外国人住民の住民票記載事項】

住民票						
氏名	KIM　EUNHEE	通称	○○　○○		生年月日 1960年7月8日	性別　女
住所	東京都○○区○○丁目○番○号　　○○アパート　　○○号				外国人住民と なった年月日	平成24年○月○日
前住所	平成24年○月○日　○○県○○市○○町○丁目○番地　から転入				届出日	平成24年○月○日
世帯主の氏名	金田　太郎	世帯主との続柄	妻		住民票コード	……
30条の45に 規定する区分	中長期在留者	国籍等	韓国		在留カード等	……
		在留資格	日本人の配偶者等		在留期間等の 満了の日	2015年○月○日
		在留期間等	3年			

国民健康保険			
資格取得		資格喪失	
平成24年○月○日		年　　月　　日	
年　　月　　日		年　　月　　日	
退職被保険者又 は被扶養者の別	該当年月日	非該当年月日	
退・被扶	年　　月　　日	年　　月　　日	
退・被扶	年　　月　　日	年　　月　　日	

後期高齢者医療			
資格取得		資格喪失	
平成24年○月○日		年　　月　　日	
年　　月　　日		年　　月　　日	

介護保険			
資格取得		資格喪失	
平成24年○月○日		年　　月　　日	
年　　月　　日		年　　月　　日	

国民年金		
記号　○○○○　　番号……		
資格得喪・種別変更		
平成24年○月○日	得・種変・喪	1・任
年　　月　　日	得・種変・喪	1・任

児童手当		
支給開始	支給終了	
年　　月　　日	年　　月　　日	
年　　月　　日	年　　月　　日	

＊塗りつぶした箇所は、外国人住民特有の記載事項です。

4　外国人の住民登録手続

（1）　新たに入国する外国人の場合

　　新たに入国した外国人が、住民票登録の対象となる場合、住居地が決まったら、住居地を定めた日から14日以内にその市区町村長（実際には市区町村の窓口、以下同じ）に在留カード、

特別永住者証明書、仮滞在許可書又は一時庇護許可書（以下「在留カード等」）を提示し、「転入届」を提出しなければなりません（住基法30条の46、入管法19条の７）。

　⑵　住所を有する外国人が住民票登録の対象となった場合

　市区町村の区域内に在留する外国人が、在留資格変更等により住民票登録の対象となった場合、その日から14日以内に、市区町村長に在留カード等を提示し、「氏名」「住所」等を届け出なければなりません（住基法30条の47、入管法19条の８）。

　⑶　住所等の変更手続

　住所に変更が生じた場合、新住居地に移転した日から14日以内に、その市区町村長に在留カード等を提示し「転入届」（同じ市区町村内の場合は「転居届」）を提出しなければなりません（住基法30条の46、入管法19条の９）。また、従来の外国人登録制度では不要でしたが、別の市区町村に移る場合には、あらかじめ旧住所地の市区町村長に「転出届」の提出も必要になります。

　なお、在留資格など住居地以外の在留カード記載事項については、入管において変更届出をすれば、市区町村に通知され、住民票に変更が反映される仕組みとなっているため（住基法30条の50）、改めて市区役所・町村役場に届け出る必要はありません。

　⑷　届出義務

　外国人住民は、正当な理由なく新住居地の届出をしないと、住基法上の行政罰として５万円以下の過料に処せられるほか（住基法52条２項）、中長期在留者や特別永住者は、住居地の届出（入管法19条の７、19条の８、入管特例法10条１項）又は、住居地の変更届出（入管法19条の９、入管特例法10条２項）、その他記載事項の変更届出をしないと、刑事罰として20万円以下の罰金に処せられます（入管法71条の３第１号・２号・３号、入管特例法32条１号・２号）。

　そして、これらの届出に関し虚偽の届出をした場合には、刑事罰として、１年以下の懲役又は20万円以下の罰金に処せられ（入管法71条の２第１号、入管特例法31条１号）、中長期在留者で懲役に処せられた場合には、退去強制事由に該当することになります（入管法24条４号の４）。

　また、中長期在留者は、住居地から退去した場合に退去の日から90日以内に出入国在留管理庁長官に正当な理由なく新住居地の届出をしないときは、在留資格が取り消されることがあります（入管法22条の４第１項９号）。

5　外国人登録原票の開示

　外国人登録原票のデータは外国人住民票に移行されていますが、全ての記載事項が移行されているわけではなく、外国人登録原票の記載事項のうち、「国籍の属する国における住所又は居所」、「出生地」、「職業」、「旅券番号」、「旅券発行の年月日」、「上陸許可の年月日」、「本邦にある父母及び配偶者（申請に係る外国人が世帯主である場合には、その世帯を構成するものである父母及び配偶者を除く）の氏名、出生の年月日」、「勤務地又は事務所の名称及び所在地」については、外国人住民票には記載されません。

　そこで、これらの事項を把握するための手段として、外国人登録原票の開示が考えられます。

　外国人登録法の廃止により、全ての登録原票は市町村から法務大臣に送付されていますので、行政機関の保有する個人情報の保護に関する法律（以下「行政機関個人情報保護法」）に基づき、外国人本人（又はその法定代理人）が法務省に対して登録原票の開示請求を行うことになりま

す。

　もっとも、入管法等改正法施行前に法務省に送付された登録原票や施行後に法務省に送付される登録原票の保存期間は30年とされているため、保存期間経過後は、これらの情報を収集することができなくなる問題が生ずることが考えられます。

⑥　設問に対する回答

　住民登録の対象となる外国人は、前記②のとおりです。

　対象となる方は、前記④のとおり、新たに住居を設定する際や転居する際に、市区役所・町村役場で在留カード等を示して適宜届出が必要です。届出の際に必要なものについては、あらかじめ役所の市民課等に確認するとよいでしょう。

Q21　弁護士などによる入管代理手続

　在留資格認定証明書や在留資格の更新・変更などの入管手続を弁護士が代理してくれると聞きましたが、どのような手続をどのように代理してくれるのでしょうか。また、退去強制手続や難民認定手続でも、弁護士に依頼をすることは可能でしょうか。

1　弁護士の活動について

　外国人は、在留資格に関する処分が不許可となるリスクや手続の負担を減らすために、自身の手続について弁護士や行政書士に委任することができます。在留資格に関する処分には法律から内部規則に至るまで様々な規定がかかわっており、これらの規定に関する法的知識が求められることがあります。また、在留資格該当性を基礎付ける事実等について、申請者の事情を正確かつ詳細に伝えるため、資料等を収集し、これに基づいて説明をする必要もあるでしょう。こうした場面においては、専門的知識を有する弁護士や行政書士に委任をすることが有益です。

　では、弁護士は、具体的にどのような手続について代理をすることができるのでしょうか。この点については、在留資格及び難民に関する処分の全てにおいて代理人に就任することができると考えて差し支えありません。ただし、以下の点には留意する必要があります。

2　正規在留にかかわる処分に関する代理人

　適法に滞在する外国人にかかわる在留資格に関する処分として、在留資格の変更許可、在留期間の更新許可、永住許可、在留資格取得許可、資格外活動許可、在留資格認定証明書交付等があります。これらの処分に関する申請は、弁護士による代理が可能な分野です。しかし、注意しなければならないことは、委任した弁護士が申請取次者として地方出入国在留管理局に届け出ていなければ、申請者本人も一緒に申請窓口へ赴かなければならないという点です（入管法61条の9の3第1項）。

　これらの在留資格に関する各申請においては、本人出頭義務が課されています（入管法61条の9の3第1項3号）。この本人出頭義務が免除されるのは、申請取次者としてあらかじめ地方出入国在留管理局に届け出た弁護士や行政書士が申請行為を行う場合等に限られています（同法61条の9の3第4項、資格外活動許可は同法規則19条3項2号、在留資格認定証明書は同規則6条の2第4項2号、その他同規則59条の6第2項1号ロ）。この取次申請の届出は、全ての弁護士や行政書士が当然に行っているものではありませんから、この届出をしているか否か個別に確認する必要があります。

　申請取次者として届け出ている弁護士が申請手続の代理人となる場合、申請者本人は入管に同行する必要はありません。また、在留カードの交付も申請者本人に代わって受けることができます（入管法61条の9の3第4項、同規則59条の6第2項1号ロ）。

3　在留資格取消手続、退去強制手続に関する代理人

　在留資格取消手続や退去強制手続に関する場面においても、弁護士は代理人となることができます。そのいずれの場合においても、申請取次者として地方出入国在留管理局に届出をしているか否かは問われません。

　在留資格取消手続に関しては、代理人となった弁護士による活動として、資料収集や意見書

提出、さらには意見聴取手続への出席などがあげられます（入管法22条の４第４項、Q11参照）。

　退去強制手続に関しても、代理人となった弁護士による活動として、やはり資料収集や意見書提出、さらには手続への出席が期待されます。なお、手続への出席に関しては、退去強制手続中は違反調査、違反審査、口頭審理と、本人又は関係者の事情聴取の場面が複数ありますが（Q13参照）、法律上代理人の同席が明記されているのは口頭審理のみとなっています（入管法48条５項、10条３項）。

４　難民認定申請に関する代理人

(1)　難民認定手続における代理人の活動

　難民認定手続は、大別して難民認定申請手続（一次手続）と審査請求手続があります（Q14参照）。弁護士は、そのいずれについても代理人に就任することができます。

　しかし、難民認定申請手続（一次手続）では難民調査官による調査の場に代理人が同席することは認められていません（例外についてQ14②(2)イ参照）。しかし、調査への同席だけが代理人の活動ではありません。難民認定申請段階から、代理人として、本人と打合せをしながら本人の供述や記憶を整理することを手伝ったり陳述書を作ったりすることは、大きな意義を有します。申請者の中には、難民と主張するためにどのような事実を主張してよいか分からずに必要な経験事実を話すことができない者もめずらしくないからです。また、代理人が、当該申請者の出身国情報を収集し、さらにこれに基づいて代理人としての意見書を提出することも、非常に重要な役割です。

　難民認定申請に対して不認定処分の結果が通知された場合、その結果に不服があり不服申立てを希望する場合には、各地方出入国在留管理局に対し７日以内に審査請求書を提出しなければなりません（入管法61条の２の９第２項）。その間に弁護士と相談を確保できるかどうかも分かりません。そのため、不認定処分が通知された場合に審査請求を行うかどうかあらかじめ決めておいて、不認定処分の通知がなされたらすぐに審査請求書を提出するようにしておくべきです。また、審査請求から一定期間内に、口頭意見陳述期日に処分庁に対して質問があるかを尋ねる「申出書」や、審査請求手続で予定する主張立証の具体的内容を記載する「審査請求に係る申述書」といった書類の提出も求められます。こうした書類にどのように対応するべきか、代理人としても検討しておく必要があります。

　審査請求手続では、代理人は、口頭意見陳述・質問手続への同席が認められています。口頭意見陳述・質問手続は、難民審査参与員が申立人の難民性を判断して法務大臣に意見を述べる大変重要な機会です。通常、口頭意見陳述では、代理人も意見を述べることができます。代理人としては、本人の供述で補足説明が必要な部分、難民該当性に関する法的な主張などを積極的に行っていくことになります。

　口頭意見陳述に先立って資料や意見書を提出することも、代理人として極めて重要な活動です。難民申請者の中には、審査請求手続になってから代理人を依頼することもめずらしくありません。この場合には、従前、十分な出身国情報の資料を用意できていない可能性がありますから、改めてしっかりと出身国情報を入手する必要があります。詳細はQ14を参照してください。

(2)　個人情報開示手続

　難民認定申請手続では、既に退去強制令書が発付されている場合、退去強制手続で作成され

た供述調書等の手続資料の開示を受けることができます。また、審査請求手続になれば、このほかに難民認定申請手続段階の手続資料の開示を受けることができます。これらの個人情報開示手続を行い、入管側が持っている資料の中身を知ることは極めて重要です。供述が変遷してしまったり、誤解を与えていたり、あるいは必要な事柄の説明が不十分あるいは欠落していることがあり得るからです。そのため、申請者本人がその供述に問題意識を持っていないような場合でも、過去の調書等の記録を確認することは必須といえます。

ただし、この個人情報開示手続については、代理人による申請は認められないと考えられているため、本人に申請してもらう必要があります。

5 法律相談窓口について

全国の法テラス事務所、各地弁護士会においては、外国人のための法律相談体制を構築している地域が少なくありません。相談したい地域で外国人専門相談を実施しているか否か、法テラス事務所又は各弁護士会、相談窓口等（巻末資料1、2参照）に電話等で確認することをお勧めします。

6 設問に対する回答

設問にあるとおり、弁護士は、全ての手続に関して代理が可能です。しかし、正規在留に関する処分（在留資格取得、在留期間更新、在留資格変更、永住許可、資格外活動許可、再入国許可、在留資格認定証明書交付）については、所属弁護士会を通じて地方出入国在留管理局へ取次申請者として届出を行った弁護士でなければ、申請者本人も申請窓口に出頭しなければならないので注意してください。

さらに、在留資格取消手続や退去強制手続についても、弁護士が代理人に就任することは可能です。そして、代理人弁護士は、在留資格取消手続の場合には意見聴取期日に、退去強制手続の場合には口頭審理期日に、出席することが法律上認められています。

難民認定手続においても、弁護士が代理人に就任することができます。審査請求手続では、口頭意見陳述・質問手続への代理人同席も認められています。

このように弁護士が代理人として積極的に活動することができますから、必要に応じて弁護士への委任を検討するとよいでしょう。

第2章　帰化・無国籍

Q22　「永住」と「帰化」

　私は長年日本で生活している外国人です。おそらく今後も日本で暮らすと思います。永住権と帰化の違いを教えてください。

1　外国人が日本への永住を決意したとき

　長年日本で生活してきた外国人の中には、そのまま日本で生涯暮らしたいと考える人もいます。その場合、通常の在留資格を持っているだけでは、資格によって活動の種類に制限があったり、在留期間更新手続が必要となったりするなど、煩雑な点があります。そこでご質問のように、在留を安定させたいと考えたのかもしれません。

2　帰化と永住の本質的な相違

　帰化と永住は全く違った制度です。帰化とは、日本国籍を有しない者が日本国籍の取得を望む申請をした場合に、日本国が許可を与えることによって日本国民としての地位（日本国籍）を与える制度です。これに対して、永住は、外国人の永住許可申請に対し法務大臣が許可を与えた場合に、その外国人に「永住者」という在留資格が与えられるものです。これは、在留期限のない在留資格ですから、更新の必要はなく、また、活動の種類にも制限がありません。

　このように、帰化は、外国人が日本人になるという国籍の問題であるのに対し、永住は、外国人が外国人であることを前提とする在留資格制度上の問題であるという点に根本的な相違があります。まず、本質的な自分のアイデンティティーについて、日本人になることを望むのかそうでないのかについて十分検討し、決断をすることが必要です。

3　帰化と永住の具体的な効果の違い

　帰化と永住の効果における具体的な違いは、要するに、日本国民に限定される制度の適用の有無と考えれば分かりやすいでしょう。

　例えば、国政上の参政権は「日本国民」の権利という立場を政府が採用している以上、帰化して日本国民になれば参政権を得ることができますが、外国人が永住者の在留資格をとっても参政権は得られません。また、永住者といえども外国人ですので、退去強制制度や再入国許可制度の適用はあります。退去強制事由に該当する一定の犯罪などを犯した場合には、永住者であっても退去強制で原則として国籍国に送還されますし、再入国許可をとらないで出国してしまえば永住者の在留資格は失われてしまいます（Q17参照）。

　永住者が外国の旅券を持つ一方、帰化した場合には日本国の戸籍が作られ日本の旅券を持つという違いも実際には重要な場合があります。帰化を希望する理由の一つが、ビジネス上の問題から生ずることは否定できません。子弟の就職の際に外国籍が不利に働くことを考慮して家族で帰化する場合は、現在でも少なくないと思われます。また、勤務先の事情で頻繁に出張する相手先の国との関係で（例えば、本国籍ではビザの取得が難しいが日本の旅券を持っていれば査証免除で明日にでも行ける）、事実上勤務先の会社から帰化を勧められる場合もあります。帰化申請するかどうかは、大変重要な選択ですから、十分話し合い、納得した上で決めましょう。

Q23　永住許可の要件と手続

　私は日本人と結婚し、長年日本で生活している外国人です。今度、永住権を申請しようと考えています。永住の在留資格の条件と手続を教えてください。

1　永住許可申請の手続

　「永住者」の在留資格を取得するためには、法務大臣に対し、永住許可申請をしなければなりません（入管法22条1項）。

　具体的には、居住地を管轄する地方出入国在留管理局に出頭して、旅券や在留カード等を提示するとともに、永住許可申請書などの必要書類を提出します。

2　永住許可の要件

　永住が許可されるためには、原則として、
①　素行が善良であること（入管法22条2項1号）
②　独立の生計を営むに足りる資産又は技能を有すること（同法22条2項2号）
③　その者の永住が日本国の利益に合すると認められること（同法22条2項本文）
が必要です。

　ただし、日本人、永住者又は特別永住者の配偶者又は子である場合には、①及び②は要件とならず、また、難民の認定を受けている者の場合には①は要件となりません。

3　永住許可に関するガイドライン

　永住許可の前記の要件については、1998年に『国際人流』（入管協会）という広報誌に公表されたことがありましたが、2006年3月31日、「永住許可に関するガイドライン」が法務省のウェブサイトで公表され、最新では2019年5月31日に改定されています。近時の改定により、永住許可は厳格化されています。その内容は以下のとおりです（なお、本章の記載は本ガイドラインに全体として依拠しています）。

⑴　素行が善良であること

　法律を遵守し、日常生活においても住民として社会的に非難されることのない生活を営んでいることとされています。

　前科前歴がないこと、納税等の義務を果たしていること、さらに進んで我が国や地域社会への積極的な貢献があれば評価されることになると思われます。

⑵　独立生計を営むに足りる資産又は技能を有すること

　日常生活において公共の負担にならず、その有する資産又は技能等からみて将来において安定した生活が見込まれることとされています。

　資産関係では不動産の登記簿謄本や評価証明書、預貯金の残高証明書等、職業・収入面では在職証明書、源泉徴収票、確定申告書など、事業者の場合は、会社謄本や決算書類など、資格・免許関係はその免許状や認定証等で立証します。

　なお、申請者本人が扶養を受けている場合は、申請者を扶養する者に関して、この要件を充足するかどうかが問題になります。

(3) その者の永住が日本国の利益に合すると認められること

① 原則として引き続き10年以上本邦に在留していること。ただし、この期間のうち、就労資格（在留資格「技能実習」及び「特定技能1号」を除く）又は居住資格をもって引き続き5年以上在留していることを要する。

② 罰金刑や懲役刑などを受けていないこと。公的義務（納税、公的年金及び公的医療保険の保険料の納付並びに入管法に定める届出等の義務）を適正に履行していること

③ 現に有している在留資格について、入管法規則別表第2に規定されている最長の在留期間をもって在留していること（本ガイドラインについては、当面、在留期間「3年」を有する場合は、この「最長の在留期間をもって在留している」ものとして取り扱うこととするとされています（法務省「永住許可に関するガイドライン」(2017年4月26日改定)）。なお、本ガイドラインの英語、中国語、韓国語、ポルトガル語、スペイン語及びタガログ語の翻訳が法務省のウェブサイトには掲載されています）。

④ 公衆衛生上の観点から有害となるおそれがないこと

(4) 原則10年在留に関する特例

① 日本人、永住者及び特別永住者の配偶者の場合、実態を伴った婚姻生活が3年以上継続し、かつ、引き続き1年以上本邦に在留していること。その実子等の場合は1年以上本邦に継続して在留していること

② 「定住者」の在留資格で5年以上継続して本邦に在留していること

③ 難民の認定を受けた者の場合、認定後5年以上継続して本邦に在留していること

④ 外交、社会、経済、文化等の分野において我が国への貢献があると認められる者で、5年以上本邦に在留していること（具体的にどのようなときに我が国への貢献があると認められるかについては、入国管理局（当時）のガイドライン（「我が国への貢献が認められる者への永住許可へのガイドライン」(2017年4月26日改定)）や許可・不許可の事例も法務省で公表されていますので、出入国在留管理庁のウェブサイトを参照してください）

⑤ 地域再生法（平成17年法律第24号）5条16項に基づき認定された地域再生計画において明示された同計画の区域内に所在する公私の機関において、入管法7条1項2号の規定に基づき同法別表第1の5の表の下欄に掲げる活動を定める件（平成2年法務省告示第131号）第36号又は第37号のいずれかに該当する活動を行い、当該活動によって我が国への貢献があると認められる者の場合、3年以上継続して本邦に在留していること

⑥ 入管法別表第1の2の表の高度専門職の項の下欄の基準を定める省令（以下「高度専門職省令」という）に規定するポイント計算を行った場合に70点以上を有している者であって、次のいずれかに該当するもの

(a) 「高度人材外国人」（ポイント計算の結果70点以上の点数を有すると認められて在留している者（法務省「永住許可に関するガイドライン」参照））として3年以上継続して本邦に在留していること

(b) 3年以上継続して本邦に在留している者で、永住許可申請日から3年前の時点を基準として高度専門職省令に規定するポイント計算を行った場合に70点以上の点数を有していたことが認められること

⑦ 高度専門職省令に規定するポイント計算を行った場合に80点以上を有している者で

あって、次のいずれかに該当するもの

(a) 「高度人材外国人」（ポイント計算の結果80点以上の点数を有すると認められて在留している者（法務省「永住許可に関するガイドライン」参照））として１年以上継続して本邦に在留していること

(b) １年以上継続して本邦に在留している者で、永住許可申請日から１年前の時点を基準として高度専門職省令に規定するポイント計算を行った場合に80点以上の点数を有していたことが認められること

　これらは一応の基準で、これ以外にも具体的な生活状況等が総合的に判断されることに変わりはありません。もっとも、このガイドラインで示された基準を満たさない場合には、永住許可が認められるべき相当な理由を主張立証しなければ、許可を得ることは難しいでしょう。

　なお、帰化の要件や申請手続については、次問以降で説明します。

Q24　一般的な帰化

　私は、来日７年の外国人で、日本で会社を経営しています。私と同国人の妻とは４年前に結婚して母国から呼び寄せました。３歳の子どもは日本生まれです。私たち家族は日本に帰化できますか。また、妻が帰化を希望しない場合、私１人が帰化することはできますか。

1　一般的な帰化の要件（国籍法５条の場合）

　外国人は、帰化によって日本の国籍を取得することができますが、帰化するには、法務大臣の許可を得なければなりません（国籍法４条）。帰化の要件は、日本人との特別な人的関係があるなど、一定の場合には緩和されますが、一般的な場合は、
① 　引き続き５年以上日本に住所を有すること
② 　20歳以上で本国法によって行為能力を有すること
③ 　素行が善良であること
④ 　自己又は生計を一にする配偶者その他の親族の資産又は技能によって生計を営むことができること
⑤ 　国籍を有せず、又は日本の国籍の取得によってその国籍を失うべきこと
⑥ 　日本国憲法施行の日以後において、日本国憲法又はその下に成立した政府を暴力で破壊することを企て、若しくは主張し、又はこれを企て、若しくは主張する政党その他の団体を結成し、若しくはこれに加入したことがないこと
と定められています（同法５条１項）。
　なお、民法の一部を改正する法律（平成30年法律第59号）12条により、2022年４月１日以降は、②の「20歳以上」は「18歳以上」となります。

2　在留資格との関係

　外国人が日本に在留するには、在留資格とこれに応じた在留期間が必要です。このような入管法上の地位と帰化とは、必ずしも連動していません。一般的には、在留期間のある在留資格から、期間更新を繰り返すうちに「永住者」の資格を取得し、次いで帰化して日本国民になるというのが順序のように思われますが、帰化要件のどこにも在留資格との関連が規定されていないのです。
　したがって、引き続き５年以上日本に住所を有して在留していれば、どんな在留資格でも、他の要件の充足次第で帰化の申請ができることになります。設問の相談者の場合は、在留が継続していれば、日本に住所を有する期間が７年となりますから、在留資格が「経営・管理」であったとしても、帰化要件の該当性には問題ありません。

3　問題点

　ここで要件に関して、いくつかの問題点について説明します。
⑴　「引き続き５年以上」の意味は、「通算して」とは違います。例えば、再入国の許可を受けて本国と日本の間を出入りしているとき、これは日本に住所がある状態が引き続いているので、出国していても問題ありません。しかし、再入国の許可を受けることなく、途中で出国し、改めて査証を受けて入国したりすると、出国以前は計算されず、一番近い入国の時から計算し

て引き続き5年以上であることが必要となります。また、仕事の関係などで、再入国許可を得てはいても事実上外国で生活している期間がかなり長い場合には、そもそも「日本に住所を有する」といえるかどうかが問題になることがあります。

(2) かつての帰化申請の実務上の取扱いは、家族は世帯ごとに帰化申請することとされていましたが、現在はそのような運用は廃止されました。

したがって、父が1人で帰化申請しても受け付けてもらえます。ただし、他の家族が帰化申請しない理由の説明は求められます。

では、設問のように、夫は既に5年以上在留し国籍法5条の帰化の要件を満たす一方、妻は日本に呼び寄せられてから4年しか経っておらず、子は3歳というような場合には妻子が夫とともに帰化することは認められないのでしょうか。

この場合、次のような法解釈で、設問の家族全員が居住期間に関する帰化要件を満たすものとされています。すなわち、夫の帰化が許されて日本人になったとします。妻は日本人の妻ですから、国籍法7条により「日本国民の配偶者たる外国人で引き続き3年以上日本に住所又は居所を有し、かつ、現に日本に住所を有するものについては、法務大臣は、その者が第5条第1項第1号（編註：前記1の①）及び第2号（編註：前記1の②）の条件を備えないときでも、帰化を許可することができる」ことになるのです。

また、子の場合は、国籍法8条によって、「日本国民の子（養子を除く。）で日本に住所を有するもの」「日本国民の養子で引き続き1年以上日本に住所を有し、かつ、縁組の時本国法により未成年であったもの」は、国籍法5条1項1号、2号及び4号の条件を備えないときでも、帰化が許可されるようになっています。なお、子どもの国籍についてはQ43、Q44、Q45を参照してください。

(3) 国籍法5条1項4号のいわゆる生計条件（前記1の④）は、所有不動産や預貯金・債券・株式等の現物、勤務先の給与証明書、そして納税関係証明書等を加えて立証しなければなりませんが、長期的にみて「生計を営むことができる」かどうかを判断されているように思われます。自営業者の営業資金の借入金や、会社員でも住宅ローンなどの借入金のある場合は、借入能力があること自体が自活能力の証であっても、負債は差し引かれて判断される場合もあるので、総合的かつ長期的に独立生計能力があることの証明に留意すべきです。

(4) 帰化においては、日本への定着度や日本社会への貢献度が総合判断されているようです（判断基準は公表されていません）。

したがって、日本での居住期間の長さや収入の面で帰化が許可されるか不安がある場合は、収入以外の生活能力や自分の才能を示す要素や将来性につながる事情を積極的に説明したり、資料を提出したりなどして、貢献度を強調したほうがよいでしょう。

4 帰化申請の手続

帰化の許可の申請は、帰化をしようとする者の住所地を管轄する法務局又は地方法務局（支局のある地域では支局）に自ら出頭し、所定の書面で行います（国籍法施行規則2条）。申請に当たって揃えるべき資料は相当の量になりますが、特に日本国民になった場合の戸籍の作成を前提として、両親や兄弟関係まで正確な公証資料が要求され、本国から取り寄せることが必要となります。

申請書の完成のために、各法務局窓口で事前に十分指導する体制をとっているので、積極的

に相談するようお勧めします。

5　設問に対する回答

　妻子単独では帰化の要件を満たさない場合にも、夫が帰化することによってその他の要件が充足されることにより帰化が認められる場合があります。また、夫単独の帰化申請を行うこともできます。

Q25　日本人の配偶者の帰化

　私は日本人男性と結婚し、夫の戸籍にも入ったのですが、日本人としての扱いを受けていません。早く日本人になる方法はないでしょうか。

1　戸籍と国籍

　戸籍は日本国民の身分関係を公証する帳簿であり、日本国籍を有しない外国人には戸籍は作成されません。「夫の戸籍に入る」とは、夫を筆頭者として編纂された戸籍簿に本籍を同じくする配偶者として記載され、氏名だけでなく出生年月日や実父母の氏名などの身分関係も記されるということですが、外国人の場合にはそのような記載はなされません。

　もっとも、日本人と外国人が結婚した場合には、その日本人の戸籍が編製され（戸籍法6条）、身分事項欄に外国人配偶者の氏名、国籍（同法施行規則56条）が婚姻の事実とともに記載されます。これはその日本人の身分関係を公証するためであり、当該外国人につき戸籍が作られたとか、当該外国人が夫である日本人の戸籍に入ったということではありません。日本人男性と結婚した外国人女性は、たとえ届け出て夫の戸籍の身分事項欄に記載され、法律上も有効な結婚をしていても、日本の国籍を取得するわけではありません。日本人女性と結婚した外国人男性の場合も同様です（Q29参照）。日本国籍を取得するには、帰化するほかありません。

2　国籍法7条による帰化

　日本国民の配偶者の場合、国籍法5条の一般の帰化と比較して帰化要件が緩和されており、日本にいる期間については、引き続き3年以上日本に住所又は居所を有し、かつ、現に日本に住所を有していれば、国籍法7条の帰化の申請をすることができます。つまり、外国人たる配偶者が、3年以上日本に住所を有していれば足り、婚姻期間の長短について、法律上は帰化の要件ではありません。ただし、実際上帰化が許可されるかどうか、許可まで長くかかるかどうかという点では婚姻期間の短さが問題になるでしょう。また、日本国民の配偶者で婚姻の日から3年を経過し、かつ、引き続き1年以上日本に住所を有する者についても同様です（国籍法7条）。

3　居住期間以外の要件について

　国籍法7条の帰化要件については、居住期間以外のものは5条の場合とほぼ変わりません。

　素行が善良であることは当然として、国籍法5条1項4号の独立生計能力については、本人自身にその能力があるときはよいのですが、夫の扶養を受けて生活する場合は、その夫が「資産又は技能によって生計を営むことができる」必要があります。この場合、申請する外国人本人ほど厳密な生計能力を要求されないようですが、夫が定職をもたず、素行も必ずしも善良といえず、ましてや刑事処罰を受けたりすると、この点の要件が欠けると判断されるおそれがあります。

4　設問に対する回答

　外国人が日本人との結婚により日本国籍を取得することはないので、日本国籍を取得したいときは、帰化申請を行いましょう。

Q26 無国籍者

私の在留カードには、無国籍と表示されています。私には国籍がないのでしょうか。日本の国籍は取得できますか。

1 無国籍者とは

法務省の発表する平成30年6月末時点の在留外国人統計「第1表　国籍・地域別　在留資格（在留目的）別在留外国人」における「無国籍」者は674人であるとされています。この統計上の「無国籍」者とは、在留カードの国籍・地域欄に「無国籍」と表示された者であると考えられます。

しかし、日本の国内法上無国籍者の定義は存在せず、入管ではその内規において、上陸審査場面では、国籍を有しない者又は国籍を有することが証明できない者を「無国籍」と表記するとしており（2018年3月6日時点「改訂入国在留審査要領」第6編 上陸審査）、在留資格の変更許可や在留資格の変更許可申請手続等では、「いずれの国籍の取得手続もしない合理的な事情を有すると認められるとき」は「無国籍」とする、と表記しています（2018年1月15日時点「改訂入国在留審査要領」第10編 在留審査）。

1954年に採択された無国籍者の地位に関する条約（以下「地位条約」）の1条1項では「この条約の適用上、『無国籍者』という用語は、いずれの国家によってもその法の運用において、国民とみなされない者をいう。」と規定しています。この定義は、2006年の時点で国際法委員会が慣習国際法の一部をなすと結論付けていますので、日本は地位条約に加入していませんが、日本国憲法98条2項により、地位条約1条1項の定義は日本においても尊重されるべきと考えられます。

もっとも、現在の運用では、前記のとおり、在留カード上「無国籍」とされた者と地位条約上の無国籍者が必ずしも合致するとはいえませんが、国籍不明の場合も在留カード上、「無国籍」であると表記されることが示されています。また、帰化手続を扱う法務省民事局では、旧外国人登録において「無国籍」と登録されていても、有国籍の場合があるとして十分な調査を要するとしています（澤田省三「無国籍者を父とする嫡出子等の出生届出を受理する場合の取扱いをめぐって」戸籍454号（1982年））。他方で、在留カード上の国籍・地域欄に国籍名が表示されていても、実際にはいずれの国家からも国民としてみなされていない無国籍者である場合もあります。無国籍者であることが判明した場合、在留カードの国籍・地域欄の表記の変更を申請すれば認められることがあります。例えば、パラグアイは出生地主義を採用しており、パラグアイ人の両親のもとに日本で生まれた子どもは、パラグアイに永住して裁判手続を経なければパラグアイ国籍を取得できません（パララグアイ憲法146条3項）。しかし、子どもの在留カードの国籍・地域欄には「パラグアイ」と表示されていることが少なくありませんでした。この場合、在留カードの表記の変更を申請すれば、国籍・地域欄の表示は「無国籍」に改められています。

2 無国籍者の日本国籍取得

国籍法2条3号では、子が日本で生まれ、かつ、父母がともに知れない場合、父が国籍を有しないかつ母が知れない場合、母が国籍を有しないかつ父が知れない場合に、出生により子は

日本国民とするとされています。また、同法8条4号では、日本で生まれ、かつ、出生の時から国籍を有しない者でその時から引き続き3年以上日本に住所を有する者は、通常の帰化要件である、引き続き5年以上日本に住所を有することや20歳以上であること（民法の一部を改正する法律（平成30年法律第59号）12条により、2022年4月1日以降は、18歳以上となります。）、生計条件を満たさなくても、帰化が許可され得るとされています。これらの規定は、無国籍の防止を立法趣旨として定められており、かかる条件に該当する者は日本国籍を取得し得ます。また、通常の帰化要件を満たすことで日本国籍を取得し得ます。さらに、外国籍の未婚の女性が出産したものの育てることはできないとして、生まれた子どもを乳児院などに預けその後行方不明になった場合、子どもは事実上、国籍を確認する文書を得られないことが少なくありません。このような場合でも、未成年の子どもが日本人と養子縁組をして1年以上日本に住み続ければ帰化申請をすることができ、日本国籍を取得することが可能となります（国籍法8条2号）。

3 設問に対する回答

　質問者は、無国籍者である可能性があります。国籍法2条3号の要件を満たせば、生来的に日本国籍を取得し、同法8条4号の要件を満たせば、簡易帰化申請により日本国籍を取得することがあります。また、未成年の子どもが日本人と養子縁組をして1年以上引き続き日本に住所を有すれば、簡易帰化申請により日本国籍を取得することがあります（同法8条2号）。

　これとは別に、通常の帰化要件（国籍法5条1項各号）に基づいて帰化申請を行いこれが認められることによって、日本国籍を取得することもできます。

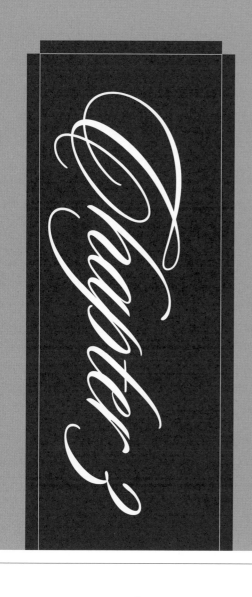

第3章　結婚・離婚及び夫婦関係

Q27　婚姻の実質的成立要件

　私は日本に留学生として在留している18歳の中国人ですが、20歳の日本人男性と結婚の約束をしました。中国の法律では、女性は20歳にならないと結婚できないと定められています。しかし、日本の法律では、女性は16歳以上であれば結婚することができると聞きました。私は、結婚することができるのでしょうか。

1　国際私法と準拠法

(1)　国際私法

　設問のケースは、日本国内における話である以上、日本法を適用することが考えられます。他方で、当事者は中国人ですから、中国の法律を適用することも考えられます。

　このように、ある法律関係について、2か国以上の法律が関係し得る場合には、まず、複数の法の中から、当該法律関係に適用する法（「準拠法」）を選定しなければなりません。

　この準拠法を選択決定するための法を、国際私法といいます。国際私法は、婚姻、離婚、養子縁組、さらには消費者契約など法律関係の性質ごとに定められています。国際私法は、準拠法を選定するだけではなく、他の法域との衝突や矛盾が生ずる場合にはこれを調整解決する機能も有しています。

　注意しなければいけないことは、国際私法は、万国に通ずる法効果を発生させるための法律ではないということです。日本の国際私法は、日本における法効果を規律するにとどまり、中国における法効果の発生を強制するものではありません。中国は、中国の国際私法に則って法律関係を規律しているのです。

(2)　日本の国際私法

　国際私法は、限られた事項については条約で定められていますが、主として各国の国内法により定められます。日本で明文化されている代表的な国際私法として、「法の適用に関する通則法」（通則法）があります。

2　婚姻の実質的成立要件の準拠法

(1)　婚姻の実質的成立要件

　婚姻が法的に有効に成立するためには、婚姻の実質的成立要件と形式的成立要件（以下それぞれ「実質的要件」「形式的要件」）を満たさなければなりません。

　婚姻の実質的要件とは、婚姻を有効に成立させるための実体的な要件のことで、設問で問題となった婚姻適齢のほかに、近親婚や重婚に当たらないこと、再婚禁止期間外であること、未成年者の場合には両親の同意などの様々なものがあります。

　他方、婚姻の形式的要件とは、法に従った婚姻の方式（手続）を踏むことです。

　通則法は、婚姻の実質的要件と形式的要件を、それぞれ別個に規律しています（Q28参照）。

(2)　婚姻の実質的要件の準拠法

　婚姻の実質的要件に関する準拠法の選択については、通則法24条1項に規定があります。

　同条では、婚姻成立要件は、各当事者について、その本国法によるとされています（属人法主義）。

　婚姻が有効に成立するためには、いずれか一方の当事者の本国法のみを全面的に適用するの

ではなく、原則として各当事者が、それぞれ各人の本国法の適用を受けることになります（配分的適用）。このように両当事者の法を配分適用することは、両性の平等にもかなった方法といえます。

しかし、婚姻の実質的要件の中には、次項で説明するとおり、両当事者が、それぞれ自国の法律上の要件を満たすだけでは足りず、さらに他方当事者の要件をも満たすことを求めるものもあるため、注意が必要です（双方的要件）。

③ 一方的要件と双方的要件

⑴ 一方的要件と双方的要件の違い

一方的要件とは、各当事者が、それぞれ自国の要件を満たすことのみを要求する婚姻要件のことです。

他方、双方的要件とは、両当事者とも、双方の本国法上の要件を満たすことを要求する婚姻要件のことです。

双方的要件の場合、結果的に両当事者が双方の本国法の要件を充足しなければならず、両当事者の本国法が累積的に適用されることになります。

⑵ 一方的要件と双方的要件の決定方法

ある婚姻要件が一方的要件か双方的要件かという問題は、国際私法の問題として処理されます（通説）。

その場合でも、個々具体的な要件について、当該要件を一方的要件と考えるか、双方的要件と考えるかについては、見解が分かれるところですから個々の要件ごとに確認していく必要があります（例として重婚についてはQ32、再婚禁止期間についてはQ33参照）。

④ 婚姻適齢と婚姻の可否

⑴ 一方的要件か双方的要件か

設問で問題とされている婚姻適齢は、一方的要件と解されています。

そのため、日本民法では、男性は満18歳、女性は満16歳にならなければ婚姻することができないと定められていますが（民法731条）、これは日本人当事者にのみ適用されます。あなたが結婚の約束をした日本人男性は20歳ということですから、その日本人は婚姻適齢に達していることになります。

ただし、「民法の一部を改正する法律」（平成30年法律第59号）により、成年年齢が20歳から18歳に引き下げられることに伴い、2022年4月1日から、女性の婚姻開始年齢は、18歳に引き上げられることとなりました（改正民法4条）。よって、婚姻開始年齢は男女とも18歳に統一される（同法731条）ことになることに注意が必要です。

他方、中国人であるあなたについては、あなたの本国の法すなわち中国法のみが適用されます。中国婚姻法6条では、婚姻年齢は男は満22歳、女は満20歳以上と定められています。そのため中国法に基づけば、あなたは婚姻することができないことになります。

⑵ 本国法の国際私法で婚姻挙行地の法に従うとある場合

もしも外国人当事者の国の国際私法で、婚姻の実質的要件は婚姻挙行地の法律、つまり日本法によると定められていた場合にはどのように処理をすればよいでしょうか。

日本の国際私法である通則法24条1項では、準拠法は当事者の本国法によるとされていま

す。当事者の本国法では準拠法は婚姻挙行地たる日本法によるとされることになりますので、結局いずれの法律を適用するべきかについて調整をする必要があります。

このような場合に対処するために、通則法41条では、「当事者の本国法によるべき場合において、その国の法に従えば日本法によるべきときは、日本法による」と定められており、当該外国人当事者にも日本法を適用していくことになります。こうした処理を「反致」といいます。

5 その他の婚姻成立要件

その他の婚姻の実質的要件のうち、一方的要件とされているのは、両親その他保護者の同意、精神的・肉体的障害、婚姻意思の欠缺、錯誤、詐欺、強迫などです。他方、双方的要件とされているのは、近親婚、重婚（Q32参照）、相姦婚の禁止などです。

したがって、例えば、本国法上一夫多妻制が許され、本国において現に婚姻している人が、日本人と結婚をしようとする場合、日本法が重婚を禁止している以上、婚姻の成立要件を充足しないこととなります。

6 設問に対する回答

以上のとおり、婚姻適齢については、原則として各当事者が各当事者の本国法の要件を満たすか否かにより判断されます。

中国では、女性は20歳以上でないと結婚ができないとされていることから（中国婚姻法6条）、あなたは結婚できないようにも思われます。しかし、中国の民法通則147条では、「中華人民共和国公民と外国人との婚姻には婚姻締結地の法律を適用し、離婚には案件を受理した裁判所の所在地の法律を適用する。」とし、中国の渉外民事関係法律適用法（2010年10月28日成立）21条では、「婚姻の実質的成立要件は当事者の共通常居所地法による。共通常居所地がない場合には共通国籍国法による。共通国籍国がなく、一方当事者の常居所地又は国籍国で婚姻を挙行した場合は婚姻挙行地法による。」とされています。

設問では、留学生として日本に常居所地を有する中国人女性であるあなたが日本人男性と結婚するのですから、反致により日本の法律に従うことになります。

なお、日本では2022年3月31日までは満18歳は未成年者となりますから、あなたの場合も中国にいる父母の同意が必要となるのかが問題となりますが、中国の民法総則17条では満18歳以上の公民は成年者とされていますので、我が国において結婚する場合でもあなたの父母の同意は不要です。

第3章 結婚・離婚及び夫婦関係

Q28　結婚の手続、日本人の配偶者としての入国

　　私（日本人）は、海外旅行中に知り合った外国人と結婚の約束をしました。結婚するためにはどうしたらよいですか。また、相手はまだ外国にいますが、結婚後は日本で暮らしたいと思っています。日本に呼び寄せるためにはどうしたらよいでしょうか。

1　婚姻の形式的成立要件に関する準拠法

　有効な婚姻が成立するためには、婚姻に実質的成立要件（以下「実質的要件」。Q27参照）とともに形式的成立要件（以下「形式的要件」）が備わっていなければなりません。ここでは、婚姻をする場合にどの国の方式に従って手続をすればよいのか、形式的要件である手続（方式）について説明します。

　婚姻の形式的要件に関する準拠法については、通則法24条2項及び3項に規定があります。同規定は婚姻の方式の準拠法を、①婚姻挙行地の法律又は当事者の一方の本国法による、②ただし、日本国内で日本人と結婚する場合には他方当事者が外国人であっても常に日本法の方式による、と定めています。

　そこで、以下では、日本人と外国人のカップルが婚姻する場合であることを前提として、その挙行地が、日本国内である場合と外国である場合とに分けて説明していきます。

2　日本で婚姻する場合

　日本人と日本で婚姻する場合には、他方当事者が外国人であっても、方式は日本法によらなければなりません（通則法24条3項ただし書）。日本の方式による婚姻手続とは、婚姻届の提出を意味します（民法739条、戸籍法74条）。つまり、日本人同士が結婚する場合と同様、市区役所・町村役場に届け出ることになるのです（戸籍法25条参照）。

　ところで、市区町村長は、婚姻の届出の処理に当たっては、実質的要件の欠缺がないことを認めた後でなければ届出を受理することができないとされています。しかし、日本の市区町村が、外国法の婚姻の実質的要件が具備されているかどうかを逐次審査することは事実上不可能です。そこで、戸籍実務上、外国人の婚姻届出に当たっては、婚姻成立の要件を具備していることを証する資料を添付させるという取扱いがなされています。

(1)　婚姻要件具備証明書

　日本の市区町村では、外国人当事者から、その本国における権限ある官憲が発行した婚姻要件具備証明書を添付させ、要件を具備していると認めた場合は、これを受理する取扱いとしています（大正8年6月26日民第841号回答、大正11年5月16日民第3471号回答、昭和24年5月30日民甲第1264号回答）。

　この婚姻要件具備証明書の形式は国によってかなり異なっています。中には、婚姻適齢等の本国法上の婚姻要件が具体的に記載されることなく、単に「この婚姻に当たって本国法上全ての要件を具備していることを証明する」旨の記載にとどまっているものもありますが、戸籍実務上はそれで受理されているようです。

(2)　婚姻要件具備証明書に代わる書類

　国によっては婚姻要件具備証明書を発行していないところもあります。婚姻要件具備証明書が得られない場合には、これに代替する下記のような書面をもって代えることができるものと

94

されています（南敏文編著『Ｑ＆Ａ渉外戸籍と国際私法（全訂）』112頁（日本加除出版、2008年）。木村三男監修『渉外戸籍のための各国法律と要件Ⅱ（全訂新版）』151〜152頁（日本加除出版、2016年）。同『渉外戸籍のための各国法律と要件Ⅴ（全訂新版）』165頁（日本加除出版、2017年）参照）。

ア　宣誓書

例えば、アメリカ人と日本人が婚姻するに当たり、在日米国領事の面前で、当該アメリカ人の所属する州の法律によって日本人と婚姻するについて法律上の障害のないことを宣誓し、その宣誓書に領事が署名したものをもって、婚姻要件具備証明書とみて差し支えないという取扱いがあります（昭和29年10月25日民事甲第2226号回答）。このほかにも、イラン（昭和59年2月10日民二第720号回答）、パキスタン（平成6年10月5日民二第6426号回答。ただし要件具備証明書を提出できない旨の申述書及び重婚でない旨の宣誓書も同時に提出させた事例）などについて、婚姻要件具備証明書に代わって宣誓書を受理した先例があります。

イ　婚姻証明書（南・前掲112頁参照）

日本において、日本人と外国人が結婚するにもかかわらず、日本法とは異なる外国人の本国法の方式に則って手続を行った場合、その婚姻は外国人の本国法上有効に成立するとしても、日本では効力を生じません（通則法24条3項ただし書）。

しかし、本国法上婚姻が成立した旨の証明書（婚姻証明書）を添付して、改めて市区町村長に対して婚姻の届出がなされたときは、当該婚姻証明書を婚姻要件具備証明書とみなして受理してもらうことができます。

例えば、ポルトガル人と日本人が日本で婚姻の式を行い、そのことが記載されたポルトガル領事が発給した証明書を添付して婚姻届が提出された場合には、この証明書を婚姻要件具備証明書とみて受理して差し支えないとした例があります（昭和28年8月15日民事甲第1458号回答ほか）。

⑶　婚姻要件具備証明書等が得られない場合の添付資料

婚姻要件具備証明書等が得られない場合には、要件審査の原則に戻って、以下の書類が必要とされています。

ア　当該外国の法規の抜粋及び国籍・身分に関する証明書

まず当該外国人の本国法の婚姻要件を明らかにするため、婚姻要件に関する本国法の資料が必要になります。当該資料は、出典を明示し、又はその法規が現行法に間違いない旨の当該外国官憲の証明を要します。出典を明示した法文のコピーはこれに該当します。

さらに、当該外国人の身分関係を明らかにするため、当該外国官憲が発給した国籍及び身分に関する証明書が必要です。その資料としては、出生証明書、身分証明書、旅券の写し、身分登録証明書等がこれに該当します。なお、台湾の場合、戸籍類似の登録簿である「戸籍謄本」という制度があるので、これを利用することも考えられます。

イ　国籍・身分に関する証明書がない場合

本国で身分を把握されていない、本国政府により迫害のおそれがあるなどの事情で、前記書類を取得できないというようなこともあり得ます。

例えば、戦前から日本に在住し、現在本国でも身分関係を確認できていない在日外国人などは、本国がその身分関係についての証明書を発行できない場合があります。また、難民認定申請者は、迫害をおそれて在日公館に赴くことができず、婚姻要件具備証明書を取得することが

事実上不可能な場合もあります。

　この場合は、婚姻要件具備証明書を提出できないことと、本国法の定める婚姻要件を満たしている旨述べた「申述書」を提出することになります。

　前記宣誓書や申述書は単に本国法上全ての要件を具備していることを誓うといったような形式的・抽象的なものではなく、本国法上の婚姻等の要件が具体的に記載されるべきであるとされています（木村三男監修『渉外戸籍のための各国法律と要件Ⅰ（全訂新版）』58〜59頁（日本加除出版、2015年））。

　なお、市区町村長は、このような複雑な事情のある婚姻届については、法務局に対して、当該届出を正式に受理してよいかどうか判断を仰ぐことがあります。こうした受理伺いの結果、受理しない旨の扱いがなされることもあるので注意が必要です。

③　外国で婚姻する場合

　日本人と外国人が外国で婚姻する場合には、婚姻の方式は、①日本法、②婚姻する地（婚姻挙行地）の外国法、③当事者の一方である外国人の本国法のいずれの法律によることも可能です。

　その具体例は、概ね以下のようになります。

(1)　日本法の方式による場合

　日本法の方式による場合、外国から日本人当事者の本籍地の市区町村役場に対して、婚姻届を直接郵送する方法で行います。この場合の必要書類は②であげた書類と同じです。この場合も届出の受理決定のときに婚姻が成立することになります。

(2)　外国法の方式による場合

　前述したように、婚姻挙行地の法律の方式によって（通則法24条2項）、又は相手の本国法の方式によって（同条3項本文）婚姻することも可能です。各国の法律による婚姻の具体的手続については、国により異なります。

　この場合、日本人について婚姻要件具備証明書が必要となることがありますが、戸籍謄本を添付して本籍地の市区町村役場、法務局又は外国に駐在する日本の領事等に申請すると、婚姻要件具備証明書を発行してもらえます（発行機関及び取得に必要な書類については、法務省ウェブサイト「国際結婚、海外での出生等に関する戸籍Q＆A」参照。本設問の解説は全面的に左記ウェブサイトに依拠しています）。外国によっては、証明書の印鑑が真正であることの証明や訳文の添付を要求される場合もあります。

　外国の方式に従い、婚姻の届出を行った場合には、外国にいる日本人は、その国に駐在する日本の大使、公使又は領事に対し3か月以内に当該国の結婚の成立に関し、権限のある機関が発行する婚姻に関する証書の謄本（婚姻証明書）及び謄本の日本語訳を提出しなければなりません（戸籍法41条）。大使等を経由せずに、本人が直接本籍地の市役所、区役所又は町村役場に提出又は郵送して届け出ることもできます。これによって、日本の戸籍に婚姻の事実が記載されることになります。

　なお、この届出は、当該届出によって身分関係の変動を生じさせるものではなく、既に生じた身分関係変動の事実を報告するという性質のもの（報告的届出）にすぎません。したがって、婚姻そのものは日本の戸籍に載る時点ではなく、外国法に基づいて婚姻が成立した時点で成立したことになります。

4 外国人配偶者の呼寄せ

(1) 婚姻後に呼び寄せる場合

外国人が日本人又は永住資格を有する外国人と結婚した場合、当該外国人は、「日本人の配偶者等」又は「永住者の配偶者等」の在留資格を取得することができます。

この場合の在留期間は、概ね半年から5年の間で決定されることになります。また、就労の制限はありません。

入国に際しては、在外の日本国領事館等であらかじめ査証の発行を受ける必要がありますが、日本にいる日本人配偶者又は永住資格を有する外国人が外国にいる配偶者を呼び寄せる場合は、事前に日本国内の地方出入国在留管理局で在留資格認定証明書の交付（入管法7条の2）を受けることをお勧めします（Q3参照）。

(2) 呼寄せ後に婚姻する場合

来日後、日本で結婚する予定の場合には、まだ日本人の配偶者ではないので「日本人の配偶者等」の在留資格は得られません。この場合、別の在留資格により入国して、結婚後に在留資格変更の手続をすることになります（Q6参照）。

なお、査証免除の取扱いで入国した場合には、在留資格の変更が認められないことがあるので、査証を取得して来日するのがよいでしょう。また、短期滞在の資格も「やむを得ない特別の事情」がない限り資格変更が認められない（入管法20条3項ただし書）ので注意が必要です。

5 設問に対する回答

(1) 前段について

日本人であるあなたが日本にいる場合、日本の婚姻手続に従って婚姻しなければなりません。この場合、婚姻届の添付書類として、当該外国人の婚姻要件具備証明書ないしこれに準じる書面として上記において説明したものとパスポート等が必要となります。

あなたが外国にいる場合には、あなたの本国法である日本法、結婚相手である外国人の本国法の方法、又は現に婚姻を挙行しようとする国の方法いずれかの方法を選択して婚姻手続を行ってください。日本法以外の方法で婚姻した場合、婚姻成立の日から3か月以内に、婚姻に関する証書の謄本及び謄本の日本語訳を、日本の在外公館に提出するか、本籍地の市役所、区役所又は町村役場に提出又は郵送する必要があります。この手続を経ることで、日本での戸籍に婚姻の事実を反映させることができます。一方、日本法の方式で婚姻した場合、結婚相手の国においても婚姻を有効にするには、別途、結婚相手である外国人の本国への届出等、手続が必要になりますので、結婚相手の本国の手続を確認してください。

(2) 後段について

外国にいる結婚相手の外国人を日本に呼び寄せたい場合、もしも外国において結婚を済ませているのであれば、「日本人配偶者等」の在留資格で上陸・在留させることができます。この場合、日本にいるあなたが、在留資格認定証明書を取得し、これを外国にいる結婚相手に送付し、査証発給申請手続を進めるとよいでしょう。

他方、来日してから婚姻しようとするのであれば、「日本人配偶者等」以外の在留資格で来日してもらい、婚姻後に「日本人配偶者等」の在留資格に切り替えることになります。しかし、短期滞在の在留資格で来日したり、査証を免除されたりして来日した場合には、在留資格の変

更が認められないことがあるので、注意が必要です（Q6参照）。

Q29　国際結婚と国籍・戸籍・住民票・氏

　　外国人と結婚した場合、私（日本人）や相手の国籍、戸籍や住民票はどうなるのですか。また、氏はどうなりますか。

1　国際結婚と国籍

　日本の国籍法は、婚姻による国籍の取得及び喪失を認めていません。そのため、外国人と日本人が結婚した場合でも、日本人が日本国籍を失うことはありませんし、外国人が日本国籍を取得することもありません。

　しかし、日本人女性が外国人男性と結婚した場合、当該外国人男性の国籍国によっては、女性が、婚姻により自動的に男性の国籍国の国籍を取得することがあります。この場合、一定の手続を経て日本の国籍を喪失することがあるので注意が必要です。

(1)　夫の本国の国籍を当然に取得する場合

　イランでは、イラン人でない女性は、イスラム方式によってイラン国籍の男性と結婚した場合、イランの法律上、当然にイラン国籍を取得することになります（木村三男監修『渉外戸籍のための各国法律と要件Ⅱ（全訂新版）』150～151頁（日本加除出版、2016年）。ほかにもセネガル、コートジボワール等のアフリカ諸国では、国籍取得を拒否できる権利はあるものの、婚姻により国籍を取得することになります（コートジボワールについて、木村三男監修『渉外戸籍のための各国法律と要件Ⅲ（全訂新版）』474頁（日本加除出版、2016年）。セネガルについて、同『渉外戸籍のための各国法律と要件Ⅳ（全訂新版）』150頁（日本加除出版、2017年）。ただし、セネガルで自動的に国籍を取得できるのはセネガル男性と婚姻した外国人女性のみです。）。このように、日本人が、自らの志望によらず、婚姻によって当然に外国国籍を取得した場合には、日本の国籍は失われません（国籍法11条１項参照）。その結果、イラン人と結婚した日本人女性は重国籍者となります。

　日本の国籍法上、重国籍となった日本人は、20歳になる前に重国籍者となった場合は22歳までに、20歳に達した後に重国籍者となった場合は重国籍者となった時から２年以内に、いずれかの国籍を選択しなければならないことになっています（国籍法14条１項）。なお、民法の一部を改正する法律（平成30年法律第59号）12条により、2022年４月１日以降は、18歳になる前に重国籍となった場合は20歳までに、18歳に達した後に重国籍者となった場合は重国籍者となった時から２年以内に、と年齢が変わります。

　国籍選択の方法としては、外国の国籍を選択する場合と日本の国籍を選択する場合があります。外国の国籍を選択するときは、①日本の国籍を離脱する届出をするか（国籍法13条、国籍法施行規則３条）、または②外国の法令によりその外国国籍を選択する（国籍法11条２項、戸籍法103条）ことによって国籍を選択したことになります。一方で、日本の国籍を選択するときは、③外国の国籍を離脱する届出をするか（国籍法14条２項前段、戸籍法106条）、または④日本の国籍を選択して外国国籍を放棄する宣言の届出をする（国籍法14条２項後段、戸籍法104条の２）ことにより、国籍の選択をしたことになります。④の制度があるのは、外国によっては、国籍を離脱できない国もあるためです。つまり、そのような場合、日本に対して日本国籍の選択と外国国籍を放棄するという宣言でよいとされています。宣言の後は、外国籍の離脱に努めなければならないとされていますが（国籍法16条１項）、この外国籍の離脱の努

力を行政機関が確認する制度はありません。つまり、努力を果たしたことを示す何らかの書類の提出を求められることもありませんし、記録も保存されません。このように、④の日本国籍の選択と外国国籍の放棄の宣言の届出を行った場合、外国国籍の離脱の努力をしても、しなくても、重国籍が解消されないという結果になることがあります。なお、国籍の選択をしないことについて罰則を定める規定はありません。

　また、法務大臣は、一定の期限内に国籍選択をしない「外国の国籍を有する日本国民」に対して国籍の選択を催告することができますが（国籍法15条１項）、この催告制度について、法務省の民事局長は国会の答弁で「法務大臣がこの催告をいたしますと、期間内に具体的な選択をしないと最終的には日本国籍を失うという非常に重大な効果が生ずることになっております。国籍を喪失するということは、その人にとって非常に大きな意味がありますし、家族関係等にも大きな影響を及ぼすというようなことから、これは相当慎重に行うべき事柄であろうと思っておりまして、現在までこの催告を法務大臣がしたことはございません」「できる限りその方々の自発的な意思に基づいて選択をしていただくということが望ましいと考えております」と述べています（平成16年６月２日第159回衆議院法務委員会33号における房村精一政府参考人（法務省民事局長）の答弁）。そして、現在に至るまで、催告は一度も発動されたことがありません。

　このような運用状況を踏まえて、どの手続をとるのかを検討するとよいでしょう。

⑵　自らの希望によって外国国籍を取得する場合

　国籍法は、日本国民が「自己の志望によって外国の国籍を取得したとき」には、日本国籍を喪失すると規定しています（国籍法11条１項）。したがって、婚姻後に日本人が自ら選択して外国国籍を取得した場合には、「自己の志望によって」外国の国籍を取得したわけですから、当然に日本の国籍を失うことになります。国籍を失った日本人は、国籍喪失の届出をしなければなりません。この届出は、本人、配偶者、又は四親等内の親族が国籍喪失を知った日から１か月以内に役所に対して行います（戸籍法103条）。

　なお、国籍法11条１項については、2018年に日本国籍離脱の意思がない者からも「自己の志望によって外国の国籍を取得したとき」の解釈いかんにより日本国籍をはく奪する違憲無効な規定であるとして国籍はく奪条項違憲訴訟が提起されており（東京地方裁判所平成30年（行ウ）第93号、第98乃至104号）、その帰すうが注目されています。

② 国際結婚と戸籍

　戸籍は、日本国民の身分関係を登録し、これを公証する公文書です。日本の戸籍は、日本国民の国籍登録と親族登録とを兼ね備えており、一面では日本国民の日本国籍を証明し、他面では日本国民の身分関係の変動を証明する機能を有しています。したがって、日本人と結婚した場合でも、当該外国人に戸籍が編製されることはありません。あくまでも日本人側の戸籍に婚姻の事実が記載されるにすぎません。

　日本人と外国人とが結婚した場合、その日本人が既に戸籍の筆頭者であるときを除いて、新たに当該日本人を筆頭者とする新戸籍が編製されます。日本人側が男性の場合も女性の場合も同様の扱いとなります（戸籍法16条３項）。そして、当該日本人の戸籍の身分事項欄に、婚姻届出の年月日、外国人配偶者の国籍・氏・名・生年月日が順次記載されることになります。また、戸籍は日本国民の国籍登録を兼ねていますので、①で述べたいずれかの事由により、国

際結婚に伴って日本人女性が日本国籍を離脱し、あるいは日本国籍の喪失届をした場合には、戸籍にその旨が記載され、除籍されます。また、前述のような重国籍者が日本国籍の「選択の宣言」をした場合、外国国籍を離脱した場合、いずれも戸籍の身分事項欄にその旨が記載されます。

3 国際結婚と住民票

2009年改正住基法によって、法律上、一定の在留資格を有する外国人にも、日本人と同様に住民票が作成されるようになりました（Q20参照）。

なお、住民票作成の対象とならない外国人は、日本人と婚姻した場合にも、日本人配偶者の住民票に何の記載もされません。

4 国際結婚と氏

(1) 氏の変更

日本人と外国人が結婚した場合、氏は自動的には変わりません。

その理由については学説上の争いがあるところですが、戸籍実務上は、夫婦の一方が外国人である場合の夫婦の氏は、氏名権という夫婦それぞれに関する問題であるとして、各当事者の本国法によることとされており、少なくとも日本人については日本法によるものとしています（昭和55年8月27日民二第5218号通達）。夫婦の氏について規定する民法750条は、日本人同士が婚姻する場合を前提としており、日本人と外国人が婚姻する場合には適用されないからと解されています。

しかし、婚姻生活を継続していく上で、日本人配偶者が外国人配偶者と戸籍上も同一の氏を称する必要が考えられますので、その場合、以下のような氏の変更手続に従って、日本人配偶者の氏を変えることができます。

　ア　戸籍法107条1項による方法

戸籍法107条1項によれば、氏の変更は「やむを得ない事由」がある場合に、家庭裁判所の許可を得て、変更の届出をすることができるとしています。この方法は一般的な氏変更のための手続を定めた規定です。

外国人と婚姻している日本人も、当該規定に基づいて氏の変更を届け出ることが考えられます。

　イ　戸籍法107条2項による方法

戸籍法107条2項によれば、日本人配偶者は、婚姻成立後6か月以内に限り、家庭裁判所の許可を得ないで、その氏を外国人配偶者の称している氏に変更することができると規定されています（その表記は、外国人配偶者の氏が漢字である場合を除き、カタカナで記載されます）。この方法は、特に簡便な手続によって外国人配偶者の氏へ変更することを認めるものです。この場合、「外国人配偶者の氏への氏変更届」を市区町村長に対してすることになります。ただし、婚姻後6か月以内でも外国人配偶者死亡後はこの手段によることはできません（昭和59年11月1日民二第5500号通達）。

(2) ミドル・ネームについて

外国人のミドル・ネームは、名の一部と考えられています。そのため、原則としてミドル・ネームを日本人配偶者の氏として付けることができません。

しかし、外国人配偶者のミドル・ネームを合わせて付けなければ困る場合には、まずミドル・

ネームを氏の一部とするように氏の変更許可を申し立て、許可を受けることができれば、日本人配偶者は、氏の一部としてミドル・ネームを付することができます。

　以上は、日本人配偶者の氏についての日本法上の取扱いについての説明です。日本人配偶者の氏が、外国人配偶者の本国法上どのように扱われるかについては、当該外国人の本国法の内容によって異なります。また、外国人配偶者の氏については、前述の通達によれば当事者の本国法によって決せられることになりますので、それぞれの国の法律を調べる必要があります。

Q30　日本に住む外国人同士の結婚

　私たちは日本に住む外国人同士ですが、結婚することになりました。日本で結婚する場合、どのような手続をとればよいのでしょうか。また、その結婚手続は私たちの本国でも有効でしょうか。

①　日本に住む外国人同士の婚姻の準拠法

　日本法上、婚姻の方式に関する準拠法は、各当事者の本国法又は婚姻挙行地の法律によるとされています（通則法24条2項、3項。なお、婚姻の実質的成立要件に関してはQ27参照）。したがって、日本に住む外国人同士が結婚する場合は、各当事者の本国法によることもできますし、婚姻挙行地である日本法の方式に従って市区町村の戸籍係に婚姻の届出をすることもできます。この婚姻届が戸籍係に受理されれば、当該外国人同士の婚姻は、日本法では有効に成立したことになります。

②　日本法の方式による場合

⑴　婚姻届の手続

　外国人に関する届出は、届出人の所在地でこれをしなければならないとされています（戸籍法25条2項）。そのため、婚姻の届出も、どちらか一方の外国人の所在地にある地方自治体の戸籍係に届け出る必要があります。ここでいう届出人の所在地とは、その者の住所又は居所地のみならず、一時の滞在地をも含む趣旨です（明治32年11月15日民刑第1986号回答）。届出の方式は日本人が届け出る場合と同一の用紙を使用しますが、日本人の場合と異なる点がいくつかあります。

　　ア　婚姻届書の署名押印

　在日外国人のほとんどは、日本人と同じような署名・押印の慣習がありません。外国人の署名押印及び無資力証明に関する法律1条（明治32年3月10日法律第50号）によれば「法令の規定より署名、捺印すべき場合においては外国人は署名するをもって足る」と規定されているので、外国人の婚姻の届出は、署名のみで足ります。

　　イ　届書の通数

　外国人同士の身分事項に関する届出の場合、届書は常に1通で足ります。戸籍法36条は、届書を数通提出することが必要な場合について規定していますが、これは届出事項を戸籍に記載する便宜のためであり、戸籍が編製されない外国人には必要がないからです。

　　ウ　添付書類の訳文

　外国人同士が婚姻届を出す際には、各本国法による婚姻要件具備証明書・国籍証明書等を添付しなければなりません。そして、その証明書が外国語で書かれているときには、翻訳者を明らかにした翻訳文を添付しなければなりません（戸籍法施行規則63条の2）。

　なお、国籍証明書は外国人の本国法を確定するために必要なものですが、婚姻要件具備証明書により国籍が判明しているのであれば不要となります。

　以上が日本人同士の届出との主な違いです。なお、婚姻届の証人は、成人であれば外国人がなっても構いません。

(2) 外国人同士の婚姻の公証と届出書の保管

外国人は戸籍に登載されないので、日本人のように戸籍謄本で身分事項を公証することはできません。しかし、婚姻届の受理証明書又は婚姻届書に基づく記載事項証明書の発行を受けて、その書面を所持することにより、日本において有効な身分行為をなしたことを容易に立証することができます。

当事者の一方又は両方が日本人である場合、婚姻届書は管轄法務局で27年間保管されますが（戸籍法施行規則49条2項）、外国人同士の婚姻届書については、受理市区町村において50年間保管することになっています（同規則50条2項）。外国人同士の婚姻届書の50年間の保存期間は、日本人が関与するときの保存期間27年間と比べるとずいぶん長いのですが、これは外国人に関しては届書によるほか身分関係の成立を証明する原資料がないからです。

③ 外国の方式による場合

通則法は婚姻の方式につき、当事者の本国法によることができるものとしています（通則法24条3項本文。なお、例外については同項ただし書）。そのため、日本にいる外国人同士が、本国法により認められている儀式婚（婚姻の成立に一定の儀式が必要とされているもの）や宗教婚（婚姻の成立に宗教上の行為が必要なもの）を行った場合にも、その婚姻は日本法上も有効に成立することになります。

この場合、特別な届出は必要ありません。なお、外国人の登録事項に記載の変更が生ずる場合には、その変更のための手続は必要になります。しかし、その手続は結婚の成否には一切影響しません。

④ 本国における婚姻の効力

これまでの説明は日本で婚姻を有効に成立させるための手続であって、外国法上も、婚姻が有効に成立したかどうかは別の問題です。

日本で有効に成立した婚姻が、各外国人当事者の本国において有効に成立したものと認められるかについては、当該本国の国際私法が婚姻の成立についてどのように規定しているかによります（Q27参照）。

⑤ 設問に対する回答

以上のとおり、外国人同士が日本で結婚する場合の婚姻の方式については、それぞれの国の方式に従うこともできますし、日本の方式に従って行うこともできます。

外国法の方式による場合には、その手続は在外公館に問い合わせてください。

日本の方式による場合には、日本の婚姻届書1通を、どちらかの当事者の居住地の市区町村に提出する方法で手続を行います。その際、添付書類として婚姻要件具備証明書（又はこれに代わるもの）、身分事項・国籍を証する証明書、さらにこれらが日本語ではない場合には翻訳者を明らかにした訳文を付す必要があります。

なお、前記方法は、婚姻を日本法上有効に成立させるにすぎないものであるため、当該方法によって本国法上も婚姻が有効に成立するものであるかは、本国の駐日大使館等に確認してみてください。

Q31　在留期間経過後に日本に在留する外国人との結婚

　私（日本人）は、在留期間を過ぎて日本に滞在している外国人と結婚したいと思っていますが可能でしょうか。また、結婚後、相手が日本に合法的に在留することができますか。

1　オーバーステイの外国人との婚姻

　婚姻が有効に成立するか否かは、婚姻の実質的成立要件（以下「実質的要件」）を具備しているか否かによって判断されますが、在留資格の存在は婚姻成立の要件には掲げられていません。したがって、外国人の在留資格の有無は、有効な婚姻の成否を判断する上で問題とはならず、結婚しようとする外国人が在留期間を徒過して在留している場合でも、婚姻の実質的要件及び形式的成立要件（以下「形式的要件」）を満たしさえすれば、婚姻は成立します（婚姻の実質的要件についてはQ27、婚姻の形式的要件、婚姻の具体的手続及び必要書類についてはQ28参照）。

2　オーバーステイの外国人の登録手続

　入管法及び住基法のもとでは、非正規滞在者には在留カードが発行されることはありませんし、住民票が作成されるわけではありません。ただ、婚姻届は受け付けられますので、婚姻の成立自体に影響はありません。

3　在留特別許可

　在留期間を徒過した外国人が日本人と婚姻した場合であっても、婚姻により自動的に在留資格が与えられるものではありません。しかし、婚姻が有効に成立した場合、在留特別許可を得て、在留資格を取得することができる可能性はあります。オーバーステイの外国人に対しては退去強制手続がとられますが、この手続の中で、法務大臣の在留特別許可を得て、日本人の配偶者等という在留資格を取得することができる可能性があります。現に、日本人と婚姻した外国人については、実態のある婚姻生活を営んでいると認められれば、法務大臣の在留特別許可を得て日本人の配偶者等の在留資格を取得しているケースが多数あります。

　なお、裁判例で婚姻が成立していない場合でも在留特別許可を付与すべきと判断したものがありますが（東京地判平成20年2月29日判時2013号61頁）、その後、控訴審で覆されています。現在の入管実務に照らしても、法的な婚姻の成立が必要と考えたほうがよいでしょう（在留特別許可についてはQ13参照）。

　入管からは、日本人と婚姻した外国人に対して、一旦帰国して在留資格認定証明書の交付を受けてから日本に入国するようにとの指導がなされることがあります。しかし、一旦帰国した場合には、原則として強制退去の日から5年を経過しないと日本に上陸できないとされ、また、1年以上の懲役刑に処せられた者については原則として二度と日本に上陸をすることができません（入管法5条1項4号。ただし、上陸特別許可が認められる場合があります。Q4参照）。

　また、退去強制から5年を経過した後に日本に入国できるか否かは行政の裁量行為によって決せられ、必ず日本に入国できるとの保証はありません。このように、一旦外国人が日本を出国してしまった場合には、いずれにせよ相当期間日本に入国できないという不利益を被ることを考えれば、在留特別許可の取得に向けた行動を考えたほうがよいでしょう。

4 設問に対する解答

　あなたは、在留期間を徒過して日本に滞在する外国人と婚姻することができます。

　結婚後、当該外国人が合法的に在留することができるようにするためには、入管に出頭し、オーバーステイを申告した上で、在留特別許可を得る必要があります。

Q32　外国人と重婚

　私（日本人）が結婚した外国人には、本国に正式に結婚した配偶者がいることが分かりました。私との結婚の効力はどうなるのでしょうか。
　また、私と外国人との間に子どもが出生した場合はどうなるでしょうか。

1　問題の所在

　日本人同士の婚姻の場合は届出の際に戸籍謄本でチェックされるので、重婚が発生することは稀です。しかし、外国では、戸籍制度のような身分登録制度を備えた国は多くありません。そのため婚姻要件具備証明書が形式的抽象的な記述にとどまっていたり、婚姻要件具備証明書の代わりに宣誓書や申述書を提出して婚姻したりといったことが原因で、既に配偶者のいる外国人と婚姻する事態は起こり得ます（婚姻の形式的成立要件についてはQ28参照）。

2　婚姻（後婚）の成否

　日本では、重婚でないということが婚姻の実質的成立要件（以下「実質的要件」）となっています（民法732条）。
　この婚姻の実質的要件には、一般的に、各当事者が各々自らの本国法の要件を満たしさえすればよいという要件（一方的要件）と、両当事者共に、自らの本国法の要件のみならず相手の本国法の要件をも満たさなければならないという要件（双方的要件）がありますが、重婚でないという要件は、双方的要件であると解されています（婚姻の実質的要件についてはQ27参照）。
　したがって、設問のように夫婦の一方が日本人の場合、相手方の本国法が一夫多妻婚を認めていても、日本法は重婚を禁止している以上（民法732条）、既に婚姻して配偶者のある相手方と婚姻することはできません。

3　婚姻の実質的要件を欠いた婚姻（後婚）の効力

　婚姻の実質的要件を欠いた場合の婚姻の効果は、通則法24条1項により各当事者の本国法によることになりますが、双方的要件を欠いた場合の効果については、両当事者の本国法のうち要件の欠缺に関して、より厳しい効果を認める法によるとされています（昭和58年8月4日民二第4384号回答参照、新潟地判昭和62年9月2日判タ658号205頁参照）。
　日本の民法では、重婚状態にある場合には、裁判所に対して、後婚の取消しを請求することができる（取消事由）とされています（民法744条）。そのため、もしも相手方の本国法で婚姻の無効原因と定めているときは、無効は取消しよりも厳しい効果ですので、日本においてもその婚姻（後婚）は無効なものとして扱われることになります。
　他方、もしも相手方の本国法で、その婚姻が有効又は取り消し得るものとして取り扱われるときには、取消しが最も厳しい効果となりますから、その婚姻は、日本においても、取り消し得る行為として取り扱われることになります。
　なお、婚姻無効の効果や、取り消し得る婚姻の取消権の行使期間や遡及効の有無等の取消しの要件及び効果も、その無効・取消しの準拠法によることになります。

4 国際裁判管轄権・重婚関係の解消の方法

(1) 国際裁判管轄

　婚姻の無効及び取消しに関する裁判の管轄権については、婚姻関係の消滅という点で離婚と異ならないことから、離婚の裁判管轄権に準ずるものとする裁判例が多くあります（離婚の裁判管轄権に準ずるという考えを敷衍したと解される判例として名古屋地判平成7年2月17日判時1562号98頁、大阪地判昭和59年12月24日判タ550号248頁等）（Q36参照）。

　離婚の裁判管轄については、2019年4月1日から施行されている「人事訴訟法等の一部を改正する法律」（平成30年法律第20号）により明文化されました。同改正によると、夫婦の一方が他方に対し提起した離婚訴訟事件について、次のような場合には、日本の裁判所で審理・裁判をすることができます。

　① 被告の住所（住所がない場合又は住所が知れない場合には居所）が日本国内にあるとき（改正人事訴訟法3条の2第1号）

　② その夫婦が共に日本の国籍を有するとき（同条5号）

　③ その夫婦の最後の共通の住所が日本国内にあり、かつ、原告の住所が日本国内にあるとき（同条6号）

　④ 原告の住所が日本国内にあり、かつ、被告が行方不明であるときなど、日本の裁判所が審理及び裁判をすることが当事者間の衡平を図り、又は適正かつ迅速な審理の実現を確保することとなる特別の事情があるとき（同条7号）

　設問のケースでは、相談者（日本人）の配偶者（外国人）はおそらく日本に居住していると思われますので、日本に国際裁判管轄権が認められることになります（改正人事訴訟法3条の2第1号）。また、相談者夫婦の最後の共通の住所は日本国内にあると考えられますし、かつ、相談者（日本人）の住所は日本国内にあると思われることからも（同条6号）、日本の裁判所において審理できることとなるでしょう。

(2) 重婚の解消方法

　それでは、日本の裁判所において具体的にどのような方法で婚姻関係を解消すればよいでしょうか。

　重婚関係の解消の方法としては、①後婚の無効又は取消しの裁判を提起する、②準拠法が後婚を取り消し得るものと規定している場合には当事者の協議によって前婚と後婚のいずれかの婚姻を解消する、あるいは③前婚の一方配偶者から重婚をなした他方配偶者に対して離婚の請求をすることが考えられます。

　日本法では、離婚の訴えはもとより、婚姻取消しの訴えや婚姻無効の訴えも人事に関する訴訟事件なので調停前置主義の拘束を受け（家事事件手続法244条、257条）、離婚と同様、訴えを提起する前に、家庭裁判所に調停の申立てをすることになっています（なお、家事調停についても、前述した人事訴訟法等の一部を改正する法律により、その事件の訴訟又は家事審判について日本の裁判所が管轄権を有するときは、調停についても、日本の裁判所が管轄権を有するとされています（改正家事事件手続法3条の13））。

　ただし、前婚の離婚や後婚の無効又は取消しの準拠法が調停による婚姻無効や婚姻取消しを認めない場合には、調停を経ずに家庭裁判所へ審判の申立てを行ったり、又は離婚の訴え、婚姻の無効の確認請求の訴えや婚姻の取消しの訴えを提起したりすることが考えられます。

なお、婚姻の無効又は取消しに関しては、家事事件手続法277条に基づく「合意に相当する審判」や同法284条に基づく「調停に代わる審判」がなされることがあります。

5　子が出生した場合

　重婚状態の間に子が生まれたとき、婚姻の取消し又は無効の手続を終了した場合にその子は嫡出子としての身分を得ることができるのでしょうか。この場合、嫡出に関して両親が属するそれぞれの国の法律のいずれが適用されるのかが問題となります。

(1)　子の嫡出性に関する準拠法

　子の嫡出性に関して、通則法28条1項では、子は出生時、父か母いずれかの法律によって嫡出子と認められれば嫡出子の身分を取得することができる旨定められています。

　例えば、日本人と外国人の間に生まれた子の場合、日本の法律上嫡出子と推定されなくとも、外国人親の本国法によれば嫡出子と推定される場合には、日本でも嫡出子として認められることになります。

　なお、日本の民法では、婚姻成立後200日以降に出生し、離婚又は婚姻取消しの日から300日以内に生まれた子は嫡出子と推定されると定められています（民法772条2項）。

(2)　重婚状態で生まれた子の嫡出性に関する考え方

　設問のように、子の両親の婚姻の効力に争いがある場合、まず、両親の婚姻の効力を検討・確定する必要があります。理論上、両親の婚姻の効力は、子の嫡出性判断の前提事項となるからです。

　この点について、まず、日本の民法では、重婚の効力は取り消し得るものと定められています。そして、日本の民法上、取り消し得る婚姻中に生まれた子であっても、婚姻の成立の日から200日を経過した後に生まれた子については、嫡出子と認められます（民法772条2項）。仮に、その後婚姻が取り消された場合であっても、民法748条1項では、婚姻取消しの効果は過去にさかのぼらない旨規定しているので、後婚によって出生した子も嫡出子たる身分を喪失することはありません。

　一方、外国人配偶者の本国法が重婚を無効原因と定めている場合、その婚姻は無効となります。そして、日本の民法では、無効な婚姻から生まれた子を嫡出子とは認めていませんから、日本の民法上嫡出子の地位を取得することはありません。そこで、当該外国人配偶者の本国法において、無効な婚姻を前提として嫡出子たる身分が取得できないかを検討する必要があります。

　国によっては、無効とされ又は取り消された婚姻から生まれた子について、当事者双方又は一方が婚姻の当時善意の場合に限ってこれを嫡出子とすることや、父母の善意・悪意を問わず常に嫡出子とすることを認めています。重婚の場合にもこうした法制度の適用があり、夫婦の一方の本国法が子の出生時嫡出性を認めている場合には、後婚によって出生した子も嫡出子となります。しかし、仮に、前述のような婚姻無効の場合の救済制度がないのであれば、後婚によって出生した子は嫡出子たる身分は有しないことになると思われます。

　この場合でも、婚姻が重婚等により無効となった場合には、父からの嫡出子出生届に認知の効力が認められるという取扱いが認められる可能性があります（昭和40年4月23日民甲第869号民事局長回答参照）。

6 設問に対する回答

　日本人であるあなたと外国人の間の重婚の効力は、当該外国人の本国法の規定により異なります。

　当該外国人の本国法が重婚を有効又は取消事由としている場合には、その婚姻は取り消し得るものとなります。他方、当該外国人の本国法で重婚は無効事由としている場合には、婚姻は無効と扱われます。

　そして、重婚により出生した子の嫡出性については、重婚の効力により左右されます。重婚が取消事由にとどまる限り、特段影響はありません。しかし、重婚が無効となる場合には、当該外国人の本国法で無効な婚姻中に出生した子の嫡出性を否定しないなどの救済規定がなければ、嫡出性が否定されると思われます。

Q33 外国人と再婚禁止期間及び在留期間

　私（日本人）は外国人女性（中国人）と結婚する予定ですが、彼女は前夫と離婚直後であり、もうすぐ日本での在留期間が切れてしまいます。日本の法律では再婚禁止期間中であっても結婚できるのでしょうか。

　また、彼女は一度帰国すると本国の事情で再来日は非常に難しいとのことです。どうしたら彼女と結婚して彼女は日本に在留を続けられるでしょうか。

① 再婚禁止期間に違反する婚姻と準拠法

　日本の民法では、女性について、前婚の解消又は取消しの日から100日を経過した後でなければ、原則として再婚することができず（民法733条1項。再婚禁止期間）、この原則の例外として、①前婚の解消又は取消しの時に懐胎していなかった場合と、②前婚の解消又は取消しの後に出産した場合は、再婚禁止期間内でも再婚することができることとされています（同条2項）。

　かつては、前婚の解消又は取消しの日から6か月間を経過しなければ再婚することができない旨の規定でしたが、2015年12月16日、100日を超える部分については憲法14条1項、24条2項に違反する旨の最高裁判決（最大判平成27年12月16日民集69巻8号2427頁）が出され、これにより、上記のとおりに民法が改正されました（平成28年法律第71号。同年6月7日公布・施行）。

　この改正に伴い、前婚の解消又は取消しの日から起算して100日を経過していない女性を当事者とする婚姻の届出も、「民法733条2項に該当する旨の証明書」を添付すれば、受理されることとなりました（証明書の様式は、法務省のウェブサイトに掲載されています）。

　以上のとおり、日本人女性が婚姻しようとする場合、再婚禁止期間中においては、原則として婚姻届を提出しても受理されません。

　他方で、日本人男性が外国人女性と結婚する場合、外国人の本国法には再婚禁止期間の規定が存在しなくとも、この日本法の再婚禁止期間の規定が外国人女性にも適用されるのかが問題となります。

　まず、再婚禁止期間に違反しないことも婚姻の実質的要件であることに争いはありません。しかし、再婚禁止期間が一方的要件であるか双方的要件であるかについては争いがあります（Q27参照）。

　この点について、①専ら女性に対してその期間の遵守を要求するものであるから、妻となる女性の側の一方的要件であるとする見解、②出生子の血の混淆による被害は再婚の夫が受けるものであるから、夫となる男性側の一方的要件とする見解、③当事者双方に関係する問題であるから双方的要件とする見解、の3つの見解が対立していますが、このうち、③双方的要件であると解する見解が有力のようです（木棚照一・松岡博編『基本法コンメンタール国際私法』88頁（日本評論社、1994年））。実務でも同様に扱われています。

　このように、再婚禁止期間は双方的要件であると解した場合、両当事者とも、再婚禁止期間に関する双方の本国法の要件を満たさなければならなくなります。そのため、夫になろうとする者が日本人男性である場合には、妻となる相手方の本国法で再婚禁止期間の規定が存在しなくとも、前述のように日本法は女性について再婚禁止期間を規定しているので、妻となる女性

が離婚後、再婚禁止期間を経過しなければ、原則として結婚することはできません。

　また、外国人配偶者の国の法律が日本法よりも長期間の再婚禁止期間を定めている場合には、さらに当該外国法の定める再婚禁止期間を経過しなければ結婚することはできないと思われます。

　戸籍の実務の取扱いにおいても再婚禁止期間は双方的要件であると解し、少なくとも日本法の再婚禁止期間を経過しなければ、原則として婚姻届は受理されず、仮に外国人配偶者の本国法で定める再婚禁止期間が日本法の再婚禁止期間以上である場合には、当該配偶者外国人の本国法で定める再婚禁止期間を経過しなければ婚姻届を受理していないようです。

2 各国の再婚禁止期間の例

　最近では再婚禁止期間の定めを削除する国が増加しており、ドイツ、フランス、韓国等では再婚禁止期間の定めが削除されています。女性のみの再婚禁止期間を設ける国は、イタリア、チリ、トルコ等限定的です（藤戸敬貴「再婚禁止期間―短縮と廃止の距離―」調査と情報894号（2016年）1頁）。

3 在留資格の問題

　それでは、再婚禁止期間中にそれまでに有している外国人の在留資格が満了してしまうような場合は、どうしたらよいでしょうか。

　現在の制度では、再婚禁止期間経過後は日本人と結婚することが確実であるという理由で認められる在留資格はありません。しかし、入管実務では、当該日本人と外国人の婚姻の意思を確認の上、婚姻の意思が認められる場合には、当該外国人に対し、再婚禁止期間を経過するまで短期滞在や特定活動の在留資格が許可される可能性があります。

4 設問に対する回答

　日本人であるあなたが中国人女性と再婚する場合、中国法のもとでは再婚禁止期間が定められていませんが、日本法の再婚禁止期間の適用がありますので、相手の女性と前夫との離婚から100日間の再婚禁止期間を経過しなければ、①前婚の解消又は取消しの時に懐胎していなかった場合と、②前婚の解消又は取消しの後に出産した場合を除き、あなた方は婚姻することができません。

　よって、婚姻が成立しない間は「日本人の配偶者等」の在留資格を取得することはできません。相手の中国人女性が一度帰国すると本国の事情で再来日は非常に難しいとのことですので、あなたは、入管に対し、相手の中国人女性との交際の経過や、再婚禁止期間経過後直ちに婚姻する意思がある旨の事情を説明し、相手の中国人女性が短期滞在又は特定活動の在留資格を取得するべく手続を行うことで、在留が認められる可能性があります。

Q34 扶養義務

　私（日本人）は外国人女性と結婚しています。私は、相手の両親・兄弟姉妹に対して扶養義務を負いますか。また、日本に住んでいる妻の兄弟姉妹は、お互いに扶養義務を負うのでしょうか。

1　扶養義務の準拠法に関する法律

　外国人との婚姻によって生じた親族関係の中で、夫婦、親子その他の親族関係から生ずる扶養義務について、日本では、国際私法として「扶養義務の準拠法に関する法律」（以下「法」）が定められており、同法において準拠法が規定されています（Q27参照）。ここでは、外国人が扶養義務の準拠法に関する条約を締結している国に常居所又は国籍を有することを前提として説明します。

2　扶養義務の準拠法・「常居所」とは

　(1)　法によれば、扶養義務は、扶養権利者の常居所地法によって定められます（法2条1項本文）。これは、扶養の問題は、扶養権利者が現実に生活を営んでいる社会と密接に関係するため、その者が常居所を有している地の法律によって規律するのが妥当であるとの考えによるものです。

　常居所とは、単なる一時的な居所ではなく、相当長期間滞在する場所をいうとされていますが、いかなる程度の期間をもってその要件を満たすかについては必ずしも一致しておらず、また相当期間滞在する意思という主観的要素をどの程度加味するかについても明確に定まっていません。常居所は、居住年数、居住目的、居住状況、職業等から総合的に判断されるといわれますが、その認定について、法務省通達（平成元年10月2日民二第3900号）が以下のとおり定めており、1つの参考になると思われます。

①　日本人については、住民票の写し（発行後1年以内のものに限る。）の提出があれば日本に常居所がある。住民票が消除された場合でも、出国後1年以内であれば、常に日本に住所があり、出国後1年以上5年以内であれば、永住目的等で外国に1年以上滞在している場合を除き、同様とする。

②　日本における外国人の常居所は、入管法による在留資格に応じて認定され、通常は5年以上の滞在を必要とするが、永住目的等の場合には1年以上の滞在で足りる。また、日本で生まれて一度も出国していない者、在日韓国人・朝鮮人、台湾系中国人及びそれらの子孫は、日本における常居所を認める。逆に短期滞在者、外交官、不法入国者や不法残留者は、一律に日本に常居所がないものとする。

③　外国における日本人の常居所は、旅券などにより当該国に引き続き5年以上滞在していることが判明した場合、当該国に常居所があるものとして取り扱う。ただし、永住目的等の場合には、1年以上の滞在で足りる。

④　外国人の国籍国における常居所の認定は、前記①に準じて取り扱い、国籍国以外の国における常居所の認定については、前記②に準じて取り扱う。

　したがって、日本人が外国人配偶者の両親や兄弟姉妹等の親族に対して扶養義務を負うかどうかは、外国人配偶者の親族の常居所地法によって決まることになります。

例えば、日本人がタイ人と結婚した場合、タイに居住している配偶者の親族からその日本人に対し扶養請求できるかどうかは、タイ法によることになります。

　⑵　扶養権利者の常居所地法によるとその者が扶養義務者から扶養を受けることができないときは、扶養義務は当事者の共通本国法によるとされています（法2条1項ただし書）。

　これは、扶養権利者の保護を図るために、二次的に当事者の共通本国法の適用を認めるものです。この「共通本国法」とは、当事者双方が共通に国籍を有する国の法であると解されています。「扶養を受けることができないとき」とは、扶養権利者の常居所地の法律上扶養を受けることができないことを意味し、事実上扶養を受けることができない場合を含まないとされています。さらに、当事者に共通本国法がないか、又は共通本国法によっても扶養権利者が扶養義務者から扶養を受けることができないときは、扶養義務は、法定地である日本の法律を適用することになります（法2条2項）。

　⑶　以上のとおり、扶養権利者の保護を図るため、扶養権利者の常居所地や当事者の共通本国法によると扶養を受けられない場合でも、少なくとも日本法が定めている扶養は認められる余地があることになります。

　日本法によると、直系血族（「血族」とは血統のつながった者をいいます）及び兄弟姉妹は、互いに扶養する義務があるとし（民法877条1項）、さらに場合によって家庭裁判所の判断により三親等内の親族間においても扶養の義務を負うことになります（同法877条2項）。「親族」とは六親等内の血族、配偶者、三親等内の姻族をいい（同法725条）、特別な事情のある場合に扶養義務を負う可能性があるのはこのうちの三親等内の親族ということになりますが、実際には家庭裁判所の判断で扶養義務が三親等内の親族にまで拡大されたケースは多くありません。

　なお、扶養の前提となる親族関係は「先決問題」として扱い、当面の扶養問題に必要な限りの前提問題を審理判断するのが通説です。

　したがって、妻の両親・兄弟姉妹の常居所地法で、姻族である夫が妻の両親や兄弟姉妹に扶養義務を負わない場合、日本法が適用されますが、日本法においてもこれらの者に対して原則として扶養義務は負いません。ただし、例外的に家庭裁判所の判断がなされた場合にのみ、夫は、妻の両親・兄弟姉妹に扶養義務を負うことになります。

3　傍系親族間及び姻族間の扶養義務の準拠法の特例

　以上が扶養義務についての準拠法の原則となりますが、傍系親族間及び姻族間の扶養義務については、特例が認められています（法3条）。

　配偶者の血族である姻族や傍系親族間（兄弟姉妹等）の扶養義務については、実体法上これを否定する国も多く、さらに親族の常居所地によってある親族は扶養請求ができるのに別の親族は扶養請求ができないという親族間の不公平が起こり得るため、そのような不都合を回避するためです。

　傍系親族間及び姻族間において、共通本国法があり、かつ、本国法では扶養義務を負わない場合、扶養義務者が当事者の共通本国法によれば扶養義務を負わないことを理由として異議を述べたときは、その法律によって定めることとなります（法3条1項前段）。共通本国法がない場合において、扶養義務者が、その者の常居所地法によれば扶養義務を負わないことを理由として異議を述べたときもその法律によって定められることになります（同項後段）。

　設問の前段は、日本人と外国人の夫婦の場合の相手方の親族（姻族）に対する扶養義務の有

無が問題となっていますので、共通本国法がない場合です。前述のとおり、民法877条は扶養義務者として直系血族及び兄弟姉妹、場合によっては例外的に三親等内の親族間と定めていますから、日本で生活している日本人は、日本法によれば扶養義務を負わないとして異議を述べれば、日本法が適用される結果、外国人配偶者の親族に対して日本民法が定める以上の扶養義務を負担することはありません。

　他方、設問の後段は、妻（外国人）の兄弟姉妹間の扶養義務の有無が問題になっていますので、兄弟姉妹が同じ国籍を有していれば、共通本国法がある場合です。日本の民法のように兄弟姉妹の扶養義務を認める国は多くはないため、設問の相談者の妻が彼女の兄弟姉妹との共通本国法によれば、扶養義務を負わないとして異議を述べれば、相談者の妻（外国人）の共通本国法によることになり、兄弟姉妹間で扶養義務は負わないことになります。

4 公序による外国法の適用の排除

　しかしながら、設問の後段の場合で、外国人である妻の兄弟姉妹が日本に長く滞在し日本に生活の根拠があり、相談者である夫が病気等により仕事ができず妻を扶養できない場合に、妻が、独身者で同じ日本で生活する兄弟姉妹に頼る以外には生活ができない、しかも兄弟姉妹は安定した生活をしていて扶養する能力を十分にもっているようなケースでも、共通本国法では兄弟姉妹の扶養義務が生じないことを理由として何らの扶養義務を負わせないのは不合理との考え方もあり得ます。

　そこで法8条1項は、外国法によるべき場合において、その規定の適用が明らかに公の秩序に反するときは、これを適用しないとしています。つまり前述のようなケースでは公序に反するとして外国法の適用が排除されることもあります。

　外国法の適用が排除された場合にどの法律に従うのかは明文の規定はありませんが、公序良俗による外国法の適用の排除を認める通則法42条に関する判例では、外国法の適用を排除した後はほとんどの事案で日本法が適用されています（例えば、離婚を許さない外国法（フィリピン法）の適用を排除した神戸地判昭和54年11月5日判時948号91頁、澤木敬郎、秌場準一編『国際私法の争点（新版）』87頁（有斐閣、1996年）参照）。

5 設問に対する回答

　したがって、設問前段の場合、相談者である日本人は、仮に配偶者である外国人の両親・兄弟姉妹の常居所地法によって扶養義務を負うとされる場合であっても、法3条1項後段により、日本法（民法877条）は扶養義務者として原則、直系血族及び兄弟姉妹と定めている旨を理由として異議を述べれば、家庭裁判所の判断により特別の事情がある場合に限り、三親等内の親族間（外国人配偶者の両親、兄弟姉妹、おい・めい）について扶養義務を負担することがあるだけです。

　後段については、妻が日本に常居所を有する場合には日本法が適用され、日本法（民法）によって兄弟姉妹は扶養義務を負うとされています。仮に、外国人兄弟姉妹の共通本国法が兄弟姉妹の扶養義務を認めていないことを理由として異議を述べたとしても、公序によって外国法の適用が排除される場合には、日本法によって兄弟姉妹は扶養義務を負うことがあり得ます。

Q35 夫婦間の財産問題

私（日本人）は外国人と結婚して日本に住んでいます。
① 私が結婚前からもっている財産は、夫婦のものになってしまうのですか。
② 夫婦で稼いだ財産はどうなりますか。
③ また、夫の借金はどうなりますか。

---

1 夫婦間の財産問題とは

夫婦間の財産問題として考えられるのは概ね次のようなことです。
① 夫婦財産契約

当事者が夫婦財産契約を締結し得るか否か、これを締結し得るとすればその時期、内容及び効力等が問題となります。
② 法定夫婦財産制

夫婦財産契約によらない場合、夫婦の財産関係は法定財産制によるのが通常です。法定財産制をとるとしても、具体的にはどの国の法律の、いかなる内容の法定財産制に服するのか、共有財産あるいは特有財産という夫婦の財産の帰属構成の問題、共有財産あるいは特有財産の管理、使用、収益及び処分に関する夫婦間の権利義務の問題、夫婦の一方が婚姻前又は婚姻中に負担した特定の債務に対する他の一方の責任に関する問題等があります。

そのほかにも、③日常家事債務について、夫婦が連帯して対外的な責任を負うか否かの問題、④婚姻費用の分担の問題、⑤夫婦間の扶養の問題などが考えられます。

通常は、①の夫婦財産契約と②法定夫婦財産制に関する制度が夫婦財産制と呼ばれており、以下では、主としてこの2点を説明しつつ、設問に回答します。

2 夫婦財産制の準拠法

日本人と外国人の夫婦あるいは国籍の違う外国人同士の夫婦の場合に、どの国の夫婦財産制が適用されるのでしょうか。

夫婦財産制についての準拠法については、通則法26条1項に規定され、同条は婚姻の効力の準拠法を定める同法25条を準用するものとしています。同法25条に従えば、夫婦財産について、次のように処理されることとなります。

まず、夫婦の本国法が同一であれば、その法律が適用されます。

この場合、夫婦の一方又は双方が二重国籍のときは通則法38条1項により、それぞれについて本国法を決定し、それが同一であるか否かが判断されることになります。

次に、共通本国法がない場合は、夫婦が同じ国に居住していれば、その国の法律が共通常居地法として適用されます。常居所についてはQ34を参照してください。

第三に、共通常居所地法がない場合（例えば、国際的な別居状態にあるなど）、夫婦に最も密接な関係のある地の法律が適用されます。

この密接関連地法として適用すべき法律の選定については、結局、夫婦の双方又は一方の国籍、常居所、居所等、当事者と関係のある種々の要素を過去のものも含めて、総合的に考量しつつ、具体的なケースごとに判断していくほかはないと思われます。

以上のとおり、準拠法の決定基準となる当事者の国籍、常居所又は密接関連地が変更すれば、

それに伴い準拠法も変更することになります。この場合には、準拠法の変更は将来に向かってのみ効力を生じ、新たな準拠法はその変更前から夫婦が有する財産には適用されません。

③ 準拠法の選択・当事者自治の原則

　以上のほかに、通則法26条2項は、夫婦財産制について、当事者がその準拠法を選択することを認めています（当事者自治の原則）。夫婦財産制は夫婦間の財産関係の側面をもつことから、当事者の意思を尊重して準拠法を定めるのに適していると考えられるからです。夫婦が準拠法を選択したときは、その法が同法26条1項に定める法に優先して適用されます。

　しかしながら、選択できる準拠法の範囲は無限定ではなく、通則法26条2項は、当事者自治の原則に制限を加えています。すなわち、夫婦財産制は婚姻生活関係にかかわることから、当事者が選択し得る準拠法の範囲を、①夫婦の一方が国籍を有する国の法律、②夫婦の一方の常居所地法、③不動産に関する夫婦財産制については不動産所在地法のうちのいずれかに限定するとしているのです。

　そして、夫婦が準拠法を選択する場合には、夫婦が署名した、日付のある書面により定めることが必要とされています（通則法26条2項）。このような厳格な方式が求められるのは、一般に、夫婦財産制が問題となるのは婚姻後かなりの期間経過後であることが多いことから、準拠法の選択の有無を明確にするために必要であるからと思われます。

　なお、夫婦の合意による法選択の時期に制限はなく、選択した準拠法の変更も許されると解されています。準拠法を変更した場合には、将来に向かってのみ効力を生ずると思われます。

④ 内国取引の保護

　夫婦財産制の問題は、取引の相手方である第三者の利益にも影響を及ぼすことから、その準拠法が外国法である場合には、内国における取引保護の問題が生じます。

　そこで、通則法26条3項及び4項は、以下のとおり内国取引の保護を図っています。

　まず、通則法26条4項は、外国法に従って締結された夫婦財産契約を日本で登記したときには、第三者の善意・悪意を問わず、その契約を常に第三者に対抗することができるとしています。そして同法26条3項前段は、外国の法定財産制及び日本で登記をしていない外国法による夫婦財産契約は、日本でなされた法律行為及び日本にある財産については、善意の第三者に対抗できないものとし、同項後段において外国の夫婦財産制によることについて善意の第三者に対抗できない場合には、第三者との関係では日本の夫婦財産制が適用されることとしています。

⑤ 設問に対する回答

　(1)　設問のケースは、日本人と外国人の夫婦が日本に居住している場合ですので、共通常居所地法である日本法が適用されると思われます。それでは、日本民法は夫婦財産制についてどのような内容を規定しているでしょうか。

　日本民法755条は、「夫婦が、婚姻の届出前に、その財産について別段の契約をしなかったときは、その財産関係は、次の款に定めるところによる」とし、夫婦は、婚姻前に契約（夫婦財産契約）を締結して自分たちの財産関係を自ら規律することができ、これを行わなかった場合には、法定の制度が適用されるとしています。

夫婦財産契約の内容については民法は特に制限を加えていませんが、夫婦の平等や婚姻の本質に反するような契約は無効といわれています。また、夫婦財産契約は婚姻届出前に締結して、その旨登記しておかなければならず（同法756条）、しかも婚姻届出の後は原則として変更することができないため（同法758条）、結婚してみてこうしたほうがよいと思う場合に財産契約の締結や変更ができないという制度上の欠陥があり、実際に夫婦財産契約を締結して登記した実例は非常に少ないようです。

　法定財産制に関する規定は、民法760条から762条の計３条しかなく、婚姻費用分担や日常家事債務の連帯責任など夫婦の共同性を考慮に入れた最低限の規定は備えていますが（同法760条、761条）、「夫婦の一方が婚姻前から有する財産及び婚姻中自己の名で得た財産は、その特有財産とする」（同法762条１項）とあり、基本的には夫婦別産制を採用しているといわれています。ただし、婚姻の解消時には、財産分与（同法768条）や死亡時の配偶者相続権（同法890条、900条）などのように、夫婦財産が共有であるかのような清算がなされており、日本民法は潜在的な夫婦財産共有制をとっているとの指摘もあるところです（大村敦志『家族法（第３版）』61頁（有斐閣、2010年）参照）。

　(2)　以上により、あなた方夫婦が夫婦財産制について準拠法を選択せず、夫婦財産契約も締結していなかった場合、日本民法に従うと、次のようになります。

　あなたが結婚前からもっている財産（設問①）は、基本的にはあなたの特有財産となり、夫婦共有のものにはなりません（民法762条１項）。

　夫婦で稼いだ財産（設問②）についても、原則として、夫が稼いだ分は夫の財産、妻が稼いだ分は妻の財産です。あなたが専業主婦である場合、夫が取得した財産に対する協力、いわゆる「内助の功」については、民法は、離婚時の財産分与請求権等によって実質上の不公平が生じないようにしています。

　あなたの夫の借金（設問③）も、原則として夫の債務であり、あなたが支払わなければならないということはありません。ただ、日常の家庭生活を営む上で通常必要とされる事項についての債務であった場合、あなたも連帯して責任を負うことになります（民法761条本文）。

Q36　渉外離婚の一般的問題—日本国内での離婚手続

　私（日本人）は外国人と結婚して日本に住んでいますが、相手が浮気したので離婚したいと思います。どのような手続をとればよいのでしょうか。また、相手が離婚に同意しない場合や、離婚成立前に本国へ帰ってしまった場合はどうすればよいのですか。相手の本国法で離婚を認めない場合はどうなりますか。

1　渉外離婚における問題点

　外国の中には、設問の国のようにそもそも離婚を認めていない国があります。また、離婚自体は認めていても、日本のような協議離婚による方法は許されておらず、常に裁判によらなければ離婚することができない国もあります。このように国によって離婚の条件や手続は異なってきますから、設問のように、日本人と外国人が離婚する場合、どの国の法律に従って離婚をするのかが問題となります。この問題は、離婚における準拠法の問題です（準拠法についてQ27参照）。

　また、相手が離婚に同意しないなど、裁判所を利用する必要がある場合には、どの国の裁判所に離婚を求めて訴えればよいのかも問題となります。この問題は、いずれの国の裁判所がその事件を裁判すべきかという国際裁判管轄の問題です。国際裁判管轄は、2つの場面で問題となります。1つ目は、設問のように、その離婚事件について日本の裁判所が判断をすることができるのかという問題場面（直接管轄）で、2つ目は、ある離婚事件について外国の裁判所が下した判決を日本でも有効な判決として承認することができるのか（間接管轄）という問題場面です（間接管轄についてQ37参照）。

　このように、渉外離婚について考える際には、国際裁判管轄及び準拠法の問題について必ず検討しなければなりません。以下では、これらの点について少し詳しく説明していきます。

2　離婚における国際裁判管轄の決定方法

(1)　明文法の制定

　国際裁判管轄の決定方法について、これまでは明文の国内法規定がなく、法律関係の性質ごとに裁判例が積み重ねられてきました。

　その後、家事事件手続法が成立したことを踏まえて、国際的な要素を有する人事訴訟事件及び家事事件についての国際裁判管轄に関する規律の検討が進められ、2018年4月18日、国会において、この点について定めた「人事訴訟法等の一部を改正する法律」（平成30年法律第20号）が成立しました。

　この改正法は、2019年4月1日から施行されています。そのため、現在は、人事訴訟法3条の2ないし5、18条2項及び3項、29条並びに30条、家事事件手続法3条の2ないし15及び79条の2の規定に従って、人事訴訟事件及び家事事件の国際裁判管轄について、判断されることとなります。なお、これらの規定は、改正法の施行時に既に裁判所に係属している事件には適用されません（改正法附則2条1項、3条1項、4条1項及び2項）。

(2)　離婚の国際裁判管轄—調停・調停に代わる審判

　日本の裁判所は、離婚調停について、①当該調停を求める事項についての訴訟事件又は家事審判事件について日本の裁判所が管轄権を有するとき（家事事件手続法3条の13第1項1号）、

②相手方の住所（住所がない場合又は住所が知れない場合には、居所）が日本国内にあるとき（同項2号）、③当事者が日本の裁判所に家事調停の申立てをすることができる旨の合意を書面（電磁的記録を含む）によりしたとき（同項3号、同条2項）に、管轄権を有するものとされています。

　ただし、上記の規定により管轄権を有する場合であっても、日本の裁判所が審理及び裁判をすることが適正かつ迅速な審理の実現を妨げ、又は申立人と相手方との間の衡平を害することとなる特別の事情があると認めるときは、その申立ての全部又は一部が却下されることがあります（家事事件手続法3条の14）。

（3）　離婚の国際裁判管轄―訴訟

　日本の裁判所は、離婚訴訟について、①被告の住所（住所がない場合又は住所が知れない場合には、居所）が日本国内にあるとき（人事訴訟法3条の2第1号）、②当事者の双方が日本の国籍を有するとき（同5号）、③原告の住所が日本国内にあり、当事者が最後の共通の住所を日本国内に有していたとき（同6号）、④原告の住所が日本国内にあり、他の一方が行方不明であるとき、他の一方の住所がある国においてされた訴えに係る身分関係と同一の身分関係についての訴えに係る確定した判決が日本国で効力を有しないときその他の日本の裁判所が審理及び裁判をすることが当事者間の衡平を図り、又は適正かつ迅速な審理の実現を確保することとなる特別の事情があると認められるとき（同7号）に、管轄権を有するものとされています。

　ただし、調停の場合と同様、上記の規定により管轄権を有する場合であっても、日本の裁判所が審理及び裁判をすることが当事者間の衡平を害し、又は適正かつ迅速な審理の実現を妨げることとなる特別の事情があると認めるときは、その訴えの全部又は一部が却下されることがあります（人事訴訟法3条の5）。

　なお、改正法の内容は、これまでの裁判実務に沿った内容となっており、改正法により従前の裁判実務よりも我が国の裁判所の管轄権が認められる場合が狭められることはないものと考えられるとされています（内野宗揮『一問一答平成30年人事訴訟法・家事事件手続法等改正』24頁（商事法務、2019年））。そのため、例えば従前の判例では認められていた「原告が遺棄された場合」（最大判昭和39年3月25日民集18巻3号486頁）も、人事訴訟法3条の2第1号ないし7号に該当するときは、我が国に管轄権が認められることになると考えられます。

（4）　小　括

　以上により、設問について、相手方が日本に居住している場合には、被告の住所又は居所である日本の裁判所に国際裁判管轄が原則として認められます。

　問題は、相手方の住所及び居所が日本にない場合ですが、原告の住所が日本国内にあり、当事者が最後の共通の住所を日本国内に有していたときや、被告が行方不明であるときには、その事実が証明されさえすれば、日本の裁判所に国際裁判管轄が原則として認められます。それ以外の事情の場合には、「当事者間の衡平や適正・迅速な審理の実現」の観点から、日本に国際裁判管轄を認める必要性と許容性を基礎付ける具体的事実を主張すれば、日本の裁判所に国際裁判管轄が認められる可能性があります。

3　離婚の準拠法

（1）　離婚に関する準拠法

　日本人と外国人との離婚においては、離婚原因や離婚の効力、離婚の方法等離婚に関して、

いずれの国の法律が適用されるのか、離婚における準拠法を決定しなければなりません（Q27参照）。この点、通則法27条は次のように定めています。すなわち、①夫婦の本国法が同一であるときはその共通本国法によること、②その法律がない場合において夫婦の常居所地法が同一であるときはその共通常居所地法によること、③共通本国法も共通常居所地法もないときは夫婦に最も密接な関係にある地の法律（密接関連地法）によること（以上通則法27条本文による25条準用）、ただし、④夫婦の一方が日本に常居所を有する日本人であるときは、日本の法律によること（通則法27条ただし書）とされています。

前記②の「常居所」とは、単なる居所とは異なり、人が相当長期間にわたって居住する場所のことです。その認定は、居住の年数、目的、状況等の個別具体的事情を総合的に勘案してなされます（Q34②参照）。

実際に日本で問題となるケースの多くは、一方当事者が日本に住む日本人であることが多く、この場合には、前記④に基づいて、日本法が適用されることになります。

(2) 離婚の方式に関する準拠法

準拠法で裁判外の離婚が認められた場合、その方式が問題となります。例えば、日本では、協議離婚の「方式」は、本籍地又は所在地の市区町村長に対して、離婚届を提出するという方法がとられています（戸籍法25条、27条、28条、76条）。

この点に関して、通則法34条は、親族関係に関する法律行為の方式について、当該法律行為の成立について適用すべき法又は行為地法に適合する方式によるとしています。設問のように、日本において日本人と外国人の夫婦が協議離婚しようとする場合、いずれにせよ日本の方式、すなわち市区町村長への届出によって行います。

4 相手方が離婚に同意している場合—協議離婚の方法

(1) 国際裁判管轄・準拠法

国際裁判管轄について、相手方が離婚に同意している場合には、基本的には裁判所を利用する必要がないため、この点は問題となりません。

次に、離婚の準拠法については、通則法27条に従って判断し、その結果準拠法が日本法となる場合には、通常の日本人同士の離婚と同様に手続を踏むことも可能です。この場合、配偶者である外国人が離婚に同意しているのであれば、協議離婚（民法763条）をすることができます。なお、通則法27条に従って判断をした結果、外国法が準拠法となることもあります。この場合には、準拠法となる外国の法律に従って離婚をしなければなりません。

(2) 協議離婚における手続の処理方法

協議離婚をする場合、日本法の方式に基づいて市区町村長宛てに離婚届（通則法34条、民法764、765条）を提出することになります。そして、設問のように夫婦の一方が日本人であり、その日本人配偶者が日本に常居所を有するものと認められる場合は、その場で協議離婚の届出を受理してもらうことができます（平成元年10月2日民二第3900号法務省民事局長通達）。

なお、ここでいう常居所の認定についても、住民票の写し（発行後1年内のものに限る）を提出すれば、我が国に常居所があるものとして取り扱われます（同通達）。

(3) 協議離婚を選択する際の注意点

実は、日本のように、当事者間の合意のみで離婚が成立するという協議離婚制度を採用する国は、決して多くありません。仮に協議離婚の方法では、相手方の本国法上離婚が成立せず、

相手方の本国法上も離婚の効果を発生させることを望む場合には、相互に離婚に同意していても、あえて以下のような裁判所を関与させる方法を選択する必要が生じます。

5 日本にいる相手方が離婚に反対している場合―協議離婚以外の方法

(1) 国際裁判管轄・準拠法

相手方が離婚に反対している場合、裁判所を利用する必要が生じますから、国際裁判管轄を検討しなければなりません。そして、相手が日本にいる場合には、2で述べたところに従い、日本の裁判所に国際裁判管轄が認められます。

また、準拠法についても、一方当事者が日本に住む日本人である場合には、日本法が準拠法となるため、日本民法に基づいて離婚の可否が判断されます。つまり、通常の日本人同士の離婚と同じ扱いとなるのです。

そして、日本にいる相手方配偶者が、仮に離婚に同意しない場合には、協議離婚以外の方法、すなわち裁判離婚（民法770条）、調停離婚又は審判離婚（家事事件手続法244条、284条）によることになります。

(2) 調停離婚・審判離婚

調停は、相手方の住所地を管轄する家庭裁判所又は当事者が書面（電磁的記録を含む）による合意で定めた家庭裁判所に申し立てます（家事事件手続法245条）。ただし、調停は、最終的に双方が合意をしないと離婚をすることができません。

家庭裁判所で調停が成立しない場合で相当と認めるときは職権で離婚の審判をすることができます（同法284条）。

(3) 裁判離婚

調停を経てなお、離婚が成立しない場合に限り、離婚を求めて訴訟を起こすことができます（調停前置主義。家事事件手続法257条）。この場合の訴訟を日本国の裁判所のうちいずれの裁判所に起こすかという点については、離婚の当事者が「普通裁判籍」を有する地を管轄する家庭裁判所とされています（人事訴訟法4条1項）。「普通裁判籍」の決定方法は、住所地、日本国内に住所がないとき又は住所が知れないときは居所、日本国内に居所がないとき又は居所が知れないときは最後の住所地によって決定されます（同法1条、民事訴訟法4条）。また、家庭裁判所が事件につき管轄権を有しない場合であっても、当該事件に前置される調停事件がその家庭裁判所に係属していたときであって、特に必要があると認めるときは、申立てにより又は職権で、例外的にその家庭裁判所が自ら審理及び裁判をすることもできます（人事訴訟法6条。いわゆる自庁処理）。

次に、準拠法は日本民法ですから、民法770条の要件を満たす場合には、相手方が離婚に反対していても離婚判決が出され、これによって市区町村の戸籍係に離婚の届出をすることができます。

なお、日本の裁判所の離婚判決が、日本以外の国（相手方の本国法等）においても有効な離婚判決としての効力が認められるかどうかについては、Q37を参照してください。

6 相手方が日本におらず、離婚に同意していない場合

(1) 国際裁判管轄・準拠法

ア 国際裁判管轄

相手方が離婚に同意しないまま本国へ帰ってしまった等、相手方が日本から出国してしまった場合には、裁判によって離婚を求めるほか方法がなく、日本の裁判所で離婚に関する裁判をすることができるかが問題となります。

前述のとおり、原告の住所が日本国内にあり、当事者が最後の共通の住所を日本国内に有していたときや、被告が行方不明であるときには、その事実が証明されさえすれば、日本の裁判所に国際裁判管轄が原則として認められます。それ以外の事情の場合には、「当事者間の衡平や適正・迅速な審理の実現」の観点から、日本に国際裁判管轄を認める必要性と許容性を基礎付ける具体的事実を主張すれば、日本の裁判所に国際裁判管轄が認められる可能性があります。

イ 準 拠 法

次に、準拠法については、設問のように日本人配偶者が日本にいる場合には日本法が適用されることになりますので（通則法27条ただし書）、日本法に基づいて離婚が判断されます。相手が離婚に同意していない場合の離婚の手順については、前記のとおり、調停を経て裁判をすることになります。

ただし、外国にいる相手が行方不明である場合には、調停を申し立てたとしても、相手が出頭する見込みはありません。このような場合には、調停を申し立てずに離婚の訴えを起こし、その際に「調停に付することを適当でない」事件である旨を説明すれば、調停手続を経ずに裁判をすることも可能です（家事事件手続法257条2項ただし書）。

(2) 日本に国際裁判管轄が認められない場合

日本の裁判所に管轄が存しない場合には、被告の住所地原則に基づいて、その相手方が居住している外国で離婚の手続をとることになります。この場合、当該外国ごとに離婚制度が異なりますので、まずは当該外国の在日大使館で情報を集めたり、弁護士に依頼して外国法について調査してもらったりする必要があります。

7 相手方の本国法で離婚を認めない場合

従来、宗教上の理由で離婚を認めなかった国も近年法改正を行って離婚を認める傾向にあります。しかし、依然として離婚を認めない国もあります。この場合でも、日本法上は、通則法27条によって選択された準拠法の要件を満たしさえすれば、離婚をすることができます。しかし、日本以外の国で離婚手続をとる場合には、準拠法が日本法ではなく、相手方の本国法となる可能性もありますので（例えば、相手方の国で夫婦が居住していた場合など）、注意が必要です。

また、日本法上は離婚することができたとしても、本国法上離婚が成立するかどうかは別の問題であり、場合によっては、本国法上は婚姻関係が継続していると扱われることもあります（Q38参照）。

8 設問に対する回答

(1) 以上をまとめますと、まず、あなたと配偶者である外国人は日本に住んでいるというこ

とですから、離婚の準拠法は、共通常居所地法である日本法になる可能性が高いと思われます。この場合、相手が離婚に同意している場合は、協議離婚をすることができます。協議離婚の場合、あなたの常居所は日本であると認められると思いますので、日本の方式に基づいて、協議離婚の届出を受理してもらうことができます。ただし、この離婚の効力が、元配偶者の本国法など日本法以外の国においても認められるかについては、注意する必要があります（Q38参照）。

　⑵　相手が離婚に同意していない場合は、裁判所を利用する必要が生じます。配偶者が日本に居住している場合は、国際裁判管轄が日本となり、準拠法も日本法となりますから、通常の日本人同士の離婚と同じ手続をとればよいことになります。

　一方、相手が離婚に同意せず、離婚成立前に本国へ帰ってしまった場合、日本に国際裁判管轄が認められる法所定の要件を具備していなければ、日本で離婚裁判をすることはできません（人事に関する訴えについては、合意管轄や応訴管轄も認められていません（内野宗揮編著『一問一答人事訴訟法・家事事件手続法等改正』23頁（商事法務、2019年）））。この場合、相手の本国で離婚の手続をとらなければならない可能性があります。

　⑶　相手の本国法で離婚を認めない場合においても、日本においては、離婚は有効なものとして扱われます。相手の本国法での手続については、相手国の法律の専門家等に調査をしてもらう必要があるでしょう。

Q37　外国離婚判決の効力

外国人の配偶者が私（日本人）を見捨てて自分の本国へ帰り、そこで一方的に手続をし、離婚判決をとってしまいました。このような離婚判決は日本で効力を有するのでしょうか。

1　外国判決の承認について

　外国の裁判所が下した判決については、次の４つの要件全てを満たした場合に限り、日本においても判決としての効力を有すると定められています（外国判決の承認。民事訴訟法118条、人事訴訟法１条、家事事件手続法79条の２）。
　①　法令又は条約により外国裁判所に裁判権が認められること（１号）
　②　敗訴した被告が公示送達によらないで訴訟の開始に必要な呼出しなどの送達を受けたこと、又はこれを受けなかったが応訴したこと（２号）
　③　判決の内容及び訴訟手続が日本の公序良俗に反しないこと（３号）
　④　相互の保証のあること（４号）
　設問では、相手方が外国で一方的に離婚判決をとってしまったということですので、①当該外国裁判所が本件離婚についての国際裁判管轄を有するかどうか（１号）、②相談者への送達が適式になされたかどうか（２号）、③一方的な判決の内容・訴訟手続であった場合には日本の公序良俗に反するのではないか（３号）、といった点が特に問題となりそうです。また、④一般的に当該外国と日本の裁判所との間の相互保証があるかどうか（４号）という点も、問題となり得ます。

2　①裁判管轄（民事訴訟法118条１号）について

　まず、１号の要件を満たすためには、判決国がその事件について国際裁判管轄（間接的一般管轄）を有すると認められなければなりません。
　どのような場合に当該判決国に国際裁判管轄があるといえるかは、財産関係事件については、「基本的に我が国の民訴法の定める国際裁判管轄に関する規定に準拠しつつ、個々の事案における具体的事情に即して、外国裁判所の判決を我が国が承認するのが適当か否かという観点から、条理に照らして判断すべきもの」と解されています（最一小判平成26年４月24日民集68巻４号329頁）。
　Q36 2 で述べた人事訴訟法及び家事事件手続法の国際裁判管轄の定めに準拠しつつ、条理に照らして判断されるものと思われます。

3　②送達（民事訴訟法118条２号）について

　２号の要件を満たすためには、①敗訴の被告が訴訟の開始に必要な呼出し若しくは命令の送達（公示送達その他これに類する送達を除く）を受けたこと、又は②これを受けなかったが応訴したことが必要です。これは、十分な防御の機会を与えられずに敗訴した被告を実質的に保護するための要件ですから、被告が現実に訴訟手続の開始を了知することができ、かつ、その防御権の行使に支障のないものでなければなりません。そのため、公示送達のほか、公示送達と同程度に防御の機会の付与の可能性が乏しい送達しかなされなかった場合にも当該要件を満たさないとされています。

設問では一方的に離婚判決が出されてしまったということですが、相談者が訴訟手続開始を了知することができ、かつ、防御権を行使するのに支障のない送達がなされていなければ、2号の要件は満たしていません。

④ ③公序良俗（民事訴訟法118条3号）について

3号は、外国判決の内容が公序良俗に反しないだけではなく、その手続（判決の成立）が公序良俗に反しないことも必要であるとしています。

公序良俗に反するとされた例として、日本で婚姻し、日本で結婚生活を送ってきた日本人とオーストラリア人夫婦の離婚に関し、有責配偶者（離婚原因を作った配偶者のこと）であるオーストラリア人が、本国で訴訟を提起して得た離婚認容判決について、当該判決は公序良俗に反し、日本では判決として承認することができないとした事例があります（東京家判平成19年9月11日判タ1255号299頁）。日本では、離婚原因を作った者（有責配偶者）からの離婚請求を制限する法理が存在しますが、オーストラリアでは、離婚請求者の有責性を問わず、婚姻関係が破綻しているか否かに着目して離婚を認める破綻主義を採用しています。本件事案では、オーストラリアの破綻主義によれば離婚が認められましたが、日本の法理を適用すれば離婚が認められない可能性があり、判断が分かれ得る事案でした。

前記判決は、破綻主義に基づいて判断された離婚認容判決が全て公序良俗に反するということではないと断った上で、本件夫婦は日本で婚姻し日本で生活をしてきた以上、日本における離婚事案といえなくもない点を指摘し、当該事案におけるオーストラリア人からの離婚請求は信義則上認められないと判示しました。

また、アメリカ合衆国テキサス州裁判所が、日本で日本人の母とともに生活をしている子に関して、米国にいる米国人の父に監護権を認めた旨の判決について、日本で日本人の母親とともに生活している子をアメリカ合衆国で生活させることは子の福祉に反する結果をもたらすもので、公序良俗に反するとした事案もあります（東京高判平成5年11月15日判タ835号132頁）。

⑤ ④相互の保証（民事訴訟法118条4号）について

4号の相互の保証は、例えば、A国とB国のうちA国のみが我が国の判決を承認し、B国はこれを承認しないのであれば、我が国もA国の判決のみを承認しB国の判決は承認しないことにするという相互主義を実現するための要件です。

判例は当初この要件を厳格に解していましたが、現在では、我が国の裁判所がしたこれと同種類の判決が同条各号所定の条件と重要な点で異ならない条件のもとに効力を有する場合には相互の保証があると解しており、相互の保証がないと判断された例は多くないものと思われます。

⑥ 戸籍実務との関係

外国で日本人を当事者の一方又は双方とする裁判離婚が成立し、あるいはその国の方式に従って離婚が成立したとしても、日本の市区町村長・在外公館は、当該事実を当然に把握することができません。そして、これを放置してしまうと、戸籍の記載内容と事実の不一致が生じ、混乱を来しかねません。そこで、日本人当事者が外国において、裁判離婚ないしその国の方式に従って離婚した場合には、3か月以内に在外公館に証書の謄本を提出する必要があります。市区町村長は、報告的届出がなされた場合（戸籍法41条、77条、63条）、これが我が国の法

律上有効に成立したものかどうか審査した上、受理するかどうかを決定します。

こうした外国裁判所の離婚判決に基づく離婚の届出に当たっては、原則として、判決の謄本、判決確定証明書、敗訴した被告が呼出しを受け又は応訴したことを証する書面（判決の謄本によって明らかでない場合）並びにそれらの訳文の添付を求められます。離婚届に添付された判決の謄本等によって審査し、その判決が民事訴訟法118条に定められる要件を欠いていると明らかに認められる場合を除き、届出を受理して差し支えないとされています（昭和51年1月14日民二第280号民事局長通達）。

7　無効な外国判決に対する不服申立ての方法

無効な外国判決に対する不服申立ては、当該外国判決が日本法上効力の生じないことを前提として、自身の目的を達するためにとる手続の中で行えばよいものです。

例えば、離婚自体を争う場合には、日本法上、外国判決に基づく離婚の効力が生じていないことを前提として、離婚無効確認の訴えや夫婦関係存在確認の訴えを提起することが考えられます（前掲東京家判平成19年9月11日）。離婚自体は争わないものの、条件（親権、養育費、財産分与、慰謝料等）等に不満がある場合には、日本法上離婚が成立していないことを前提とするわけですから、離婚訴訟を提起し、その中で離婚条件について主張をしていくことになります（最二小判平成8年6月24日民集50巻7号1451頁）。

また、外国の離婚判決無効の訴えを提起する方法も考えられますが（東京地判昭和63年11月11日判時1315号96頁）、近時、このような確認訴訟は、確認判決の性質にそぐわないと疑問を呈する裁判例もあります（前掲東京家判平成19年9月11日）。

なお、外国判決の有効を前提とした場合には、新たに、慰謝料、財産分与、養育費請求、親権者変更についての申立て等を個別に訴える方法も考えられます。

8　設問に対する回答

あなたが配偶者からの連絡を一切断って、配偶者の側からすればあなたが行方不明の状態になった等の特別の事情のない限り、相手方の本国に国際裁判管轄権は認められないと思われますので、前記 1 ①の要件を欠き、日本では効力を有しないと考えられます。

また、設問の場合、実際は前記 1 ②の要件を満たしていないと思われますが、その外国判決書の記載から要件を欠くことが明らかでない限り、相手方配偶者が届け出ることにより、戸籍にも記載されてしまう危険性は高いといえます。仮に、外国での離婚判決に基づき戸籍に離婚の記載がされた場合には、国際裁判管轄権がないことや送達の要件を満たしていないこと等を主張し、当該離婚判決には日本法上効力がないものとして、改めて日本で手続をとることなどが考えられます。

Q38　離婚の国際的効力

> 私（外国人）は日本人と結婚して日本に住んでいますが、離婚して本国に帰ることになりました。日本でなされた離婚は本国でも有効な離婚として認められるのでしょうか。

1　問題の所在

　日本において日本人と外国人とが離婚する場合には、実質的要件については、通則法27条ただし書により日本法が準拠法となります（離婚の方式については、同法34条によります）。そのため、日本の民法に基づいて離婚することができます（Q36参照）。

　しかし、それは、あくまでも日本法上の効力の話です。相談者の本国法上の離婚が成立したこととなるのかは、その国の法律によって決まります。

　また、本国法上離婚自体は認められていても、協議離婚の方法による離婚が認められていない国の場合、協議離婚の方法で離婚をしても本国法上離婚の効力は生じないことになるでしょう。

　以下では、日本法上とり得る離婚の方法についてそれぞれ検討していきます。

2　日本においてした離婚の外国法上の効力

⑴　協議離婚

　外国においては協議離婚の制度がある国は少なく、協議離婚制度をもたない国では日本の協議離婚に離婚としての効力を認めないところもありますので、協議離婚という形で離婚すべきかどうかはよく検討してください。

⑵　調停離婚・審判離婚

　日本の調停及び審判は日本においては確定判決と同一の効力を有するとされています（家事事件手続法268条1項、281条、287条）。

　しかしながら、日本の調停や審判は非訟手続であり、比較法的にみてもかなり独特のものであることから、外国での承認の可能性について十分予測できないといわれています（最高裁判所事務総局編『渉外家事事件執務提要・下』25頁（法曹会、1992年））。

　そこで、実務上は、調停離婚の場合に外国での承認の可能性に配慮して、「日本法によれば調停調書は確定判決と同一の効力を有する」旨を付記する扱いをしてくれるようです。また、調停調書の承認の可能性に疑問がある場合には、審判離婚を活用するのが望ましいとされています（最高裁判所事務総局・前掲23頁）。

⑶　裁判離婚

　当該外国における外国判決の承認制度、すなわち日本の民事訴訟法118条に相当する規定がどのようになっているかによって、日本の離婚判決がその国で法的効力を認められるか否かが決せられます。

　以上のように、どのような離婚制度を有するか、外国の離婚にどのような法的効果を認めるか、同法118条に相当する規定が当該外国でどのようになっているかは、各国によって様々であり、ここで全てを解説することはできません。

　実際の事件の処理に当たっては、当該外国の法律の専門家による調査などを行い、確認する必要があります。

3 設問に対する回答

　あなたが日本で協議離婚をしたとしても、あなたの本国で協議離婚制度をもたない場合には、本国で離婚の効力が認められない場合がありますので注意してください。

　あなたが日本で調停離婚をした場合は、実務上「日本法によれば調停調書は確定判決と同一の効力を有する」旨を調書に付記する扱いをしてくれるようですので、これをもってあなたの本国で離婚の効力が認められる可能性がありますが、詳細は本国の専門家に確認したほうがよいでしょう。

　あなたが日本で裁判離婚をした場合は、その判決の本国における効果は、本国の外国判決の承認制度により決せられることになります。

第3章　結婚・離婚及び夫婦関係

Q39　夫婦間の婚姻費用の分担

　私（日本人）は外国人と結婚して日本に住んでいますが、現在は別居状態です。相手に婚姻費用の分担を求めたいと思いますが、この場合、日本の法律が適用されるのでしょうか。また、夫婦間で話がまとまらない場合、日本の裁判所を利用することができますか。外国人同士の夫婦の場合はどうでしょうか。

1　婚姻費用分担の準拠法

　国際結婚した夫婦間における婚姻費用の分担について、判例上は、「扶養義務の準拠法に関する法律」（Q34参照）により準拠法を決めることとされています（神戸家審平成 4 年 9 月22日家月45巻 9 号61頁、熊本家審平成10年 7 月28日家月50巻12号48頁、東京高決平成30年 4 月19日判例集未登載）。

　なお、学説上は、婚姻の効力の問題として通則法26条により準拠法を定めるとする説が有力です。

　扶養義務の準拠法に関する法律 2 条によると、扶養義務は、①まず扶養権利者の常居所地法によって定め（Q34 2 (1)参照）、②それでは扶養権利者が扶養義務者から扶養を受けることができないときは当事者の共通本国法によって定め、③それでも扶養権利者が扶養を受けることができないときは日本の法律によって定めることになっています。

　この規定によると、婚姻費用の分担を求める側が日本に住んでいた場合（常居所がある場合）には、その人が日本人であるか否かにかかわらず、日本法によるということになります。

　設問でも、日本に住む相談者が相手方に対して婚姻費用の分担を求めようとしているのですから、前記によって日本法が準拠法となります。

2　国際裁判管轄

　設問のように紛争処理のために日本の裁判所を利用することができるかどうかは、いずれの国の裁判所が管轄権を有するかという国際裁判管轄の問題です。

　国際裁判管轄の決定方法について、これまでは明文の国内法規定がなく、法律関係の性質ごとに裁判例が積み重ねられてきました。

　その後、家事事件手続法が成立したことを踏まえて、国際的な要素を有する人事訴訟事件及び家事事件についての国際裁判管轄に関する規律の検討が進められ、2018年 4 月18日、国会において、この点について定めた「人事訴訟法等の一部を改正する法律」（平成30年法律第20号）が成立しました。

　この改正法は、2019年 4 月 1 日から施行されています。そのため、現在は、人事訴訟法 3 条の 2 ないし 5 、18条 2 項及び 3 項、29条並びに30条、家事事件手続法 3 条の 2 ないし15及び79条の 2 の規定に従って、人事訴訟事件及び家事事件の国際裁判管轄について、判断されることとなります。なお、これらの規定は、改正法の施行時に既に裁判所に係属している事件には、適用されません（改正法附則 2 条 1 項、3 条 1 項、4 条 1 項及び 2 項。なお、Q36参照）。

(1)　相手方の住所地原則

　婚姻費用の分担請求に関する国際裁判管轄についても、①当該調停を求める事項についての訴訟事件又は家事審判事件について日本の裁判所が管轄権を有するとき（家事事件手続法 3 条

の13第１項１号）、②相手方の住所（住所がない場合又は住所が知れない場合には、居所）が日本国内にあるとき（同項２号）、③当事者が日本の裁判所に家事調停の申立てをすることができる旨の合意を書面（電磁的記録を含む）によりしたとき（同項３号、同条２項）に、管轄権を有するものとされています。

　ただし、上記の規定により管轄権を有する場合であっても、日本の裁判所が審理及び裁判をすることが適正かつ迅速な審理の実現を妨げ、又は申立人と相手方との間の衡平を害することとなる特別の事情があると認めるときは、その申立ての全部又は一部が却下されることがあります（家事事件手続法３条の14。Q36参照）。

　したがって、設問のケースでも、相手方外国人配偶者が日本にいるのであれば、日本の裁判所を利用することができます。

(2)　相手方の住所地原則に対する例外

　相手方の住所及び居所が日本にない場合ですが、扶養権利者の住所が日本国内にあるときはなお管轄が認められます（家事事件手続法３条の10、３条の13第１項２号）。

　これは、婚姻費用分担事件は一般の身分関係事件よりも強く請求者の利益を保護しなければならないとして、申立人の住所国に管轄を認めるべきであるとする有力説の趣旨も満たします（最高裁判所事務総局編『渉外家事事件執務提要・下』15頁（法曹会・1992年）参照）。

　以上によれば設問のケースで、仮に外国人配偶者が日本に住所のない場合であっても、相談者の住所地である日本の家庭裁判所において請求をなし得ることになります（ただし、請求の相手方が外国に住所・財産を有する場合には当該外国で執行できるかという問題が生じます。）。

　以上は、配偶者の一方が外国人である場合も、双方が外国人である場合も同様です。

③　設問に対する回答

　設問では、日本法が適用され、相手方外国人配偶者が日本にいるのであれば、日本の裁判所を利用することができます。これは、配偶者の一方が外国人である場合も、双方が外国人である場合も同様です。

Q40 財産分与・慰謝料・養育費

　　私（日本人）は外国人の配偶者と日本で暮らしていますが、離婚することになりました。相手に対して財産分与や慰謝料の請求はできますか。子どもがいて私が子どもを引き取った場合には、養育費を請求することはできますか。また、相手が本国へ帰ってしまった場合にはどうすればよいですか。

1　外国人配偶者への財産分与・慰謝料の請求の準拠法

　財産分与、慰謝料などの離婚に伴う財産の授受は、「離婚給付」と呼ばれています。

　この離婚給付の制度は、世界の国々の法律により定められています。

　これらの渉外離婚に伴う離婚給付の可否を判断する上で、まずそれらの準拠法が問題になります。

(1)　財産分与の準拠法

　離婚に伴う財産分与については、離婚と関係が深いことから離婚の準拠法によるべきとされています（最二小判昭和59年7月20日民集38巻8号1051頁）。したがって、①まず夫婦の共通本国法により、②共通本国法がないときは、夫婦の共通常居所地法により、③共通常居所地のないときは、夫婦の最も密接関連のある地の法律によるべきとしていますが（通則法27条本文、25条）、④夫婦の一方が日本に常居所がある日本人であるときは日本の法律によるとしています（同法27条ただし書）。

　設問では日本人であるあなたが、日本で外国人配偶者との結婚生活を送っていたようですので、前記②、④により日本法が適用されることになります（Q36 3 参照）。

(2)　慰謝料の準拠法

　慰謝料は、離婚自体による慰謝料と離婚に至るまでの個々の不法行為（暴力等）による慰謝料との2種類に区別することができます。このうち、離婚自体による慰謝料請求については、財産分与とともに離婚に伴う財産的給付の一環を成すものですので、離婚の準拠法（通則法27条）によると考えられており、この点について争いはありません（横浜地判平成3年10月31日判時1418号113頁、東京高判平成5年3月29日判タ811号227頁、東京地判平成24年12月25日判例集未登載（なお、佐藤文彦「判批」重例解〔平成25年度〕300頁））。

　他方、離婚に至るまでの個々の不法行為（暴力等）を原因とする慰謝料請求については、離婚の準拠法（通則法27条）によるべきとする立場（東京地判昭和55年11月21日判タ441号140頁）と、一般不法行為の問題として通則法17条（旧法例11条）によるとする立場（神戸地判平成6年2月22日判タ851号282頁、前掲東京地判平成24年12月25日、東京地判平成30年7月18日判例集未登載）とに分かれています。

　ただし、通則法17条は、加害行為の結果が発生した地の法によると規定していますので、設問前段の場合のように日本人が日本で外国人配偶者との結婚生活を送っていた場合には、いずれの見解をとっても日本法が適用されることに変わりはありません。

　また、個々の不法行為に基づく慰謝料請求でも、その請求が離婚請求と併合されて、その離婚請求について国際裁判管轄が認められる場合には、慰謝料請求についても管轄を認めてよいとの意見もあります（慰謝料請求に関して『平成8年最高裁判所判例解説民事編・上』471頁参照）。

⑶　財産分与・慰謝料の国際裁判管轄

　財産分与や慰謝料について、相手が請求に応じない場合には、裁判をする必要が生じます。この場合、どの国の裁判所がその事件について裁判を行うことができるのか（国際裁判管轄）が問題となります（Q36 ② 参照）。

　ア　離婚調停・調停に代わる審判

　日本の裁判所は、財産分与や慰謝料も含む離婚調停について、①当該調停を求める事項についての訴訟事件又は家事審判事件について日本の裁判所が管轄権を有するとき（家事事件手続法3条の13第1項1号）、②相手方の住所（住所がない場合又は住所が知れない場合には、居所）が日本国内にあるとき（同項2号）、③当事者が日本の裁判所に家事調停の申立てをすることができる旨の合意を書面（電磁的記録を含む）によりしたとき（同項3号、同条2項）に、管轄権を有するものとされています。

　ただし、上記の規定により管轄権を有する場合であっても、日本の裁判所が審理及び裁判をすることが適正かつ迅速な審理の実現を妨げ、又は申立人と相手方との間の衡平を害することとなる特別の事情があると認めるときは、その申立ての全部又は一部が却下されることがあります（家事事件手続法3条の14）。

　また、財産の分与に関する処分の調停事件については、下記審判の場合に準ずることになります（家事事件手続法3条の12、3条の13第1項1号）。

　さらに、慰謝料の調停事件については、下記慰謝料請求訴訟事件の場合に準ずることになります（家事事件手続法3条の13第1項1号）。

　イ　訴訟・審判

　日本の裁判所は、財産分与や慰謝料も含む離婚訴訟について、①被告の住所（住所がない場合又は住所が知れない場合には、居所）が日本国内にあるとき（人事訴訟法3条の2第1号）、②当事者の双方が日本の国籍を有するとき（同5号）、③原告の住所が日本国内にあり、当事者が最後の共通の住所を日本国内に有していたとき（同6号）、④原告の住所が日本国内にあり、他の一方が行方不明であるとき、他の一方の住所がある国においてされた訴えに係る身分関係と同一の身分関係についての訴えに係る確定した判決が日本国で効力を有しないときその他の日本の裁判所が審理及び裁判をすることが当事者間の衡平を図り、又は適正かつ迅速な審理の実現を確保することとなる特別の事情があると認められるとき（同7号）に、管轄権を有するものとされています。

　ただし、調停の場合と同様、上記の規定により管轄権を有する場合であっても、日本の裁判所が審理及び裁判をすることが当事者間の衡平を害し、又は適正かつ迅速な審理の実現を妨げることとなる特別の事情があると認めるときは、その訴えの全部又は一部が却下されることがあります（人事訴訟法3条の5）。

　なお、2019年4月1日から施行されている改正法の内容は、これまでの裁判実務に沿った内容となっており、改正法により従前の裁判実務よりも我が国の裁判所の管轄権が認められる場合が狭められることはないものと考えられるとされています（内野宗揮『一問一答平成30年人事訴訟法・家事事件手続法等改正』24頁（商事法務、2019年））。そのため、例えば従前の判例では認められていた「原告が遺棄された場合」（最大判昭和39年3月25日民集18巻3号486頁）も、上記人事訴訟法3条の2第1号ないし7号に該当するときは、我が国に管轄権が認められることになると考えられます。

相手方の住所及び居所が日本にない場合ですが、原告の住所が日本国内にあり、当事者が最後の共通の住所を日本国内に有していたときや、被告が行方不明であるときには、その事実が証明されさえすれば、日本の裁判所に国際裁判管轄が原則として認められます。それ以外の事情の場合には、「当事者間の衡平や適正・迅速な審理の実現」の観点から、日本に国際裁判管轄を認める必要性と許容性を基礎付ける具体的事実を主張すれば、日本の裁判所に国際裁判管轄が認められる可能性があります。

　また、財産の分与に関する処分の審判事件については、①夫又は妻であった者の一方からの申立てであって、他の一方の住所（住所がない場合又は住所が知れない場合には、居所）が日本国内にあるとき、②夫であった者及び妻であった者の双方が日本の国籍を有するとき、③日本国内に住所がある夫又は妻であった者の一方からの申立てであって、夫であった者及び妻であった者が最後の共通の住所を日本国内に有していたとき、④日本国内に住所がある夫又は妻であった者の一方からの申立てであって、他の一方が行方不明であるとき、他の一方の住所がある国においてされた財産の分与に関する処分に係る確定した裁判が日本国で効力を有しないときその他の日本の裁判所が審理及び裁判をすることが当事者間の衡平を図り、又は適正かつ迅速な審理の実現を確保することとなる特別の事情があると認められるとき日本の裁判所に国際裁判管轄が認められます（家事事件手続法３条の12）。

　さらに、慰謝料請求訴訟事件の場合は財産権上の訴えについての国際裁判管轄の規定（民事訴訟法３条の２等）に従うことになります。

　設問については、相手が日本にいるのであれば、その住所地である日本の裁判所に訴訟を提起することができます。もしも、既に日本から出国してしまった場合には、自らは被告により一方的に遺棄されたなどと主張して、例外的扱いによって、日本の裁判所に国際裁判管轄が認められるよう主張することになります。

　ただし、請求の相手方が日本に財産を持っていないような場合には、その外国で日本の裁判所の判決を執行できるかという問題があるので、どの国で訴えを提起するかについては、慎重に検討すべきです。

(4)　財産分与・慰謝料の日本での請求方法

　日本において離婚と同時に財産分与と慰謝料を請求する場合には、調停前置主義（家事事件手続法257条１項）により、まず家庭裁判所に離婚の調停を申し立てます。もし、調停による合意が成立しなかった場合、家庭裁判所に離婚訴訟を提起することになります。また、離婚後に財産分与と慰謝料を請求する場合には、慰謝料請求は訴訟の提起が認められますが、財産分与に関しては日本法上は家事審判事項となっており（同法別表第２の４の項）、家庭裁判所に調停又は審判を求めることになります。

　なお、離婚給付の準拠法が、財産分与請求権や慰謝料請求権を認めない外国法となる場合については、Q42を参照してください。

② 子の親権・監護権について

(1)　親権・監護権の準拠法
　ア　親権・監護権の準拠法
　子の親権や監護権の帰属の問題は、離婚の準拠法（通則法27条）ではなく、親子間の法律関係に関する準拠法（同法32条）によるべきであるとされています（東京地判平成２年11月

28日判時1384号71頁、東京高判平成23年7月20日家月64巻11号50頁）。平成元年10月2日付けの「法例の一部を改正する法律の施行に伴う戸籍事務の取扱いについて」と題する基本通達もこの立場をとっています。通則法32条は、親子間の法律関係は、①子の本国法が父又は母の本国法（父母の一方が死亡し、又は知れない場合にあっては、他の一方の本国法）と同一である場合には子の本国法により、②その他の場合には子の常居所地法によると定められています。

なお、通則法32条により、フィリピン法が準拠法とされたケースで、フィリピン法上離婚が認められておらず、離婚時の親権者指定制度もなかったものの、フィリピン家族法に別居の際の親権者指定を定めた規定が存在することに着目して、フィリピン家族法213条を類推適用し親権者を指定した裁判例があります（東京高決平成17年11月24日家月58巻11号40頁）。

　　イ　子が二重国籍である場合の扱い

　子が二重国籍である場合等には、まず、子の「本国法」を特定する必要があります。この点について、通則法38条1項は、①国籍国のうち、当事者が常居所を有する国があるときにはその国の法を本国法とすること、②これがない場合には、当事者に最も密接な関係がある国の法を当事者の本国法とすること、③ただし、その国籍のうちのいずれかが日本の国籍であるときは、日本法を当事者の本国法とすることとしています。なお、アメリカやカナダなど連邦制を採用する国においては、州ごとに法が異なりますが、この場合、当該州法が「本国法」となります（通則法38条3項）。したがって、アメリカ人同士であっても、出身州が異なれば、子の本国法を特定する作業が必要になります。

(2)　親権・監護権の国際裁判管轄

　親権・監護権の問題を含む離婚調停ないし訴訟に関しても、上記 1 (3)と同様の扱いになります。これに加えて、未成年者の親権者や監護権者を指定する裁判の場合については、子の福祉という観点から、子の住所を有する国にも国際裁判管轄が認められると考えられています（東京家審平成7年10月9日家月48巻3号69頁、名古屋家豊橋支審平成10年2月16日家月50巻10号150頁、前掲東京高決平成17年11月24日）。

　なお、裁判所は、日本の裁判所が離婚訴訟について管轄権を有するときは、子の監護者の指定その他の子の監護に関する処分についての裁判及びの親権者の指定についての裁判に係る事件について、管轄権を有します（家事事件手続法3条の4第1項）。

　親権に関する調停ないし審判事件、子の監護に関する処分の調停ないし審判事件の国際裁判管轄も明文化され（家事事件手続法3条の8、3条の13第1項2号）、子の住所（住所がない場合又は住所が知れない場合には、居所）が日本国内にあるときは、日本の裁判所が管轄権を有することになりました。

3 　子の養育費について

(1)　養育費の準拠法

　養育費の請求については、未成年者の他方の親に対する扶養請求として考えるのが一般的です。そしてあらゆる親族間の扶養義務が「扶養義務の準拠法に関する法律」によって規律されることになることから、養育費の請求に関する準拠法もこの法律によって決められることになります（Q34参照）。

　扶養義務の準拠法に関する法律2条によれば、扶養義務は扶養権利者の常居所地法によると

あります。設問のケースは日本人である相談者が子を引き取って日本で生活すると思われますので、子の常居所地法である日本法が適用されることになります。

　したがって、協議離婚による場合、相談者が親権者になって子を引き取るのであれば、相手に養育費を請求することができます。相手が任意に養育費を支払わない場合には、家庭裁判所に調停の申立てをして、不調になれば審判に移行し、裁判所により養育費の額が決定されます。

　なお、離婚自体が調停や訴訟で争われるときは、離婚成立時までは婚姻費用の分担の問題として、子の養育費も請求することになるでしょう。そして最終的には、離婚の調停成立の際又は離婚判決により養育費を決めるということになります。婚姻費用の分担に関しては、Q39を参照してください。

⑵　養育費に関する国際裁判管轄

　養育費の請求を含む離婚調停ないし訴訟に関しても、上記 1 ⑶と同様の扱いになります。

　養育費請求調停ないし審判事件については、①当該調停を求める事項についての訴訟事件又は家事審判事件について日本の裁判所が管轄権を有するとき（家事事件手続法 3 条の13第 1 項 1 号）、②相手方の住所（住所がない場合又は住所が知れない場合には、居所）が日本国内にあるとき（同項 2 号）、③当事者が日本の裁判所に家事調停の申立てをすることができる旨の合意を書面（電磁的記録を含む）によりしたとき（同項 3 号、同条 2 項）に、管轄権を有するものとされています。

　ただし、上記の規定により管轄権を有する場合であっても、日本の裁判所が審理及び裁判をすることが適正かつ迅速な審理の実現を妨げ、又は申立人と相手方との間の衡平を害することとなる特別の事情があると認めるときは、その申立ての全部又は一部が却下されることがあります（家事事件手続法 3 条の14）。

　相手方の住所及び居所が日本にない場合ですが、扶養権利者の住所が日本国内にあるときはなお管轄が認められます（家事事件手続法 3 条の10、 3 条の13第 1 項 2 号）。

4 　設問に対する回答

　相手に対して、日本法に基づき日本の裁判所で、財産分与請求と慰謝料請求ができます。相手が既に日本から出国してしまった場合も可能な場合があります。養育費の場合も同様に請求できる場合があります。

Q41　外国人配偶者との離婚と戸籍・氏

　私（日本人）は外国人配偶者と離婚することになりました。婚姻中は相手の外国人の氏になっていましたが、離婚すると私の戸籍・氏はどうなりますか。また、相手の在留資格はどうなりますか。

1　離婚と氏

　外国人と婚姻したときは、当然には、氏の変更はありません。ただし、婚姻時に氏の変更を行うことができます（Q29参照）。このように、配偶者の氏に変更していた人が外国人と離婚する場合、離婚により当然に日本人の氏が変わることはありません。したがって、離婚に伴い氏の変更を希望する場合には、別途手続が必要になります。その場合の氏の変更方法ですが、婚姻時の変更方法によって異なります（Q29参照）。婚姻時の氏の変更方法には2通りありますから、以下では、それぞれの場合に分けて説明していきます。

⑴　婚姻時の氏の変更を戸籍法107条1項の方法で行った場合

　この場合は同様に同項によって氏を変更することができます。その場合、氏の変更について「やむを得ない事由」があること及び家庭裁判所の許可が必要です。

　何が「やむを得ない事由」に当たるかは、家庭裁判所がそれぞれの事案ごとに判断することになりますが、一般的には、氏の変更をしないとその人の社会生活において著しい支障を来す場合をいうとされています。例えば、現在称している氏が、難読又は珍奇なため、社会生活上支障がある場合等です（南敏文編著『はじめての戸籍法（改訂）』218頁（日本加除出版、2000年））。

⑵　婚姻時の氏の変更を戸籍法107条2項の方法で行った場合

　この方法による氏の変更を行った者については、離婚後3か月以内に限り、家庭裁判所の許可を得ることなく届出のみによって元の氏に復することができます（戸籍法107条3項）。

　3か月経過後は、戸籍法107条1項により、「やむを得ない事由」がある場合に家庭裁判所の許可を得られれば氏の変更が認められます。

　外国人と婚姻し、戸籍法107条2項の届出によって外国人の氏に変更した者が離婚した後、さらに外国人と再婚して同項による届出の方法で氏の変更をした場合に、再度離婚して同条3項の届出によって戻れる氏は最初の婚姻によって変更した後の氏になります。最初の婚姻前の氏に戻るためには同条1項の裁判所の許可による変更が必要となります。

　氏変更許可の審判の申立ては、申立人の住所地の家庭裁判所ですることができます（家事事件手続法226条1号）。

2　離婚と戸籍

　日本人と外国人が婚姻した場合、当該日本人が既に戸籍の筆頭者であった場合を除き、当該日本人を筆頭者とする新戸籍が編製され、外国人との婚姻は戸籍の身分事項欄に記載されます（戸籍法16条3項）。そして、外国人配偶者と離婚した場合、その戸籍の身分事項欄に離婚があったことが記載されます。また、婚姻による変更前の氏に変更する旨の届出をしたときには、日本人配偶者の元の氏を記載し、離婚による氏が変更したことを記録します（ただし、日本国籍の子どもがいる場合には新たに戸籍が作られるので、そこには変更前の氏が記載されます）。

なお、夫婦の間に子どもがいて日本人配偶者の戸籍に同籍している場合、元の氏への変更の届出の効力はその日本人配偶者に対してのみです。その子どもには及びません。離婚後及び戸籍法107条3項の氏の変更後、子が日本人配偶者（親）と同じ氏を称することを希望する場合、子については「同籍する旨の入籍届」という届出をすることによってその新戸籍に入籍することができ、これによりその子どもも日本人配偶者の元の氏を称することになります。

3　離婚と在留資格

「日本人の配偶者等」の在留資格は、身分関係に基づくものとして入管法別表第2に定められている在留資格ですが、日本人又は永住者の配偶者による家庭内暴力などの特段の事情がある場合を除いて、6か月間以上配偶者としての活動を行わない場合には、在留資格が取り消され得ることになります（同法22条の4第1項7号）。したがって、離婚調停又は離婚訴訟中の場合を除いて、6か月以上別居をしている場合には、入管が、配偶者としての活動を行っていないと判断して、在留資格を取り消すことも考えられますが、正当な理由のある場合には取り消すことはできないとされています（同法22条の4第1項7号、Q11参照）。

また、「日本人の配偶者等」又は「永住者の配偶者等」の在留資格により在留する外国人が、配偶者と離婚又は死別をした場合には、当該事由発生日から14日以内に出入国在留管理庁長官にその旨通知しなければなりません（入管法19条の16第3号）。これを怠ると在留資格を喪失してしまう危険もあるため、注意してください。その上で、配偶者の在留資格が身分関係に基づくものである以上、日本人配偶者との離婚が成立し日本人の配偶者ではなくなった場合又は日本人配偶者と死別した場合には、在留期間が満了すると更新は不可能となりますので、日本での在留を続けようとすれば在留資格の変更の手続が必要となります。この場合、養育している子どもがいる場合などに「定住者」の在留資格が認められる場合もありますので、相手自身が在留資格該当性を満たしていると思われる在留資格への変更を求めていくこともあります（Q5参照）。

4　設問に対する回答

離婚に伴い氏の変更を希望する場合には、所定の手続が必要になります。相手の在留資格は、場合によっては取り消されたり、変更となったりする可能性があります。

Q42　日本に住む外国人夫婦の離婚の手続

私たちは、日本に住む外国人夫婦です。
① 日本で離婚の手続がとれますか。
② 慰謝料や財産分与については日本の裁判所を利用することはできますか。

1　渉外離婚の問題点

Q36で詳しく解説したとおり、渉外離婚では、国際裁判管轄（いずれの国の裁判所が裁判することができるかという問題）と準拠法（いずれの国の法律を適用するのかという問題）が問題となります。

以下では、外国人夫婦が日本で離婚をする場合の準拠法と国際裁判管轄について説明します。

(1)　離婚の準拠法

離婚の実質的成立要件（以下「実質的要件」）の準拠法については、①第一に夫婦の本国法が同一であるときにはその法律（共通本国法）によること、②共通本国法がない場合において夫婦の常居所地法が同一であるときにはその法律（共通常居所地法）によること、③共通常居所地法もないときは夫婦に最も密接な関係のある地の法律（密接関連地法）によることとされています（通則法27条、25条）。なお、④通則法27条ただし書では、日本に住む日本人が当事者である場合、常に日本法を適用すると定められていますが、設問の当事者は、外国人夫婦ですから、当該規定の適用がありません。

また、離婚の方式の準拠法については、離婚の成立について適用すべき法（前記①～④の方法で選定した準拠法）又は行為地法に適合する方式によるものとされています（通則法34条参照）。設問では、夫婦がいずれも日本で離婚をしようとしていますから、離婚の行為地法は日本法ということになります。

(2)　夫婦の本国法が同一である場合

設問の外国人夫婦の本国法が同一であれば、前記により準拠法は2人の本国法になります。その場合の離婚の方式についてですが、2人の本国法又は行為地法である日本法によることになります。そのため日本の方式により、日本の市区町村長宛てに協議離婚の届出を提出して、受理してもらうこともできます。この場合、実質的要件の準拠法は本国法とされているため、あなた方の本国法を認定するための国籍証明書等や婚姻の事実を明らかにする書類のほか、実質的要件として、夫婦の本国法により協議離婚をすることができる旨の証明書を提出する必要があります（平成元年10月2日民二第3900号民事局通達）。ただし、あなた方が台湾系又は大陸系の中国人同士である場合には、協議離婚ができることが我が国の戸籍窓口で明らかなので、この証明書の添付を要しません。ここにいう証明書とは本国の官憲が発行する証明書に限らず、出典を明らかにした法文の写しや当該国の弁護士の証明書でも差し支えありません。

(3)　夫婦の本国法が同一でない場合

設問の外国人夫婦の本国法が同一でない場合、離婚の実質的要件の準拠法は、夫婦の常居所地法が同一であるときはその法律によることになります（Q36参照）。さらに共通常居所地法がない場合には、密接関連地法によることになります。例えば、あなた方夫婦の一方が我が国に常居所を有すると認定され、しかも他方の配偶者が我が国との往来があるものと認められるような場合には、日本法が密接関連地法と認められるでしょう。

離婚の方式の準拠法については、行為地法である日本法によることが認められており、日本法では協議離婚が認められていますので、協議離婚をすることができます。その場合の方式も日本の方式に従って行うことができますから、市区町村長宛てに離婚届を提出する方法をとればよいこととなります。

　ただし、この場合には、市区町村長は協議離婚の届出を直ちに受理することはできず、監督法務局長に受理、照会を行わなければなりません。また、監督法務局長も、法務省本省への照会が必要な場合がありますので、相当程度時間を要することをあらかじめ覚悟しておかねばなりません。

② 日本における離婚の手続

　日本において離婚が成立しても、それによって母国の外国においても当然に離婚が成立というわけではありません。ただ、日本で離婚判決が出れば、母国の外国においても、離婚が認められやすくなるということはあります。

　そして、日本の離婚手続としては、夫婦間で離婚の合意がなされていても、準拠法となる外国法では裁判離婚しか認められていない場合や相手方が離婚に同意しない場合は、離婚の裁判を提起することになります。この場合、国際裁判管轄が日本にあるかどうかが問題となりますが、設問のケースは、夫婦双方が日本で生活しているので、問題なく日本の裁判所に国際裁判管轄権が認められます。したがって、夫婦は日本の裁判所を利用することができます（Q36②参照）。

　日本では調停前置主義がとられているので家庭裁判所に離婚の申立てをすることになりますが（家事事件手続法257条１項）、調停調書が確定判決と同一の効力を有するとはいえ（Q38参照）、調停離婚も当事者間の協議による離婚と考えられていますので、母国の準拠法が協議離婚を認めていない場合、調停離婚では離婚が認められないことがあるため注意が必要です。そこで離婚の合意ができている場合には、調停ではなく家事事件手続法284条による離婚の審判の申立てを認め、同条の審判は裁判離婚のみを認める準拠法の方式に適うものであるとして審判がなされた裁判例があります（横浜家審平成３年５月14日家月43巻10号48頁）。しかし、旧家事審判法23条（現在の家事事件手続法284条と同旨）による離婚の審判は裁判離婚の一種とはいえず、これを適用すれば裁判離婚を命ずる離婚準拠法適用の趣旨に反するという立場もあります（溜池良夫『国際私法講義（第３版）』463頁以下（有斐閣、2005年））。そのため審判離婚では裁判離婚を命ずる離婚準拠法適用の趣旨に反すると考えられる場合や離婚の合意に至らない場合には、家庭裁判所に離婚訴訟を提起する必要があります。

③ 離婚に伴う財産分与請求や慰謝料請求

⑴ 財産分与・慰謝料の国際裁判管轄・準拠法

　Q40で述べたように、国際裁判管轄については原則として相手方の住所によるので、夫婦の双方が日本にいる場合には、問題なく日本の裁判所を利用することができます。離婚に伴う財産分与の請求の準拠法についてはQ40で述べたように、離婚の準拠法（通則法27条）によるとする立場が一般的です。また、慰謝料請求のうち離婚自体による慰謝料は、離婚の準拠法（同法27条）によるとされています。他方、離婚に至るまでの個々の不法行為（暴力等）については、離婚の準拠法（同法27条）によるとする立場と不法行為の準拠法（同法17条）に

よる立場に分かれています（Q40参照）。後者の立場によった場合、準拠法は加害行為の結果が発生した地の法律（同法17条）となるため、外国人夫婦がずっと日本に住んでいた場合には日本法によることとなります。

　したがって、外国人夫婦が離婚する設問のケースでは、離婚による慰謝料に関する準拠法は、夫婦の共通本国法がある場合には、当該共通本国法が適用されることになります。夫婦の共通本国法がない場合には、夫婦はともに日本で生活していたため、常居所地法又は密接関連地法として日本法が準拠法となります。

(2) 準拠法で離婚給付が認められていない場合

　財産分与や慰謝料の準拠法がそれらの離婚給付を認めない外国法になる場合には、通則法42条によって公序良俗に反し得るので、当該外国法が適用されない可能性があります。もっとも外国法の中には、財産分与請求権を認めていなくとも離婚に伴う慰謝料請求を認めるところがあります。このような場合、財産分与請求権を認めていないからといって安易に公序違反を理由として外国法の適用を排除するのではなく、慰謝料は財産分与と実質的に同一の結果を生じさせるものであるから、諸般の事情からみて、外国法のもとで支払われるべき慰謝料の額が我が国の離婚給付についての社会通念に反して著しく低額である場合には、その適用は公序に反するとしています（最二小判昭和59年7月20日民集38巻8号1051頁）。これは旧法の韓国民法に関する判例で、現在の韓国民法では財産分与請求は認められています（韓国民法839条の2）。

　なお、離婚の準拠法が協議離婚を認めない場合には、離婚給付を請求するには離婚とともに審判の申立てや離婚訴訟に併合して訴訟の提起がなされることになります。他方、離婚が成立した後に離婚給付の請求をする場合には、日本法では慰謝料請求は訴訟の提起が認められますが、財産分与に関しては家事審判事項となっており（家事事件手続法別表第2の4の項）、家庭裁判所に調停又は審判を求めることになります。

4　設問に対する回答

　(1)　日本法が準拠法となる場合は、日本で離婚手続が可能ですが、協議離婚の方式をとった場合、自国でその効力が認められるかについては、別途確認が必要です。

　外国法が準拠法となる場合は、その準拠法の定める方式によります。日本の家庭裁判所で手続をする場合も、準拠法はその外国法となります。

　(2)　前記 3 のとおり、夫婦2人が日本に住んでいる場合には、日本の裁判所を利用できます。ただし、その準拠法は請求内容によって別途考慮が必要です。離婚に伴う財産分与や離婚自体による慰謝料については離婚の準拠法によるとされますが、離婚に至るまでの個々の不法行為については、離婚とは独立した不法行為の問題として、その結果の発生地の法を準拠法とする考えがあります。

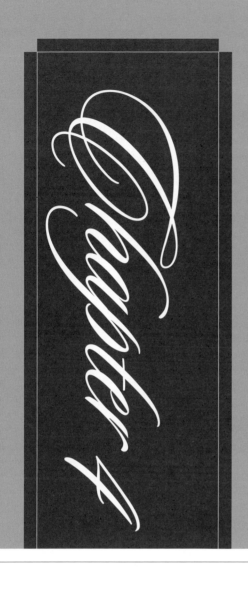

第4章　親子関係

Q43　子の国籍の取得

　日本人と外国人の間に生まれた子どもの国籍は、どうなるのでしょうか。また、戸籍はどのようになるのでしょうか。母親が日本人の場合と父親が日本人の場合で違いはありますか。

1　国籍法について

　国籍の決定をめぐっては、大きく分けて血統主義と生地主義という考え方があります。

(1)　国籍取得の考え方

ア　血統主義

　血統主義とは、親の国籍を基準として子の国籍を定める制度をいいます。血統主義にも父がその国籍か否かによって決定する父系血統主義と父母のどちらかがその国籍を有していることによって国籍を認める父母両系血統主義があります。

イ　生地主義（出生地主義）

　生地主義は、父母の国籍を問わず、その国で出生したものに国籍を付与する制度で、カナダやアメリカなどでこの制度を採用しています。

(2)　国籍法の定め

　憲法10条が「日本国民たる要件は法律でこれを定める」とされていることを受け、日本の国籍取得の定めは国籍法に規定されています。

　国籍法は、従来は父系血統主義を採用していましたが、昭和59年の改正により父系血統主義から父母両系血統主義に改められました。

　国籍法2条1号は、子の「出生の時に父又は母が日本国民であるとき」に、その子は日本国籍を取得することと定めています。したがって、日本人の親が父であるか母であるかによって子の国籍の取得に違いはありません。なお、同条3号では、「日本で生まれた場合において、父母がともに知れないとき、又は国籍を有しないとき」には日本国籍を取得するとして、無国籍者をできるだけ発生させないようにするという趣旨から、生地主義的な制度を限定的に採用しています。

　母と子の間の親子関係は「原則として、その認知を俟たず、分娩の事実により当然発生すると解するのが相当である」との判例がありますので（最二小判昭和37年4月27日民集16巻7号1247頁）、母の出産によって日本人の母の子は日本国籍を取得します。

　父親の場合は、子がどのような状況で出生したかにより国籍取得のための手続が変わりますが、嫡出推定が及ばないような場合にも、認知されることにより、国籍法3条により国籍を取得することができます（Q44参照）。

　パートナーの外国人の国籍は不明ですが、当該国の国籍に係る法律の要件を満たせば同様に国籍が取得でき、二重国籍の状態になることも考えられます（Q45参照）。

2　戸籍上の取扱い

　日本人が母親の場合、戸籍上は、市区町村に出生届を提出することにより母の戸籍の中に子の記載がなされることとなります。日本人が父親である場合、婚姻して200日を経過してから出生した子であれば、市区町村に出生届を提出することにより父の戸籍の中に子の記載がなされることとなります。一方、嫡出推定が及ばないような場合には、その子についての新しい戸

籍が編製されます（戸籍法22条）。

③ 設問に対する回答

日本人と外国人との間に生まれた子は、日本人の子であることが嫡出（推定）又は認知（未成年者の場合）により確認できれば、出生届又は法務局等への届出により日本国籍を取得できます。日本人が父か母かで異なるところはありませんが、父と母では嫡出の認定方法が異なることにより届出の方法が若干異なります。また、パートナーの国の国籍取得の要件を満たせばパートナーの国の国籍も取得することができます。

戸籍は、母が日本人の場合には母の戸籍に編入されることにより、父が日本人の場合には婚姻による嫡出推定が及ぶ子は父の戸籍に編入されることにより、父母間に婚姻関係がなく、父の認知等により国籍を取得した場合は、新しい子の戸籍が作られることにより、子の戸籍が作られます。

Q44　認知と国籍

① 　私（外国人）にはある男性（日本人）との間に生まれた子どもがいます。私はこの男性
と結婚しておらず、今後も結婚する予定はありませんが、その場合でも男性が認知をすれ
ば子どもは日本国籍を取得できますか。
② 　私（外国人）は、長年別居している夫（外国人）との離婚が成立する前に、別の男性（日
本人）の子を妊娠しました。生まれてくる子どもは日本国籍を取得できますか。

1 　認知の準拠法と手続

⑴ 　認知の準拠法

外国人母の嫡出でない子が出生によって日本国籍を取得するのは、子が胎児である間に日本
人父から認知されている（胎児認知）場合と出生後の認知による場合とがあります。

渉外認知の実質的成立要件の準拠法（適用される法律）は、①子の出生当時の認知者の本国
法、②認知当時の認知者の本国法又は③認知当時の子の本国法のいずれかによります（通則法
29条2項前段、1項前段）。そして、認知の当時の子の本国法がその子又は第三者の承諾又は
同意のあることを認知の要件とするときには、その要件も備えなければなりません（同法29
条2項後段）。

設問では日本人男性が父なので、本国法である日本法が適用されますが、認知する時点での
子の本国法において、子や第三者の承諾又は同意が必要かどうかを確認する必要があります。

⑵ 　認知の手続

認知の形式的成立要件（方式）は、当該法律行為の成立について適用すべき法又は行為地法
のいずれにもよることができます（通則法34条）。よって、認知の手続は、認知の実質的成立
要件の準拠法又は行為地法によることができます。

行為地法である日本法上、認知には以下の種類があり、それぞれ以下のような手続によりな
されます。

ア　通常の認知（民法779条以下）

認知届を届出者の本籍地又は所在地を管轄する市町村役場に提出します。なお、子が成年で
ある場合には子の承諾書を添付するか、子に承諾した旨を届出書に付記させ、署名・押印させ
る必要があります。

イ　胎児認知（民法783条）

前述のとおり、胎児認知の形式的成立要件（方式）も、当該法律行為の成立について適用す
べき法又は行為地法のいずれにもよることができます（通則法34条）。よって、胎児認知の手
続も、胎児認知の実質的成立要件の準拠法又は行為地法によることができます。なお、胎児認
知の場合は、通則法29条2項後段の「子の本国法」を「母の本国法」に読み替えて適用する
ことになります（平成元年10月2日民二第3900号民事局長通達第4－1⑶）。

胎児認知は、母の本籍地の市町村役場に届け出ますが（戸籍法61条）、設問では母が外国人
ですので、母の所在地の市町村役場に届け出ることになります。なお、届出書には母の承諾書
を添付するか、母に承諾した旨届出書に付記させ、署名・押印させる必要があります。日本民
法による渉外胎児認知の実質的成立要件は以下のとおりです。

① 事実上の父子関係が存在すること
② （認知する者が）認知の意思を有すること
③ 胎児が嫡出でない子として出生すること
④ 母の承諾があること
⑤ 任意認知（遺言認知を含む。）によること
⑥ 他の者から胎児認知を受けていないこと
⑦ 外国人母の胎児を認知する場合、母の本国法で第三者の承諾又は同意を要するとされているときは、この要件（保護要件）を備えていること

例えば中国法は、親子関係の成立について、認知法制ではなく、原則として事実主義法制（認知を要することなく出生の事実をもって当然に親子関係が成立する法制）がとられ、保護要件が存在しないため、その適用を考慮する必要はありませんが、タイの場合には、保護要件として家庭裁判所の許可が必要です。

　　ウ　認知の訴え（民法787条）

男性本人が任意で認知をしない場合、裁判所による認知手続が定められています。認知の訴え（民法787条）は、訴訟の前に調停を申し立てることが原則となります（家事事件手続法257条1項、244条）。なお、設問で日本国内に管轄を認めるときは、次の1つに当てはまる場合です（人事訴訟法3条の2）。

① 男性の住所（住所がない場合又は住所が知れない場合には、居所）が日本国内にあるとき
② 男性がその死亡の時に日本国内に住所を有していたとき
③ 日本国内に住所がある子の法定代理人からの訴えであって、当事者が最後の共通の住所を日本国内に有していたとき
④ 日本国内に住所がある子の法定代理人からの訴えであって、父が行方不明であるとき、外国人母の住所がある国においてされた認知についての訴えに係る確定した判決が日本国で効力を有しないときその他の日本の裁判所が審理及び裁判をすることが当事者間の衡平を図り、又は適正かつ迅速な審理の実現を確保することとなる特別の事情があると認められるとき

2　国籍取得の手続

認知がなされた後に、子が国籍取得するには以下の要件を備え、届出手続を行う必要があります。

(1)　国籍取得の要件
① 父又は母に認知されていること
② 届出時に20歳未満であること
③ 日本国民であったことがないこと
④ 出生したときに、認知をした父又は母が日本国民であったこと
⑤ 認知をした父又は母が現に（死亡している場合には、死亡時に）日本国民であること

(2)　国籍取得の届出の手続

国籍法施行規則1条に基づき、届出をしようとする者（15歳未満の場合はその法定代理人）が自ら（同条3項）、本人が日本に住所又は居所を置いている場合にはその居所の管轄の法務局又は地方法務局に、本人が外国に住所及び居所を置いている場合には日本大使館又は領事館

に（同条１項）出頭して、書面によって届出をしなければなりません。

　なお、民法の一部を改正する法律（平成30年法律第59号）12条により、2022年４月１日以降は、②の「20歳未満」は「18歳未満」となります。

　（3）　国籍取得の届出の必要書類

　国籍法施行規則１条５項により、国籍取得の手続に必要な添付書類が定められています。

①　認知した父又は母の出生時からの戸籍及び除かれた戸籍の謄本又は全部事項証明書

②　国籍の取得をしようとする者の出生を証する書面

③　認知に至った経緯等を記載した父母の申述書

④　母が国籍の取得をしようとする者を懐胎した時期に係る父母の渡航履歴を証する書面

⑤　その他実親子関係を認めるに足りる資料

　もっとも、やむを得ない理由により、③又は④の書類を添付することができないときは代わりにその理由を記載した書類を提出するものとし、認知の裁判が確定しているときは③〜⑤の書類は不要です（同項ただし書）。

　近時、いわゆる「偽装認知」による国籍取得を防止する等の観点から、任意認知の場合の③〜⑤の書類の審査が長期間にわたって厳密に行われる傾向がありますので、父親が認知に協力的である場合でも、任意認知ではなく、認知調停を経て合意に従った審判を得てから国籍取得の届出をしたほうが早期に子の国籍が取得できる場合があります。任意認知か認知調停のいずれにするかは、法務局や弁護士等の専門家に相談して選択するとよいでしょう。

　なお、既に成人となった子が日本国籍を取得するには帰化による方法が考えられますが、詳しくはQ22以下を参照してください。

③　第三者との間に嫡出推定の及ぶ子の場合

　妻が婚姻中に懐胎した子は夫の嫡出子と推定されます（民法772条）。嫡出親子関係の成立の準拠法については通則法28条１項で、「夫婦の一方の本国法で子の出生の当時におけるものにより子が嫡出なるべきときはその子は嫡出である子とする。」と規定しています。これは嫡出親子関係の成立に関する全ての問題に適用されますので、嫡出否認の問題にも適用されると解されています。認知は嫡出でない子（非嫡出子）との間に法律上の親子関係を成立させるための制度ですから（民法779条）、嫡出子を認知することはできません。しかし、嫡出推定を受ける子についても嫡出性を否認できれば、認知が可能となります。なお、日本法では婚姻の解消後300日以内に出生した子において、医師により作成された懐胎時期の証明書を添付することにより772条の推定の及ばない子として届出を行うことが可能です（平成19年５月７日民一第1007号民事局長通達）。

　そこで、夫婦の一方の本国法のみにより嫡出であるときは、その法律によって否認されれば嫡出性は否認されますが、夫婦の双方の本国法により嫡出であるときには、そのいずれの法律によっても否認されなければ嫡出性は否認されないことになります。そうすると、設問②では母及び第三者双方の本国法に基づいて嫡出性が否認できれば、日本人男性の認知によって日本国籍が取得できます。

4 設問に対する回答

(1) ①について

父親より認知されることにより、子は日本国籍を取得することができます。

(2) ②について

母の婚姻のために第三者との嫡出推定がなされる場合においても、夫婦（母及び当該第三者）の準拠法に基づいて嫡出推定が排除されれば、父の認知によって日本国籍を取得することができます。

Q45　二重国籍

　私（日本人）の子どもはアメリカで生まれたので、アメリカの国籍と日本の国籍をもっています。この子はずっと二重国籍のままでいられますか。それとも、どちらかの国籍を選ばないといけないのですか。

1　二重国籍とは

　国籍の取得に関する考え方において、血統主義ではなく、アメリカやカナダなど生地主義が採用されている国があります（Q43参照）。そのため血統主義をとる国の国籍を有する親が、生地主義を採用する国で出産した場合や、血統主義でも父と母とで国籍が異なる場合又は認知や婚姻等によって複数の国籍を取得する場合があります。これが二重国籍です。

2　国籍の留保

(1)　国籍の留保とは

　ある子が「出生により外国の国籍を取得した日本国民で国外で生まれたもの」（国籍法12条）に該当する場合、戸籍法の定めるところにより日本国籍を留保する意思を表示しなければ、その出生の時にさかのぼって日本の国籍を失うこととされています（同条）。これが国籍留保の制度です。

　国外で生まれて外国国籍を取得し、生活の本拠を外国に置いたような人の場合、日本との関係が疎遠になることがあり得ます。そのような人が日本国籍を有するといっても形骸化することが予想されます。そこで、国籍法は、その人に国籍留保の意思表示をする機会を与え、戸籍に登載されない日本国民の発生をできる限り防止して、戸籍上日本国民の範囲を明らかにするとともに、重国籍の防止を図るためにこの制度を設けたのです。

(2)　国籍留保の手続

　国籍の留保の手続は、戸籍法104条に定められています。同条によれば、原則として出生の日から3か月以内に、出生の届出とともに、国籍留保の届出を出します。届出先は、通常はその外国に駐在する日本の在外公館ですが、本籍地の市区役所・町村役場でも構いません。国籍留保の届出の様式は定められていませんので、実務上は出生届の「その他」の欄に記載することで処理されています。

　外国で出産する場合は、様々な事情で3か月以内に届け出ることができないことが予想されるので、戸籍法104条3項は、天災その他責めに帰することができない事由で期間内に届け出ることができない場合については、届出期間は、届出をすることができるに至ったときから14日以内としています。したがって、仮に、出生から3か月以内に国籍留保の届出をしていないとしても、届け出なかった事情を説明して届出をすることが可能な場合もあります。

(3)　判　例

　国籍留保制度については、日本国籍を有する父とフィリピン共和国籍を有する母との間に嫡出子としてフィリピンで出生し同国籍を取得した者らが、出生後3か月以内に父母等により日本国籍を留保する意思表示がされず、国籍法12条の規定によりその出生の時から日本国籍を有しないこととなったため、出生により日本国籍との重国籍となるべき子で国外で出生したものにつき、前記の国籍留保の要件等を定める同条の規定が前記子のうち日本で出生した者等と

の区別において憲法14条１項等に違反し無効であると主張し、日本国籍を有することの確認を求めた事件があります。

　最三小判平成27年３月10日民集69巻２号265頁は、「憲法10条の規定は、国籍は国家の構成員としての資格であり、国籍の得喪に関する要件を定めるに当たってはそれぞれの国の歴史的事情、伝統、政治的、社会的及び経済的環境等、種々の要因を考慮する必要があることから、これをどのように定めるかについて、立法府の裁量判断に委ねる趣旨のものであると解される」とし、「前記のように国外で出生して日本国籍との重国籍となるべき子に関して、例えば、その生活の基盤が永続的に外国に置かれることになるなど、必ずしも我が国との密接な結び付きがあるとはいえない場合があり得ることを踏まえ、実体を伴わない形骸化した日本国籍の発生をできる限り防止するとともに、内国秩序等の観点からの弊害が指摘されている重国籍の発生をできる限り回避することを目的として、12条において、日本国籍の生来的な取得の要件等につき、日本で出生して日本国籍との重国籍となるべき子との間に上記(1)のような区別（引用者注：国籍留保制度の有無のこと）を設けることとしたものと解され、このような同条の立法目的には合理的な根拠があるものということができる」こと、「生来的な国籍の取得の有無は子の法的地位の安定の観点からできる限り子の出生時に確定的に決定されることが望ましいところ、出生の届出をすべき父母等による国籍留保の意思表示をもって当該子に係る我が国との密接な結び付きの徴表とみることができる上、その意思表示は原則として子の出生の日から３か月の期間内に出生の届出とともにするものとされるなど、父母等によるその意思表示の方法や期間にも配慮がされていることに加え、上記の期間内にその意思表示がされなかった場合でも、同法17条１項及び３項において、日本に住所があれば20歳に達するまで法務大臣に対する届出により日本国籍を取得することができるものとされていること」から合憲性を認めました。

3　日本国籍の再取得

　国籍留保の届出を出生の日から３か月以内にせず、また、戸籍法104条３項の期間経過後の期間の延長が認められず、届出が受理されなかった場合には、その出生の時にさかのぼって日本の国籍を失います。しかし、その場合であっても、後日、日本国籍の取得を希望する場合には、帰化の方法ではなく、簡易な手続で日本国籍を再取得する方法が認められており（国籍法17条）、これが日本国籍の再取得です。

　手続をとるための要件は、①子が20歳未満であること、②子が日本に住所を有することです。具体的には、子どもの住所地を管轄する法務局又は地方法務局に本人自らが出頭して、国籍再取得の届出書を提出することになります。

　なお、子どもが20歳以上になってしまっている場合には、帰化許可の申請の方法によるしか日本国籍を取得できる方法はありません。その場合でも一般の帰化よりは緩やかな要件で帰化が認められます（国籍法５条、８条、Q22以下参照）。

　成年年齢18歳に引き下げることを内容とする「民法の一部を改正する法律」が、2022年４月１日に施行されるのに伴い、国籍の再取得は18歳未満であることが条件となり子どもが18歳以上になってしまっている場合は帰化によることになります。

4 国籍選択の制度

(1) 国籍選択とは

国籍選択とは、重国籍を有する者が日本の国籍か外国の国籍かどちらかを選択する制度です。国籍の選択は、重国籍となった時期が20歳に達する以前であるときは22歳に達するまで、重国籍となった時期が20歳に達した後であるときはそのときから2年以内に行わなければなりません（国籍法14条1項）。この期限内に国籍の選択をしない場合、法務大臣から選択の催告を受け、催告から1か月以内に国籍を選択しないと日本国籍を失うことになるとされています（同法15条）。

ただし、国籍喪失は重大な問題であり、国籍選択は複数国籍者の自発的意思によることが望ましいなどの理由から、実際には、国籍選択の催告は実施されたことはないといわれています。

(2) 具体的手続

ア 日本の国籍を選択する場合

① 外国の国籍を離脱する方法

当該外国の法令により、その国の国籍を離脱した場合は、その離脱を証明する書面を添付して、市区役所・町村役場又は大使館・領事館に外国国籍喪失届をしてください。離脱の手続については、当該外国の政府又はその国の大使館・領事館に相談してください。

② 日本の国籍の選択の宣言をする方法

市区町村役場又は大使館・領事館に「日本の国籍を選択し、外国の国籍を放棄する」旨の国籍選択届をしてください。

イ 外国の国籍を選択する場合

① 日本の国籍を離脱する方法

住所地を管轄する法務局・地方法務局又は大使館・領事館に戸籍謄本、住所を証明する書面、外国国籍を有することを証明する書面を添付して、国籍離脱届をしてください。

② 外国の国籍を選択する方法

当該外国の法令に定める方法により、その国の国籍を選択したときは、外国国籍を選択したことを証明する書面を添付の上、市区役所・町村役場又は大使館・領事館に国籍喪失届をしてください。

5 設問に対する回答

アメリカでは二重国籍を認めていますが、日本の国籍法では原則として22歳までに国籍を選択する必要があります。法務大臣からの国籍選択の催告が来た場合、通知から1か月以内に日本国籍を失うことになりますので、くれぐれも注意してください。また、外国の国籍を選択した場合、日本国籍の離脱がなされますので、これもご注意ください。

Q46　子の氏

　私（外国人）と妻（日本人）との間に生まれた子に、私と同じ氏を名乗らせたいのですが、どのような手続が必要ですか。

1　夫婦の氏と子の氏

　日本人と外国人が婚姻した場合、夫婦の氏がどうなるかについては争いがあります。夫婦の氏の問題は、氏名権という夫婦それぞれの人格権に関する問題であると同時に、それは婚姻という身分変動の効果として発生する問題でもあるからです。前者を重視すれば夫婦それぞれの属人法（本国法）によるべきことになりますが、後者を重視すれば通則法25条によるべきことになります。戸籍実務では前者を重視し、各当事者の本国法によるものとされています。

　さらに、我が国の戸籍実務の取扱い上は国際婚姻には民法750条の適用もなく、夫婦の協議により外国人の氏にする合意をしたときでも、夫婦は各別に婚姻前の氏を称するものとされています（昭和26年4月30日民甲第899号民事局長回答）。そのため、外国人男性と日本人女性が婚姻した場合、その日本人女性については、常にその女性の氏での新戸籍が編製されます（戸籍法16条3項）。

　日本人と外国人の夫婦の間に子が生まれた場合の戸籍実務は、子の本国法によるものとされています。外国人の父と日本人の母の婚姻中に出生した子は、出生により日本国籍を取得するので（国籍法2条1項）、その子は日本人母の氏を称し、出生届をもって日本人母の戸籍に編入されることになります（民法790条1項、戸籍法18条2項）。

2　外国人の氏に変更する場合—その1

　それでは、外国人であるあなたの氏を名乗らせたい場合には、どうすればよいでしょうか。

　1つ目の方法として、日本人の妻が婚姻後に夫の氏に変更しておく方法が考えられます。これは家庭裁判所の許可を得ることなく、本籍地か住所地の役所に届出さえすればできる簡便な手続ですが（戸籍法107条2項）、婚姻の日から6か月以内に行わなければなりません。なお、この場合、妻の氏は身分事項に記載された配偶者の氏に変更されます。

　この届出をしておけば、生まれてくる子どもは日本人である妻の氏、すなわち、あなたの氏と同じとなります。

3　外国人の氏に変更する場合—その2

　もう1つの方法としては、妻が夫の氏に変更する旨の許可を妻の住所地を管轄する家庭裁判所（外国に住居所がある場合は、日本の最後の住所地の家庭裁判所）に申し立て、許可を得てその届出をすることが考えられます（戸籍法107条1項）。

　戸籍法では、この変更許可は「やむを得ない事由」がある場合にできると定められています。ここでやむを得ない事由とは、氏の変更をしないとその人の社会生活において著しい支障を来す場合をいうとされており、永年使用している等の事情がある場合が例としてあげられます（なお、この氏の変更はそれほど認められやすいものではありません）。

　この届出後に子が生まれた場合には、生まれてくる子は妻の氏、すなわち、あなたの氏を当然に称することになるわけです。また、この届出時に既に子が生まれていた場合には、子（子

が15歳未満のときはその法定代理人）は入籍届だけでその母の氏、すなわち、あなたの氏を称することができます（民法791条2項、戸籍法98条）。

4 外国人の氏に変更する場合―その3

　最後に、妻が氏を変更することなく、子だけがあなたの氏に変更する方法が考えられます。具体的には、子（15歳未満であるときはその法定代理人）が自分の氏を父であるあなたの氏に変更する旨の許可をその住所地を管轄する家庭裁判所に申し立て、許可を求める方法です（戸籍法107条4項、1項、家事事件手続法226条1号）。戸籍法は、この変更許可も「やむを得ない事由」がある場合にできると定めていますが、外国人の父の氏に変更するのであれば、この要件は比較的認められやすいと思われます。

　この場合には、子どもについて、母であるあなたの妻とは別の新たな戸籍が編製されることとなります（戸籍法20条の2第2項）。

　いずれの場合も注意すべきことは、変更後に許される外国人配偶者の氏は、戸籍上原則としてカタカナで表記されることです（昭和59年11月1日民二第5500号民事局長通達「戸籍法及び戸籍法施行規則の一部改正に伴う戸籍事務の取扱いについて」第2―4「氏の変更」）。したがって、アルファベットその他の外国文字を戸籍上の氏に変更することはできません。ただし、外国人配偶者が漢字使用国の国民である場合において、正しい日本文字としての漢字と認められる場合には、それをそのまま氏とすることができます。

　また、自分の意思で新戸籍が編製されていることから、仮に家庭裁判所の許可を得て再度母の氏に戻しても母の戸籍には入籍できないとされています。

5 設問に対する回答

　大きく分けて、妻の氏を変更することにより子の氏を変更する方法と子の氏のみを変更する方法とがあります。

第4章　親子関係

Q47　日本人の子をもつ外国人の在留資格

　　私（外国人）は、日本人男性との子を生み、日本で育ててきましたが、この男性とは婚姻しておらず、今後も婚姻する予定はありません。私は、今後も日本で子どもを育てていきたいと思っています。私のように、日本人との間に生まれた子どもを育てる親のための在留資格はあるのでしょうか。

　　現在、私に在留資格がある場合にはどうなりますか。もし私に在留資格がない場合にはどうなりますか。

---

1 「定住者」への在留資格変更

　現在、興行や特定活動など入管法別表第1の在留資格を既に有しており、今後も引き続き、日本人の子を日本で養育することを希望するのであれば、定住者の在留資格に変更しておくほうがよいと考えられます（別表第1の在留資格についてQ2参照）。「定住者」の在留資格は、在留中の活動内容に制限がなく、在留期間も比較的長期であるため、安定的な在留資格といえますし、定住者の在留資格で5年間在留した場合には、一定の要件のもと「永住者」の在留資格への変更申請も認められるからです（他の要件についてはQ2で説明した「永住許可に関するガイドライン」参照）。

　日本人の実子を扶養する外国人親については、法務省の平成8年7月30日通達（法務省入国管理局長通達第2565号「日本人の実子を扶養する外国人親の取扱について」（以下「730通達」））により、一定の条件のもとで、「定住者」への在留資格変更が認められています。730通達によれば、定住者への在留資格変更が認められるためには以下の条件を満たす必要があります。

　　①　日本人の嫡出子又は日本人の父から認知がなされている子の親であること

　なお、日本人父の認知は必要ですが、子の日本国籍取得手続が完了している必要はありません（Q43、Q44参照）。

　　②　当該子が未成年かつ未婚であること

　　③　当該外国人が親権を有し、現に相当期間監護養育をしていること

　なお、子を監護養育している事実が重要であり、子に対する経済的な扶養能力があることは特段求められていません。そのため、当該外国人親が日本人の子を現に監護養育してさえいれば、生活保護等を受給している場合でも定住者への変更が認められる可能性があります。

　当該在留資格は、あくまでも当該外国人に監護養育されている日本人の子を保護する必要性に着目して認められるものです。したがって、一旦定住者の在留資格を取得した場合であっても、当該外国人親が、子の監護養育が必要な時期に、監護養育した事実が後に認められなかった場合には、その後の定住者の在留期間更新が許可されなくなる可能性が高いので注意が必要です。なお、当該外国人の在留資格が「短期滞在」である場合には、「定住者」の変更は、やむを得ない特別の事情に基づくものでないと許可されませんので注意してください（入管法20条3項ただし書）。

2 在留資格変更の申請手続

　定住者の在留資格を得るために準備すべき資料は、①親子の身分関係を疎明する資料として、子が既に日本国籍を取得している場合には、当該子の戸籍謄本や住民票、いまだ日本国籍を取

得していない場合には出生証明書及び父が認知した事実の記載がある戸籍謄本、在留カードの写し、②相談者がその子の親権を行う者であることを証明する書類（調停調書等）、③在学証明書、通園証明書等の子の養育状況に関する証明書、④扶養者（申請人）の職業及び収入に関する証明書、⑤本邦に居住する身元保証人の身元保証書などです。

③ 外国人親に在留資格がない場合

(1) 在留特別許可による在留資格取得の可能性

外国人親がオーバーステイである場合、退去強制事由が存在するため、原則として、本国に帰国しなければならない地位にあります（Q12参照）。しかし、そのような場合であっても、日本人の子をもつ親であることを理由として在留特別許可を得られる可能性があります（Q13参照）。

当該外国人が日本人の子を監護養育しているという事情は、在留特別許可の許否判断において、在留特別許可を付与すべき特に積極的な事情として評価されることになります。入国管理局（当時）の「在留特別許可に係るガイドライン」においては、その旨が明らかにされ、①子が日本人又は特別永住者との間に出生した実子（嫡出子又は父から認知を受けた非嫡出子）であること、②当該子が未成年かつ未婚であること、③当該外国人が当該実子の親権を現に有していること、④当該外国人が当該実子を現に本邦において相当期間同居の上、監護及び養育していることという事情の全てを満たす場合には、当該事情を「特に考慮する積極要素」とする旨明示されたのです。

もっとも、在留特別許可は、あくまでも諸般の事情を総合考慮してその許否が決定される性質のものであるため、過去の素行等の事情によっては前記事情がある場合でも、在留特別許可が認められないこともあります。

(2) 在留特別許可申請の手続

日本人の子を監護養育している事実を主たる理由として在留特別許可を求める場合、日本人の子を養育しているという事実が入管に対して確実に伝わるよう、原則として前記②と同様の資料を入管に提出するべきです。

④ 設問に対する回答

別表第1記載の在留資格をもつ場合は、「定住者」への在留資格変更を申請してみましょう。在留資格が短期滞在の場合には、在留資格変更申請の際にやむを得ない事情を説明しましょう。一方、在留資格がない場合には、子を養育している事情が分かる資料等を提出するなど、在留特別許可を目指した行動をとりましょう。

Q48 親　　権

　私（フランス人）は、夫（日本人）と離婚することになりましたが、離婚後は私が未成年の子どもを引き取って日本で一緒に暮らしたいと考えています。しかし、夫も子どもを引き取りたいと言って、話合いがまとまりません。これから、どのような手続をとればよいでしょうか。

1　親権に関する準拠法

　夫婦のどちらが子どもを引き取る権利をもつかということは、子どもの親権者、監護者等に誰がなるかということにかかわります。そこで、親権者等の問題はどの国の法律によって決められるのかが問題となり得ます。

　実務上では「法例の一部を改正する法律の施行に伴う戸籍実務の取扱いについて」と題する民事局長通達（平成元年10月2日民二第3900号民事局長通達。以下「基本通達」）により、親子関係の準拠法（通則法32条）の問題として処理されており（「第7　親権」）、裁判例も同旨です（東京地判平成2年11月28日判時1384号71頁等）。

　通則法32条によれば、「親子間の法律関係は、子の本国法が父又は母の本国法（父母の一方が死亡し、又は知れない場合にあっては、他の一方の本国法）と同一である場合には子の本国法により、その他の場合には子の常居所地法による」とされています。

　したがって、親権者についての準拠法は、子の国籍と生存している父又は母の国籍のいずれかが一致している場合は、子の本国法となり、前記以外の場合は、子の常居所地法によることになります。

2　常居所とは

　「常居所」とは、人が常時居住する場所で、単なる居所と異なり、相当長期間にわたって居住する場所といわれています。そして、法務省が戸籍事務処理の指針として定める基本通達に定められた常居所の認定方法（「第8　常居所の認定」）と、準拠法を定める場合の「常居所」の判断方法とは必ずしも同一というわけではないようです。一般的には、居住の目的、期間、状況等の諸要素を総合的に考慮して判断されるとされています。

3　手　　続

　設問では、子の父親が日本人ですので、子が日本国籍を有している場合には日本法が準拠法になります（二重国籍の場合でも日本国籍を有していれば通則法38条1項ただし書により日本法を本国法とすることとし、準拠法になります）。日本民法では未成年の子がいる父母が離婚する場合、その一方を親権者としなければならないと定められており、協議離婚の場合でも、親権者を父母のいずれにするかの協議が調って離婚届にその記載をしなければ、離婚届は受理されないことになっています（民法819条1項）。そして、協議が調わないときは、相手方の住所地の家庭裁判所において離婚調停を申し立て、その中で親権についても争うことができます（家事事件手続法3条の13第1号、人事訴訟法3条の4、3条の2第1号（2018年4月18日に成立、2019年4月1日施行の人事訴訟法等の一部を改正する法律による新設規定）。なお、親権についてのみ親権・監護者指定の調停・審判を求めることもできます）。

一方、仮に子どもが日本国籍を有せず、母親と同一国籍の場合はその国の法律が準拠法となりますのでフランス法が適用されることになり、離婚後も原則として共同親権が維持されることとなります（フランス民法典373―2条）。その際には、離婚届の「その他」の欄に子の国籍、生年月日を記載します。

4　設問に対する回答

　子が日本国籍を有している場合、子の住所地にある家庭裁判所において離婚調停の中で親権者について決するか、あるいは親権についてのみ親権・監護者指定の調停・審判の申立てをすることができます。子が日本国籍をもたず、フランス国籍を有する場合は、フランス民法に従って共同親権が維持されます。

Q49　返還命令申立て・ハーグ条約の概要

　私（日本人）はある男性（フランス人）と結婚して、子ども1人と一緒にフランスに暮らしていました。しかし、夫のDVがひどいので離婚しようと考え、夫に何も言わずに子どもと一緒に日本に帰国しました。すると、まもなく夫から返還命令の申立てがあったと裁判所から通知が来たのですが、どうすればよいのでしょうか。また、子どもを取り戻す手続と一緒に離婚の話合いをすることはできるのでしょうか。

1　ハーグ条約とは

　ハーグ条約（ここでは「国際的な子の奪取の民事上の側面に関する条約」のこと）は、子の利益の保護を目的として、親権を侵害する国境を越えた子どもの不法な連れ去りや留置（引き止め）などがあったときに、迅速かつ確実に子どもを元の国（常居所地。Q48参照）に返還する国際協力の仕組み等を定める多国間条約です。

　この条約は、ハーグ国際私法会議にて1980年10月25日に採択され1983年12月1日に発効し、2019年5月現在、100か国が加盟しています。日本では平成25年の第183回通常国会にて、ハーグ条約の締結が承認され、国際的な子の奪取の民事上の側面に関する条約の実施に関する法律（以下「条約実施法」）が成立しました。これを受けて2014年1月24日、条約の署名、締結、公布に係る閣議決定を行い、条約に署名を行った上で、オランダ外務省に受諾書を寄託しました。そして、2014年4月1日にハーグ条約が日本でも発効しました。

【ハーグ条約加盟国】

（出典：外務省ウェブサイトをもとに作図）

ハーグ条約では、子の監護権の帰属は子の常居所地で定めるべきであるという考え方を原則としています。これは国境を越えた子の連れ去りは、生活基盤の急変やもう一方の親や親族・友人との交流の断絶等、子に有害な影響や過大な負担を与える可能性があること、子が生活を送っていた地の司法が、子の生活環境の関連情報や両親双方の主張を十分に考慮した上で監護権の帰属について判断するのが望ましいと考えられているからです。

　ハーグ条約の二本柱は、中央当局による連れ去られた子の所在調査と裁判所による子の返還に関する法的手続であり、このほかにも国境を越えた親子の面会交流の実現のための協力についても定めを置いています。設問では、夫が日本の家庭裁判所に子の返還命令の申立てを行ったものと思われます。

② ハーグ条約の適用範囲

⑴ 場所的適用範囲

　ハーグ条約に基づく手続を行うためには、子の常居所地と連れ去られた先の地の双方がハーグ条約加盟国である必要があります。当事者の国籍は関係なく、日本人同士であっても不法な連れ去りが国境をまたいでなされればハーグ条約が適用されます。

⑵ 人的適用範囲

　子が16歳未満の場合に適用されます。また、申立て時に16歳未満であっても、手続中途で16歳になれば返還命令は出されません。

　当該連れ去り又は留置が、常居所地国の法令によれば連れ去さられた親（Left behind-parent／以下「LBP」）の子についての監護の権利を侵害するものでなければ「不法な」連れ去り又は留置に当たりません。

　設問の子の常居所地であるフランスでは共同親権が定められているため、夫にも監護権が認められ、連れ去りが夫の監護権を侵害している態様となっています。

⑶ 時間的適用範囲

　条約が発効した2014年4月1日より前に行われた連れ去り又は留置には適用されません。また、連れ去り又は留置から1年以上経過した場合において、子が新しい環境に順応していることが認められれば返還命令の拒否事由に該当しますが、一律に1年以上経過していれば返還拒否が認められるわけではないことに注意が必要です。

③ 中央当局による調査

　日本では外務大臣（外務省）が中央当局の役割を果たします。LBPは自国の中央当局や子が現に所在する国（連れ去られた先の国）の中央当局に対し、子の返還に関する援助や子との接触（面会交流）に関する援助の申請を行うことができます。子が現に所在する国の中央当局は、申請書類の審査を行った後に、返還対象となる子の所在を調査した上で、返還と面会交流の機会を確保するための協議・あっせん等の友好的解決に向けた支援を行います。

【子の返還手続】

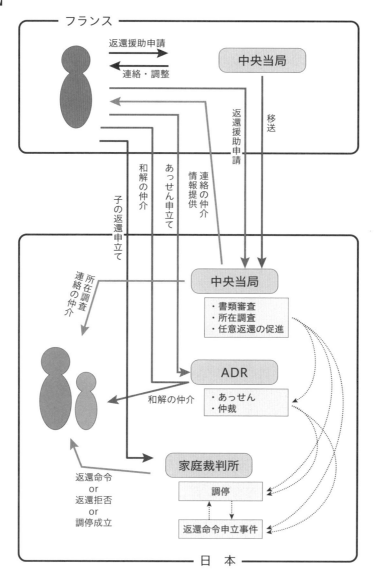

4　家庭裁判所による返還申立事件の審理

　LBPは、連れ去られた先において定められた裁判所において、子の返還申立事件を申し立てることができます（条約実施法26条参照）。

　日本においてこれらの手続がなされる場合には、子の住所地（住所がない場合、知れない場合は居所地）が東京高裁、名古屋高裁、仙台高裁又は札幌高裁の管轄内である場合は東京家裁にて、子の住所地等が大阪高裁、広島高裁、福岡高裁、高松高裁の場合は大阪家裁の集中管轄が定められています。中途で子の住所地等が判明して管轄違いがあった場合には事件の移送がなされますが（条約実施法37条1項）、事案によっては当事者の意向を聞いた上で自庁処理される場合もあります（同条3項）。

5 返還命令申立てがなされた場合の手続（連れ去り親）

(1) ハーグ条約での返還拒否事由

連れ去り親（Taking parent／以下「TP」）が返還申立事件への出席をしなかった場合にはLBPの主張どおり、子の返還命令が出されることになりますし、それでも子を返還しない場合には強制執行がなされてしまうこともありますので、期日の都合がつかないなどの事情がある場合も含め、手続に関与する必要があります。

また、申立てを受けたTPは、子の福祉の視点から常居所地に一旦子を戻してから、監護権等について話し合えるかどうかを検討することになります。ハーグ条約では、子の利益から以下のとおりの返還拒否事由が定められていますので、このような視点で考えるとよいでしょう。

① 不法な連れ去り又は留置の日から１年が経過した後に手続を開始した場合で、かつ子が新たな環境に適応していることが証明されること

② 申立人が連れ去り又は留置の時点で現実に監護の権利を行使していなかったこと

③ 申立人が連れ去り若しくは留置の時以前にこれに同意していたこと又は事後に黙認していたこと

④ 子の常居所地国への返還によって、子が害悪を受け、又は他の耐え難い状況に置かれることとなる重大な危険があること

⑤ 子が返還されることを拒み、かつ、その意見を考慮に入れることが適当である年齢及び成熟度に達していると認められる場合

⑥ 子の常居所地への返還が子の所在国の人権及び基本的自由の保護に関する基本原則により認められない場合

この点において、設問のように取り残された親の暴力が原因での連れ去りの場合に④に該当するかについては、他のハーグ条約締結国でも議論のあるところであり、まさにケースバイケースですが、TPへの暴力のみならず子への暴力がなされたか、TPへの暴力が子への悪影響を与える態様（目の前で暴力を振るうなど）で行われたか等、その暴力が子に影響し得るものかという視点で検討することが海外の事例ではみられます。

また、常居所地国によっては取り残された親の暴力の危険があるような場合に、子どもを常居所地国内で保護できることもありますので、様々な視点からの検討が必要です。なお、子の返還申立事件そのものでは、親権者の指定等の他の事項については手続がなされません。

(2) 外務省等の支援

子の返還命令申立事件は迅速な手続を目指しており、ハーグ条約でも条約実施法でも６週間で解決されることを目安としています（ハーグ条約11条、条約実施法151条）。日本では、この目安に忠実な運用がなされているようであり（特に国外に子を戻すべき事案と判断された場合には、手続が迅速に運用されます。また、最近では、調停がまとまりそうな場合は、必ずしもこの期間に限定されず手続がとられることもあります）、両当事者は裁判所から定められた期間内に主張や疎明資料の提出をしなければなりません。その上、常居所地の法律、解釈等の検討が必要な場合もあり、弁護士でも専門性が要求される分野であり、当事者のみでは十分な反論は難しいものと思われます。また、条約において、国は、中央当局を通じて状況により必要とされる場合には、法律に関する援助及び助言（弁護士その他法律に関する助言者の参加を含む）を提供し、又はこれらの提供について便宜を与える措置をとることが義務付けられてい

ます（ハーグ条約7条）。

そこで、中央当局では日本弁護士連合会を通じてハーグ条約事件対応弁護士の紹介をしています。また、東京三会（0570-783-563／東京弁護士会、第一東京弁護士会、第二東京弁護士会共通ダイヤル）、大阪弁護士会等の各地の弁護士会でも紹介ができる場合がありますのでお問い合わせください。

弁護士費用等の立替えを希望される方に対しては、弁護士費用等の立替払いを行う法テラスの法律扶助制度を利用できる場合があります。日本の法律扶助制度は無利息で弁護士費用、通訳費、翻訳費などを立て替える制度であり、原則として分割で返金していただきます。利用するには、収入等が一定額以下であることなどの要件を満たす必要がありますのでご注意ください。

子の返還申立事件においても、裁判所に提出する書類は日本語でなければなりません。このため、子の返還申立事件又は子との面会交流調停（審判）において、裁判所に証拠書類等として外国語で記載された書類を提出する場合、日本語に翻訳する必要があります。

そこで、中央当局では、翻訳業者に委託して、①外務大臣による外国返還援助決定又は日本国面会交流援助決定を受けた者（子の返還申立事件又は子との面会交流調停（審判）の申立てを行う予定がある者に限ります）、②①に定める者が申し立てた子の返還申立事件又は子との面会交流調停（審判）の当事者及び参加人が裁判所に提出する証拠資料等の日本語への翻訳を一定の範囲内で無料で支援しています。

⑶　主張、書類の提出

TPは、前記⑴について検討した自己の主張を記載した答弁書と証拠資料（外国語で記載されている場合には翻訳を添付）、資料説明書、連絡先等の届出書を裁判所に提出します。

答弁書や証拠資料は裁判所用のほか、相手方に送る分も用意します。相手方に開示したくない証拠は非開示の希望に関する申出書と一緒に綴じたり（この証拠に関しては開示してよいかどうかを裁判官が判断します）、一部開示したくない場合にマスキングしたりして提出することができます。

前述のとおり、子の返還申立事件は迅速な解決を主旨としていますので、自らの主張は基本的には答弁書で言い尽くしたというレベルの準備が予定されています。自分の主張に関係する書類はできれば代理人に委任する時点で渡し、元いた場所のどこでどのようなことをした、どのような書類があるなどの情報を伝えると準備が円滑に進みます。

6　返還申立事件と調停

子の返還申立事件では、なるべく両方の親の合意による解決が望ましいという見地から当事者による合意があった場合、調停に付されることがあります。調停手続は、子の返還決定手続が行われていた裁判所で行われますが、子の返還決定手続は一時的に中止されることがあります。調停による解決も考えられる場合には、答弁書と合わせて裁判所に提出する「子の返還申立事件の決定手続の進行に関する照会回答書」に調停への意向や話し合いたいことについて事前に記載しましょう。

調停手続では、調停委員会を通じて当事者間の意見の調整と合意の形成を行います。調停委員会は、当事者双方に交互にそれぞれの事情を尋ねたり、意見を聴いたりして、双方が納得の上で問題を解決できるように、中立・公正な立場から助言やあっせんをします。調停委員会は裁判官1名と民間の調停委員2名で構成されます。なお、調停手続では、当事者の合意形成を

調停の場で進めるために、当事者本人の出頭が原則として必要となりますし、どうしても都合がつかない場合でも代理人と連絡がとれる状態にしておく必要があります。

　調停手続では、事案に応じて面会交流、婚姻費用の負担、監護権についてなどの話合いを行うことができる場合もあります。調停の中で離婚についての話合いを行いたい場合、別事件として離婚調停等を申立て、そこで合意を締結するという運用がなされているようです（東京家庭裁判所では、別事件として申し立てるため、事件番号は異なる状況となるものの話合いについては1期日内において行うという運用が行われているようです）。

　当事者双方が合意に至ると、その合意内容を記した調停調書が作成されます。調停手続の中で子の返還の合意が成立すると、調停調書に基づいて強制執行の手続をとることができるとされているほか、その他の合意事項（養育費等）についても、確定した審判又は確定した判決と同一の効力があるとされます（ただし、調停における合意事項が常居所地国でも有効かどうかはその当該国の法律の解釈により異なります）。

　子の返還申立ての手続に際しては、裁判官による和解も可能です（条約実施法100条）。和解の場合も子の監護に関する事項、夫婦間の協力扶助に関する事項及び婚姻費用の分担に関する事項も和解の対象とできますが（同条2項、3項2号）、離婚及び離婚に伴う親権者の指定については和解をすることができるとはされていません（金子修ほか『一問一答　国際的な子の連れ去りへの制度的対応（ハーグ条約及び関連法規の解説）』235頁（商事法務、2015年）。本文献235頁では、本来的に家事審判事項（家事事件手続法39条）である子の監護に関する事項、夫婦間の協力扶助に関する事項及び婚姻費用の分担に関する事項について、和解ができることと特則的に定めているのに対し、離婚については定められていないのは、離婚については家事事件の手続または、人事訴訟の訴訟手続において解決すべきものであり、迅速性が求められている子の返還申立事件において解決するのは相当でないと説明されています）。

7　子の常居所地国がハーグ条約非締結国の場合

　設問では常居所地国がハーグ条約締結国であるフランスだったので、子の返還はハーグ条約のスキームに基づいて進められますが、アジアでも中国本土等ハーグ条約非締結国があります。この場合には、これまでの国内の事案と同様の子の返還・面会交流に関する手続によって、返還のための手続がなされることが予想されます。また、中央当局が領事面会の要請取次（親が子と会えない場合に、外国公館の領事が子と面会し状況を確認する領事面会を外務省として側面支援すること）等の支援を行うこともあります。

(1)　外国判決の承認

　相手方が常居所地国に居住している場合、相手方がその地で子の引渡しを認める判決等を得て、これに基づき日本の裁判所で執行判決を得て、執行を求めることがあります。

　日本において外国での家事事件に関する判決は無条件に有効というわけではなく、外国判決の承認（家事事件手続法79条の2、民事訴訟法118条）の要件を満たす必要があります（Q37参照）。2019年改正で民事執行法22条6号に家事事件における裁判を含むことが明示されました（民事執行法22条6号）。外国判決の執行判決を求める訴えを債務者の普通裁判籍の所在地の家庭裁判所に提起することとなります。これは双方の主張立証を十分に行うという視点から決定では行うべきではないという趣旨に基づくものです。

　なお、公序良俗の要件に関し、裁判例（東京高判平成6年11月15日判タ835号132頁）では、

「子が日本に居住してから既に４年余を経過していること、小学５年生の現在では、言語の障害もかなり少なくなり、明るく通学しており、かえって、現在では英語の解や読み書きができない状態にあることから、いま再び子をしてアメリカ合衆国において生活させることは、同人に対し、言葉の通じない支配保護者のもとで生活することを強いることになることが明らかであり、現時点において、右のような保護状況に置くことは、同人の福祉に適うものでないばかりでなく、かえって、同人の福祉にとって有害であることが明らかとして、公序良俗に反する」と判示しました。

⑵　人身保護請求

　人身保護請求は、親権者・監護者を誰にすべきかという議論とは別に、本来は不当に奪われている人身の自由を迅速に回復させるための手続ですが、別居中の夫婦等の親権者同士で子の引渡しを求める手続の一つとして利用されることがあります。人身保護法の国際管轄に関しては、特に明示されてはいませんが、人身保護法の管轄規則（人身保護法４条）に基づき、被拘束者、拘束者、請求者のいずれかの所在地が日本であれば認められる可能性があります。

　子の引渡請求の要件は、①拘束があること、②拘束が違法であり、その違法性が顕著であること、③他に救済の目的を達するのに適当な方法がないことの３点とされています。また、被拘束者の自由な意思（実務上は10歳程度と考えられているようです）に反してこの請求をすることはできません（人身保護規則５条）。

　共同親権に服する子の引渡しの場合には、②子の拘束の当、不当を決するには夫婦のいずれに監護せしめるのが子の幸福に適するかを主眼とし（最一小判昭和43年７月４日民集22巻７号1441頁）、幼児が拘束者の監護の下に置かれるよりも請求者に監護されることが子の幸福に適することが明白であるときに、拘束の違法性が顕著であるとされています（最三小判平成５年10月19日民集47巻８号5099頁）。一方、同判例の補足意見では、「幼児の安危に関りがなく、その監護・保育に格別火急の問題の存しない本件の如き場合に、1980年改正による審判前の保全処分の活用を差し置いて、『請求の方式、管轄裁判所、上訴期間、事件の優先処理等手続の面において民事刑事等の他の救済手続とは異って、簡易迅速なことを特色とし』『非常応急的な特別の救済方法である』人身保護法による救済を必要とする理由は、とうてい見出し難いものといわなければならない。」ともいわれ、③の要件は厳格に吟味されることとなりました。

⑶　家事審判に基づく子の引渡し

　家事審判に基づく引渡しには、①子の監護に関する処分（民法766条）の一態様としての引渡審判（家事事件手続法別表第２第３項）、②監護者・親権者指定の審判の付随処分としての子の引渡命令（したがって申立人は職権発動を促すにとどまる）があり、それぞれに審判前の仮処分の申立てが可能ですが、①においても監護者としての適格性が同様に争点となると思われます。

　これらの手続では、一般に適格性を判断する要素として①監護の継続性維持（現状尊重）の原則、②主たる養育者尊重の原則、③乳幼児に関しては母親（母性）優先の原則、④子の意思尊重の原則、⑤兄弟不分離の原則、⑥面会交流許容性の原則があり、総合的に判断されますので、このような申立てを受けたときにはこの点についての自己の主張、立証を心がけましょう。

　日本が離婚の訴えについて管轄を有している場合には、子の監護に関する処分についての裁判も離婚手続とともに行うことを前提に管轄を認めるようになりました（人事訴訟法３条の４第１項）。

8 設問に対する回答

申立事件に関与し、自らの主張が尽くせるよう、中央当局や法テラス等を使って弁護士に相談し、一緒に答弁書等の提出の準備をしましょう。子の返還申立事件やこれに関する調停では離婚について合意を行うことはできません（ただし、調停については、別事件として申し立てた上で、子の返還申立事件と同期日内において話合いを行うという運用がなされることもあるようです）。

Q50　子の返還手続の違い・ハーグ条約

　私（イギリス人）は妻（日本人）と結婚して子どもが1人おり、3人でイギリスに暮らしていました。ところが、妻が子どもの夏休みに実家に3週間遊びに行くと言って、子どもと一緒に日本に帰国したまま帰ってこなくなり、尋ねてみると今は実家にはいないらしいのです。電話はつながるので妻には早く子どもと一緒に戻ってきてほしいと話しているのですが、話合いがうまくまとまりません。どのような解決方法がありますか。それぞれの解決方法に違いはあるのでしょうか。

　また、話合い中に妻が知り合いのいる中国に子どもを連れて行ってしまわないか心配なのですが、どうしたらよいでしょうか。

1　子の引渡しに関する話合いがまとまらない場合の法的手続

(1)　外国返還援助申請

　設問では、夫は妻子がイギリスから日本に行くこと自体は同意をしていたものの、短期滞在を予定していたのであり、妻子が日本にとどまることについては同意をしていませんでした。そのため、子の引渡しに関してはハーグ条約の適用の可能性があります。そこで、イギリスの中央当局又は日本の中央当局である外務省に外国返還援助申請をすることが考えられます。なお、イギリスの中央当局はあなたの申請書類を日本の中央当局に移送します。

(2)　申請手続

日本国中央当局に対し返還援助申請を行う際に必要な書類は、以下の4種類です。

①　返還援助申請書

②　2人目以降の子に関する追加ページ（2人以上の子の返還に関する援助を求める場合のみ）

③　添付書類

④　添付書類一覧表

　これらの申請に必要な書類のうち①、②及び④については、それぞれに様式（日本語及び英語）が定められています。日本の外務省のウェブサイトからダウンロードして入手してください。外務省が出している申請書類の手引きには、申請書の署名欄を除く各項目は可能な限りパソコン等を用いて入力し、申請書の署名欄については必ず申請者本人により自筆で署名するよう求められています。やむを得ず全文を手書きにするとき、特に英語で記載する場合は、ブロック体で読みやすい文字を心がけると手続が円滑に進みます。

　迅速に所在特定等が進むよう、申請書は丁寧かつ詳細に記載してください。申請に係る子の所在が不明であり、中央当局が子及び子と同居している者の所在を特定する必要がある場合、情報が多ければ多いほうが、迅速かつ的確に所在を特定できる可能性が高くなります。例えば、1つの項目に該当する情報が複数ある場合は、判明している全ての情報を記載したほうがより手がかりを得ることができますし、漠然とした情報でも分かる範囲の情報を記載したほうがよいでしょう。

(3)　添付書類

　添付書類は、以下のとおりです。これらの添付書類のうち、添付できない又は代わりの書類を添付している場合については、書類ごとに書類を添付できない理由等について説明する必要

があります。
① 申請者の本人確認書類の写し
② 申請に係る子の旅券又は身分証明書等の写し
③ 申請に係る子の常居所地国に当該子が常居所を有していたことを明らかにする書類の写し
④ 申請に係る子の写真
⑤ 申請に係る子の連れ去りをし、又は留置をしていると思料される者の旅券又は身分証明書等の写し
⑥ 申請に係る子の連れ去りをし、又は留置をしていると思料される者の写真
⑦ 申請者が申請に係る子についての監護の権利を有している根拠となる申請に係る子の常居所地国の法令の関係条文
⑧ 申請者が申請に係る子についての監護の権利を有していることを証明する官公庁等若しくは法令に基づく権限を有する者から発行された書類又は関係者における合意を証する書面その他これに類するものの写し
⑨ 申請者が有している申請に係る子についての監護の権利が当該子の連れ去り又は留置により阻害されていることを明らかにする書類その他これに類するものの写し
⑩ 申請に係る子と同居していると思料される者の旅券又は身分証明書等の写し
⑪ 申請に係る子と同居していると思料される者の写真
⑷ 様々な解決方法
ア 中央当局による連絡仲介
中央当局では、子の所在が分かった後、連れ去った親（以下「TP」）との連絡仲介を行います。これによって子の返還が任意で行われる場合があります。
イ 裁判外紛争解決手続
中央当局は、両者間の話合いがまとまらない事案の場合には、協議のあっせんとして裁判外紛争解決手続（以下「ADR」）を紹介することがあります。これは、裁判所ではない公正中立な第三者の認定機関が双方の主張を聞いて、当事者間に和解を成立させることで紛争解決を行う手続です。
ADRは、英語でも電子メールでも申立てを行うことができる点、迅速で柔軟に期日を入れることができることでスピーディーな解決が期待できる点、スカイプ等のツールを利用できる点、解決のための和解内容が柔軟であること等のメリットがあります。また、中央当局の委託ADR機関を利用すれば、原則として利用者には費用の負担がかかりません。
一方、ADRでは相手方に出席を強制することができないので、相手方が翻意して欠席してしまうとADRによる協議・解決ができない点、合意した際に和解契約書しか作っていない場合には、合意が破られてもすぐに強制執行ができない点、相手が薬物中毒等そもそも話合いによる解決にそぐわない事案もある等のデメリットも存在します。もっとも、和解の点については、事後的に和解から仲裁手続に移行することで判決と同じ拘束力をもたせることもできます。
ウ 子の返還命令申立て
連れ去られた親は、日本の家庭裁判所に子の返還命令を申し立てることができます。この申立ては中央当局への返還援助申請と同時に行うこともできれば、妻子の所在が分かった後の話合いでうまくいかなかった場合に申し立てることもできます。この申立ては日本語のみとなっていますので、申立書等の書類は日本語で作成される必要があり、主張を裏付ける証拠資料に

も日本語訳を付する必要があります。また、手続では通訳を入れる必要があること、海外との電話会議システムを使うことができないことにも注意が必要です。

とはいえ、ADRでは相手の出席が見込めそうにない、強硬な態度をとられている事案には、裁判所による解決が確実といえます。

ADRでも裁判所でも、自分自身では手続を進めることが難しい場合には、弁護士の紹介を受けられるシステムがあります。詳しくはQ49を参照してください。

ハーグ条約に基づく手続は迅速な解決を目指していることもあり、申立ての時点で自分の主張の準備だけではなく、相手方が主張してきそうな反論の準備も必要な場合が少なくありません。弁護士を依頼する場合には、自分にとって不利と思われる内容も含めて相手方が反論してきそうな点についても説明しておくとよいでしょう。常居所地国がハーグ条約非締結国の場合の手続についてはQ49を参考にしてください。

(5) 子の返還申立手続（連れ去られた親）

申立書、証拠資料、資料説明書を裁判所用1通及び相手方の数の分、管轄の家庭裁判所に提出します。手数料（収入印紙）は返還を求める子1人につき1200円（収入印紙を申立書に貼付）のほか、連絡用の郵便切手500円×6枚、100円×2枚、82円×10枚、62円×3枚、20円×3枚、10円×10枚、1円×14枚合計4380円分が必要です（東京家庭裁判所の場合／2019年9月現在。ただし、同年10月の消費税増税後に変更の可能性があるため事前に管轄の裁判所にお問い合わせください。）。

【申立ての趣旨記載例】（東京家庭裁判所「提出書類について」）

> 1 相手方は、子○○（国籍 イギリス、日本／本籍 東京都○○区△△1丁目1番地／2014年10月30日生）をイギリス国に返還せよ。
> 2 手続費用は各自の負担とする。

申立ての理由には、本件でハーグ条約実施法27条の要件を満たすことを主張する必要があります。つまり、①子が16歳に達していないこと、②子が日本国内に所在していること（なお、申立て時点で所在を特定する必要はありません。不明な場合は裁判所が外務省に所在を照会します）、③常居所地国の法令によれば、当該連れ去り又は留置が申立人の有する子についての監護の権利を侵害するものであること、④当該連れ去りの時又は当該留置の開始の時に、常居所地国が条約締約国であったことを主張する必要があります。

これに加え、連れ去り又は留置をされなければ現実に監護の権利を行使していたことについても主張します（ハーグ条約実施法28条1項2号参照）。子の返還申立事件は迅速な解決を目指しているので、裁判所としては、仮に相手方が主張しそうな内容や争点になりそうなところについても申立人の考えを述べられていれば事案を把握しやすくなるようです。

2 出国禁止命令及び旅券提出命令

(1) 出国禁止命令及び旅券提出命令の概略

紛争解決手続中にTPがさらに子を連れ去る危険があるような場合には、子の所在する地域により、東京家庭裁判所又は大阪家庭裁判所（Q49参照）に対して、出国禁止命令又は旅券提出命令を申し立てることができます。出国禁止命令が発令されると、子の返還申立てについ

ての終局決定の確定までの間、子を日本国外に連れ出すことが禁止されます。また、旅券提出命令が発令されると、相手方は所定の期間内に子名義の旅券（パスポート）を外務大臣に提出しなければなりません。万が一所定の期間内に旅券が提出されない場合には、裁判所は職権により命令に違反した者を20万円以下の過料に処することができます。

(2) 出国禁止命令及び旅券提出命令の申立書

　子の返還申立てと同様、申立書、証拠資料、資料説明書を家庭裁判所に提出します。また、子の返還申立て時とは別に、申立人、相手方及び子それぞれの身分事項（国籍、本籍、生年月日、身分関係等）を証する公的書面（戸籍謄本、出生証明書、婚姻証明書等）が1通必要です。申立手数料は子1人につき1000円（収入印紙を申立書に貼付）のほか、連絡用の郵便切手500円×4枚、82円×5枚、62円×2枚、10円×9枚、1円×6枚合計2630円分が必要です（東京家庭裁判所の場合／2019年9月現在。ただし、同年10月の消費税増税後に変更の可能性があるため事前に管轄の裁判所にお問い合わせください。）。

【申立ての趣旨記載例】（東京家庭裁判所「提出書類について」）

> 1　相手方は、子○○（国籍　イギリス、日本／本籍　東京都○○区△△1丁目1番地／2014年10月30日生）に係る子の返還の申立てについての終局決定が確定するまでの間、子○○を日本国から出国させてはならない。
> 2　相手方は、（本決定送達の日から○日以内に）別紙旅券目録記載の旅券を外務大臣に提出せよ。
> 3　手続費用は各自の負担とする。

　申立書では出国禁止命令を求める事由（相手方が子を日本国外に出国させるおそれ）及び相手方が、子が名義人となっている旅券を所持していることを裏付資料とともに明らかにする必要があります。

③　設問に対する回答

　解決手続には、①外務省による連絡仲介、②裁判外紛争解決機関での和解手続、③家庭裁判所での子の返還申立事件の申立てが考えられ、事案の性質に応じて独立して又は並列的に利用されています。また、手続中に出国のおそれがある場合には、出国禁止命令や旅券提出命令を申し立てることも可能です。

Q51　子の連れ去り・ハーグ条約

　私（日本人）はある男性（ドイツ人）と結婚し、日本で子どもと暮らしていました。ところが、私が離婚を申し出たところ、子どもをとられたくないとして夫が子どもと一緒に勝手にドイツに帰国してしまいました。子どもを取り戻すにはどうすればよいでしょうか。

① 子の返還を求める手続の申立方法（ハーグ条約締結国）

　日本からの子の連れ去りがなされた場合、連れ去られた親は連れ去った先の国の中央当局か日本の中央当局である外務省に返還援助申請を行うことができます。申請前には以下の却下事由がないか確認しましょう。

① 　日本国返還援助において返還を求められている子が16歳に達していること
② 　申請に係る子が所在している国又は地域が明らかでないこと
③ 　申請に係る子が日本国又は条約締約国以外の国若しくは地域に所在していることが明らかであること
④ 　申請に係る子の所在地及び申請者の住所又は居所が同一の条約締約国内にあることが明らかであること
⑤ 　申請に係る子の常居所地国が日本国でないことが明らかであること
⑥ 　申請に係る子の連れ去りの時又は留置の開始の時に、申請に係る子が所在していると思料される国又は地域が条約締約国でなかったこと
⑦ 　日本国の法令に基づき申請者が申請に係る子についての監護の権利を有していないことが明らかであり、又は申請に係る子の連れ去り若しくは留置により当該監護の権利が侵害されていないことが明らかであること

　返還援助申請書は、外務省が提供する書式を利用することができますが、ドイツではドイツ語でしか書類を受理しないので、書類や証拠資料について翻訳の作業が必要となります。ドイツでは中央当局から裁判所に子の返還申立手続が申し立てられ、同時に任意返還や調停等の手続についての意向に関する通知が連れ去り親に送付され、任意返還や調停が進行すれば裁判所の申立ては取り下げられる制度となっています。

　このような事情は締結国ごとに事情が大きく異なりますし、連れ去られた親（LBP）が中央当局から受けられる支援も手続の具体的な進め方（ドイツではビデオ会議が可能）も様々です。

　ハーグ国際私法会議（HCCH）のウェブサイトの子の連れ去りのセクションにはカントリープロファイルというそれぞれの締結国の事情が記載されたファイルがあります。不明な点は外務省に問い合わせるとよいでしょう。

② 子の返還を求める手続の申立方法（ハーグ条約非締結国）

　仮にハーグ条約非締結国の場合、①子の所在国の裁判所に子の返還を申し立てること、②日本の裁判所に対して子の引渡しを求める手続を行い（Q49参照）、その審判結果や判決を所在国で執行することが考えられます。

　①は所在国での法的手続について、在外公館などを通じて所在国の弁護士を探して相談するのがよい方法ですし、②は子の所在が不明で管轄が分からない等の事情があれば日本に管轄が認められる可能性がありますが、日本での結果に基づき所在国で執行ができるかについても所

在国の法令を調査する必要があります。

3　設問に対する回答

　ドイツはハーグ条約締結国なので、日本の中央当局又はドイツの中央当局に返還援助申請を行うとよいでしょう。

Q52　面会交流・ハーグ条約

　私（日本人）は、夫（外国人）と結婚して子どもが1人いますが、離婚し、私が子どもを引き取り日本で生活しています。外国にいる元夫から子どもに会いたいと言われていますが、会わせなければいけないでしょうか。元夫と意見が合わない場合にはどうすればよいでしょうか。

① 面会交流とは

　面会交流とは、別居中又は離婚後に現在監護していない親が子と面会を含む交流を行うことをいいます。日本では、面会交流は子の福祉、利益としてなされるべきものとして捉えられています（裁判所ウェブサイト、リーフレット等）。一方、国によっては、面会交流は親としての当然の権利であると捉えているところもあり、親に問題がある場合の面会交流のあり方などで若干色合いが異なるところがあります。また、面会交流の頻度も国によって差が大きく、そういったことでも話合いがまとまりにくくなることもあります。

　離婚の事情はそれぞれであり、夫婦関係が離婚に至るまで破綻している以上、心情的に子を会わせたくないと考える監護親もいます。また、面会交流で、根掘り葉掘り監護親の状況を聞き出そうとして子どもに心情的に負担を与える親も残念ながら存在しています。

　しかし、親が離婚をしても、子どもにとっては2人の実親がいることに変わりはありません。子どもが一方の親に会えなくなることは、子どもが精神的に健康な発達を遂げるための障害となり得ます。子どもが両親の間で板ばさみになっていると感じると、子どもはみじめな気持ちになったり、混乱したりします。もう1人の実親とのかかわりが維持されることは、子どもにとって望ましいことです。仮に暴力等面会交流をすることで不安が生ずるようなことがあれば、法的手続を通じて解決したり、調整したりすることもできます。

② 面会交流に関する法的手続（ハーグ条約非締結国）

　日本においては、面会交流について当事者による話合いがつかないときには、面会交流の調停や審判の申立てを行うことができます。調停であれば、原則は相手方の住所地の管轄となりますが、相手方が応じた場合などに日本での管轄を認める場合もあります。また、審判であれば、子の所在地の管轄となります。なお、準拠法について面会交流は、親子関係の問題として通則法32条が適用されます。

　面会交流の場合、調停が成立しなければ審判に移行しますし、審判を申し立てても合意によることが望ましいことから、裁判官の判断で調停に付される場合もあります。子の心身の状況、年齢、子の意思、非監護親に対する感情等が考慮され、10歳前後から実務上は子の意思について調査官の調査を通じて把握することがあります（なお、15歳以上の子については裁判所が陳述を聞く必要があります）。調停では面会交流の方法（直接会うだけでなくテレビ電話システムや写真の交付などの方法もあります）、頻度、直接会う場合の日時及び場所、面会時間の長さ、子の引渡し及び返還方法、面会交流にかかる費用負担等について取決めを行うことができます。

③ 面会交流に関する法的手続（ハーグ条約締結国）

　ハーグ条約締結国を常居所としていた16歳未満の子との面会交流については、申立人が常居所地国や日本国の法律等により子との面会交流等を行い得る者であって、外務大臣からハーグ条約実施法による外国返還援助決定若しくは日本国面会交流援助決定を受けている場合、あるいは、子の返還の申立てをした場合は面会交流調停（審判）手続を東京又は大阪の家庭裁判所においても行うことができるので、所在を知らせていないような場合には、相手方がこれらの制度を用いる可能性もあるでしょう。また、子の返還申立事件と同様に裁判外紛争解決手続（ADR）の利用が可能です。立会人や受渡しで不安な場合には面会交流支援機関の利用も検討できますので、裁判所やADRに問い合わせてみるのもよいでしょう。

Q53　連れ子の在留資格

　私（日本人）には最近結婚した外国人の妻がいます。妻を日本に呼び寄せる予定なのですが、妻は前夫との間の子どもと暮らしています。妻と一緒にその子どもも日本に呼び寄せることはできるでしょうか。また、私が死亡したり、妻と離婚したりした場合、来日した子どもの在留資格はどうなるでしょうか。

1　連れ子に在留資格が認められる場合

　平成2年法務省告示第132号（以下「定住者告示」）における6号のニは、法務大臣が「定住者」に該当する対象として「日本人、永住者の在留資格をもって在留する者、特別永住者又は1年以上の在留期間を指定されている定住者の在留資格をもって在留する者の配偶者で日本人の配偶者等又は永住者の配偶者等の在留資格をもって在留するものの扶養を受けて生活するこれらの者の未成年で未婚の実子」をあげています。したがって、以下の要件を満たせば、連れ子も定住者の資格を得て日本に呼び寄せることができます。

①　親が日本人の配偶者であること
②　親が日本人の配偶者等の資格で日本に在留していること
③　本人が親の実子であること
④　本人が未成年であること
⑤　本人が未婚であること
⑥　本人が親（日本人親でも可）の扶養を受けて生活していること

　なお、連れ子が日本人との特別養子縁組をする場合、「日本人の配偶者等」の在留資格を得ることができる可能性があります（Q54参照）。

2　日本人配偶者が死亡等した場合

　まず、日本人配偶者が死亡したり、日本人配偶者と離婚したりした場合には、連れ子の母親は、「日本人の配偶者等」の在留資格を更新することはできなくなります。この結果、連れ子も前記告示の要件に該当しないこととなり、「定住者」の在留資格の更新が困難になるのが原則です（なお、日本人配偶者が死亡したり、日本人配偶者と離婚したりしたときは、14日以内に法務大臣に届け出ることが義務付けられています（入管法19条の16））。

　しかし、既に日本に在留している外国人については、前記告示の基準に該当しなくても、法務大臣が特別の理由を考慮して「定住者」の在留資格を与えることができますので、日本への定着度などを入管当局に十分に説明すれば、母子に定住者としての在留資格を与えられる可能性があります。具体的には日本人との実態のある婚姻生活が相当期間あり、独立の生計を営むに足りる資産又は技能を有していれば、日本人と離婚又は死別後でも外国人は、死亡・離婚に至る事情及び日本社会への定着性等の事情を考慮して定住者の在留資格を得る可能性はあります。相当期間とは、概ね3年といわれているようです（平成21年6月30日西川克行入管局長参議院法務委員会答弁）。そして、その場合には、連れ子は「1年以上の在留期間を指定されている定住者の在留資格をもって在留する者の扶養を受けて生活する当該者の未成年で未婚の実子」として、定住者の在留資格を得ることができます（定住者告示6号のロ）。

　なお、日本人配偶者との婚姻生活が3年以上継続し、かつ、引き続き1年以上日本に在留し

ていれば、外国人配偶者は、日本人の配偶者等の在留資格から、永住者への在留資格へと在留資格の変更を申請できる場合があります（入国管理局（当時）「永住許可に関するガイドライン」）。したがって、母親が日本人配偶者との死亡や離婚の前に「永住者」の在留資格を得ている場合であれば、未成年・未婚の子は引き続き永住者の子として「定住者」の在留資格を得ます。

　連れ子が成年に達していた場合、日本での在留期間が長期にわたっていれば、自らの日本社会への定着性等を考慮された上で定住者の在留資格を得る可能性もあります。

3　設問に対する回答

　以上より、連れ子が未婚の未成年であれば「定住者」の在留資格によって日本に呼び寄せることができます。

　また、原則としては日本人男性の死亡や離婚で母の「日本人の配偶者等」の資格が失われるために連れ子として得られた「定住者」の在留資格は失われる可能性がありますが、これまでの母や子の日本での定着度等を勘案し、子に引き続き定住者としての在留資格が認められる場合があります。

Q54　養子と在留資格

　私（日本人）は、日本に住むある男性（外国人）を養子にしたいと考えています。彼の在留資格はもうすぐ切れますが、私の養子になると彼は日本に居続けることができますか。

1　養子縁組を理由とした在留資格の取得の可否

(1)　特別養子縁組をした場合

　「日本人の配偶者等」（入管法2条の2第2項、別表第2）の在留資格が認められるのは、「日本人の配偶者若しくは民法817条の2の規定による特別養子又は日本人の子として出生した子」と規定されていますので、特別養子はこの在留資格を取得することができます。

　ただし、特別養子縁組は、原則として養子縁組の請求の時に6歳未満であることや、養親は原則として25歳以上の夫婦であることなどの厳格な要件が課されており（民法817条の2以下）、これを満たす必要があります。

(2)　6歳未満で日本人と普通養子縁組をした場合

　普通養子は前記の「日本人の配偶者等」に定めた身分には含まれませんので、普通養子には「日本人の配偶者等」の在留資格は認められません。ただし、平成2年法務省告示第132号第7により、日本人に扶養される6歳未満の普通養子については「定住者」の在留資格が与えられることとなっています。

(3)　6歳以上で日本人と普通養子縁組をした場合

　この場合には(2)とは異なり、養子に当然に「定住者」としての在留資格が与えられることはありません。とはいえ、人道上配慮すべき特段の事情がある場合はその旨や養子縁組の必要性や実態等を丁寧に説明した場合には、法務大臣から個別に定住者の在留資格が与えられる可能性があります。

　なお、在留期間経過後に成年者が日本人の希望に応じ養子縁組をしたケースにおいて、真摯な養親子関係等を通じて既に日本における生活基盤を確立するに至り、将来にわたって、健全な市民として平穏で安定した生活を送ることができる蓋然性が高いものと認めることができ、このことは特に重視されるべきであり、強制送還された場合には養親子双方に大きな精神的打撃を与えることになりかねないという人道的見地から看過することができない事情があること等を理由に退去強制令書発付処分は違法となるとした裁判例もあります（横浜地判平成17年7月20日判タ1219号212頁）。

2　帰化について

　養子縁組の時点で養子の本国法で未成年であった者で、引き続き1年以上日本に住所を有している者については、帰化の要件がやや緩やかになっています（国籍法8条2号）。

① 引き続き5年以上日本に住所を有すること
② 20歳以上（ただし、成年年齢を18歳に引き下げることを内容とする「民法の一部を改正する法律」が2022年4月1日から施行されるのに伴い、帰化の年齢要件も「18歳以上」となります。）で本国法によって行為能力を有すること
③ 自己又は生計を一にする配偶者その他の親族の資産又は技能によって生計を営むことができること

前記の条件は通常の帰化の場合には求められる要件ですが、前述の養子の要件を満たしている場合にはこのような要件がなくても帰化が認められる場合があります。この場合には日本国籍を取得できますので在留資格を気にすることなく日本に住み続けることができます。

３ 設問に対する回答

　特別養子縁組や養子となる男性が日本人に扶養される６歳未満である普通養子縁組であれば、「日本人の配偶者等」や「定住者」の在留資格を取得することができますが、その他の場合には、人道的な配慮が必要などの特段の事情があり、法務大臣が例外的に「定住者」としての在留資格を認めない限り（養子縁組を理由に）在留資格を得ることはできません。

第4章　親子関係

Chapter 4　179

Q55 日本人養親と外国人養子との養子縁組手続

　私（日本人）は、外国人を養子にしたいのですが、どのような手続が必要ですか。養子の国籍によって手続は異なるのでしょうか。
　① 私が日本人と結婚している場合や養子が未成年の場合は、何か異なるところがありますか。
　② 私が外国人と結婚している場合はどうでしょうか。養子にした子どもの国籍、戸籍、住民票、氏はどのようになるのでしょうか。

1　日本で養子縁組を行う場合

(1)　準　拠　法

ア　実質的成立要件

　通則法31条は、養子縁組を規律する条文であり、実質的成立要件の準拠法は養親の国である日本法になります（通則法31条1項前段）。

　養親となるべき者に配偶者がいるときに未成年者の子を養子にする場合は、夫婦で養子縁組する必要がありますが、日本人の配偶者であれば同じ日本法が適用されます。外国人の配偶者がいる場合は、その養親についての実質的成立要件は養親の本国法によります。

　仮に配偶者の本国法に養子縁組制度がない、又は法律上の年齢制限等で認められない場合、日本人の養子縁組もできなくなってしまうのでしょうか。この点について、実務は民法795条ただし書において、「配偶者がその意思を表示することができない場合は、この限りでない。」としていることから不可能なことを強制しない趣旨であると考え、日本人の単独養子縁組を認めています（平成3年2月18日法務省民二第1244号民事局長回答等）。

イ　保護要件（本人の承諾、第三者の承諾・同意、裁判所の許可等養子の保護を目的とする要件）

　通則法31条1項後段では、養子となる者の本国法の保護要件を満たす必要があると定めていますので、養子の国籍によって保護要件の要否が異なります。

ウ　形式的成立要件

　形式的成立要件（方式）の準拠法については、単独の養親及び日本人の配偶者がいる場合は成立を定める法律も行為地法も日本法ですので、いずれにせよ日本法になります（通則法34条）。外国人の配偶者がいる場合には当該国の法律を選ぶこともできますが、手続の煩雑さから考えると日本法に基づいて行い、外国には報告的な届出をするのが現実的と思われます。

(2)　普通養子縁組手続—日本法に基づく場合

　日本の市町村役場に備え付けてある養子縁組届に必要事項を記載し、当事者双方と成年の証人2名が署名押印して、市町村役場に届け出ます（民法799条、739条、戸籍法66条、25条）。届出の際に添付する必要のある書類等は以下のとおりです。

ア　養親の身分関係の証明

　養親となる者について日本法の要件を具備していることの証明が必要となります。日本法での要件は、成年であること（民法792条）などで、養親の戸籍謄本又は戸籍抄本によります。また、配偶者の同意が必要なケースでは配偶者の同意書を提出します。

　一方、外国人の配偶者が共に養子縁組をなす場合には、当該配偶者が本国法上の要件を満た

しているかを証明する必要があります（このとき日本人養親が外国人配偶者の本国法の要件を満たしているかどうかを検討する必要はありません）。旅券の写しのほか、要件具備証明書又は本国の法律の要件の該当箇所及び当該要件を満たしていることを証明できる書類を提出する必要があります（訳文を添付してください）。

　　イ　養子の身分関係の証明

　養子となる者について、日本法（外国人の配偶者とともに養子縁組する場合には本国法も）の要件を満たすかどうかに関係して、養子の年齢等を証明するものが必要となるため（日本法では民法793条により尊属又は年長者を養子とすることはできません）、パスポート、出生証明書又は身分証明書等の提出が必要となります。台湾系中国人の場合は、原則として戸籍謄本を提出します。

　　ウ　保護要件関係

　養子の本国法に保護要件がある場合には、この要件が備わっていることを証明することが必要になります。

　養子の本国の官憲の発行した要件具備証明書があれば、保護要件も当然に満たしているものとして扱われます（平成元年10月２日民二第3900号民事局長通達第５－１）。したがって、資格要件具備証明書のある場合には、これを提出することが簡便でしょう。ただし、要件具備証明書がない場合でも、第三者の承諾など、保護要件それ自体を満たすことを証明する書面を提出する方法によることも可能です。

　なお、養子となる者の本国法で、その国の裁判所の許可や決定が必要であると定められている場合があります。これも養子の福祉のために、裁判所が後見的な関与をするという意味で保護要件の一つです。この場合、養子の本国の裁判所の決定を得て、その決定書の謄本を提出することによって、保護要件を具備したこととなります。

　とはいえ、日本にいる者に「本国で決定をもらってこい」とするのは酷な場合があります。そこで、現在の実務においては、養親又は養子の住所地を管轄する家庭裁判所の養子縁組許可（家事事件手続法別表第１第61項）の審判をもって、養子の本国の官憲の許可又は決定に代えることも可能であるとされています（平成元年10月27日第166回東京戸籍事務連絡協議会決議等）。したがって、家庭裁判所に養子縁組許可の審判を申し立てて許可の審判を得て、許可の審判書の謄本を届出の際に提出する方法によることも可能です。

　なお、国によっては立法機関や行政機関の関与が要件とされている場合もあり、これらの関与については日本の裁判所がこれを代行することはできないとする審判例があります（大阪家堺支審昭和37年５月17日家月14巻９号116頁。ただし、この審判例は、当時のスウェーデン法上スウェーデン人が外国において養子縁組をする場合の要件たる内閣の許可を得ているとして、結論として養子縁組を許可した事例です）。

　養子が未成年の場合は原則として家庭裁判所の許可が必要になり（民法798条本文）、縁組届出の際にも裁判所の養子縁組許可の審判書の謄本の添付が必要になります（戸籍法38条２項）。

　また、養子となる者が15歳未満の場合には、その法定代理人の承諾が必要とされ（民法797条１項）、監護者である父又は母がいるときはその者の同意も必要とされます（同条２項）。したがって、養子の法定代理人が届出人となって養子縁組を届け出て（戸籍法68条）、監護者である父又は母のいるときは、届出書の「その他」の欄に監護者が縁組に同意する旨の記載と署名押印をすることが必要になります。

⑶　特別養子縁組手続─報告的届出

　特別養子縁組（民法817条の２以下）の場合には、養子は原則として養親となる者による家庭裁判所への請求の時に６歳未満でなければならず（同法817条の５本文）、養親となる者は配偶者のある者でなければならない（同法817条の３第１項）など、要件はさらに厳しくなっています。

　また、特別養子縁組の場合には、養子縁組自体は家庭裁判所の審判によって成立し、戸籍窓口への届出は報告的なものになります。このような、既に成立した身分行為を戸籍窓口へ届け出ることを「報告的届出」といい、その他の通常の届出は「創設的届出」といいます。

⑷　国籍、戸籍、住民票、氏について

　現在の国籍法では養子縁組によって国籍は変動しません。養子の帰化条件が緩和されていることについてはQ54を参照してください。日本人の当事者の戸籍には、養親子関係が成立した旨の記載がなされることになります。

　住民票は縁組の際に住居を共にする場合は別として、当然には養子縁組により同じ世帯になるわけではありませんが、養親の住所へ転入届を提出することによって同じ世帯として取り扱われます。

　氏は戸籍実務の取扱いでは当然には養親の氏になりません。もっとも、氏の変更の許可を求め、新たな戸籍を設けることによって養子が日本人養親の姓を名乗ることはできます。

２　外国で養子縁組を行う場合

⑴　準　拠　法

　日本人が外国で養子縁組を行う場合、実質的成立要件は、日本国内で行う場合と異なりませんが、形式的成立要件（方式）については、通則法34条により、日本の方式によるか又は縁組を行う場所（外国）の方式によることができます。なお、準拠法の定め方については詳しくは１⑴を参照してください。

⑵　届　　　出

　ア　日本法の方式によるとき

　養親の本籍地に郵送して届け出るか、その国に駐在する大使、公使又は領事に届出をすることができます（戸籍法40条）。

　イ　外国法の方式によるとき

　外国法の方式によって成立させた場合は、その成立を証明する書面を、３か月以内にその国に駐在する大使、公使又は領事に提出する等して、報告的届出をしなければなりません（戸籍法41条）。大使、公使等から送付を受けた本籍地の戸籍窓口は、養子縁組の準拠法上その養子縁組が無効でない限り、これを受理することとなっています（単に取消事由があるにすぎない場合には受理される点が創設的届出と異なります）。

Q56　外国人養親と日本人養子との養子縁組手続

私（外国人）は、日本人を養子にしたいのですが、どのような手続が必要ですか。
① 私が日本人と結婚している場合は、何か異なるところがありますか。
② 養子にした子どもの国籍、戸籍、住民票、氏はどのようになるのでしょうか。

1　準 拠 法

Q55にあるとおり、実質的成立要件は養親の本国法、保護要件は養子の本国法である日本法の要件を満たす必要があります（民法795条、797条、798条）。手続的には養親の本国法によるほか、行為地である日本法に基づくことができます。

本国法において配偶者がいる場合にも、単独で養子縁組が可能であれば単独で養子縁組ができますが、単独では養子縁組ができない場合には日本人も養親になる必要があります。

2　届出の方法

(1)　日本で届出を行う場合

養親の本国法の要件が満たされていることに関する書類についてはQ55を参照してください。なお、本国法で断絶型の養子制度（養子と実親との親子関係が切れる養子制度）を採用している場合、許可審判では代行することには無理があるため、家庭裁判所は普通養子縁組より要件の厳格な特別養子縁組の成立手続で代行させることになります。そのときには成立審判によることになるので報告的届出となり、日本人養子については、特別養子縁組による新戸籍編製の規定も適用されることになります（戸籍法20条の3）。

養子に関する日本法に基づく保護要件は養子の法定代理人が養子縁組の届出（戸籍法68条）をし、監護者がいる場合には届出書の「その他」の欄に監護者が縁組に同意する旨の記載と署名押印が必要です。また、未成年者の養子縁組では原則として家庭裁判所の許可審判書の謄本を提出することになります（民法798条）。夫婦で養子縁組する場合には、日本人配偶者は日本の民法の養親としての要件を満たしていることを戸籍謄本等で証明します。

養子も養親の本国法に適合しているかどうかを説明するための書類を提出する必要があり、養親の本国法での保護要件を確認します。

(2)　外国で届出を行う場合

行為地法の方式によって成立させた場合は、その成立を証明する書面を、3か月以内にその国に駐在する大使、公使又は領事に提出する等して、報告的届出をしなければなりません（Q55参照）。

3　国籍、戸籍、住民票、氏に関する取扱い

養子が養親の国の国籍を取得するかどうかは、養親の本国法において国籍を取得する定めがあるかどうかによります。この場合、国籍を選択する必要が生じます（Q45参照）。

単独での養子縁組の場合、養親の戸籍には養子縁組がなされた記載が加わります。一方、日本人の配偶者とともに養子縁組をした場合には、養子は養母の戸籍に入ることになり、氏も養母の氏に変更するのが先例です（戸籍法18条3項、17条、昭和28年12月2日民甲第2272号回答）。

住民票は当然には養子縁組によっては同じ世帯とはなりませんが、同じ住所に居住すること
になれば転入届により同じ世帯に入ることになりますし、同じ住所で別世帯としていた場合に
は世帯変更届に基づいて同一世帯とすることができます。また、前述のように住民票上も養母
の氏に変更となります。

Q57　離縁の手続

　日本人と外国人との養子縁組を解消するにはどのような手続をとればよいでしょうか。相手方が離縁に応じない場合にはどうしたらよいでしょうか。

1　離縁の場合の準拠法

　離縁については通則法31条2項が規定しており、養子縁組当時の養親の本国法が準拠法となります。養親が日本人であれば日本法が、外国人であればその本国法が準拠法となります。

　では、養親の本国法で離縁が認められない場合には養子は離縁できないのでしょうか。この点に関しては離縁を認めないと養子の福祉に反し、公序良俗に反するとして日本民法を適用して離縁を認めた裁判例・審判例があります。

　方法に関しては通則法34条により養親の本国法又は行為地法によることになります。したがって、日本で届出を行うのであれば養親が外国人であっても日本法の方式による離縁の方法をとることができます。

　日本法では、①協議離縁（民法811条）、②家庭裁判所の調停又は審判による離縁（家事事件手続法257条、244条）、③裁判上の離縁（民法814条）・和解離縁・請求認諾離縁（人事訴訟法44条）が定められています。当事者での話合いがまとまらない場合には家庭裁判所にまずは調停を申し立てることになります。

　国によっては裁判上の離縁のみが定められているところもありますが、その場合、離縁原因は養親の本国法に基づくものになります。

2　離縁手続の管轄

　これまで、人事訴訟法及び家事事件手続法には、国際的な要素を有する人事訴訟事件及び家事事件について、どのような場合に日本の裁判所が審理・裁判をすることができるかという国際裁判管轄に関する規律について、明文の規定がなく、これまでの実務では原則として被告の住所地が管轄であり、被告が行方不明であるとか、遺棄されているような場合等には例外的に原告の住所地に管轄を認めていました。

　人事訴訟法等の一部を改正する法律（平成30年法律第20号）が2019年4月1日から施行され、この改正により、国際的な要素を有する人事訴訟事件及び家事事件について、国際裁判管轄の規定が新設されました。

　改正法では、離縁を目的とする訴えについて、次のいずれかに該当するときは、日本の裁判所が管轄権を有するものとしました（人事訴訟法3条の2）。

①　当該訴えに係る身分関係の当事者の一方の住所が日本国内にあるとき
②　当該訴えに係る身分関係の当事者双方が日本の国籍を有するとき
③　日本国内に住所がある身分関係の当事者の一方からの訴えであって、当該身分関係の当事者が最後の共通の住所を日本国内に有していたとき
④　日本国内に住所がある身分関係の当事者の一方からの訴えであって、他の一方が行方不明であるとき、他の一方の住所がある国においてなされた当該訴えに係る身分関係と同一の身分関係についての訴えに係る確定した判決が日本国で効力を有しないときその他の日本の裁判所が審理及び裁判をすることが当事者間の衡平を図り、又は適正かつ迅速な審理

の実現を確保することとなる特別の事情があると認められるとき

3 離縁手続

　養親の本国法では調停又は審判による離縁を認めていない場合でも調停離縁が成立し、又は審判離縁が確定した場合には調停又は審判に基づく離縁届を受理して戸籍の処理を行うこととしています（昭和44年11月25日民事甲第1436号回答）。

　裁判離縁については日本の家庭裁判所によりなされたもののほか、外国の裁判所でなされたものがあります。外国での離縁の裁判が確定したとして日本の役所に届出がなされた場合、外国判決の承認の問題となるので、民事訴訟法118条の要件を検討します（Q124参照）。

4 特別養子縁組

　準拠法等に関する考え方は普通養子縁組と同じですが、日本での特別養子離縁が認められるのはごく例外的な場合に限られています。国籍も養子縁組によって変動はありませんが、日本人が外国人との特別養子縁組によって当該国の国籍を取得して日本国籍を離脱した場合でも、離縁によって当然に日本国籍を回復するわけではありません。この場合には、日本国籍を取得するには帰化による方法となります。外国人が特別養子縁組の後に日本の国籍を取得した場合は、離縁によって日本国籍を失うことはありません。

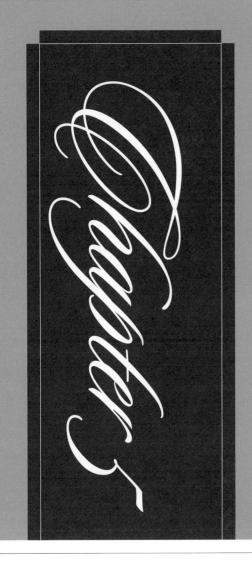

第5章　相　　続

Q58　相続の準拠法

　私は、外資系会社に勤務するアメリカ人です。先月、アメリカのニューヨーク州にいるアメリカ人の父が亡くなりました。この場合の相続関係には、どこの法律が適用されるのでしょうか。なお、父名義の土地、建物が日本にあります。

1　2つの立法的立場

　設問のように、2国間以上の国にまたがる渉外的な相続関係がどこの国の法によって規律されるか（相続の準拠法の決定）については、2つの立法的立場があります。

　第1は、「相続統一主義」と呼ばれているもので、相続財産の種類、所在地等のいかんを問わず、全ての相続関係を統一的に被相続人の属人法、すなわち、被相続人の本国法又は住所地法によって規律しようとする立場です。相続統一主義を採用する国は、EU加盟諸国（イギリス、アイルランド、デンマークを除く）、韓国、台湾などがあります。

　第2は、「相続分割主義」と呼ばれているもので、相続財産の種類及びその所在地いかんによって、別個の準拠法の規律に委ねる立場で、相続財産を不動産と動産に分け、前者は所在地法、後者は被相続人の住所地法又は本国法によって規律しようとする立場です。相続分割主義を採用する国は、アメリカ、イギリス、中華人民共和国などがあります。日本は、通則法36条で相続統一主義を採用しています。

2　相続の準拠法

　設問の場合の相続関係にはどの法律が適用されるかという問題ですが、通則法36条によれば「相続は、被相続人の本国法による」とされていますから、まず、父親の本国法が適用されます。アメリカは州によって法律が異なる国ですので、父親に最も密接な関係がある州であるニューヨークの州法が父親の本国法として適用されることになります（同法38条3項）。しかし、ニューヨーク州法では、相続分割主義を採用し、相続財産のうちの不動産についてはその所在地法によらしめることになっています。

　したがって、設問の場合、父親名義の土地、建物の所在地法は日本法ですから、その不動産の相続に関する限り、日本法が適用されることになります。ところで、このように当事者の本国法によるべき場合でも、その国の法に従うと日本法によるべきものとされているときは、日本法によることとされています（通則法41条）。これを「反致」といいます。前記の考え方は、不動産に関する限りで反致を認めることになり（部分反致）、相続関係を統一的に処理する通則法の建前に合致しないとする見解もありますが、多数説はこれを認めています。

3　設問に対する回答

　設問の場合の相続関係ですが、日本にある父親名義の土地、建物については日本法、それ以外の財産についてはニューヨーク州法が適用されて処理されることになります。

　なお、設問と異なり、父名義の不動産がアメリカにあるときには、その所在地国が専属的に管轄を有するものとされ、日本の裁判所が行った遺産分割の審判や調停等がアメリカでそのまま承認され、実現される可能性は少ないといわれていることに注意する必要があります（司法研修所編『渉外家事・人事訴訟事件の審理に関する研究』171頁（法曹会、2010年））。

Q59　外国人の相続と遺産分割

　私たちは、両親と子ども2人の4人家族で、全員中華人民共和国の国籍を有しています。私たちは何十年も日本に住んでいましたが、父が日本での交通事故により亡くなりました。父は日本と中国に不動産を所有していましたが、父の遺産についての話合いが一向に進みません。

　そこで、日本の家庭裁判所に遺産分割の調停ないし審判を申し立てたいと思っていますができますか。

1　遺産分割事件の国際裁判管轄権

　日本の家庭裁判所に遺産分割の調停ないし審判を申し立てることができるかという問題は、日本の裁判所が当該事件について国際裁判管轄権を有するかという問題であり、家事事件手続法に定められています。

　まず、遺産分割の調停については、申立人以外の相続人全員を相手方とする必要があるところ、家事事件手続法3条の13第1項2号により、相手方の住所が日本国内にあるときは日本の裁判所が国際裁判管轄権を有するとされています。また、相続に関する審判事件については、家事事件手続法3条の11第1項により、相続開始の時における被相続人の住所が日本国内にあるとき等について、やはり日本の裁判所が国際裁判管轄権を有することとされています。

　設問の場合、相続人全員が何十年も日本に住んでいるということですので、日本の裁判所に遺産分割調停を申し立てることが可能です。また、被相続人たる父親は長く日本に住んでいて、日本で死亡したとのことですので、遺産分割審判についても、同様に日本の裁判所に申し立てることができます。

2　遺産分割の準拠法

　誰が相続人になるか、相続分はどうなるか、共同相続した場合の共同相続人間の関係はどうなるかというような問題はもちろんのこと、遺産分割の時期、方法、基準、効果などについても「被相続人の本国法」（通則法36条）である中国法によって決すべきものと考えられています。もっとも、中国は相続分割主義を採用しているので、相続財産の種類及び所在地により適用法が異なります。例えば、不動産についてはその所在地法によるとされているため、日本にある不動産については反致（同法41条）により目的物の所在地法である日本法が適用され、中国にある不動産については中国法が適用されます（中国渉外民事関係法律適用法31条）。他方、不動産以外の財産については、被相続人が死亡した時の常居所地法によるとされているため、反致（通則法41条）により被相続人の常居所地である日本法が適用されます（中国渉外民事関係法律適用法31条）。

　したがって、設問の場合、中国における不動産の扱いが特に問題となります。中国法によれば、法定相続人は配偶者、子、父母ですので（中国継承法10条）、父親にその父母がいるかどうかを調べる必要があります。共同相続人は協議によって遺産分割をすることができ、協議が成立しない場合には、調停を申し立て、あるいは訴訟を提起することができます（同法15条）。

　なお、中国法では同順位の法定相続人の相続分は原則として均一です（同法13条）。ただし、遺産のうち、夫婦の共有財産に属するものについては、原則としてその半分は配偶者の所有に

属するものとされ（同法26条）、遺産分割の対象となりませんので、注意する必要があります。

③ 相続財産の範囲

(1) 損害賠償請求権

　父親の相続財産として、交通事故の加害者に対する損害賠償請求権が考えられます。この損害賠償請求権の相続性が認められるかという問題は、損害賠償請求権が相続財産の中に組み入れられるかという相続財産の範囲及びその移転の問題といえます。

　この点、相続財産を構成する個々の財産固有の準拠法（個別準拠法）のみを適用すべきとする有力な見解もありますが、多くの学説は、通則法36条により被相続人の本国法を適用するとともに、個別準拠法も適用すべきものと考えています（このことを「個別準拠法は総括準拠法を破る」といっています）。設問のような不法行為に基づく損害賠償請求権が問題とされる場合、通則法17条（不法行為の結果発生地法）も適用されるものと考えるのです。

　交通事故に基づく損害賠償請求権の相続に関する多くの裁判例は、日本において発生した交通事故に関して、損害賠償請求権の相続性に関する準拠法について明示することなく、日本法を適用しているようです（東京地判昭和40年4月26日判時419号47頁、東京地判昭和41年5月14日判時463号45頁、大阪高判昭和41年10月12日判タ200号103頁、東京高判昭和47年2月29日判時662号50頁、名古屋地判昭和47年5月31日判時691号52頁等）。

　設問では、損害賠償請求権は不動産以外の財産ですので、通則法36条によっても、また、同法17条によっても、準拠法は日本法となり、損害賠償請求権の相続性は問題なく認められますので、この損害賠償請求権も遺産分割の対象となるでしょう。

(2) 外国所在の不動産

　父親の遺産としては、日本以外に中国に不動産があるとのことですが、中国所在の不動産を相続財産の範囲に含まれるものとして、日本の家庭裁判所における遺産分割の調停ないし審判が、中国で法的効力を有するか（相続登記の手続で利用できるか）、については別途考慮が必要です。

　外国所在の不動産に関して、当該不動産の所在する国が不動産に関する専属的管轄権を有している場合を念頭に置いて、管轄自体を否定する学説もあります。しかし、中国法では、中国国内に所在する相続不動産に関して、専属的管轄権を肯定する法制をとっているわけではありません。設問のように中国に不動産が所在している場合には、日本の裁判所の管轄を肯定し、外国所在の不動産も相続財産の範囲に含まれるものとして、遺産分割の調停ないし審判の対象にすることはできるものと考えられます。現実に調停の対象にしている例もあります（東京家調昭和38年11月18日家月16巻4号165頁。アメリカのオクラホマ州の不動産の事案）。ただし、中国所在の不動産の相続登記の手続を念頭に、日本の裁判所の審判・調停が中国で法的効力を有するかどうかを調査しつつ、裁判所と協議しながら慎重に進めるべきでしょう。

④ 設問に対する回答

　あなたは日本の家庭裁判所に対し遺産分割の調停ないし審判の申立てをし、日本法又は中国法に則って遺産分割の調停ないし審判を行うことになりますが、中国での不動産の登記手続のことも念頭に置くと、中国の法律家にも相談する必要があるでしょう。

Q60 相続の限定承認・放棄

　私たちは、在日韓国人の家族です。先日、父が亡くなり、母と子の私が残されました。父には多額の債務がありましたので、相続の限定承認ないし相続放棄をしたいと思います。どのようにしたらよいでしょうか。

1　国際裁判管轄権

　まず、設問のような渉外的要素を有する相続の限定承認又は放棄の申述（申告）を、日本の家庭裁判所に対してできるのか、日本の裁判所に相続の限定承認又は放棄の国際裁判管轄権があるのか否か問題となります。

　家事事件手続法3条の11第1項によると、相続に関する審判事件（限定承認又は相続の放棄の申述の受理はこれに含まれます）については、相続開始の時における被相続人の住所が日本国内にあるとき等に、日本の裁判所が国際裁判管轄権を有することとされています。

　したがって、設問のように日本に居住していた父親が日本で亡くなったケースでは、日本の家庭裁判所に相続の限定承認又は放棄の国際裁判管轄権があります。

2　相続の限定承認・放棄の準拠法

　相続の準拠法について、通則法36条は「相続は、被相続人の本国法による」ものとしています。ここでいう「相続」に「相続の限定承認、放棄」が含まれるものと考えられています。そして、多くの見解は、相続の限定承認、放棄について、通則法36条の被相続人の本国法のみを準拠法とすべきものとしており、実務もそのように考えています（神戸家審昭和35年9月14日家月12巻12号101頁、東京家審昭和52年7月19日家月30巻7号82頁）。

　したがって、設問の場合、被相続人である父親が韓国人であることから、韓国法が適用されることになります。

3　韓　国　法

　韓国法によれば、母親と子であるあなたは財産相続人となります（韓国民法1000条1項1号、1003条1項）。また、相続人は、相続の開始があったことを知った日から3か月以内に、単純承認や限定承認若しくは放棄をするものとされています（同法1019条1項）。しかし、もし相続人が1019条1項の期間内に限定承認又は放棄をしなかった場合には、単純承認したものとみなされてしまいます（同法1026条2号）。

　もっとも、2002年の改正により韓国民法1019条3項が新設され、1026条2号の適用が一部制限されました。すなわち、相続人が、1019条1項の期間内に、相続債務が相続財産を超過する事実を重大な過失なく知ることができず、その結果単純承認した場合には、その事実を知った日から3か月以内であれば、限定承認をすることができるようになりました（1019条3項。金疇洙『注釈大韓民国相続法』189頁（日本加除出版、2002年）参照）。

　したがって、設問の場合に、韓国法の定める期間内であれば相続の限定承認又は放棄をすることは可能です。また、期間が過ぎた場合でも、債務超過の事実を重大な過失なく知ることができなかった場合には、その事実を知った日から3か月以内であれば限定承認することができます。

4　相続の限定承認・放棄の方式

　相続の限定承認又は放棄が可能だとして、それはどのような方式でしなければならないのでしょうか。この点については、通則法10条は、その行為の効力を定める法律（韓国法）か、又は行為地法（日本法）のいずれかに従っていれば有効に成立するものとしています。

　韓国法によれば、限定承認の方式は、相続財産目録を添付して裁判所に対して申告することになっており（韓国民法1030条）、相続放棄の方式は家庭裁判所に対して申告をすることになっています（同法1041条）。これに対し、日本法によれば、限定承認の方式は、財産の目録を作成して家庭裁判所に提出し、限定承認をする旨を申述することになっており（民法924条）、相続放棄の方式は家庭裁判所に対して放棄する旨を申述することになっています（同法938条）。

　いずれにしても、裁判所に対する相続を放棄する旨の申述・届出という方式で行うことに変わりはありません。

5　設問に対する回答

　前記のように日本の家庭裁判所に対して、相続の限定承認ないし放棄の申述（申告）をすることは可能ですが、韓国にも利害関係人がいるかもしれませんし、韓国国内での効力が別異に解される可能性がないわけではありませんから、韓国の家庭裁判所に対しても限定承認ないし放棄の申告をしておいたほうがよいでしょう。

Q61 外国人の相続登記

　先日、私たちの父が亡くなりました。父は戦前から日本に住んでいた朝鮮半島出身のいわゆる在日朝鮮人です。家族（亡父、母、私、及び弟）は皆、帰化しておらず特別永住者のままで、住民票の国籍欄は「朝鮮」です。家族で話し合って、父の財産は全て娘の私が相続することになりましたが、不動産の相続登記はどうしたらよいでしょうか。

1　相続の準拠法

(1)　朝鮮半島出身者の国籍について

　相続の準拠法について、通則法36条は「相続は、被相続人の本国法による」ものとしていますので、まずは被相続人の本国法を確定する必要があります。ここで注意すべきは、大韓民国（以下「韓国」）と朝鮮民主主義人民共和国（以下「北朝鮮」）には、それぞれ独自の国籍法が存在し、国家の創建以前の韓国・朝鮮人及びその子孫を、両国とも自国民として扱っているため、特別永住者の在留資格を有する在日韓国・朝鮮人及びその子孫は、本国法が韓国・北朝鮮のいずれの場合もありうるということです。

　このような場合、住民票の国籍欄の表示に加えて、当事者の意思（既に死亡しているため、親族等の証言によることとなります）やいずれの国のパスポートの発給を受けていたか、また、日本国内のどの民族団体に所属していたか（在日本大韓民国民団か在日本朝鮮人総聯合会か）等の事情から、本国法を決することになります。

(2)　北朝鮮を本国法とする場合の日本法への反致

　被相続人の本国法が北朝鮮と決定した場合、次に通則法41条の「当事者の本国法によるべき場合において、その国の法に従えば日本法によるべきときは、日本法による」とする「反致」が認められるかを検討する必要があります。北朝鮮対外民事関係法45条1項「不動産相続には相続財産の所在する国の法を適用し、動産相続には被相続人の本国法を適用する。ただし、外国に住所を有する共和国公民の動産相続には被相続人が最後に居住していた国の法を適用する」とする規定から、日本法への「反致」が認められ、日本法が準拠法となります。

(3)　韓国を本国法とする場合

　これに対して、被相続人の本国法が韓国の場合、韓国国際私法49条1項「相続は死亡当時の被相続人の本国法による」との規定から、準拠法は韓国法となります。もっとも、同条2項1号は、死亡時までに日本に常居所がある在日韓国人が「相続は日本法による」と遺言で明示的に指定した場合は、日本法を準拠法にすることが可能であることを認めており、適式な遺言でこのような明示的な指定がある場合は、日本法への「反致」が認められ、日本法が準拠法となります。また、同項2号は、被相続人が「不動産に関する相続については、その不動産の所在地法による」と遺言で指定した場合は、その不動産の所在地法が準拠法になることを定めており、相続財産の不動産が日本に所在し、かつ、適式な遺言でこのような明示的な指定がある場合は、動産相続には韓国法が適用され不動産相続のみが日本法に「反致」することになります。

(4)　遺産分割協議について

　準拠法が日本法の場合はもちろん韓国法であっても、相談者の家族の場合、相続人は配偶者と直系卑属（被相続人の子）のみであり、その相続人全員による協議がまとまれば相談者1人が全財産を取得することが可能です。

2 相続登記の添付書類

相続を原因とする不動産の所有権の移転登記申請を行う場合、相続人の「住所証明情報」としての住民票のほか、「登記原因証明情報」となる書類の添付が必要となり、不動産の取得者を定める遺産分割協議書のほか、被相続人や相続人らが日本人であれば戸籍の謄本等を相続証明書として利用することができます。

しかし、日本に在留する外国人については、戸籍は編製されないため、これに代わるべき書類を提供する必要があります。そこで、在日朝鮮人の相続の場合、以下の書類を用意することになります。

(1) 外国人登録原票の写し

2012年の外国人登録法の廃止に伴い、それまで市区町村に保管されていた外国人登録原票は全て法務省に送付されて現在は出入国在留管理庁において保管されており、所定の請求書を利用することで、外国人登録原票の写しを取得することができます（本人の生存の有無で、請求先、書式や料金が異なります）。

外国人登録原票には、「国籍の属する国における住所又は居所」、「出生地」、「居住地」、「世帯主の氏名・世帯主との続柄」、「（世帯主である場合）世帯構成員の氏名、出生の年月日及び国籍及び世帯主との続柄」、「本邦にある父母及び配偶者の氏名、出生の年月日及び国籍」といった情報が記載されており、下記(4)の韓国戸籍を得る手がかりを得ることもできます。

また、不動産登記簿上の被相続人の住所と死亡時の住所が異なる場合の住所変更の証明にも利用できます。

(2) 戸籍法に基づく証明書

外国人は戸籍に編製されないものの、国内で発生した出生や死亡については、日本人の場合と同じく届出が義務付けられており、また婚姻、認知、離婚、養子縁組などの届出もすることができます。これら届出がなされた市区町村役場に対して、届出の受理証明又は記載事項証明書の交付を受けることができます。

(3) 判決・審判等

日本の裁判所で離婚、養子縁組、離縁等の手続をしている場合、当該管轄裁判所に対して、判決・審判謄本等を申請することができます。

(4) 本国官公署発行の書面

本国官公署発行の書面については、まず、被相続人の本国法が韓国の場合、日韓併合時代に日本の戸籍制度をもとに戸籍が編製されていた可能性があり、2007年以前の韓国戸籍（除籍謄本。2007年12月1日以前）や2008年1月1日以降の家族関係の登録事項証明書（家族関係証明書や基本証明書等）を取得できる場合があります。

そして、被相続人の本国法が北朝鮮の場合、在日朝鮮人の身分登録書面は北朝鮮に存在しません。しかし、在日朝鮮人の多くは現在の韓国に属する地域の出身者が多いため、被相続人の本国法が韓国の場合と同じく日韓併合時代に日本の戸籍制度をもとに戸籍が編製されていた可能性があり、家族関係の登録事項証明書や韓国戸籍を取得できる場合があります。

なお、韓国官公署発行の書類は、韓国語で記載されているため、移転登記申請を行う際は併せて日本語訳も添付する必要があります。

第5章　相続

⑸　その他上申書

　以上の書類に加え、「他の相続人はいない」旨の相続人全員の署名・押印のある上申書を作成して添付することがあります。

③　設問に対する回答

　前記のとおり、相談者家族は韓国か北朝鮮の国籍を有すると考えられますが、いずれにしても家族（母、弟）で話し合うことにより、相談者１人で亡父の全財産を取得できます。

　そして、相談者への不動産の移転登記を申請する場合、相談者の住民票に加え、登記原因証明情報として遺産分割協議書のほかに、相続関係を示す身分登録書面が必要となります。この身分登録書面については、日本国内で取得できるもの（外国人登録原票の写し、被相続人の婚姻届記載事項証明書、死亡届記載事項証明書、相続人の出生届記載事項証明書、判決・審判）のほか、韓国戸籍や家族関係の登録事項証明書などを利用することになります。

　取得できる証明書は個別のケースによって様々ですので、司法書士等の専門家に相談してみるとよいでしょう。

Q62　相続人の不存在、特別縁故者への財産分与

　私（日本人）の友人で、職場の元同僚のＡさん（台湾人）が先日、亡くなりました。Ａさんには住んでいたマンションがありますが、相続人はいないようです。このマンションはどうなるのですか。

　私は、長年、Ａさんを看病し、家族同様のお世話をしてきました。私は特別縁故者として財産分与を受けることができるのでしょうか。

1　遺産の管理等の国際裁判管轄権

　特別縁故者（民法958条の３）として財産分与を受けるためには、日本では相続財産管理人の選任申立て及び特別縁故者としての財産分与の申立てをしなければなりません。しかし、Ａさんが台湾人であり渉外的要素を含むので、そもそも日本の裁判所に相続財産管理人の選任などの国際裁判管轄権があるのか問題となります。

　この点、多くの裁判例は被相続人の最後の住所地（常居所地）国又は遺産の所在地国の裁判所に管轄が認められるものとしていましたが（司法研修所編『渉外家事・人事訴訟事件の審理に関する研究』165頁（法曹会・2010年））、2018年に家事事件手続法が改正（2019年４月施行）され、立法的な手当てがなされました（家事事件手続法３条の11第１項、３項）。

　設問では、Ａさんの最後の住所地（常居所地）及び財産の所在地は日本ですから、日本の裁判所に相続財産管理人の選任などの国際裁判管轄権があるものといえるでしょう。

2　相続人不存在が確定するまで

　設問のように、Ａさんに相続人がいるか否か不明な場合には、相続人の不存在が確定するまでの間、相続財産管理人等を選任し、相続財産を管理し、相続人を捜す必要があります。これについての準拠法をどのように決定すべきでしょうか。

　審判例は分かれています。通説は、相続財産の管理は相続の一過程としての相続財産並びに相続人の確定問題とみるべきであるから、相続準拠法によるべきものとしています（神戸家審昭和56年９月21日家月34巻７号89頁等）。これに対し、有力説は、相続財産の所在地法によるべきものとしています（水戸家審昭和36年６月23日家月13巻11号110頁）。また、台湾においても、被相続人の死亡時の本国法によるとされていますので、反致ということもありません（渉外民事法律適用法58条）。

　設問の場合、通説によれば、台湾の法律に従い相続財産の管理がなされることとなりますので、あなたが利害関係人として相続財産管理人の選任の申立てをすることになります（中華民国民法1178条）。

3　相続人不存在の確定後における財産の帰属

　相続人の不存在が確定した場合に、相続財産が国庫その他の公共団体に帰属することは、諸国の法制上ほとんど一致して認められているところです。しかし、かかる国庫等への財産帰属の性質と関連して、相続人の不存在の場合における相続財産の帰属に関する準拠法について見解が分かれています。

　この点、国庫等への財産帰属を法定相続とみて通則法36条の相続の準拠法によるべきもの

とする見解と相続の問題とはしない見解とがあり、後者は国庫等への財産帰属を国等による無主物先占とみて同法13条によるべきものとする見解と条理により財産所在地法によるべきものとする見解等に分かれていますが、多数の見解は相続財産の所在地法を準拠法とすべきものと考えています（東京家審昭和41年9月26日家月19巻5号112頁・渉外判例百選（新法対応補正版）150頁）。

この考え方によれば、Ａさんの住んでいたマンションは日本にあるのですから、財産所在地法たる日本法により日本の国庫に帰属するのが原則ということになります（民法959条）。

4 特別縁故者への財産分与

あなたは、Ａさんを看病したり、家族同様の世話をしてきたとのことですが、日本法によれば、相続財産が国庫に帰属する前に、被相続人の療養看護に努めた者その他被相続人と特別の縁故があった者に相続財産の全部又は一部を分与することができることになっています（民法958条の3）。他方、台湾法上は特別縁故者の制度はなく、相続財産管理人による精算後の残余財産については国庫に帰属するとだけ定められています（中華民国民法1185条）。

それでは、特別縁故者として財産分与を受けることができるか否かについて、いずれの法律を準拠法とすべきでしょうか。

この点、通則法36条の相続の準拠法によるものと考える立場と、同条の適用範囲に入らず財産所在地法によるべきものと考える立場があり、多数の見解は財産所在地法によるべきものと考えています。理論構成はともかく審判例（仙台家審昭和47年1月25日家月25巻2号112頁、大阪家審昭和52年11月18日家月30巻11号71頁、大阪家審昭和52年8月12日家月30巻11号67頁・渉外判例百選第3版174頁、名古屋家審平成6年3月25日家月47巻3号79頁・渉外判例百選（新法対応補正版）152頁）も、日本民法958条の3を適用して、特別縁故者への財産分与を認めています。

5 設問に対する回答

設問によると、相続財産であるマンションの所在地は日本ですから、日本の民法によって、あなたは、相続権主張の公告期間の満了後3か月以内に、家庭裁判所に対し特別縁故者として相続財産の処分（分与）審判の申立てをすれば、相続財産が国庫に帰属する前に、その特別縁故性の程度に応じて、その全部又は一部の分与を受けられる可能性があります（民法958条の3、家事事件手続法39条別表第1第101項、家事事件手続規則110条）。

Q63 遺言書

　私の夫はイギリス人で、日本で一緒に暮らしていましたが、先日、亡くなりました。夫の自筆による遺言書が見つかったのですが、どうすればよいでしょうか。

1　遺言の方式の準拠法

　まず、設問の遺言書が形式的に遺言書として認められるかどうかという、遺言の方式の問題があります。

　遺言の方式についての準拠法は、「遺言の方式の準拠法に関する法律」に定められています。

　同法は、単なる方式上の理由で遺言を無効とすることをできる限り避けようとする遺言保護の観点から、次に掲げるいくつかの準拠法のうちの一つに方式が適合していれば、その遺言は方式に関し有効であるとしています。

　その準拠法とは、①行為地法、②遺言者が遺言の成立又は死亡の当時国籍を有した国の法律、③遺言者が遺言の成立又は死亡の当時住所を有した地の法律、④遺言者が遺言の成立又は死亡の当時常居所を有した地の法律、⑤不動産に関する遺言についてその不動産の所在地法の５つです（遺言の方式の準拠法に関する法律２条）。

2　日本民法における遺言の方式

　まず、準拠法が①の行為地法であり、③④の遺言成立時の住所又は常居所を有する地の法律である日本の民法であった場合はどうでしょうか。

　日本の民法では、遺言者が、全文、日付及び氏名を自書し、押印したものでなければ、自筆証書遺言として認められないこととされています（民法968条１項）。したがって、例えば押印を欠く遺言書などは、自筆証書遺言として認められないのが原則です。

　なお、2019年１月より、自筆証書遺言の方式が緩和されました。具体的には、自筆証書と一体のものとして相続財産目録を添付する場合には自署を要しないものとされました（民法968条２項）。

3　イギリス法における遺言の方式

　では、準拠法が②の遺言の成立時に国籍を有している国の法律であるイギリス法であった場合はどうでしょうか。

　イギリス法では、(a)書面で作成されていること、(b)遺言者本人であって、又は本人の直接の指示に従って署名されたものであること、(c)(b)の署名により、遺言者がその遺言に効力を与えることを意図したと見受けられること、(d)２人以上の証人によって同時に遺言者本人の署名が認証されること、(e)本人の面前で証人による署名がなされること、が要件とされています（1837年遺言法９条。公益社団法人商事法務研究会「各国の相続法制に関する調査研究業務報告書（平成26年10月）」。

　したがって、設問の遺言書がイギリス法上の要件を満たしていれば、遺言の方式としては有効です。

4　遺言書検認の国際裁判管轄

　一般に、遺言の内容を執行するための準備手続として、裁判所において遺言書の検認を受けることが考えられますが、設問のような外国人の遺言書について、日本の家庭裁判所に検認の申立てができるのか、日本の裁判所に遺言書検認の国際裁判管轄権があるのか問題となります。

　実務的には、遺言者が日本に最後の住所を有していた場合に、日本の裁判所に国際裁判管轄権が認められるとされてきました（神戸家審昭和33年11月28日家月11巻2号85頁）。そして、2019年4月より改正家事事件手続法が施行され、相続開始の時における被相続人の住所が日本国内にあるときには日本の裁判所に管轄が認められました（家事事件手続法3条の11第1項、別表第1第103項）。

　設問のように、遺言者がイギリス人であっても、最後の住所が日本にあった場合には、日本の裁判所に遺言書検認の国際裁判管轄権が認められるでしょう。

5　遺言書検認の準拠法

　設問のような自筆証書遺言などの場合に、外国人の遺言書の検認について、その要否、効果をどこの国の法律に従って考えるべきか問題となります。

　実務的には、検認の要否も含めて法廷地法によって処理されているようです。検認の要否について、外国人の本国法と日本法の双方について検討した審判例もありますが（遺言者がフランス人の事案について神戸家審昭和57年7月15日家月35巻10号94頁・国際私法判例百選（新法対応補正版）154頁）、前述の昭和33年の神戸家裁の審判例は日本法に従って処理しているようであり、こちらのほうが原則的扱いと考えられます。

　したがって、外国人の遺言の検認について、その要否、効果を決するには、法廷地法である日本法によるものと考えられます。

6　日本法における検認

　日本法によると、公正証書遺言は検認が不要とされていますが（民法1004条2項）、公正証書遺言以外の設問のような自筆証書遺言の場合には、検認が必要となります（法務局に保管する場合（後述）を除きます）。なお、検認を経ていない自筆証書遺言書に基づいて相続登記申請がなされても、受理しない扱いとなっています（平成7年10月18日民二第4344号法務省民事局第三課長回答）。

　日本法上、検認は遺言書の偽造や変造を防止するための一種の検証としての効果を有するにすぎません。その遺言内容の真否や効力の有無についてまで判断するものではないとされています。

　なお、新たに成立した「法務局における遺言書の保管等に関する法律」（遺言書保管法）に基づいて、2020年7月より法務局において自筆証書遺言に係る遺言書を保管する制度が新たに設けられることになりました。同制度を活用した場合には、上述した裁判所の検認は不要となります（遺言書保管法11条）。

　ちなみに、イギリスにおける検認手続（probate）は、遺言の有効性まで認め、遺言執行者の地位を確立させるための効力を認める手続とされています。

7 検認の手続

検認の手続については法廷地法によるべきとの見解が有力です。日本の家庭裁判所に受理された検認手続については、法廷地法である日本法によると次のようになります。

まず遺言書の保管者又は遺言書を発見した相続人は、相続の開始を知った後、遅滞なく、相続開始地の家庭裁判所にこれを提出して、検認の申立てをしなければなりません（民法1004条、家事事件手続法209条1項）。封印のある遺言書は、家庭裁判所において相続人又はその代理人の立会いがなければ、これを開封することができません（民法1004条3項）。これらの規定に違反した場合には、過料の制裁が科されますので（同法1005条）、注意してください。

そして、家庭裁判所は関係者に対し検認期日呼出状を送付し、検認期日に遺言の方式に関する一切の事実を調査し（家事事件手続規則113条）、申立人、相続人及びその他の利害関係人を審問し、検認の審判が行われ（家事事件手続法別表第1第103項）、検認調書が作成されます（同法211条）。検認に立ち会わなかった事件関係人には、検認済通知書が送付されます（家事事件手続規則115条2項）。検認を終えた遺言書は申立てにより、その旨の証明がなされます（家事事件手続法47条1項）。

8 遺言執行者選任の国際裁判管轄

相続人の有無や遺言の内容によっては、検認後、遺言執行者の選任が必要な場合があります。

日本の家庭裁判所に対し遺言執行者の選任を申し立てることができるか否かということは、日本の裁判所が遺言執行者選任についての国際裁判管轄権を有するか否かという問題です。

この問題について考え方は分かれていますが、多くの審判例は遺言者の最後の住所地が日本にあれば管轄を認めています（東京家審平成13年9月17日家月54巻3号91頁、神戸家審昭和37年12月11日家月15巻4号78頁、東京家審昭和45年3月31日家月22巻10号101頁及び東京家審昭和48年4月20日家月25巻10号113頁）。また、通則法6条の失踪宣告の規定を類推して、被相続人（遺言者）の相続財産の所在地が日本にあれば、日本の裁判所に管轄権を認める審判例もあります（神戸家審昭和35年12月6日家月13巻3号156頁）。そして、この件についても、先に述べた家事事件手続法の改正により、相続開始の時における被相続人の住所が日本国内にあるときには日本の裁判所に管轄が認められました（家事事件手続法3条の11第1項、別表第1第104項）。

あなたの夫の最後の住所地は日本であり、また、日本に財産を有していたのですから、日本の裁判所に遺言執行者選任の国際裁判管轄権は認められ、日本の家庭裁判所に対して遺言執行者選任の申立てができるでしょう。

9 遺言執行者の選任及び権限の準拠法

日本の家庭裁判所に対して選任の申立てができるとして、次に、どのような者を遺言執行者に選任すべきか、選任された遺言執行者の職務権限は何か等についての準拠法が問題となります。

通則法37条1項は「遺言の成立及び効力は、その成立の当時における遺言者の本国法による」と規定していますが、遺言の意思表示を構成部分とする法律行為の効力や遺言の執行に関する諸問題は同条の対象外として、遺言執行者の選任及び権限等の問題に通則法37条の適用はないものと考えられています。

このことを前提にして、考え方はさらに分かれています。相続の準拠法によるという考え方と遺産管理地法を準拠法とするという考え方がありますが、多くの見解や審判例は相続の準拠法によるという立場に立っています（前掲神戸家審昭和35年12月6日、前掲東京家審昭和45年3月31日及び前掲東京家審昭和48年4月20日、東京家審平成13年9月17日家月54巻3号91頁）。

設問の遺言書が、相続財産の分配を遺言の実質的内容とするものである場合、それについての遺言執行者の選任や権限等については、相続の準拠法である通則法36条により被相続人の本国法、すなわちイギリスの法律によって解決することになるでしょう。

10　設問に対する回答

以上のとおりですので、まずは日本の家庭裁判所に遺言の検認の申立てを行うべきです。

第6章　就労・雇用及び経済活動

Q64　就労可能な在留資格

　私（外国人）は、日本で働きたいと思っていますが、日本で働くことができるようにするには、どのような在留資格が必要になるのでしょうか。

① 外国人の就労と在留資格

　外国人は、在留資格を有することによって日本に在留して生活することができます（入管法2条の2）。しかし、収入を伴う事業を行ったり、報酬を受け取って働くこと（両者を合わせて以下「就労」）については、在留資格を得て日本に在留している外国人であっても、許される場合と許されない場合があります。日本では、外国人が就労できるかどうか、また、どのような内容の就労が可能かは、入管法上、その外国人のもっている在留資格によって区別されています（同法19条）。入管法の定める在留資格の種類は、入管法の別表第1と第2に書かれています（Q2参照）。別表第1は、その者が日本で行おうとする活動に応じて与えられる在留資格で、外交、留学などがこれに当たります。これらの在留資格には、就労可能なものとそうでないものがあります。別表第2は、その者の有する身分又は地位に基づいて与えられる在留資格で、永住者、日本人の配偶者等、永住者の配偶者等、定住者がこれに当たります。これらの在留資格は、日本人と同様に就労することができ、職種に特段の制限はありません。以下、具体的に説明します。

② 行おうとする活動に応じて与えられる在留資格のうち就労可能なもの

　1999年に閣議決定された第9次雇用対策基本計画では、専門的・技術的分野の外国人労働者の積極的な受入れを目指す一方、「いわゆる単純労働者の受入れについては、国内の労働市場にかかわる問題を始めとして日本の経済社会と国民生活に多大な影響を及ぼすとともに、送出し国や外国人労働者本人にとっての影響も極めて大きいと予想されることから、国民のコンセンサスを踏まえつつ、十分慎重に対応することが不可欠である。」とされました。したがって、いわゆる単純労働を行うことを目的に入国、在留する在留資格というものは設けられておらず、単純労働のみを行うことを目的とした入国、在留の方法はありません。専門的な技術等を生かす就労活動を行う者についてのみ在留資格が定められています。そこで、入管法に定められている、就労を内容とする活動をするための在留資格を概説します。なお、2012年、2014年の入管法改正では、例えば、技術・人文知識・国際業務が一本化されたり、投資・経営が経営・管理とされたり等の改正がなされています。また、2018年の入管法改正では、新たに別表第1の2において「特定技能」の在留資格が創設されました。いわゆる「特定技能1号」は人材を確保することが困難な状況にあるため外国人により不足する人材の確保を図るべき産業上の分野に属する相当程度の知識又は経験を必要とする技能を要する業務に従事する活動の在留資格であり、「特定技能2号」は同分野に属する熟練した技能を要する業務に従事する活動の在留資格です。

(1)　「外交」、「公用」、「教授」、「芸術」、「宗教」、「報道」

　これらの在留資格はいずれも入管法別表第1の1の表上欄に定められたもので、表に定められた各活動を行うことができるとされています。これらは、当然に報酬を受け取ることも予定されており、就労可能なものということになります。在留期間は、外交の在留資格については

外交活動を行う期間、公用の在留資格については５年、３年、１年、３月、30日又は15日、その他の在留資格については５年、３年、１年又は３月とされています（入管法規則別表第２）。

(2) 「高度専門職」、「経営・管理」、「法律・会計業務」、「医療」、「研究」、「教育」、「技術・人文知識・国際業務」、「企業内転勤」、「介護」、「興行」、「技能」、「特定技能」、「技能実習」

これらの在留資格はいずれも別表第１の２の表上欄に定められたもので、表に定められた各活動を行うことができるとされています。これらも当然に報酬や利益を得ることを予定しており、就労可能なものということになります。いかなる場合にこれらの在留資格に当てはまるかについては、より具体的な基準が省令（出入国管理及び難民認定法第７条第１項第２号の基準を定める省令／「基準省令」）で定められています。在留期間は、「高度専門職」の在留資格については５年の場合と無期限の場合があり、「経営・管理」の在留資格については５年、３年、１年、４月又は３月、「興行」の在留資格については３年、１年、６月、３月又は15日、「特定技能」の在留資格については特定技能１号の場合は１年、６月又は４月、特定技能２号の場合は３年、１年又は６月、「技能実習」の在留資格については１年又は６月の場合と１年以内の場合があり、それ以外の在留資格については５年、３年、１年又は３月とされています（入管法規則別表第２）。

(3) その他の在留資格の在留期間

詳細は入管法規則別表第２を参照してください。

(4) 「特定活動」のうち就労可能なもの

「特定活動」の在留資格は、入管法別表第１の５の表に定められた在留資格で、「法務大臣が個々の外国人について特に指定する活動」を行うことができるとされます。これは個別の事情に基づいて、その人が行おうとする特定の活動に関して在留を認めるものです。この中には、就労を行うことを予定したものがあります。在留期間は、入管法規則別表第２を参照してください。特定活動についても告示（出入国管理及び難民認定法第７条第１項第２号の規定に基づき同法別表第１の５の表の下欄に掲げる活動を定める件）などによってある程度類型化がなされていますので、そちらを参照してください。

3 身分又は地位に基づいて与えられる在留資格と就労

「永住者」、「日本人の配偶者等」、「永住者の配偶者等」、「定住者」という入管法別表第２の在留資格、又は「特別永住者」（入管特例法）の在留資格をもっている場合には、基本的に、日本人と同様に就労することができ、職種にも特段の制限はありません。しかし、いわゆる偽装結婚のようにもともと結婚の意思がないのに形だけの結婚をしている場合には、就労はもとより在留が許されないことはもちろんです。

4 資格外活動許可による就労

その他の在留資格、例えば「留学」、「家族滞在」といった在留資格は、就労することが許されていません。しかし、例外的に、出入国在留管理庁長官が許可をしたときは、本来の在留を認められている理由となっている活動（留学などの活動）の遂行を阻害しない範囲内で就労することができるとされています（入管法19条２項）。

なお、別表第１の２の表の在留資格、例えば、「技術・人文知識・国際知識」の在留資格を有する者については、短時間であっても、喫茶店のウエイター・ウエイトレスとして働く等の単

純労働に従事するために資格外活動許可を受けることはできないといわれています。それは、日本国が単純労働に従事する外国人を受け入れない入国管理政策をとっていることから、資格外活動許可を認めるための相当性を欠くと考えられるからです。資格外活動許可が認められるとすれば、単純労働ではない、例えば、大学の非常勤講師の仕事をするような場合に限られるでしょう。実例として多いのは「留学」の在留資格をもつ人の資格外活動の許可ですが、この場合には、職種、許される就労時間などの詳細な許可基準が設けられています（Q92参照）。

5 就労資格証明書

　パスポートや在留カードに記載された在留資格の表示だけでその外国人が就労しようとする業務が在留資格の範囲内であるかどうかを判断することは難しい場合があります。そのような場合であっても、就労しようとする業務が在留資格の範囲内であることを証明する文書を出入国在留管理庁が発行してくれるのであれば、雇われる側も雇う側も安心して雇用契約を結ぶことができます。そこで、外国人は自分が就労できる内容を示した証明書（就労資格証明書）の交付を出入国在留管理庁長官に申請することができます（入管法19条の2、入管法規則19条の4）。

Q65　就労可能な在留資格への変更の可否

　私（外国人）は、現在、観光目的で日本に在留しています。日本が気に入ったので、このまま日本に滞在して働きながら生活したいと思いますが、可能でしょうか。

1　就労可能な在留資格

　日本に在留する外国人が事業を行って収入を得たり、報酬を得たりすること（以下合わせて「就労」）が可能かどうかは、基本的にはその外国人の在留資格によって異なります。入管法別表第1にあげられた在留資格のうち、「技術・人文知識・国際業務」などの在留資格は、その行おうとする活動の内容が報酬を得ることを前提としたものであり、その意味で就労可能な在留資格であること、入管法別表第2の在留資格は、基本的に日本人と同様の就労が可能であることはQ64で述べたとおりです。一方、主に観光目的で入国する際に与えられる在留資格である「短期滞在」や「留学」、「家族滞在」、「研修」、「文化活動」は、就労可能な在留資格ではありません（同法19条1項2号、別表第1の3、同4）。

2　在留資格変更許可申請

　外国人が日本で就労しようとする場合については、入国前に就労可能な在留資格の在留資格認定証明書（入管法7条の2）を取得した上で、就労可能な在留資格を与えられて日本に入国することが一般的です。しかし、設問のように、もともとは観光目的で日本に来たのですが、日本に滞在するうちに日本が気に入ったので日本に滞在しながら働きたいとか、日本で勉強するうちに日本で働きたくなったという場合もあるでしょう。そのような場合には、就労ができない在留資格から就労ができる在留資格に在留資格変更許可申請（同法20条）を行うことにより在留資格の変更をすることが必要となります。

3　短期滞在の在留資格からの在留資格変更

　設問のように、観光目的で日本に在留している場合には、「短期滞在」の在留資格で在留していることになりますが、短期滞在の在留資格から他の在留資格への在留資格変更については、やむを得ない特別の事情がなければ許可しないとされています（入管法20条3項ただし書）。とりあえず、短期滞在の在留資格で入国しておいて就労のできる資格への在留資格変更申請をするというような脱法的な申請を防止するためと思われます。実際上も、短期滞在からの資格変更はほとんど認められておらず、結婚など身分上の変更があった場合でも資格変更が認められるとは限りません。設問の場合のように、日本に来てから日本が気に入ったからという理由も、入管法が定める特別の事情とは認められず、資格変更は許可されないと思われます。

4　その他の在留資格からの在留資格変更

　短期滞在以外の在留資格からの在留資格変更の可否については、一般的には、法務大臣が当該外国人が提出した文書により在留資格の変更を適当と認めるに足りる相当の理由があるときに限り許可することができるとされています（入管法20条3項本文）。この相当な理由の有無につき、「在留資格の変更、在留期間の更新許可のガイドライン」があり、2009年3月、2010年3月、2012年7月、2016年3月に同ガイドラインは改正されています（Q5参照）。

就労可能な在留資格への変更許可申請で事例として多いものとしては、「留学」などの在留資格から「技術・人文知識・国際業務」への在留資格変更の場合と思われます。このような入管法別表第1の2の表に定められた在留資格に該当するかどうかは、「基準省令」と呼ばれる省令（出入国管理及び難民認定法第7条第1項第2号の基準を定める省令）の定める具体的な基準に従って審査されることとなります（Q93参照）。また、「定住者」などの同法別表第2に定められた身分又は地位に基づく在留資格への変更許可申請については、申請者が、真にその在留資格に定める身分又は地位を有する者であるかどうかが審査されます。

5　就労可能な在留資格への資格変更が困難なその他の場合

　前述のとおり、「短期滞在」から他の在留資格への資格変更が原則として認められないことは入管法の明文に規定されていますが、そのほかにも、運用上あるいは解釈上、就労できる在留資格への資格変更が認められにくい場合があります。

　例えば、「企業内転勤」の在留資格は、企業の国際的活動を保証するために、同一企業内での一定期間内の転勤について、日本での在留を認められたものです。このような一定の条件下での在留であるため、他の「技術・人文知識・国際業務」といった在留資格で在留する外国人と仕事の内容では類似の活動をしていながら、これらの在留資格と比べると学歴や職歴などの点で、比較的審査基準が緩和された部分があります。したがって、「企業内転勤」という、いわば「広い入口」から入国した外国人に対し、企業の枠を外れて引き続き日本に在留することを認めることは、「企業内転勤」を認めた趣旨からも許されないと考えられているようです。したがって、実務上、「企業内転勤」から「技術・人文知識・国際業務」への在留資格への変更はほとんど認められていないようです。

6　資格変更が認められない場合の対処—帰国後の申請の可能性

　日本で在留資格の変更が認められないということは、必ずしも、その人が希望する在留資格の該当性がないことを意味しません。設問であげたいくつかの場合のように、現在保持している在留資格との関係で、希望する在留資格への変更が原則として認められないという場合があるからです。そのような場合には、一旦帰国した上で、希望する在留資格での査証（ビザ）を取得して日本に入国するように手続を試みることになりますが、帰国する前に希望する在留資格の「在留資格認定証明書」（入管法7条の2、同法規則6条の2）を得ることができれば、査証取得の可能性が高くなります（Q3参照）。

7　設問に対する回答

　設問の場合、観光目的での在留ですから「短期滞在」の在留資格で在留していることになりますが、「短期滞在」での在留資格では就労をすることができないので、日本で働きたいのであれば、就労が可能な在留資格を取得する必要があります。日本に引き続き在留しながら別の在留資格に変更する手続として在留資格の変更許可申請がありますが、「短期滞在」の在留資格から他の在留資格への変更許可申請は、原則として認められておらず、やむを得ない特別の事情が必要とされています。したがって、短期滞在で在留している場合には、在留資格の変更許可申請をするのではなく、できれば在留中に在留資格認定証明書を取得した上で、一旦帰国した後、希望する在留資格の査証（ビザ）を取得し、再来日するべきでしょう。

Q66　在留資格と転職

　私（外国人）は、就労可能な在留資格で証券会社において働いていますが、もっと給与の
よい会社に転職したいと思っています。在留資格との関係でこのような転職は可能でしょう
か。また、可能であればどのような手続が必要なのでしょうか。出入国在留管理庁に転職し
たことを届けなければいけないのでしょうか。もし現在の会社を退職して転職するまでに数
か月間かかる場合には、私の在留資格が取り消されることはあるのでしょうか。現在の会社
が倒産して、次の就職先を探している場合はどうでしょうか。

1　在留資格と行うことのできる就労の範囲の関係

　この設問については、在留資格と、その在留資格によって行うことのできる就労の範囲の関
係について説明する必要があります。外国人の場合、その人のもっている在留資格によって日
本で就労できるかどうかが異なります。また、在留資格によっては、就労できる職種、内容な
どに制限があります（Q64参照）。入管法別表第2の在留資格（「永住者」、「日本人の配偶者等」、
「永住者の配偶者等」、「定住者」）については、就労が可能で、入管法上では就労できる職種
等についての制限もありません。一方、同法別表第1の在留資格のうち就労可能な在留資格（主
として同法別表第1の1及び第1の2の表に記載される在留資格で、「経営・管理」、「技術・
人文知識・国際業務」など）については、日本で行おうとする活動に着目して在留資格が与え
られていますから、在留資格が予定している活動と異なる就労を行うことはできません。

2　入管法別表第2の在留資格の場合の転職

　入管法別表第2の在留資格（「日本人の配偶者等」、「永住者」、「定住者」など）については、
就労できる職種、内容等について制限はありませんので、転職して職種や仕事の内容が変わっ
た場合であっても、在留資格の点では特に手続をとる必要はありません。

3　その他の在留資格の場合の転職

⑴　基　　準

　その他の場合、つまり、入管法別表第1の1及び第1の2に列挙される在留資格（「経営・
管理」、「技術・人文知識・国際業務」など）をもって日本で働いている場合はどうでしょうか。
　これらの在留資格では、入管法別表の下段に、在留資格ごとに「本邦において行うことがで
きる活動」が定められています。例えば、「技術・人文知識・国際業務」の在留資格の場合、「本
邦の公私の機関との契約に基づいて行う理学、工学その他の自然科学の分野若しくは法律学、
経済学、社会学その他の人文科学の分野に属する技術若しくは知識を要する業務又は外国の文
化に基盤を有する思考若しくは感受性を必要とする業務に従事する活動（括弧内省略）」とい
うように、行うことのできる活動が定められています。この定められた活動に該当する限りは、
転職をしても差し支えないこととなります。しかし、この規定もかなり大まかな規定であるた
め、就職しようとしている企業での仕事がこの規定に当てはまるかどうか分かりにくいのが実
情です。
　そこで手がかりとなるものとして、「技術・人文知識・国際業務」などの在留資格に当たる
かどうかについて、「基準省令」といわれる省令（出入国管理及び難民認定法第7条第1項第

２号の基準を定める省令）が、さらに具体的に在留資格に当たるかどうかの基準となるものを定めています。この基準省令では、例えば、日本人が従事する場合に受ける報酬と同等額以上の報酬を受けることといった基準（「技術・人文知識・国際業務」）や、興行契約を締結する機関が５名以上の職員を常勤で雇用していること（「興行」）などの基準が定められていますので、これらが参考になります。さらに、これらの基準省令に合致している場合であっても、実際には、企業の規模、役職、業種などの具体的事情をみながら、在留資格の予定する活動に当たるかどうかがさらに審査されますので、基準省令を満たしていると考える場合であっても、出入国在留管理庁の審査で在留資格の予定する活動に当たらないとされてしまうこともあります。例えば、「技術・人文知識・国際業務」の仕事などでは、企業の規模などについて基準省令は触れていませんが、実際には企業の規模なども考慮されているようです。当時の法務省入国管理局（現：出入国在留管理庁）は、2008年３月、「『技術・人文知識・国際業務』の在留資格の明確化等について」というガイドラインを示し、「技術・人文知識・国際業務」の在留資格のもとで行うことができる業務として典型的な事例を公表しています（2015年３月に改訂）。しかし、契約を締結する企業の規模などについては、いまだ明らかになっていません。ですから、判断に迷う場合には、後述の就労資格証明書を取得する方法をとることをお勧めします。

(2) 同一の活動内容の範囲内の場合

以上により、行う業務が同一で、この入管法別表１の２の下段に記載された活動の範囲内にあるのであれば、転職した場合であっても在留資格に関してとくに手続を行う必要はありません。その後、在留期限が来た際に、なお、在留を希望する場合には、同じ在留資格で在留期間の更新許可申請を行うこととなります。ただし、(1)で述べたように、例えば、同じ証券アナリストとしての仕事をしようとする場合であっても、企業の規模その他からみて出入国在留管理庁の基準を満たさないこともあり得ますので、注意が必要です。

(3) 活動内容が異なる場合

職種や仕事の内容が異なり、その結果、自分のもっている在留資格において許される活動内容（入管法別表記載の「本邦において行うことのできる活動」）の範囲を逸脱することとなる場合には、他の適当な在留資格への変更が必要になります。例えば、証券会社で証券アナリストの仕事をしていた人が大学の教師になるというような場合には、「技術・人文知識・国際業務」から「教授」などへの在留資格の変更が必要になります。なお、転職先での仕事の内容が入管法の定めるどの在留資格にも当たらない場合には、そもそも在留資格変更も許可されませんので、そのような転職はできないこととなります。転職の際の在留資格変更許可申請の際には、申請理由の証明資料として、転職先の雇用契約書、転職先の雇用理由書、前勤務先の離職証明書は基本的に必要ですが、転職先の業務内容や担当する仕事の内容を示す書類など、転職の理由が合理的なものであって疑義のないものであることを積極的に証明する資料を用意することも必要です。

4 転職の可否について迷う場合と就労資格証明書

前記3のような基準の説明によっても、具体的に転職をする際には、転職後の仕事内容が在留資格の変更の必要があるものであるかどうか、判断に迷う場合があります。

そのような場合、入管法上では端的にこの問いに答える制度はありません。

しかし、入管法上、就労資格証明書の制度があります（同法19条の２）。就労資格証明書は、

外国人が就労できる在留資格を有していること、特定の職種に就くことができることを証明する文書で、出入国在留管理庁長官が交付するものです。この証明制度は、外国人にとって就職等の際に自分が合法的に就労可能であることを証明するのに簡便な方法として、また外国人を雇用する側にとっても就労可能なものであるかどうか確認するときに便宜であるとして導入されたものです。そこで、転職先での業種、担当する職務内容などを具体的に示して就労資格証明書を申請することによって、転職先での仕事の内容が現在もっている在留資格の内容に適合しているかどうかを事実上確認することができます。就労資格証明書が得られれば、転職先での仕事の内容が現在の在留資格に適合することを確認でき、将来の在留資格の更新もある程度見通しが立つことになります。就労資格証明書が出ない場合には、転職先での仕事は現在の在留資格に適合しないことになりますから、現在の在留資格の在留期限が来て、在留期間更新許可の申請をしても許可されないことが予想されます。その場合でも、転職先での仕事内容が他の在留資格のもとで認められる活動に当たる可能性があるのであれば、直ちに在留資格変更許可申請を行うことができます。しかし、在留資格変更許可申請も不許可となった場合には、その企業への転職は諦めたほうがよいことになります。

5　在留資格取消制度

　退職してから転職するまで数か月間かかるという場合には、在留資格が取り消されてしまうことがあります。2004年の入管法改正で在留資格取消制度が新設され、在留資格に係る活動を3か月以上行わないなどの場合に、在留資格を取り消すことができると規定されました（入管法22条の4）。したがって、現在の会社を退職して転職するまでの期間が、3か月以上に及ぶ場合には、同法22条の4第1項6号に該当し在留資格が取り消されることがあります。ただし、正当な理由がある場合は在留資格が取り消されることはありません。正当な理由とは、病気や怪我による場合のほか、勤務先が倒産した場合や学校が閉鎖してしまった場合で再就職活動等をしている場合が当たると考えられます。現在の会社が倒産して、実際に次の就職先を探しているということであれば、正当な理由が認められ、在留資格が取り消されることはないでしょう。

6　入管法19条の16、19条の17に基づく届出

　入管法19条の16に基づき、中長期在留者の外国人（本邦に在留資格をもって在留する外国人のうち、①3か月以下の在留期間が決定された者、②短期滞在の在留資格が決定された者、③外交又は公用の在留資格が決定された者、④これらに準ずる者として法務省令で定めるものをいいます（同法19条の3）。2012年7月9日以降に上陸許可、在留資格変更許可、在留期間更新許可等を受けた方に限ります）は、当該在留資格に応じて活動を行う日本の機関や契約の相手方である日本の機関の名称若しくは所在地の変更、当該機関の消滅や当該機関からの離脱、移籍、当該機関との契約の終了若しくは新たな契約の締結等の事由が生じた場合には、当該事由が生じた日から14日以内に、出入国在留管理庁長官に対し、その旨及び法務省令で定める事項を届け出なければなりません。この所属機関等に関する届出を怠った場合には、同法71条の5第3号により、20万円以下の罰金に処せられます。他方、同法19条の17では、別表第1の在留資格をもって在留する中長期在留者を受け入れている機関（特定技能雇用契約の相手方である機関を除く）は、受入れの開始及び終了その他の受入れの状況に関する事項を出入

国在留管理庁長官に届け出るよう努めなければならないとされ、所属機関は、外国人とは異なり、届出は努力義務と規定されています。

このように、転職したときは、前の勤務先との契約の終了及び転職先との契約締結等につき、それらの事由が発生してから14日以内に、出入国在留管理庁長官への届出を義務付けられているので、注意が必要です。

7 設問に対する回答

(1) 転職の可否と手続

相談者が現在もっている在留資格が、入管法別表第1の在留資格のうち就労可能な在留資格で、転職後の業務内容が現在の業務内容と変わらないような場合には、当該在留資格が予定している活動範囲と同一であることから、転職をすることは可能で、在留資格変更許可申請の手続も必要ありません。他方、現在もっている在留資格が、同法別表第1の在留資格のうち就労可能な在留資格であっても、転職後の業務内容がこれまでの業務内容と異なる場合には、転職後の業務内容に応じた在留資格があるかどうかを検討し、そのような在留資格がある場合には在留資格変更許可申請をしなければなりません。転職後の業務内容が、在留資格の予定している範囲内の活動かどうかの判断に当たっては、基準省令を参照し、判断に迷った場合には就労資格証明書を取得するべきでしょう。

転職後の業務内容がどの在留資格にも該当しない場合には転職はできないことになります。

相談者が入管法別表第2の在留資格（「永住者」、「日本人の配偶者等」、「永住者の配偶者等」、「定住者」）をもっている場合には、就労できる職種、内容にとくに制限はないので、転職をすることが可能ですし、在留資格の関係ではとくに手続をする必要もありません。

入管法別表第1の在留資格を有する中長期在留者の外国人が転職した場合には、転職した日から14日以内に所定の事項を出入国在留管理庁長官に届け出なければなりません。

(2) 在留資格の取消し

入管法別表第1の在留資格で在留している場合に、退職後、転職するまでの期間が3か月以上に及ぶ場合には、在留資格に係る活動を3か月以上行っていないとして、在留資格が取り消される可能性があります。もっとも、勤務先が倒産して次の就職先を探している場合には、転職までの期間が3か月以上であっても、正当な理由があるとして、在留資格が取り消されることはないでしょう。

Q67　外国人が事業主になろうとする場合の在留資格

　私（外国人）は、現在、タイ料理レストランでコックとして働いています。日本が気に入ったので、将来は日本で自分のレストランをもちたいと思っていますが、認められるでしょうか。具体的にどのようにしたらよいでしょうか。

1　コックとしての在留―「技能」の在留資格

⑴　技能の在留資格

　日本では、現在のように在留外国人が増える以前から、中国料理やインド料理等のレストランで、本場から呼び寄せた調理人が働いている姿をよくみかけました。質問者のような外国料理のコックの場合は「技能」の在留資格で在留している場合が多いと思われます。技能の在留資格は、「本邦の公私の機関との契約に基づいて行う産業上の特殊な分野に属する熟練した技能を要する業務に従事する活動」（入管法別表第1の2）を行うことを目的として在留することができる資格です。

⑵　審査基準

　具体的にどのような仕事が「特殊な分野に属する熟練した技能」に当たるのかについて、外国で考案されて日本において特殊なものを要する料理の調理又は食品の製造に係る技能、外国に特有の建築又は土木に係る技能、航空機の操縦に係る技能など、現在9つの職種が限定的に定められています（出入国管理及び難民認定法第7条第1項第2号の基準を定める省令（平成2年法務省令第16号）。以下「基準省令」）。

　基準省令では、①日本人が従事する場合に受ける報酬と同等額以上の報酬を受けること、②技能ごとに一定期間以上の実務経験（外国の教育機関において当該技能に係る科目を専攻した期間を含む。）を有する者であること、③当該技能を要する業務に従事する者であること、という条件を満たすことが必要とされています。特殊なものと認められている料理の調理や食品の製造、建築や土木、宝石・貴金属や毛皮の加工、石油探査のための海底掘削等の技能については、10年以上の実務経験が必要とされています。

　また、これらの条件を満たすことの証明資料として、①招へい機関の登記事項証明書及び損益計算書の写し、②招へい機関の事業内容を明らかにする資料、③経歴書並びに活動に係る経歴及び資格を証する公的機関が発行した文書及び④活動の内容、期間、地位及び報酬を証する文書が必要とされています（入管法規則別表第3）。このことからも、技能の在留資格が会社から雇われるなどして仕事に従事する場合を念頭に置いたもので、自ら独立してレストランなどの会社を経営するような場合はこの在留資格に当たらないものであることが分かります。

⑶　在留期間

　技能の在留資格の在留期間は5年、3年、1年又は3月のいずれかであり、さらに在留を希望するときには期間の更新が必要になります（入管法規則別表第2）。雇用されてコックの仕事を行う場合には、実務経験などの基準を満たす限り、技能の在留資格に該当するものとされます。一方で、設問のように自分でレストランを経営するという場合には、経営の要素が加わるため、雇用されてコックの仕事に専念するということにはなりません。したがって、技能の在留資格に該当せず、技能の在留資格での在留期間更新は認められないでしょう。そこで、自らレストランをもち、これを経営するためには、レストラン経営に該当する在留資格への変更

申請をすることが必要となります（入管法20条）。

2 「経営・管理」への在留資格の変更

(1) 「経営・管理」の在留資格

上記のような自らレストランを経営するという場合に、端的に経営ということに着目して在留資格の変更をするということであれば、「経営・管理」の在留資格への変更が必要となります。

(2) 審査基準

「経営・管理」への在留資格変更申請が許可されるためには、その経営が「経営・管理」が予定する活動に該当することが必要となります。「経営・管理」が予定する活動の基準は、基準省令において示されています。具体的には、①当該事業を営むための事業所が日本国内に確保されていること、②当該事業の規模が、(a)経営又は管理に従事する者以外に2人以上の日本国内に居住する常勤の職員が従事して営まれるものであるか、(b)資本金の額又は出資の総額が500万円以上であるか、(c)(a)又は(b)に準ずる規模であると認められるものであること、などが必要です（基準省令）。

これらの基準に該当することを証明するため、事業計画書の写し、法人の登記事項証明書の写し、その他事業内容や事業活動に関する資料（常勤職員に係る資料、投資額を明らかにする資料）などを提出します（入管法規則別表第3）。投資額を明らかにする資料は、株主名簿や法人税申告書などが考えられます。必要資料の詳細については、地方入管又は外国人在留総合インフォメーションセンター（出入国在留管理庁ウェブサイト「インフォメーションセンター・ワンストップ型相談センター」）に確認してください。なお、前記の基準を満たせば「経営・管理」の在留資格が直ちに認定されるわけではなく、その「事業所の確保（存在）」及び「事業の継続性」が認められなければならないとされています（基準省令において、「事業を営むための事業所として使用する施設が本邦に確保されていること」又は「事業を営むための事業所が本邦に存在すること」とする基準が定められていることから、「事業所の確保（存在）」及び「事業の継続性」の要件についての認定が行われることとなります（法務省入国管理局「外国人経営者の在留資格基準の明確化について」参照））。当時の入管は、「事業所の確保」及び「事業の継続性」の認定の基準について、2005年8月に「外国人経営者の在留資格基準の明確化について」というガイドラインを示しています（2015年3月に改定されています）。

(3) 国家戦略特区における特例措置

2018年12月28日より経済産業省と法務省により「外国人起業活動促進事業」（新しいスタートアップビザ制度）が開始されており、企業促進実施団体の認定を受けた地方自治体（現行認定を受けているのは、福岡市、愛知県、岐阜県、神戸市、大阪市及び三重県。最新の状況については、経済産業省ウェブサイト「外国人起業活動促進事業に関する告示」参照）においては、当該地方公共団体による管理や支援のもとで起業のための活動を行うために、「特定活動」の在留資格が与えられる可能性があります。この在留資格を得るためには、「起業準備活動計画」を提出し、地方公共団体の審査を受けることが必要です。この際には、「外国人起業活動促進事業に関する告示」第5記載の要件を充足するか等が審査されます。在留資格の期間は6か月で、6か月後、再度起業準備活動計画を更新した後、審査を受け、さらに6か月の「特定活動」の在留資格を得ることができます（その後も引き続き在留し、事業の経営を行う場合には、従前同様、在留資格「経営・管理」の取得が必要となります）。

③ 設問に対する回答

　相談者が自らレストラン経営を行いたいという場合には、コックとして有していた「技能」の在留資格から「経営・管理」の在留資格に変更することが考えられます。もっとも、「経営・管理」への在留資格変更が許可されるためには、相当な規模で安定的継続的に事業が行われる必要があります。個人が、１名程度のアルバイトを使ってレストランを経営するというような形態では、「経営・管理」の在留資格への変更は認められないでしょう。もっとも、上述のとおり、レストランの経営を予定する場所が起業促進実施団体の認定を受けた地方公共団体であった場合、現段階で「経営・管理」の在留資格を取得するに足りる事情がなくても、当該地方公共団体の審査を通れば、「特定活動」の在留資格が与えられる可能性があります。そして、１年間、「特定活動」の在留資格で地方公共団体の管理や支援のもと、レストランの開業準備を行い、期間経過後に「経営・管理」の在留資格の取得を狙うことも考えられます。

　なお、日本で相当長期に安定的に居住してきた実績を踏まえて、永住者などの入管法別表第２の在留資格に変更することができた場合には、特に日本での活動内容に対する制限がなくなるので、レストランの経営等についても在留資格の面からの制約はなくなります（Q23）。

Q68　不法就労者を雇用した場合の事業主の刑事処罰

不法就労者を雇った場合、事業主は刑事罰を受けることがありますか。

1　不法就労者とは

　事業者が外国人を雇用する場合に、不法就労者の雇用となるか否かを判断するには、まず、在留カードの所持を確認します。在留カードを所持していなければ、原則として就労することはできません。また、在留カードを有している場合は、在留カードの記載内容を確認することが必要です。在留カードの表面には「就労制限の有無」欄があり、「在留資格に基づく就労活動のみ可」などの記載があれば就労内容に制限があることが分かります（入管法19条の4第1項6号）。ただし、「就労不可」との記載があったとしても、在留カードの裏面には「資格外活動許可欄」があり、資格外活動許可を得ている場合にはその旨が記載されています（同項7号）。したがって、資格外活動許可を得ていれば、その許可の範囲内で雇用することができます。以下、「不法就労者」と分類される場合の類型につき、詳述します。

　(1)　不法滞在の者

　在留資格の期限が過ぎてオーバーステイの状態になっている者や、偽造旅券等を使用して不法入国した者は、日本での就労は認められていません。

　(2)　就労許可を得ていない者

　例えば、留学の在留資格で在留する外国人は、学校で学習することを理由に在留を許可された者ですので、原則として、自ら事業を運営し収入を得たり、報酬を得たりすること（以下「就労」）は許されていません（入管法19条1項2号）。

　また、家族滞在の在留資格で在留する外国人についても、たとえ家族の中に就労可能な在留資格を有する者がいる場合であっても、就労は認められていません（Q2、Q64参照）。

　ただし、原則として就労が認められていない在留資格であっても、法務大臣が相当と認めた場合には、定められた時間の中で、「資格外活動」としての就労が許可されることがあります（入管法19条2項）。したがって、留学生などをアルバイトで雇用する場合には、まず、当該留学生がこの資格外活動の許可を得ているかどうかを確認することが必要です。

　(3)　在留資格に対応しない就労に従事する者

　在留資格が予定する活動と異なる仕事をして対価を得ることは認められません。例えば、外国料理店のコックとして働くことが認められた者が、建設現場で解体などの仕事をすることは認められません。

2　不法就労助長罪

　就労資格のない外国人の就労を防止するという観点から、就労資格のない外国人の就労を助長する一定の行為が、刑事罰の対象となっています。入管法73条の2第1項では、次のように規定されています。

　「次の各号のいずれかに該当する者は、3年以下の懲役若しくは300万円以下の罰金に処し、又はこれを併科する。

　一　事業活動に関し、外国人に不法就労活動をさせた者

　二　外国人に不法就労活動をさせるためにこれを自己の支配下に置いた者

三　業として、外国人に不法就労活動をさせる行為又は前号の行為に関しあつせんした者」

　なお、法人の代表者又は法人の従業者などが入管法73条の２の罪を犯したときは、その行為者を罰するほか、その法人についても300万円以下の罰金を科されることがあります（両罰規定／同法76条の２）。また、就労した当該外国人の活動が在留資格に応じた内容ではないことや、当該外国人が資格外活動許可を得ていないことを知らなかったとしても、知らなかったことにつき無過失でない限りは、処罰を免れることはできません（同法73条の２第２項）。

③　「不法就労活動」とは

　不法就労活動とは、前述のとおり、オーバーステイの者や不法入国者が対価を得て仕事をした場合、資格外活動許可を得ないで対価を得て仕事をした場合、及び在留資格に対応しない就労内容に従事した場合などの活動を意味します（正確な定義については、入管法24条３号の４イを参照してください）。

④　「不法就労活動をさせた」とは

　「不法就労活動をさせた」という規定（入管法73条の２第１項１号）は、「外国人との間で対人関係上優位に立っており、外国人が自己の指示どおり不法就労活動に従事する状態にあることを利用して積極的に働きかけ、そのことにより外国人が不法就労活動に従事するに至った」ということであり、典型的な例としては、事業の経営者、雇用主又はその従業者で監督的立場にいる人が外国人を使役して不法就労活動に従事させることがあげられるとされています（坂中英徳・齋藤利男『出入国管理及び難民認定法逐条解説（改訂第４版）』1000頁（日本加除出版、2012年））。

　裁判例では、不法就労活動をさせた「者」について、「特定の身分のある者に限られるとするなど、限定して解釈しなければならないとは考えられず……不法就労をさせたといい得る程度の対人関係上優位な立場が認められれば足り」るとするものがあります（東京高判平成５年９月22日判時1507号170頁）。また、別の裁判例では、不法就労「させた」ということの意味について、前述のような「積極的な」働きかけや「そのことにより従事するに至った」という限定をせずに、「当該外国人との間で対人関係上優位な立場にあることを利用して、その外国人に対し不法就労活動を行うべく指示等の働きかけをすることが必要」と判断したものがあります（東京高判平成６年11月14日判タ880号301頁）。入管法73条の２に関する裁判例は限られており、しかも、裁判例の事案は売春の場となっているようなスナックの従業員などに関するものが多いので、他の就労内容において、本条が適用されて処罰される範囲は必ずしも明らかではありません。このように、どのような行為をもって「不法就労活動をさせた者」に当たるのかが、規定上必ずしも明らかではないことについて批判的な見解もあります（岡上雅美「同罪が成立するとされた事例およびその罪数」判タ921号60頁参照）。

⑤　「外国人に不法就労活動をさせるためにこれを自己の支配下に置いた者」とは

　入管法73条の２第１項２号の「外国人に不法就労活動をさせるために」とは、自ら不法就労させる目的をもっている場合のほか、他の者が不法就労させることを知っていながら、という場合も含まれるとされています。「自己の支配下に置」くとは、「指示・従属の関係により外国人の意思・行動を左右できる状態に置き、自己の影響下から離脱することを困難にさせた」

ことをいうとされています（坂中・齋藤・前掲1001頁）。具体的には、不法就労のブローカー
が、就労先が決まるまで、パスポートを取り上げたり、見張りを付けるなどして外国人の自由
な行動を禁止しているような場合がこれに当たります。裁判例では「外国人に心理的ないし経
済的な影響を及ぼし、その意思を左右しうる状態に置き、自己の影響下から離脱することを困
難にさせた場合も含まれる」としているものがあります（東京高判平成5年11月11日高刑46
巻3号294頁）。したがって、見張りなどの物理的な強制のない場合でも、外国人の意思を左
右し得る状態に置いて、離脱を困難にさせていれば、自己の支配下に置いたと解されることが
あります。

　また、外国人をこのような状態に置き、就労させようとすれば、支配下に置く行為自体が入
管法73条の2第1項2号によって処罰の対象となります。

6 同一事業活動に関し、複数の外国人に不法就労活動をさせた場合

　実際に不法就労者とされる外国人に就労活動をさせた場合（入管法73条の2第1項1号に
該当する場合）、たとえ、それが同一事業活動に関するものであっても、入管法73条の2第1
項1号の罪は雇用した外国人ごとに成立し、それらの罪は併合罪（刑法第9章参照）の関係と
なります（最三小決平成9年3月18日判時1598号154頁、出入国管理法令研究会『注解・判
例　出入国管理実務六法2019』173頁（日本加除出版、2019年）参照）。

7 設問に対する回答

　以上のとおり、不法就労者を雇用した場合、事業者も処罰の対象となります。不法就労に関
しては、厳罰化の一途をたどり、最近も、積極的な摘発傾向が続いています。従前は、不法就
労活動を行った外国人本人は逮捕されるものの、不法就労助長行為を行った者や資格外活動幇
助行為を行った者については、書類送検されるにとどまることが多かったのですが、2015年
前後では、逮捕される事例も増加しています（山脇康嗣「外国人就労ビザで陥りやすいトラブ
ル」ビジネス法務2014年7月号113頁）。2013年以降、不法就労助長罪の検挙は概ね370件か
ら400件までの間で推移しており、2017年中の検挙件数は404件、検挙人員は462人で、日本
人の検挙は324人です（統計情報及び具体的事例については、警察庁組織犯罪対策部組織犯罪
対策企画課ウェブサイト「平成29年における組織犯罪の情勢」参照）。2018年4月26日には、
警察庁・法務省・厚生労働省が、三省庁の局・部長で構成する「不法就労外国人対策等関係局
長連絡会議」を設置し、連携を強化し、不法就労等外国人対策に取り組むとの宣言を行ってい
ます。

Q69　不法就労者の刑事処罰

　私（外国人）は留学生として日本語学校に通っていますが、友達からホステスとしてクラブで働かないかと誘われています。ホステスとして働いて、入管や警察に発見された場合、処罰されるのでしょうか。また、私の在留資格はどのようになりますか。

1　資格外活動―いわゆる「不法就労」とは

　外国人のうち、入管法の別表第1に記載された在留資格（留学、短期滞在や家族滞在などもこれに含まれます。）は、その行おうとする活動に着目して与えられた在留資格です。別表第1の在留資格で日本に在留する外国人については、与えられた在留資格に対応する活動以外の就労活動を行うことは、認められていません（入管法19条1項）。したがって、以下のような場合には、その活動は資格外活動（不法就労）とされます。
　①　「技術・人文知識・国際業務」、「技能」など、専門性のある労働を行うことを前提に在留を認められた人が、工場での未熟練労働などに従事するなど、当該在留資格が予定している就労活動以外の就労活動を行う場合（同項1号）
　②　「留学」、「家族滞在」など就労を予定していない在留資格（同法別表第1の3の表及び4の表の在留資格）の人が、就労活動を行う場合（同項2号）
　なお、就労活動とは、誰かに雇われて報酬を得る場合のほか、自ら収入を伴う事業を営む場合を含みます。
　例えば、「留学」の在留資格で滞在する留学生がホステスとしてクラブで働くことが資格外活動に当たることはいうまでもありません。資格外活動であっても、出入国在留管理庁長官が本来の活動の遂行を阻害しない範囲であれば、本人からの申請に基づいて資格外活動の許可を与えることがありますが（入管法19条2項）、風俗営業等に該当するホステスの仕事については、資格外活動の許可がなされる可能性はほとんどないでしょう。

2　資格外活動と刑事処分―不法就労罪

　資格外活動を専ら行っていると明らかに認められる者については、3年以下の懲役若しくは禁錮又は300万円以下の罰金の対象となり、懲役又は禁錮と、罰金が両方とも科せられることがあります（入管法70条1項4号）。また、専ら行っていると明らかに認められる場合ではないものの、資格外活動を行った者については、1年以下の懲役若しくは禁錮又は200万円以下の罰金の対象となり、懲役又は禁錮と、罰金が両方とも科せられることがあります（同法73条）。

3　「専ら行っている」とは

　「専ら行っている」とは、資格外活動の継続性及び有償性、本来の在留資格に基づく活動をどの程度行っているか等を総合的に考慮して判断し、外国人の在留目的の活動が実質的に変更したといえる程度に資格外活動を行っている場合を指すといわれています（坂中英徳・齋藤利男『出入国管理及び難民認定法逐条解説（改訂第4版）』970頁（日本加除出版、2012年））。

4　資格外活動と退去強制処分

　資格外活動を「専ら行っていると明らかに認められる場合」には、刑事処分とは別に、退去

強制事由に該当し、退去強制処分を受けることとなります（入管法24条4号イ）。

したがって、在留資格を有していても、入管法違反の疑いがあるとして入管に収容され、資格外就労活動という入管法違反の事実が入管によって最終的に確認されると、退去強制令書が出され、日本国外に退去させられるということになります。

5 刑事処分と退去強制手続

資格外活動が警察に発覚して逮捕され、刑事裁判を受けた場合、罰金のみで終わる場合もあり得ますし、あるいは、直ちに刑の執行を行わないという執行猶予判決が出ることもあります。その場合でも、検察庁などから連絡を受け、あるいは独自に違反事実を知った入管が、刑事事件の判決言渡しと同時に退去強制手続を開始して収容することが多いでしょう。入管が資格外活動を発見して、それが専ら行われているものであることが明らかであると疑われたときは、刑事手続を受けずに、入管に直ちに収容されて退去強制手続が開始されることもあります。

「専ら行っている」とまではいえない場合には、入管法73条による刑事処分を受けることとなります。この場合には、直ちに退去強制手続が開始されて退去強制処分がなされるわけではありませんが、禁錮以上の刑に処せられた場合には退去強制事由に該当することになります（同法24条4号ヘ）。また、在留資格の更新や在留資格の変更を申請しようとするときには、この事情が考慮されて不許可となる可能性が大きいといわざるを得ないでしょう。

6 人身売買罪の特例（刑法226条の2、226条の3、227条、入管法50条1項3号（詳細はQ78参照）

2005年刑法改正により人身売買罪が創設されました。また、併せて入管法が改正され、法務大臣が上陸や在留許可を認める特別な事情（在留特別許可）として、人身取引などにより他人の支配下に置かれて入国、在留した場合が新しく含まれ（入管法50条1項3号）、同じく人身取引などにより他人の支配下に置かれた者は上陸拒否、退去強制の対象から除外されました（同法5条1項7号、12条1項2号、24条）。したがって、外国から意に反して売春をさせる目的等で日本に連行された人身売買の被害者たる外国人は、被害申告をしても直ちに不法在留により退去強制されることはなく、一定期間は日本に適法に在留ができることになります。この一連の改正は国際組織犯罪防止条約の人身取引議定書、密入国議定書の批准に向けてとられた措置の一つです。2003年7月11日にこれら2つの議定書が締結され、2005年6月8日に国会承認され、2017年8月10日に政府が受託書を国連事務総長に寄託したので、これらの議定書は、日本については、2017年8月10日から効力が発生しています。また、政府は2004年、2009年及び2014年に人身取引対策行動計画を策定し、人身取引の発生防止を図ること、人身取引被害者の保護、加害者の訴追の前提となる人身取引被害者の認知を推進していくことを掲げ、人身取引に関する年次報告を作成・公表することにより、各種対策の実施状況の確認、効果の検証等を進めていくことを宣言しています（各人身対策行動計画については、出入国在留管理庁ウェブサイト「人身取引対策行動計画（政府行動計画）とその策定経緯等」参照）。

7 設問に対する回答

留学生に認められる資格外活動許可の内容には、ホステスの仕事は含まれないと考えられるため、ホステスとして働いた場合、資格外活動許可を得ないで働いたとして、刑事罰の対象と

なり、刑事罰の内容によっては、退去強制事由にも該当し、日本から退去させられる可能性があります。また、ホステスの仕事を専ら行っていると明らかに認められる場合には、さらに重い刑事罰の対象となるとともに、刑事罰の内容にかかわらず、退去強制事由にも該当し、日本から退去させられることになります。

Q70　外国人労働者雇用の注意点

外国人労働者を雇用する場合に注意しなければならない点はどのようなことですか。

1　3つの注意点

　外国人労働者を雇用する場合、第1に、労働者が入管法上労働する資格をもっているかどうかに注意する必要があります。第2に、労働契約（雇用契約）も契約ですから、どの国の法律を準拠法とするのかが問題になります。第3に、特に言葉の問題や日本と外国との法制や労働習慣の違いによって、思わぬトラブルが生じがちですので、これらの点に注意が必要です。

　第1の点については、Q64をご参照ください。

　第2の点についてですが、準拠法については、通則法が定めています。同法12条では、労働契約の成立及び効力について準拠法の選択又は変更により適用すべき法が当該労働契約に最も密接な関係がある地の法以外の法である場合であっても、労働者が当該労働契約に最も密接な関係がある地の法の中の特定の強行規定を適用すべき旨の意思を使用者に対し表示したときは、当該労働契約の成立及び効力に関してその強行規定の定める事項について、その強行規定をも適用することとし（同条1項）、また、当該労働契約において労務を提供すべき地の法を当該労働契約に最も密接な関係がある地の法と推定するものとしています（同条2項）。そして当事者において準拠法の選択がないときは、当該労働契約において労務を提供すべき地の法を当該労働契約に最も密接な関係がある地の法と推定すると規定しています（同条3項）。

　日本で働く外国人労働者が締結する労働契約の多くは、そもそも雇用契約書がない、あるいは雇用契約書を締結しても特に準拠法の定めがないか、日本法を選択する旨の条項が入っているものと思いますので、日本の労働者保護法規が、外国人労働者にも適用されることが多いと考えられます。そのため、日本人を雇用する場合と同様の注意が必要です。

2　人材あっせんと在留資格

　外国人労働者を雇用する場合、まず募集方法が、日本の法規や相手国の法令に違反しないように注意しなければなりません。公共職業安定所（ハローワーク）に相談するなどして確かめる必要があります。違法なあっせん業者が介在し賃金のピンハネなどを行う場合があるので注意する必要があります（Q77参照）。外国人の日本での在留資格を確認し、いわゆる不法就労にならないようにしなければなりません。不法就労外国人を雇用した場合は、不法就労助長罪（入管法73条の2）に問われる可能性があります。就労可能な在留資格についてはQ64を、不法就労助長罪についてはQ68を参照してください。

3　労働者保護法規適用の原則

　前述のとおり、日本の労働者保護法規は、外国人労働者にも適用されるのが原則です。職業安定法や労働者派遣法など雇入れに関する法規、労働基準法や労働契約法、最低賃金法、労働安全衛生法、じん肺法など労働条件に関する法規、労働者災害補償保険法などの適用が問題となります。例えば、外国人を最低賃金以下の賃金で労働させることができないのはもちろん、外国人であることを理由に賃金差別をするなど、国籍や人種による差別は禁止されます（Q71参照）。また、使用者が渡航費用を負担することも多いようですが、中途退社のペナルティと

して渡航費用の返済を求める場合、労働基準法16条の違反になる場合があります（Q72参照）。なお、外国人労働者であっても、厚生年金や健康保険に加入するのが原則です（Q117ないしQ120参照）。

4 言葉の問題

上記 1 第3の点について、外国人労働者の雇用関係においては、言葉の違いによる誤解で、思わぬトラブルを生むことがありますので注意が必要です。日本人の雇用の場合に、雇用契約書を作るのと同様に、外国人を雇用する場合に合意があったことを明確にするためには、その外国人が理解できる言語で契約書を作るようにすべきです。また、例えば、労働基準法15条によれば、労働契約締結時に、使用者は労働者に対し、賃金や労働時間など労働条件を明示しなければなりません。この方法は、書面の交付、ファクシミリの送信、電子メールの送信等の手段で行うことができますが（労働基準法施行規則 5 条 4 項）、この際、その外国人労働者が理解できる言語や方法で明示する必要が出てきます。

5 日本と外国との法制や労働習慣の違いによる問題

言語だけでなく、契約書を作る習慣があるかどうか、中途退社や解雇についての考え方、残業についての考え方など、日本と外国とで、法制や労働習慣が異なることがままあります。国籍による差別なく日本の労働法規を遵守するとともに、お互いの違いを理解して十分なコミュニケーションを図ることが必要です。

6 労働施策の総合的な推進並びに労働者の雇用の安定及び職業生活の充実等に関する法律に基づく規制

労働施策の総合的な推進並びに労働者の雇用の安定及び職業生活の充実等に関する法律（以下「労働施策総合推進法」）において、雇用主は、外国人労働者（特別永住者と「公用」「外交」で在留している場合を除く）の雇入れと離職の際、当該外国人の氏名、在留資格、在留期間、生年月日、性別、国籍等につき、ハローワークへの届出が義務付けられています（同法28条。より詳細な届出方法等については、厚生労働省ウェブサイト「届出様式について」参照）。この届出を怠った場合又は虚偽の届出をした場合には、雇用主に30万円以下の罰金が科せられることがありますので（同法40条 1 項 2 号）、注意が必要です。在留資格等の確認は、旅券又は在留カードにて行われます。外国人が雇用保険の被保険者となるか否かは関係なく、アルバイトとして雇い入れた場合であっても、雇入れと離職の届出が必要です。ただし、届出期間に同一の外国人を何度か雇い入れた場合や、短期間で離職した場合など、雇入れと離職をまとめて届け出ることが可能です。このような確認と届出を行わなければならないのは、雇用主において、通常の注意力をもって、その者が外国人であると判断できる場合とされており、氏名や言語から、その者が外国人であることが一般的に明らかでないケースであれば、確認、届出をしなかったからといって、雇用対策法違反を問われることはないとされています（厚生労働省ウェブサイト「外国人雇用状況届出Ｑ＆Ａ」参照）。

なお、2018年の入管法改正で新たに成立した在留資格「特定技能」については、入管法19条の18に基づき、特定技能雇用契約の相手方である日本の機関（特定技能所属機関）は、①特定技能雇用契約の変更（法務省令で定める軽微な変更を除く）をしたとき、もしくは特定技

能雇用契約が終了したとき、又は新たな特定技能雇用契約の締結をしたとき、②１号特定技能外国人支援計画の変更（法務省令で定める軽微な変更を除く）をしたとき、③同法２条の５第５項の契約の締結若しくは変更（法務省令で定める軽微な変更を除く）をしたとき、又は当該契約が終了したとき、④その他法務省令で定める場合に該当するときは、出入国在留管理庁長官に対し、その旨及び法務省令で定める事項を届け出なければなりません。また、特定技能所属機関は、出入国在留管理庁長官に対し、①受け入れている特定技能の在留資格をもって日本に在留する外国人（特定技能外国人）の氏名及びその活動の内容その他の法務省令で定める事項、②適合１号特定技能外国人支援計画を作成した場合には、その実施の状況（一部の場合を除く）、③その他特定技能外国人の在留管理に必要なものとして法務省令で定める事項を届け出なければなりません。これらの届出を怠った場合には、同法71条の４第１号により、30万円以下の罰金に処せられる可能性があります。

　また、労働施策総合推進法７条では、外国人労働者を雇用する事業主は、外国人が我が国の雇用慣行に関する知識及び求職活動に必要な雇用に関する情報を十分に有していないこと等に鑑み、その雇用する外国人がその有する能力を有効に発揮できるよう、職場に適応することを容易にするための措置の実施その他の雇用管理改善を図るとともに、解雇等で離職する場合の再就職援助に努めるべきものとされています。事業主が適切に対処するために必要とされる措置の具体的内容については、労働施策総合推進法に基づき、厚生労働大臣が定める「外国人労働者の雇用管理の改善等に関して事業主が適切に対処するための指針（以下「外国人指針」）」（平成19年厚生労働省告示第276号）に定められています（外国人の雇用全般について、包括的に雇用上のルールをまとめているウェブサイトとして、厚生労働省ウェブサイト「外国人の雇用」参照）。

Q71　外国人労働者への労働者保護法の適用

　日本では労働者を保護する各種の法律があるそうですが、外国人にもそれらの法律の適用はあるのでしょうか。特に、最低賃金制度の適用の有無について教えてください。

1　概　　要

　日本の労働者保護法規は、日本で働く外国人に対しても適用されることが多いと考えられます（Q70参照）。いわゆる不法就労者に対しても同じです。もちろん最低賃金制度も適用されます。また、外国人という理由だけで賃金差別することや、賃金をピンハネすることは許されません。

2　労働者保護法規適用の原則

　外国人労働者にも労働基準法、労働契約法、最低賃金法、労働安全衛生法、労働者災害補償保険法などの労働者保護法規が適用されることが多いと考えられます。これらの法規は、いわゆる不法就労者についても同様です。

　2018年、働き方改革を推進するための関係法律の整備に関する法律（平成30年法律第71号）が成立しました。この法律は、労働者がそれぞれの事情に応じた多様な働き方を選択できる社会を実現する働き方改革を総合的に推進するため、長時間労働の是正、多様で柔軟な働き方の実現、雇用形態にかかわらない公正な待遇の確保等のための措置を講ずるものです。当然、外国人労働者にも適用されます。

　具体的には、労働時間に関する制度が見直され、時間外労働の上限について、月45時間、年360時間を原則とし、臨時的な特別な事情がある場合でも年720時間、単月100時間未満（休日労働含む）、複数月平均80時間（休日労働含む）を限度に設定されました（労働基準法36条4項、ただし、中小企業は2020年4月まで適用猶予）。月60時間を超える時間外労働に係る割増賃金率（50％以上）について、中小企業への猶予措置が廃止され2023年4月1日から適用されます。使用者は、10日以上の年次有給休暇が付与される労働者に対し、5日について、毎年、時季を指定して与えなければならないこととされました（同法39条5項）。また、一定の要件のもと、時間外労働の規定を適用除外とする高度プロフェッショナル制度が創設されました（同法41条の2）。

　また、労働者の健康確保措置の実効性を確保する観点から、労働時間の状況を省令で定める方法により把握しなければならないこととされ（労働安全衛生法66条の8の3、労働安全衛生規則52条の7の3）、事業主は、前日の終業時刻と翌日の始業時刻の間に一定時間の休息の確保に努めなければならないこととされ(労働時間等設定改善法1条の2第2項)、事業者から、産業医に対しその業務を適切に行うために必要な情報を提供することとされました（労働安全衛生法13条4項）。

　さらに、短時間・有期雇用労働者に関する同一企業内における正規雇用労働者との不合理な待遇の禁止に関し、個々の待遇ごとに、当該待遇の性質・目的に照らして適切と認められる事情を考慮して判断されるべき旨を明確化されました（短時間労働者及び有期雇用労働者の雇用管理の改善等に関する法律8条）。併せて、有期雇用労働者の均等待遇規定（同法9条）が整備されました。派遣労働者について、①派遣先の労働者との均等・均衡待遇、②一定の要件を

満たす労使協定による待遇のいずれかを確保することを義務付けられました（労働者派遣法30条の3第1項）。また、これらの事項に関するガイドラインの根拠規定が整備されました。労働者に対する待遇に関する説明義務も強化されました（短時間労働者及び有期雇用労働者の雇用管理の改善等に関する法律14条1項〜3項、労働者派遣法31条の2第3項〜5項）。そして、以上の義務について、行政による履行確保措置及び行政ADRが整備されました（短時間労働者及び有期雇用労働者の雇用管理の改善等に関する法律6条1項、9条、24条、労働者派遣法47条の6、47条の7）。

改正法は、基本的には2020年4月1日から適用されます。

③ 最低賃金制度

最低賃金制度も外国人に適用されます。

最低賃金制度とは、賃金の安い労働者について、業種や地域ごとに賃金の最低額を保障しようというものです（最低賃金法1条）。現在、各都道府県の地方最低賃金審議会の審議に基づき、各都道府県労働局長が地域別・業種別最低賃金を決定し、公示しています。使用者は、最低賃金の適用を受ける労働者に対し、その最低賃金額以上の賃金を払わなければなりません（同法4条1項）。これを下回る賃金契約は同法違反であり、無効となった部分は最低賃金額と同様の契約があったものとみなされます。つまり、最低賃金額より低い賃金を定めても、最低賃金額を支払う義務があるわけです（同条2項）。違反に対しては罰金刑が定められています（同法40条）。最低賃金の適用を受ける使用者は、その最低賃金の概要を、いつも作業場の見やすい場所に掲示したりして、労働者に知らせる義務があります（同法8条）。これらの義務の履行を確保するために、労働基準監督官の立入り、検査、質問権が定められています（同法32条）。

④ 国籍による賃金差別の禁止

また、外国人だからといって日本人より安い賃金しか払わないことも許されません。労働基準法3条は、国籍により賃金や労働時間などの労働条件について差別的取扱いをすることを禁じています。同一事業において日本人労働者と比較して職種や能力等からみて合理的理由なく低い賃金は許されません。

⑤ いわゆるピンハネの禁止

もちろんいわゆるピンハネや中間搾取も許されません。労働基準法6条は、「何人も、法律に基いて許される場合の外、業として他人の就業に介入して利益を得てはならない」と定めています。許可を受けた職業紹介業者（Q77参照）が合理的な紹介料を受け取る場合を除き、仕事のあっせんをして金銭を受け取ることはできません。手配師や労務係による賃金のピンハネは全て同法違反です。このほか、賃金支払方法の規制や、賃金に関する救済方法については、Q76を参照してください。

⑥ 労働条件の明示義務

労働基準法15条1項は、労働契約の締結に際しては、その従事すべき業務の内容及び賃金、労働時間その他の労働条件を明示しなければならないと定めていますが、外国人が労働契約を締結する際には、契約書が締結されない、あるいは契約の内容が明確でないことが多いのが実

情です。また、同条2項は、明示された労働条件が事実と相違する場合には、労働者は即時に労働契約を解除することができるとし、同条3項は、労働者が即時解除権を行使した場合、契約解除の日から14日以内に帰郷するときには、使用者は必要な旅費を負担しなければならないとしています。外国人は、このような規定の存在を知らずに不利な立場に陥ることが多いので、注意が必要です。

7　各種ハラスメントの防止に関する法規制

　外国人労働者も法律によって各種ハラスメントから保護されています。

　具体的には、職場における性的な言動（雇用の分野における男女の均等な機会及び待遇の確保等に関する法律11条、いわゆるセクシャルハラスメント）や、職場における妊娠・出産等に関する言動（同法11条の2、いわゆるマタニティハラスメント）の防止だけではなく、「労働施策の総合的な推進並びに労働者の雇用の安定及び職業生活の充実等に関する法律」が改正され（2019年5月29日成立）、事業主には、職場における優越的な関係を背景とした言動（同法30条の2、いわゆるパワーハラスメント）の防止のため、相談体制の整備等の雇用管理上必要な措置を講じることが義務付けられることになりました（大企業については2020年4月、中小企業については2022年4月に施行予定）。

Q72　退社制限契約の有効性、労働契約の期間規制

　　私（外国人）は、コンサルティング会社に勤務していますが、もっと高給の会社に転職を希望しています。今の会社との雇用契約には、契約中途での退社につき、給料の3か月分の罰金を払うという規定がありますが、このような規定は有効でしょうか。また、今の契約は6年契約ということになっていますが、3年とか5年を超える契約はできないということも聞きました。どういう意味でしょうか。

1　中途退職に関する罰金規定は無効

　労働者側からの中途退職は原則自由であり、設問のような罰金規定は無効です（労働基準法（以下「労基法」）16条）。また、同法14条（2003年改正）は、労働契約の期間について、一部の高度専門職について期間5年の契約を許容するものの、原則として3年を超える労働契約を禁止しています。労働者の長期拘束を防止し労働者を保護しようという規定です。同法14条所定の期間を超える契約期間を定めた場合には、当該期間は同条所定の期間に短縮され、それ以降は期間の定めのない労働契約となります。

2　中途退職の自由

　労働者側からの中途退職は、原則自由です。法律上は次のように、いくつかの場合によって関係条文が異なりますが、実際には、中途退職が許されない場合はないといってよいでしょう。

　民法上は次のような規制となっています。すなわち、期間の定めのない雇用契約の場合は、労働者は2週間の予告期間を置けば、いつでも、契約を解約できます（民法627条1項）。理由は不要です。もっとも、この民法627条の予告規定は一般に任意規定と解されており、労働契約や就業規則で2週間より延長することは可能とされ、就業規則等で30日前の予告期間を定めている例が多いと思われます。また、期間の定めのある雇用契約の場合は、やむを得ない事情がある場合のみ、直ちに契約の解除をすることができます（同法628条）。なお、使用者側からの解雇は、労働契約法16条（解雇権濫用の法理、Q79参照）及び同法17条1項によって制限されています。

3　賠償予定の禁止

　使用者は、労働契約の不履行について違約金を定めたり、損害賠償額を予定する契約をしたりしてはなりません（労基法16条）。したがって、中途退職の場合の罰金を定めるような契約は無効です。ただし、民法628条のやむを得ない事情による契約解除で、そのやむを得ない事情が当事者の一方的な過失によって発生した場合実際の損害額を限度に、相手方に対し損害賠償責任を負うことがあります。また、退職金を円満退職者以外には支給しないとの規定は、退職金を労働契約不履行の損害賠償に充てることになるので、労基法16条（賠償予定の禁止）、24条（賃金の支払）に違反し無効とする旨の裁判例があります（岡山地玉島支判昭和44年9月26日判時592号93頁）。もっとも、退職後同業他社に就職したときは退職金を自己都合退職の場合の半分と定めることは、違法ではないとした判例もあります（最二小判昭和52年8月9日労経速958号25頁）。

4 旅費や支度金の没収の問題

外国人労働者の渡航費用を使用者が貸与し、一定期間以上就労した場合は、その貸金の返済を免除するというケースもあります。純粋な貸金の場合は有効ですが、このような契約も中途退職に対する罰金と解される場合には、労基法16条（賠償予定の禁止）違反や同法17条（前借金相殺の禁止）違反として無効となる場合があります。

5 雇用期間に関する規制

労働契約には、前述のように、期間の定めのない契約と、期間の定めのある契約があります。そして、期間の定めのある契約の場合は、一定の事業の完了に必要な期間を定めるもののほかは、3年（一般労働者）又は5年（特例労働者）を超える期間について締結してはならないことになっています（労基法14条）。これは、使用者が労働者を長期間拘束することを禁止する趣旨の労働者保護のための規定です。例外である「一定の事業の完了に必要な期間を定めるもの」の例としては、6年間で完了する土木工事において技師を6年間で雇い入れる場合などがあげられます。

5年契約が許される場合（特例労働者）については、労基法14条1項が定めています。すなわち、「一 専門的な知識、技術又は経験（以下この号において「専門的知識等」という。）であって高度のものとして厚生労働大臣が定める基準に該当する専門的知識等を有する労働者（当該高度の専門的知識等を必要とする業務に就く者に限る。）との間に締結される労働契約二 満60歳以上の労働者との間に締結される労働契約（前号に掲げる労働契約を除く。）」の場合です。

「労働基準法第14条第1項第1号の規定に基づき厚生労働大臣が定める基準」（平成27年3月18日厚生労働省告示第68号）は、博士号を有する者、弁護士等の有資格者、システムアナリストの有資格者、一定の技術者で一定期間以上の経験を有し年収1,075万円以上の者等を定めています。もちろん、このような期間内であっても、労働者側からの「やむを得ない事情」がある中途退職は可能です。労基法14条所定の期間を超える期間が定められた場合は、同条所定の期間に短縮され（「労働基準法の一部を改正する法律の施行について」平成15年10月22日基発第1022001号）、その後は期間の定めのない労働契約として継続していると解されます（改正前の裁判例ですが東京高判昭和53年2月20日労判294号49頁、札幌高判昭和56年7月16日労民32巻3・4号502頁）。

もちろん契約の更新はできます。ただし、契約中に3年（特例労働者は5年）を超える期間について自動更新する旨の約束をあらかじめ明文で定めることは、労基法14条の趣旨に反するので許されません。

6 設問に対する回答

契約中途での退社について、給料3か月分の罰金を払うとの規定は無効です。また、期間の定めのある契約については、原則として3年又は5年を超える期間の労働契約を締結してはなりません。5年の特例労働者に該当しない場合には3年を超える期間、5年の特例労働者に該当する場合は5年を超える期間について、期限の定めのない労働契約という扱いになります。

Q73　就職制限規定の有効性

　私（外国人）は、プログラマーとして働いていますが、別の会社に移りたいと思っています。現在勤務している会社との雇用契約には、退職後1年間は同業他社に勤務してはならないとの規定がありますが、有効なのでしょうか。

1　退職後の就職を制限する契約の効力

　外国人だけでなく、日本人についても、退職後一定期間就職を制限する契約は、労働者の職業選択の自由（憲法22条1項）の趣旨からみて原則として無効であるとするのが従来の考え方でした。しかし、最近は、日本でも、終身雇用制が緩んで雇用が流動化してきている一方で、企業の営業上の秘密の重要性が認められてきています（例えば、不正競争防止法は、営業秘密を保護する法律の一つであり、不正な手段で営業秘密を開示したり、取得する者は刑罰の対象となります）。

　退職後一定期間同業他社に勤務することを禁ずる契約は、企業の営業秘密を知ることができた従業員が競争会社に就職することによってその秘密が漏れることを防ぐことを主な目的としており、企業にとっては合理的な意味を有するものです。その反面、従業員にとっては憲法で規定されている職業選択の自由を制限されることになります。このように、会社側にも、従業員側にもそれぞれの守るべき利益があるわけです。

　裁判所は、個々のケースにおいて、就職を制限することで保護される会社側の利益の内容と保護の必要性とを、就職を制限されることによって被る従業員の不利益と比較検討して、契約の効力を判断しています。つまり、雇用者側の確保しようとする利益に照らし、競業禁止の内容が必要最小限にとどまっており、かつ、十分な代償措置をとっている場合にのみ、競業禁止を定めた契約を有効としているのです。

　裁判例では、従業員がある程度のポジションにいて会社の重要な営業秘密を知ることができたような場合で、期間（1〜2年）や地域等が限定されている場合は、会社側の正当な利益を守るための必要最小限の範囲であるとして、競業他社への就職禁止契約を有効と認めているようです（競業禁止契約の効力を肯定：東京地判平成28年1月15日労経速2276号12頁（第一紙業事件）／効力を否定：東京地判平成28年12月19日労政時報3931号14頁（デジタルパワーステーション事件）。

　この点の有効性の判断基準としては、平成24年度の経済産業省委託調査である「人材を通じた技術流出に関する調査研究報告書」（三菱UFJ銀行リサーチ＆コンサルティング）が参考になります。

　なお、退職後の就職制限が無効とされる場合であっても、後記のように一定程度の退職金減額や秘密保護契約は有効とされる場合があります。

2　退職金減額の有効性

　「退職後同業他社へ就職のときは退職金を自己都合退職の半額とする」旨の退職金規則を有効とした判例があります（三晃社事件：最二小判昭和52年8月9日労経速958号25頁）。このケースで、最高裁判所は、この規定は、退職後のある程度の期間に同業他社へ転職した場合には、勤務中の功労に対する評価が退職金に関し自己都合の退職に比べ半分になるという趣旨で

あり、本件退職金が功労報償的な性格を併せもっていることを考慮すれば有効と解すべきだと判断しました。また、従業員が退職後6か月以内に同業他社に就職した場合には退職金を支給しない旨の退職金支給規定の有効性が争われたケースで、退職金を減額又は没収する規定を有効に適用できるのは、従業員のそれまでの勤続の功績を抹消（全額不支給の場合）又は減額してしまうほどの著しく信義に反する行為を従業員が退職後に行った場合に限られるべきであり、従業員が退職後6か月以内に競業関係に立つ業務に携わっただけでは足りず、会社が退職金不支給条項を設けることの必要性、従業員が退職した経緯、退職の目的、従業員が競業他社に就職したことで会社が被った損害などの事情を総合的に考慮して判断すべきであると判断したものがあります（中部日本広告社事件：名古屋高判平成2年8月31日判時1368号130頁）。さらに、従業員であった者らが退職金を請求したところ、会社が退職金の不支給又は減額事由を主張して争った事案について、新たに作成された懲戒解雇相当事由該当者及び同業他社への転職者に対する退職金不支給・減額条項は、事業場の労働者への周知手続がとられているし、競業禁止を定める減額条項も背信性が著しい場合にのみ有効と解釈できるから効力は否定できないし、不利益変更もその内容等に照らし、法規範性を是認するだけの合理性があるから前記条項は有効であるとした上、従業員であった者らの一斉欠勤・退職に係る経緯等に照らし、一部の従業員であった者らについては勤続の功を抹消するほどの背信行為があるとして、一部の従業員であった者らの退職金請求を認容したものがあります（東京地判平成21年10月28日労判997号55頁（キャンシステム事件））。

③ 営業秘密保護の問題

同業他社への転職禁止規定が無効とされる場合であっても、退職後一定期間についての営業秘密保護義務規定は有効とされる場合があります。

①で説明したように転職禁止規定も主に会社の営業秘密を保護することを目的としており、退職後に会社の営業秘密を漏洩しないことを従業員に約束させることは会社にとって意味のあることです。秘密保護契約は、退職後の就職制限とは異なり、一般には従業員に過大な負担を課するものでもありません。退職後も会社の営業秘密を第三者に漏らさないことを約束した秘密保護契約を会社と結んでいる場合に、退職後、その会社の営業秘密を第三者（新たに就職した会社を含みます）に漏らすと、損害賠償を請求される可能性がありますので注意が必要です。

なお、営業秘密は、不正競争防止法でも保護の対象とされています。同法によれば、「営業秘密」とは、「秘密として管理されている生産方法、販売方法その他の事業活動に有用な技術上又は営業上の情報であって、公然と知られていないもの」（同法2条6項）です。具体例としては、技術上の情報として、製造技術、設計図、製品仕様、原料配合比率、製造原価、実験データ、研究レポート、図面等があり、営業上の情報として、顧客名簿、販売マニュアル、市場調査情報、仕入先リスト、財務データ等があります。

勤務先会社から営業秘密を開示された従業員が、退職後に、無断で不正の金儲け等の不正の利益を図る行為や元勤務先への加害目的でその営業秘密を自分で使用したり第三者に開示したりする行為は違法です（不正競争防止法2条1項7号）。そのような違法行為をした場合、行為が差し止められるほか、損害賠償を請求されたり、信用を回復する措置をとらされることがあり、場合によっては刑罰の対象にもなります。

外国人は有期雇用のケースも多いので、以上の点に留意する必要があります。

4 設問に対する回答

　プログラマーとして働いているあなたが、会社の営業秘密を知ることのできるような立場であるか否かで異なると考えられます。あなたが会社の営業秘密を知ることができる立場にあり、期間のみならず地域が限定されていれば、有効とされる可能性があります。例えば、あなたが日本ではなく、本国に帰って同業の会社に就職するような場合には、当該雇用契約の規定は無効であるとの主張が受け入れられる可能性があるでしょう。他方で、あなたが会社の営業秘密に全く関与できない立場であれば、退職後の就職を制限する雇用契約の規定は無効であるとの主張が受け入れられる可能性があります。

Q74　労働災害、不法就労者（資格外就労者）の労働災害

　私（外国人）は、留学生として滞在して建設現場でアルバイトをしています。仕事中に事故で怪我をした場合、補償はどうなるのでしょうか。また、同じ現場にはオーバーステイで不法就労をしている人もいるのですが、その人たちも同じような補償があるのでしょうか。

1　労災補償制度適用の原則

　外国人の労働災害についても、企業の民事責任は発生し、また、労災保険の適用があります。留学生のアルバイトやいわゆる不法就労の場合でも同じです。なお、技能実習生も労働者ですので同様ですが、研修生は実務研修を伴わないので、労働とはみなされず、企業の民事責任は発生し得ますが、労災保険の適用はありません。不法就労者が労働基準監督署に対し、労災保険支給申請をした場合でも、労災保険支給のための調査の間は、入管に通報されない扱いとなっています。

2　使用者の民事責任

　労働災害について、使用者に安全配慮義務違反や不法行為があった場合、使用者に民事責任が生じます。使用者は被災労働者に、逸失利益や慰謝料を賠償しなければなりません。使用者が任意に賠償義務を履行しない場合は、民事訴訟で責任の有無を決することになります。賠償額の計算方法については、オーバーステイの場合、逸失利益や慰謝料の算定を、日本の基準によって計算するのかそれとも母国の基準によって計算するのかが問題となります。①そもそも日本で働いていたことが違法であり、違法な勤務を基準として損害額を決めることができない以上、退去強制処分による出国先（ほとんどの場合は母国）で働いたならば得られたであろう賃金額を基準として損害額を決めるべきとする考え方（出国先賃金基準説）、②平等原則をあくまでも貫き、不法就労者であっても日本人と同じように日本で働いたならば得られたであろう賃金額を基準として損害額を決めるべきとする考え方（日本賃金基準説）、③不法滞在であれば、いつ退去強制処分を受けるか分からず、いつまで日本に滞在し働くことができるか不明だから、いろいろな要素を考慮して日本で滞在、就労できる期間を予測し、予測される期間は日本での賃金額を基準とし、その後は出国先の賃金額を基準として損害額を決めるとする考え方（折衷説）、などがあります。この点に関して、最三小判平成9年1月28日民集51巻1号78頁(改進社事件)は、「予測される我が国での就労可能期間内は我が国での収入等を基礎とし、その後は想定される出国先での収入等を基礎とするのが合理的であり、我が国における就労可能期間は、来日目的、事故の時点における本人の意思、在留資格の有無、在留資格の内容、在留期間、在留期間更新の実績及び蓋然性、就労資格の有無、就労の態様等の事実的及び規範的な諸要素を考慮して、これを認定するのが相当である。」「短期滞在の在留資格で我が国に入国し、在留期間経過後も不法に残留して就労していた外国人……の逸失利益の算定にあたり、我が国における就労可能期間を……会社を退社した日の翌日から3年間を超えるものとは認められないとした原審の認定判断は不合理とはいえない。」として、折衷説をとっています。前記の最高裁判例の後に出た下級審の裁判例も、かかる最高裁判例を引用しています（東京高判平成9年6月10日交民30巻3号663頁、大阪地判平成14年7月26日交民35巻4号1028頁、東京高判平成13年1月25日判タ1059号298頁、名古屋地判平成25年2月7日労判1070号38頁、

千葉地判平成26年9月30日判時2248号72頁）。

3 労災保険制度

使用者の責任の一部を担保し、被災者の救済を簡易迅速に図ろうとしたものが労災保険制度です（労働者災害補償保険法）。使用者は労災保険料を支払う義務を負い、その保険料で運用される保険制度です。被災者は、当該事業場を管轄する労働基準監督署に、労災申請をし、署長が業務上災害と認めた場合は、賃金や障害の程度に応じて保険金が支払われます。万一、使用者が労災保険料を支払っていなかった場合でも、労働者に対しては、労災保険金が支給されます。使用者は、労災保険に関する法令のうち、労働者に関係のある規定の要旨、労災保険関係成立の日や労働保険番号を常時事業場のみやすい場所に提示したり備え付けたりして、労働者に周知させる義務があります。また、労災申請は、被災者（死亡の場合は遺族）が申請するものですが、使用者は申請手続に助力する義務があります。労災保険申請書用紙には、使用者の事実証明欄がありますが、使用者の事実証明がとれない場合は、それがなくても申請することができます。

なお、厚生労働省も2019年1月付けで、事業主向けに「外国人労働者に対する安全衛生教育には、適切な配慮をお願いします」といったリーフレットを配布し、2019年1月8日より労働者死傷病報告（労働安全衛生規則様式第23号）の様式が改正され、労働者が外国人の場合には、「国籍・地域」及び「在留資格」の報告が必要になりました。

4 労災申請と入国管理局への通報

不法就労者が労働基準監督署に労災申請をした場合、労働基準監督署が入管に対し不法就労の事実を通報することが、労働者にとって深刻な問題でした。この取扱いについて、平成2年10月の内部通達によれば、原則として入管への通報は行われないことになりました。実際には少なくとも労働災害の事実関係の聴き取り調査が終わるまでの間は、通報を差し控えるのが通例です。労災申請時にパスポートやビザを提示できなくとも、労災保険支給が認められる実例もあります。

もっとも、事実調査が終わると入管に通報されることがありますので、労災申請の方法については弁護士と十分に相談することが必要です。本人の帰国後に保険金が支給される場合は、海外に送金されることになります。前記内部通達を詳しく紹介すると、「申告等に係る外国人労働者が不法就労者であることが判明することがあり得るが、労働基準監督機関としては、まず、法違反の是正を図ることにより本人の労働基準関係法令上の権利の救済に努めることとし、原則として入管当局に対し通報は行わないこととしている。今回、都道府県労働基準局に設置することとしている『外国人労働者相談コーナー』における取扱いも同様である」ということです（平成元年10月31日基監発第41号、天明佳臣編著『外国人労働者と労働災害』238頁（海風書房、1991年））。

しかし、同通達は、「不法就労者を放置することが労働基準行政としても問題がある場合、すなわち、不法就労者に関し重大悪質な労働基準関係法令違反が認められた場合、不法就労者に関し労働基準関係法令違反が認められ、司法処分又は使用禁止等命令を行った場合、多数の不法就労者が雇用されている事業場があり、当該不法就労者について労働基準関係法令違反が行われるおそれがある場合等については、入管当局に通報を行うこととしている」としてい

す（天明・前掲239頁）。

5 設問に対する回答

　仕事中に怪我をした場合、労災保険の適用があり、これは不法就労者についても同様です。

Q75　外国人と雇用保険

私（外国人）は、日本の会社で働いていますが、会社から雇用保険料を徴収されています。私にも雇用保険の適用があるのでしょうか。在留資格がない場合であっても、同じでしょうか。

1　合法的に就労している外国人の雇用保険

日本に在住して合法的に就労している外国人は、日本人と同様、その加入条件を満たす場合は原則として雇用保険の被保険者になります（雇用保険法の適用が除外される者については、同法6条参照）。合法的に就労しているのであれば、どのような在留資格でも構いません。

雇用保険は、主に、労働者が失業して収入を得られなくなった場合に必要な給付を行うことにより、再就職するまでの労働者の生活の安定を図り、再就職の援助を行うことを目的としています。したがって、労働者を雇用する事業所は、雇用する労働者の数に関係なく雇用保険の適用事業所となります（雇用保険法5条1項。ただし、個人経営で雇用する労働者の数が5人未満である農林水産関係の事業所は例外となっています。同法附則2条1項）ので、そこで働く労働者は外国人でも雇用保険の被保険者となります。雇用保険は前記のような目的を有しているため、外国において雇用関係が成立した後、日本国内にある事業所に赴いて勤務している者（主に企業内転勤の資格の者が該当すると思われます）については、（日本での）雇用関係が終了した場合、又は雇用関係が終了する直前において帰国するのが通常であって、失業保険の受給資格を得ても実際には失業保険を受けることがないので、このような者については被保険者としない取扱いがなされています。また、前記のような雇用保険の目的からみて、外国公務員及び外国の失業補償制度の適用を受けていることが立証された者も、日本の雇用保険の被保険者とはならないことになります。

設問の場合が前記の例外に該当しないのであれば、あなたは雇用保険の被保険者となりますから、会社が雇用保険料を徴収していることに問題はありません。その結果、あなたが失業した場合は、失業保険を請求することができます。ただし、あなたが今の会社を辞めるときに直ちに本国に帰国するため失業保険を請求しないことがはっきりしている場合は、前記の例外に該当する可能性がありますから、会社に雇用保険の被保険者とはならない取扱いをするように請求して、雇用保険料の徴収を止めるように求めることは可能だと思われます。

なお、事業主は、雇用保険の加入対象外の外国人であっても、外国人労働者の雇入れ・離職があった場合は、事業所を管轄するハローワークに「外国人雇用状況の届出」を提出する必要があります（雇用対策法28条。Q70参照）。

2　在留資格がない外国人の雇用保険

あなたが在留資格を取得することなく働いている場合、すなわち不法就労をしている場合は、雇用保険の被保険者にはなれません。雇用保険に基づく失業給付金の受給資格には、労働者が失業し、労働の意思及び能力があるにもかかわらず職業に就けない状態にあることが要件となります。不法就労者の場合、労働の能力がない、すなわち仕事がみつかればすぐに仕事に就ける状態にはないので、失業給付の対象にはならないことになります。ただ、就労資格がないのに就労している外国人（不法就労）について、雇用主が被保険者として手続をした場合、ハローワークはこの時点では被保険者である外国人の在留資格等を審査しないので、手続上は被保険

者として取り扱われます。しかし、その外国人が失業して失業保険を請求した場合、保険給付を審査する過程でその外国人の在留資格を証明する資料等を提出する必要があり、その段階で不法就労であったことが判明する可能性が高くなります。前記のように、不法就労者は、雇用保険の被保険者とはなれないため、失業保険は給付されません。雇用主が善意で雇用保険の手続を行って雇用保険料を徴収している場合もありますが、そのほかに、雇用主が雇用保険の手続をしていないのに不当に給与から雇用保険料名目で控除をしている場合もありますので、注意が必要です。いずれにせよ、あなたが不法就労者であるのに、雇用保険料を徴収されているのであれば、それは不必要な支払ですから雇用主と交渉して、保険料の徴収を直ちに止めてもらうべきです。なお、支払った雇用保険の保険料は、失業給付を受けられない場合でも返還されません。

3　在留期間と失業給付等

　在留資格のない不法就労者には失業給付がなされないのは前記のとおりです。では、あなたが失業したものの、まだ仕事のできる在留資格の期間が残っている場合はどうでしょうか。この場合、あなたは、仕事がみつかればすぐに仕事に就ける状態にあるといえますから、失業給付を受けることができます。ただし、在留期間の満了前に新しい仕事がみつからず、失業給付を受けている間に在留期間が過ぎてしまうと、在留期間満了の時点であなたはすぐに仕事ができる状態ではなくなりますから、失業手当の給付を打ち切られることになります。なお、あなたが合法的に日本で就労し雇用保険料を納付した後、本国に帰って失業した場合、残念ながらあなたは日本の失業手当を受給できません。雇用保険の失業手当は、あくまでも日本で仕事を探しており、これから日本で仕事をする可能性のある者に対して給付されるものだからです。また、失業手当を受給するためには、4週間ごとに公共職業安定所（ハローワーク）に出頭して失業の認定を受けなければなりませんが、あなたが外国にいる場合は、この認定日に出頭することが不可能ですから、手続上もあなたは失業給付を受けられないことになります。もちろん、あなたが就労できる在留資格を維持し、日本に戻ってきた時点で、まだ仕事がみつかっていない場合には、失業手当の給付が受けられます（ただし、失業手当給付のほかの要件が満たされていることが必要です）。

4　設問に対する回答

　あなたが適法に就労している場合、原則として雇用保険の適用はあります。在留資格がない場合には、雇用保険の適用はありません。

Q76　賃金不払いの救済方法

　私（外国人）は、観光ビザで滞在して町工場で働いていますが、経営者が約束の給料を払ってくれません。私はどうしたらよいでしょうか。また、経営者は、給料から宿舎代や食事代、作業衣代を差し引いており、私は当初言われていた給料の半分くらいしかもらえません。知り合いは日本に来るのに経営者に旅費を立て替えてもらっているので、給料から旅費分が差し引かれ、数か月間ほとんど給料をもらえていないと言っています。これらの費用は給料から差し引かれても仕方がないのでしょうか。

1　労働者保護法規適用の原則

　労働基準法（以下「労基法」）、労働契約法、最低賃金法、賃金の支払の確保等に関する法律（以下「賃確法」）などの日本の労働者保護法規は、いわゆる不法就労者に対しても適用されることが多いと考えられます（Q70、Q71参照）。労働基準監督署の手続や裁判手続も利用できます。不法就労者が労働基準監督署に対し、賃金不払いを申告した場合でも、賃金を支払わせるために必要な期間は、入管に通報されない扱いとなっています（Q74参照）。労基法24条は、賃金支払方法について、通貨払いの原則、直接払いの原則、全額払いの原則を定めており、賃金の一部を現物支給することや、第三者に支払うこと、賃金の一部を差し引いて支払うことなどは、許されません。前借金との相殺も禁止されています（同法17条）。

　不法就労者の中には、人身取引で、本人の意思によらずに日本での就労を余儀なくされている者もおり、こうした者たちに対する不当な賃金不払いの抑止も重要です。

2　賃金不払いの救済方法

(1)　労働基準監督署

　労基法24条は、賃金は、①通貨で、②直接労働者に、③その全額を、④毎月1回以上、⑤一定の期日を定めて支払わなければならない、との賃金支払の5原則を定め、賃金の一部を現物支給することや、第三者に支払うこと、賃金の一部を積立金などの名目で差し引いて支払うことなどは、許されないのが原則です。それを監督行政と罰則（同法120条1号）で強制しています。窓口は、職場を管轄する労働基準監督署あるいは労働局で、曜日ごとに各種外国語にて受付相談を実施しており、電話にて対応できるところもあります。

　また、厚生労働省は、各都道府県に「外国人雇用管理アドバイザー」を設置しています。

　賃金不払いや支払遅延について、使用者が賃金支払のために社会通念上なすべき最善の努力をしていない場合、労働基準監督署長は使用者に対して期日を指定してそれまでに賃金を支払うことを厳重に確約させ、この確約に応じないときや確約を実行しないときは地方検察庁に送検する運用がなされています。

(2)　民事上の請求

　労働者は使用者に対し、賃金を支払うよう民事上の請求をすることができます。当然、民事訴訟（労働審判の申立ても含む）の利用も可能です。訴訟費用については、「我が国に住所を有し適法に在留する者」（総合法律支援法30条1項2号）については、法テラスによる民事法律扶助、在留資格のない者については、日本弁護士連合会の委託事業による法律扶助を受けられる可能性があります。

(3)　その他の救済機関

　主要法務局には「外国人のための人権相談所」が設けられました。労政事務所でも、相談に応じているところがあります。弁護士会の窓口や民間の救済支援団体もあります。詳細は、巻末資料を参照してください。

(4)　労働基準監督署への申告と入管への通報

　不法就労者が労働基準監督署に賃金不払いの事実を訴えた場合、労働基準監督署が入管に対し不法就労の事実を通報することが、労働者にとっては深刻な問題でした。この取扱いについて、厚生労働省（当時、労働省）は、1990年10月の内部通達で、原則として入管への通報を行わないことにしました（Q74参照）。

③　賃金支払に関する法規

(1)　労 基 法

　労基法は、国籍による差別的取扱いの禁止（3条）や、男女同一賃金の原則（4条）を定めた上、前述のとおり24条で賃金支払方法について定めています。すなわち、通貨払いの原則、直接払いの原則、全額払いの原則です。このほか、同法には、労働契約締結時の賃金の明示義務（15条）、前借金相殺禁止（17条）、強制貯金の禁止（18条）、退職時の賃金支払（23条）、非常時払い（25条）、休業手当（26条）、出来高払制の保障給（27条）、時間外、休日、深夜勤務の割増賃金（37条）、就業規則での明示（89条）、賃金台帳の作業義務（108条）などの規定があります。最低賃金法も重要です（Q71参照）。

(2)　賃 確 法

　賃確法は、会社が倒産した場合などに国が未払賃金を立替払する制度を設けています。要件を満たす場合、退職時の年齢に応じて、110万円ないし370万円（2002年1月1日以降に退職した場合）を上限として、対象となる未払賃金の8割が支払われることになります（同法施行令4条1項）。

　まず、立替払を適用される事業主の要件は、1年以上労災保険適用事業の事業を行っていた者で、①破産の宣告を受けたか特別清算の開始命令を受けたこと、②更生手続開始決定、民事再生開始決定又は整理開始命令を受けたこと、③中小企業の場合、その事業活動が停止し、再開の見込みがなく、かつ、賃金支払能力がないことが労働基準監督署長によって認定されたことのいずれかの場合です（同法7条、同法施行令2条、同法施行規則8条）。次に、立替払を受け得る労働者の要件は、前記①か②の申立てがあった日又は③の認定の申請が退職労働者によりなされた日のいずれかの日から6か月前の日以後2年間に、前記のような要件を満たす事業主の事業から退職したことです（同法施行令3条）。立替払の対象となる賃金は、退職日の6か月前の日から立替払請求日前日までの間に支払期日が到来した定期給与及び退職金です（同法施行令4条2項）。したがって、特に中小企業の倒産によって賃金が支払われない場合は、労働基準監督署と交渉することが有効です。

(3)　建 設 業 法

　建設業法は、建設工事下請業者の賃金支払確保のための規定を置いています。

　発注者から直接工事を請け負った特定建設業者（請負代金の額が3000万円以上の工事を請け負うことのできる資格をもつ）は、当該建設工事の下請負人が労働者保護法規に違反しないよう指導に努める義務があります（建設業法24条の6）。そして、国土交通大臣や都道府県知

事は、特定建設業者の直接請け負った建設工事の下請をする建設業者が労働者に対する賃金を遅滞した場合、特定建設業者にその賃金額を立替払することを勧告することができます。

　したがって、建設工事の下請業者が賃金を支払わない場合は、元請業者と交渉したり、監督官庁に指導を求めたりすることが有効です。

4　設問に対する回答

　経営者が宿舎代、食事代、作業衣代、旅費等を差し引いて、給与を全額払ってくれないとのことですので、賃金全額払いの原則に違反します。労基法24条は、税金や社会保険料等法令で事業主に源泉徴収義務がある場合や、従業員の過半数組合や過半数代表者と賃金控除協定を書面で締結した項目に該当するものについては、控除可としています。こうした賃金控除協定が締結されていない場合には法令違反となり、事業主は刑罰の適用を受けることになりますが、控除によってなされた支払は、民事上の弁済としては有効であるとされています。かかる法令違反を主張して民事訴訟を提起したり、労働基準監督署への通報が考えられます。

　なお、この全額払いの原則は、相殺禁止の趣旨も含むと解されていますが、労働者が自由な意思に基づいて相殺に同意した場合は、その同意が労働者の自由な意思に基づいてなされたものであると認めるに足りる合理的な理由が客観的に存在するときは、全額払いの原則に違反するものとはいえないと解されています（日新製鋼事件：最二小判平成2年11月26日民集44巻8号1085頁）。

　裁判例としては、日本人従業員の寮費負担額以上を控除することは労基法3条違反であるとして賃金請求を認めた東京地判平成23年12月6日判タ1375号113頁（デーバー加工サービス事件）、管理費の控除を不法行為とした和歌山地田辺支判平成21年7月17日労判991号29頁（オオシマニット事件）があります。

Q77　職業紹介、派遣、業務請負の規制

　私（外国人）は、日本で仕事をすることを希望しています。仕事をあっせんしてくれるという日本国内のあっせん業者を紹介されました。その人に仕事のあっせんを頼んでも構わないでしょうか。日本国外にいるあっせん業者はどうでしょうか。業者に雇われて派遣先へ派遣される場合はどうでしょうか。また、業者から、日本の建設工事の仕事を請け負って働かないかと言われました。注意することはありますか。

1　許可を受けたあっせん業者

　日本では、公共職業安定所（ハローワーク）や法律に基づく許可を受けた職業紹介、労働者供給、労働者派遣業者以外の者が仕事をあっせんすることは許されていません。したがって、ハローワークに相談したり許可書の提示を求めたりして、その業者がどの法律に基づきどのような許可を得ているかを確かめるべきです。なお、現在のところ、日本国外で日本の会社に外国人をあっせんすることについてはブラジル国サンパウロ市にある日伯雇用サービスセンター（国外就労者情報援護センター／通称CIATE）を除き日本では許可されていません。

2　不法あっせんの危険

　法律上は前記のように規制されていますが、現実には、外国人労働者のあっせんや派遣を不法に行っている業者が、日本国内、国外の双方にいます。このような無許可あっせん業者の場合は、高額なあっせん料や賃金のピンハネの危険性が高いので注意が必要です。

3　職業紹介・労働者供給・派遣の規制

　ちなみに、日本国内で許されている職業紹介などの規制をみておきます。
　(1)　職業紹介事業
　　ア　ハローワーク
　日本では、従来、悪質なブローカーから労働者が被害を受けないようにするために、厚生労働大臣の許可を得た職業紹介者が行う場合を除き、原則としてハローワークが職業紹介を行うこととしています（職業安定法33条）。ただし、2004年３月１日に職業安定法が改正され、農業協同組合等の特別の法律により設立された法人が構成員等を対象にして行う場合や地方公共団体が自らの施策に関する業務に附帯して行う場合、さらに大学や学校、専修学校等が研修や委託訓練を受けている者や修了した者を対象にして行う場合には、無料職業紹介事業については届出により実施が可能となりました（同法33条の２～33条の４）。

　ハローワークでは、国内で就労資格を有する外国人に対して、その在留資格に応じた職業紹介を行っており、主要なハローワークでは外国語通訳が配置されています。厚生労働省のウェブサイトにアクセスし、ハローワークインターネットサービスで全国のハローワークの場所を調べ、当該ハローワークにお問い合わせください。

　厚生労働省では、留学生や専門的・技術的職業に就く外国人の職業紹介を専門に行う機関として「外国人雇用サービスセンター」を設置しています。ここには、外国人労働者専門官、外国語通訳員がおり、職業紹介のほか、在留資格の変更等の入管に対する手続等についてもアドバイスをしてくれます。英語と中国語の通訳員が待機しています。ハローワーク新宿の中には、

新宿外国人雇用支援・指導センターも設置されています。こちらは、留学生や就学生等のほか、日本人の配偶者や日系の方など就労制限のない在留資格をもつ外国人を対象とした相談を実施しており、英語、中国語の通訳員が待機しています。また、大阪にも大阪外国人雇用サービスセンターがあり、英語、中国語、ポルトガル語、スペイン語の通訳員が待機しています。

　　イ　有料職業紹介事業

　職業安定法が改正され、港湾運送業務に就く職業及び建設業務に就く職業、そのほか労働者の保護に支障を及ぼすおそれがあるものとして厚生労働省令で定める職業（ただし、現在は定められていない）を除く全ての職業について有料の職業紹介事業を行うことができるようになりました（同法32条の11）。厚生労働大臣の許可を得ることが必要です（同法30条1項）。以上のように、法律の改正により民間の職業紹介業者を利用しやすくなりましたが、違法な業者とのトラブルを避けるため、民間の業者にあっせんを依頼する場合は、許可証の提示を求める等、厚生労働大臣の許可を得て合法的に紹介事業を行っている業者を利用することが重要です。

　⑵　労働者供給

　労働者供給事業を行うことや、労働者供給業者から労働者の供給を受けることは原則として禁止されています（職業安定法44条）。例外的に、労働組合法による労働組合又はこれに準ずるものが厚生労働大臣の許可を得て無料の労働者供給事業を行うことができます（同法45条、46条）。

　⑶　労働者派遣

　労働者派遣については、労働者派遣法が様々な規定を置いています。労働者派遣事業は、港湾運送業務、建設業務、警備業務及び医療関係業務以外について業務を行えるようになりました（同法4条1項、同法施行令2条）。なお、2003年3月28日施行の同法施行令、同法施行規則改正により、医療関係業務については、社会福祉施設等における業務は派遣可能になりました。労働者派遣事業には厚生労働大臣の許可が必要です（同法5条）。許可書は事業所に備え付けるとともに、関係者の求めがあった場合は提示しなければなりません（同法8条2項）。

４　海外での職業あっせんの問題

　海外からの日系人労働者のあっせんをする業者も多く問題となっています。現在、ハローワークでは海外にわたる職業紹介は行っておらず（就業場所が海外の紹介は行っています）、また、民間においても海外の労働者の職業紹介事業は行われていません。つまり、海外の労働者に関しては日本国内では合法的なあっせん業者は存在しないのです。なお、唯一の例外としてブラジルのサンパウロ市に主に日系人を対象とした日伯雇用サービスセンター（CIATE）が設置されています。また、外国でその国の担当政府機関から許可等を得て合法的にあっせんを行っている業者を利用する場合は、特に問題ないと思われます。

５　海外からの労働者派遣の問題（偽装請負）

　外国において担当の政府機関から許可を得て合法的に労働者を派遣し、日本の派遣先において労働者を受け入れる場合には問題はありません。しかし、ブローカー自身が外国人を雇い、実際の雇用主（派遣先）に派遣する場合には、本来は派遣先が雇用主として労働者を社会保険や労働保険に加入させなければならず、また、日本において住宅の提供もすべきですが、実際にはこうした義務を免れようとするケースが多くみられます。不法就労の場合だけでなく、定

住者としての在留資格を付与される中南米の日系2世、3世の場合にもみられる形態です。また、2004年3月の労働者派遣法の改正により、製造業務への労働者派遣が解禁され、製造業においては請負のほか労働者派遣が活用されていますが、労働者派遣と請負とでは労働者の安全衛生の確保や労働時間管理、社会保険の加入等について、雇用主（派遣元事業主、請負事業者）、派遣先及び注文主が負うべき責任が異なっています。さらに、前述のとおり建設業に対する派遣は認められておらず、これに違反した場合には1年以下の懲役又は100万円以下の罰金に処することになっています（同法59条）。しかし、実際には建設業に対する労働者派遣の要請は多く、同法上の規制を逃れるため、ブローカーからの外国人労働者派遣ではなく、「業務請負」や「業務委託」という形態をとられることがあります。外国人を使用して「業務請負」や「業務委託」の名目でなされているものの多くは、いわゆる偽装請負といわれるもので、実態は請負ではなく、労働者派遣事業あるいは職業安定法で禁止されている労働者供給事業であると思われますので、注意が必要です。

6 求人広告による弊害

最近では、ブローカーによるあっせんだけでなく、外国人の不法就労等を助長するような就職情報誌や新聞等における求人広告も見受けられます。職業安定法では、新聞、雑誌その他の刊行物に掲載する広告、文書の掲出又は頒布その他厚生労働省令で定める方法により行うものとされ、業務の内容等の明示に当たっては労働者に誤解をさせることのないよう平易な表現を用いる等その的確な表示に努めなければならないとされています（同法42条）。そして労働者を雇用しようとする者は、その被用者以外の者に報酬を与えて労働者の募集をさせる委託募集については、厚生労働大臣の許可を要するとされており（同法36条）、厚生労働大臣又は公共職業安定所長は、募集の時期や人員、地域、その他の募集方法について制限したり、必要な指示を与えたりすることができるなどの規制がなされています（同法37条）。募集を行う者や募集に従事する者は、募集に応じた労働者から、募集に関し、いかなる名義でも報酬を受けてはいけないとされ（同法39条）、これらの条項違反については罰則も規定されています（同法64条、65条）。こうした規定は、悪質な求人広告についても適用されるべきと考えられます。

7 人身取引防止のための取組

他人を売春させて搾取したり強制的な労働をさせたりすることなどを目的とし、暴力、脅迫、誘拐、詐欺、弱い立場の悪用などの手段を用いて、人を採用・運搬・移送するなどの人身取引（トラフィッキング）の被害が増えていることから、国連は「国際的な組織犯罪の防止に関する国際連合条約を補足する人（特に女性及び児童）の取引を防止し、抑止し及び処罰するための議定書」（2003年12月に発効）を策定し、日本政府は、2005年6月、同議定書の締結について国会で承認を得ています。その後、2017年6月に、本体条約である国際組織犯罪防止条約を実施するための国内法が国会で可決成立し、同年7月11日に、同条約が締結されるに至りました。これを受けて、上記議定書も、同日に締結されています。

また、人身取引を防止するために、人身の自由を侵害する行為を処罰するべく、2005年に刑法が改正されました（Q78参照）。海外からの労働者派遣等がこうした人身取引の一環として行われる危険性があり、悪質なあっせんブローカー等に対する取締りは急務といえます。

8　設問に対する回答

　日本では、公共職業安定所（ハローワーク）や法律に基づく許可を受けた職業紹介、労働者供給、労働者派遣業者以外の者が仕事をあっせんすることは許されていません。現在、ハローワークでは海外にわたる職業紹介は行っておらず、また民間においても、ブラジル国サンパウロ市にある日伯雇用サービスセンターを除き許可されておらず、海外の労働者の職業紹介事業は行われていません。当該業者が違法業者である場合、高額なあっせん料や賃金のピンハネの危険性が高いので注意が必要です。また、建設業については外国人も含めて労働者派遣は認められておらず、「業務請負」や「業務委託」という名目で仕事を提示されることがありますが、実態はいわゆる偽装請負といわれるもので、請負ではなく、違法な労働者供給事業であることがありますので、注意が必要です。

Q78　人身取引

　私（フィリピン人）は、日本で「接客業」を行えばフィリピンの年収の10倍は稼げると聞いて、借金をして、フィリピンのあっせん業者に高額の手数料を支払って来日しました。しかし、日本では、売春をさせられ、借金を返すまではと逃げることもできませんでした。その後、入管に摘発され、退去強制手続のため、入管に収容中です。私は、このまま帰国しなくてはならないのでしょうか。

1　人身取引と法的規制・保護

　性的搾取、強制労働等を目的とした人身取引は、重大な犯罪であり、基本的人権を侵害する深刻な問題です。

　国際的な組織犯罪に効果的に対処するために、国際的な組織犯罪の防止のための国際協力を推進する必要性が高まり、国連においては、2000年11月15日に「国際的な組織犯罪の防止に関する国際連合条約」（略称：国際組織犯罪防止条約、TOC条約、パレルモ条約）が採択されました。なお、国際組織犯罪防止条約の内容を補足する条約として、「人身取引議定書」、「密入国議定書」及び「銃器議定書」の３つの議定書が作成されています。

　パレルモ条約を前提とした国内法整備はなされていましたが、同条約及び議定書の締結は未了となっていました。しかし、日本は、2017年７月11日に同条約、人身取引議定書及び密入国議定書を締結しました。

　人身取引について、人身取引議定書（正式名称：国際的な組織犯罪の防止に関する国際連合条約を補足する人（特に女性及び児童）の取引を防止し、抑止し及び処罰するための議定書）３条は、次のとおり定義しています

「(a)　「人身取引」とは、搾取の目的で、暴力その他の形態の強制力による脅迫若しくはその行使、誘拐、詐欺、欺もう、権力の濫用若しくはぜい弱な立場に乗ずること又は他の者を支配下に置く者の同意を得る目的で行われる金銭若しくは利益の授受の手段を用いて、人を獲得し、輸送し、引き渡し、蔵匿し、又は収受することをいう。搾取には、少なくとも、他の者を売春させて搾取することその他の形態の性的搾取、強制的な労働若しくは役務の提供、奴隷化若しくはこれに類する行為、隷属又は臓器の摘出を含める。

(b)　(a)に規定する手段が用いられた場合には、人身取引の被害者が(a)に規定する搾取について同意しているか否かを問わない。

(c)　搾取の目的で児童を獲得し、輸送し、引き渡し、蔵匿し、又は収受することは、(a)に規定するいずれの手段が用いられない場合であっても、人身取引とみなされる。

(d)　「児童」とは、18歳未満のすべての者をいう。」

国際社会では、このような行為が人身取引とされており、日本でも2005年の刑法改正で罰則（刑法226条の２（人身売買罪）以下）が創設、整備されたことにより、これに該当する行為は犯罪とされています。

2　人身取引被害者と入管法

　2005年の入管法改正においても、人身取引の定義規定が新設されました（同法２条７号）。そして、人身取引の被害者については、一定の場合に、上陸拒否事由及び退去強制事由から

除外され（同法5条1項7号、24条4号イ及びヌ）、上陸特別許可事由及び在留特別許可事由となる（同法12条1項2号、50条1項3号）旨規定されています（上陸拒否事由についてはQ4、退去強制事由についてはQ12参照）。

このように、入管法上も、人身取引の被害者保護のための規定が新設されています。

3 設問に対する回答

(1) 在留特別許可の可能性

設問の事案は、典型的な性的搾取型の人身取引被害者からの相談事例です。

しかし、人身取引は潜在性の高い犯罪であり、その被害者の発見は容易ではない上、人身取引の被害者の中には、自身が被害を受けていること、救い出されるべき立場にあることを認識していない方もいます。

そのため、人身取引被害者からの相談は、相談者が被害者としてではなく、刑法や入管法に違反した被疑者としての立場で行われることも想定されます。

相談を受けた側としても、人身取引の被害者の保護を図るために、まずは、相談者は人身取引の被害者ではないかとの問題意識をもって相談に当たることが重要です。

設問では、相談者は、入管法違反に問われていますが、人身取引被害者と認定されれば、在留特別許可を受けることができる可能性があります。

人身取引被害者に対する在留特別許可については、政府の「人身取引対策行動計画2014」でも、「入国管理局は、被害者の立場を十分考慮しながら、被害者の希望等を踏まえ、被害者が正規在留者である場合には、在留期間の更新や在留資格の変更を許可し、被害者が不法在留等の入管法違反状態にある場合には、在留特別許可を行って、被害者の法的地位の安定を図る。」、「帰国することができない被害者については、入国管理局は、本人の意思を尊重しつつ、個別の事情を総合的に勘案した上、必要に応じて就労可能な在留資格を認める。また、関係行政機関は、我が国で就労可能な在留資格が認められた被害者について、就労の希望等を勘案し、必要に応じて就労支援を行うように努める。」等と記載されています。

(2) 民事救済について

前記1で述べたように、人身取引は、刑法に違反する重大な犯罪であり、被害者の人権を侵害する不法行為といえますから、これによって被害者が被った精神的損害については、加害者（直接の雇用主のほか、あっせん業者など）に対して損害賠償請求を行い、被害者の民事救済を図ることが考えられます。

また、人身取引の被害者は、隷属的な条件下、例えば、加害者に対する未払賃金請求権等を有している場合も多いので、これらの請求権を行使して、民事救済を図ることも検討すべきでしょう。

Q79 解　雇

　私（外国人）は、1年ごとに契約を更新して、これまで3年間工場で働いていましたが、「景気が悪くなった。仕事も一所懸命やっていない」として、契約の更新を拒否されました。従わなければならないでしょうか。

1　労働契約法19条

　労働契約には、期間の定めのある契約（有期労働契約）と期間の定めのない契約があります。期間の定めのある契約は、期間満了時に、期間満了によって契約が終了するのが原則です。しかし、実際には、期間の定めのある契約が、期間の定めのない労働契約と実質的には異ならない状態で存在している場合があります。その場合には、「雇止めの効力の判断に当たっては、その実質にかんがみ、解雇に関する法理を類推すべきである」とされており（東芝柳町事件：最一小判昭和49年7月22日民集28巻5号927頁ほか）、合理的な理由を欠き社会通念上相当であると認められなければ、使用者は更新を拒絶することはできません。また、期限の定めのある契約が期限の定めのない労働契約と実質的に同視できない場合でも、雇用継続に対する労働者の期待利益に合理性がある場合には、解雇権濫用法理が類推適用されるとしています（日立メディコ事件：最一小判昭和61年12月4日判時1221号134頁ほか）。このような反復更新により無期労働契約と実質的に異ならない又は更新の合理的な期待のある有期労働契約については、解雇権濫用法理を類推適用するという判例法理を条文化した労働契約法19条が2012年8月に新設され、同年8月10日に施行されました。

　解雇権濫用法理は、「解雇は、客観的に合理的な理由を欠き、社会通念上相当であると認められない場合は、その権利を濫用したものとして、無効とする」（労働契約法16条）と法律の明文でも定められており、解雇の有効性の判断は、労働者保護の観点から、かなり厳格に解されていますので、更新拒絶についても同様に厳格にその有効性を判断されることになるのです。

　形式上期間の定めのある契約に労働契約法19条が適用されるか否かの判断は、更新の回数だけで決まるわけではありません。「当該労働者の従事する仕事の種類、内容、勤務の形態、採用に際しての雇用契約の期間等についての使用者側の説明、契約更新時の新契約締結の形式的手続の有無、契約更新の回数、同様の地位にある他の労働者の継続雇用の有無等を考える必要がある」（大阪高決平成9年12月16日労判729号18頁ほか）ので、個別具体的に判断されます。最初の期間満了の際の更新拒絶であっても、期間満了後の雇用継続を合理的に期待させるような契約であれば、信義則上、更新拒絶にはそれが相当と認められるような特段の事情が必要であるという裁判例（大阪高判平成3年1月16日労判581号36頁）もありますし、逆に、複数回の更新でも、有期雇用であると判断された契約もあります。設問の場合、1年ごとの契約を2回更新したとのことですので、採用時の説明、契約更新の際の手続等の事情によって、期間の定めのない契約と実質的に異ならない状態である、あるいは、雇用継続が合理的に強く期待される契約であると認められれば、更新拒絶は認められず、更新拒否に従わなくてもよいことになります。

　そして、有期労働契約が更新され通算して5年を超えるに至った場合には、労働者が同契約を無期労働契約に変更（転換）できるという労働契約法18条が2012年8月に新設され、2013年4月1日に施行されました。この規定によれば、2013年4月1日以降に、前記のように更

新拒否に従わなくてもよいことになった有期労働契約が更新され、通算して5年を超えるに至った場合には、労働者が同契約を無期労働契約に変更（転換）できることになります。

2　解雇の制限

外国人を日本国内で雇用する場合は、日本の労働基準法その他の労働関係法規が適用されることが多いと考えられます（Q70、Q71参照）。期間の定めのない労働契約の場合、労働者の解雇については、解雇が労働者に重大な不利益を与えるものであることを考慮して次のような法令上の制限があり、これらに違反してなされた解雇は無効となります。

①　使用者は、労働者の国籍、信条又は社会的身分を理由として、賃金、労働時間その他の労働条件について差別的取扱いをしてはならない（労働基準法3条）とされていますので、外国人であること、宗教、信条等を理由とする解雇は無効です。

②　労働者が業務上負傷し又は疾病にかかり、療養のために休業する期間及びその後30日間並びに産前産後の女子が出産休暇をとっている期間及びその後30日間は、原則として解雇してはならないとなっています（労働基準法19条）。

その他、

③　労働者が法令違反の事実を行政官庁や労働基準監督官等の監督官庁に申告したことを理由とする解雇（労働基準法104条、労働安全衛生法97条）

④　労働者が労働組合の組合員であること、労働組合に加入し若しくはこれを結成しようとしたこと、若しくは労働組合の正当な行為をしたことを理由とする解雇（労働組合法7条）

⑤　事業主が、女子が婚姻し、妊娠し、出産したことを理由として解雇したり、これを退職の理由とする定めをすること（男女雇用機会均等法9条）

なども禁止されていますので、これらに違反してなされた解雇は無効です。

3　懲戒解雇、整理解雇

次に、労働者の解雇については、労働契約に違反したこと、あるいは、従業員の服務規律、労働条件等を定めた就業規則に違反したり、その規則に定める各条項に該当したことを理由として解雇することがあり、この場合、解雇が正当な理由によらないと認められれば、解雇権の濫用として無効となります（労働契約法16条、最二小判昭和52年1月31日労判268号17頁等）。

あなたの場合、雇用期間の定めのない契約と実質的に同じ状態であるということであれば、解雇権濫用の法理が適用されます。それでも、解雇の理由として「景気が悪くなった」こと、「仕事も一所懸命やっていない」ことという2つの理由があげられていますので、懲戒事由があったり、人員削減を必要とする経営危機などの状況があるときには、懲戒解雇や整理解雇が正当化される場合があります。

ただし、これらの正当化事由は判例によりかなり制限されており、安易な解雇は許されていません。したがって、弁護士あるいは労働局に相談し、使用者側がいう懲戒解雇や整理解雇の事由が正当なのかどうかを、慎重に吟味する必要があります。

(1)　懲戒解雇

懲戒処分としての懲戒解雇の場合は、予告手当の支払もなく、また、退職金の全部又は一部が支給されない場合もあります。しかし、懲戒解雇が有効であるには、次のような要件が満たされる必要があります。

① 懲戒事由と懲戒手段が就業規則に明定されていること
② 懲戒規定が企業の円滑な運営上必要かつ合理的なものであること
③ 平等な取扱いであること
④ 当該規律違反が、制裁として、解雇を正当化できる程度のものであること
⑤ 適正手続を経ていること

⑵ 整理解雇

　使用者側の経営事情により人員削減の必要があるときに一定数の被用者を解雇することを、整理解雇といいます。整理解雇が有効であるには、次の4要件が考慮される必要があります（東京高判昭54年10月29日労民30巻5号1002頁）。もっとも、具体的な判断については、多数の判例があり、慎重な検討が必要です。
① 人員削減の必要性があること
② 解雇を回避するための努力義務が尽くされていること
③ 解雇される者の選定基準が合理的であること
④ 解雇手続が妥当であること

[4] 退職に伴う金銭給付・退職金

　仮に被用者が原職復帰ではなく退職する道を選択する場合、解雇予告手当や退職金の問題が生じます。

⑴ 解雇予告手当

　使用者が被用者を解雇しようとする場合、少なくとも30日前にその予告をしなければならず、そうでない場合は、30日分以上の平均賃金を支払わなければなりません（労働基準法20条1項）。

　有期労働契約の場合も、3回以上更新し、又は雇入れの日から起算して1年を超えて継続勤務している者については、あらかじめ当該契約を更新しない旨明示されている場合を除いて、更新しないこととしようとする場合には、少なくとも期間満了日の30日前までにその予告をしなければならない旨が厚生労働省の告示で定められています（平成15年厚生労働省告示第357号「有期労働契約の締結、更新及び雇止めに関する基準」、平成20年、平成24年改正）。

⑵ 退職金請求権

　就業規則や労働協約などの規定により、退職金の支給条件が明確に定められている場合には、退職金請求権が生じます。

　もっとも、就業規則や労働協約などに退職金支給規定がない場合でも、慣行や個別の合意、従業員代表の合意などによって、支給金額の算定が可能な程度に明確に定まっていれば、雇用契約の内容になっているといえ、退職金請求権があることになります。

　なお、懲戒解雇の場合には退職金は減額ないし支給されない旨の就業規則が定められていても、懲戒解雇の理由とされた行為が退職金を不支給とするほどの秩序（規律）違反でなければ、退職金を請求できる場合もあります。もっとも、通常、懲戒解雇事由とされているのは重大な背信行為ですから、有効な懲戒解雇の主張・立証は、上記退職金を不支給とするほどの秩序（規律）違反の事実の主張・立証と重なることも多いと考えられます。

5　紛争解決の手段

　解雇の無効について、訴訟手続で争うことができるのはもちろんですが、それ以外にも、以下に述べるような紛争解決手段が考えられます。

(1)　地位保全仮処分

　解雇の有効性を争う法的手段の一つは、地位保全とそれに伴う賃金仮払いの仮処分の申立てです。通常、何回かの双方の審尋が行われ、和解が試みられ、和解できない場合には、申立てに対して決定がなされます。その後、又は同時進行にて、本訴で解雇の有効性が争われることになります。

　なお、仮処分においては「保全の必要性」が求められますが、裁判所によっては、解雇無効が疎明されても、特段の事情がない限り、（賃金仮払いは認めても、）契約上の権利を有する地位の保全を認めない場合がありますので、どうしても地位保全の決定をとろうとする場合には、主張と疎明を工夫する必要があります。この点については、外国人労働者の場合には、在留資格上の必要性が保全の必要性を基礎付ける場合もあるでしょう。

　また、裁判所によっては、賃金仮払いについても、保全の必要性を厳格に要求し、賃金仮払いを認める期間についても決定時より1年に限定する場合もありますので、方針選択に当たって留意が必要です。

(2)　労働審判

　労働紛争について、迅速、適正かつ実効的な解決を図ることを目的として、労働審判手続が設けられました。この手続においては、原則として、3回以内の期日において、審理を終結しなければならないとされており、多くの場合、裁判所から「調停案」が示され、双方が合意すれば、調停の成立によって解決します。調停案の内容としては、解雇撤回、円満退職、解決金支払という例が多いのですが、原職復帰する例もあります。調停が成立せずに審判がなされた場合、当事者が適法に異議申立てをすれば、労働審判はその効力を失い、労働審判申立て時に訴えの提起があったものとみなされ、通常訴訟に移行します。異議申立てがなければ、審判は裁判上の和解と同一の効力を有します。

(3)　個別労働関係紛争の解決の促進に関する法律に基づく都道府県労働局長による助言・指導及び紛争調整委員会によるあっせん制度

　労働基準監督署等にある総合労働相談コーナーでは、労働問題の相談を受けています。この相談コーナーにおいて、労働局長の助言・指導あるいは紛争調整委員会のあっせんによる解決の可能性を相談してみることもできます。曜日ごとに各種外国語にて受付相談を実施しており、電話にて対応できるところもあります（巻末資料参照）。

Q80　日系人の来日と就労

　私の会社では、南米の日系３世に来日して働いてもらいたいと計画しています。どのような手続をとればよいのでしょうか。また、来日と就職をあっせんする業者があるとも聞きましたが、何か問題はありますか。

⬚1　不法あっせんの実態

　現在、日本国内で働いている日系人の中には、非合法のブローカーなどの手引によって来日し、そのため給与の中間搾取や労働条件をめぐる問題などトラブルが多数発生しているようです。このような日系人の中には、本来であれば定住者又は日本人の配偶者等の在留資格を得ることができたはずなのに、何の説明も受けないまま短期滞在の在留資格で来日して就労し、オーバーステイの状態になってしまったケースも多くみられます。

　このような不法あっせん業者を利用しないよう、雇用者側も注意をする必要があります。また、外国人を雇用して不法就労させた事業主は、不法就労を助長した者として、不法就労助長罪に問われることがあります（入管法73条の２）。入管法の改正により、不法就労と知らなかったことにつき過失がないことを事業主が立証しなくてはならなくなりました（Q68参照）。また、不法就労の防止のため、雇用対策法の改正により、外国人労働者（特別永住者及び在留資格が「外交」、「公用」の者を除く）を雇用する場合には、その氏名、在留資格、在留期間等のハローワークへの届出が必要になり（同法28条）、この届出を怠った場合には30万円以下の罰金に処せられることになりました（同法40条、Q70参照）。

　したがって、外国人を雇用しようとする者は、外国人が所持している旅券や在留カードをよく確認して、不法就労をさせることがないように注意する必要があります。

⬚2　公的機関によるあっせん

　現在、海外での唯一の日本の公的な就職あっせん機関として、ブラジルのサンパウロ市に日伯雇用サービスセンター（CIATE）が開設されています。ここでは、日本で働きたいと希望している人や日本について知りたい人に情報を提供しています。日本で公共職業安定所に日系ブラジル人の求人を出すと、このセンターに回されるようです。

⬚3　日系人の在留手続

　日系３世（日系２世も同じ）を呼んで日本で働いてもらう場合に必要な手続としては、本人が有効な旅券（パスポート）を所持し、その旅券に査証（ビザ）を受けて入国し、日本で働くことのできる在留資格を付与されていることが必要です。「在留資格」については、日系３世（日系２世）の場合、その本人の申請に基づき法務大臣の告示で定める「定住者」としての在留資格が与えられることになります。日系２世は、日本人の子として出生した者に該当する場合があります。「定住者」の在留資格は、法務省告示（平成２年法務省告示第132号）に該当する場合に与えられるもので、例えば、日本人の子として出生した者の実子、又は日本人の子として出生した者でかつて日本国民として日本に本籍を有したことのある者の実子の実子に与えられます。「日本人の子として出生した者の実子」とは、具体的には、日本人の孫（日系３世）、日本人の子として生まれた元日本人が日本国籍を離脱した後の実子（日系２世）、又は日本人

の子として生まれた元日本人が日本国籍を離脱する前の実子の実子である孫（日系3世）等になります。「日本人の子として出生した者でかつ日本国民として日本に本籍を有したことのある者の実子の実子」とは、具体的には、日系1世が日本国籍を離脱した後に生まれた実子の実子である孫である日系3世となります。

2006年3月に法務省告示が改正され、日系人及びその家族が定住者の在留資格を取得する要件に「素行が善良であること」が追加されました。そのため、日系人及びその家族が「定住者」の在留資格により日本に入国しようとする場合には、犯罪歴に関する証明書の提出が求められることとなりました。前記「定住者」の資格が与えられた者は、日本での活動及び就労について制限がありませんから、他の外国人には禁じられている単純労働でも、これに従事するについて制限がなく、あなたとしては、日本の法律（主として労働関係法規）を遵守して雇用していけばよいことになります。なお、日系4世以下については、未成年で未婚の者については定住者の資格を有する日系3世の扶養家族として在留を許されることになり（就労はできません）、日本に来てから成人したり結婚したりした場合には、定住者の資格を認められるケースが多いようです。ただ、既に成人しているか結婚している日系4世が日本での就職を希望する場合は、前記のような日系人としての特別な資格に該当しませんから、他の外国人と同様に専門職的資格を有していないと、日本での在留資格を認められることは困難です。「定住者」の在留期間は、5年、3年、1年、6月又は法務大臣が個々に指定する期間（5年を超えない範囲）となっていますので、必要に応じ「在留期間の更新許可」の手続をとるようにしなければなりません。もっとも、近時日系4世のさらなる受入れの促進が図られ、2018年7月より、一定の要件を満たす日系4世は、在留資格「特定活動」の対象に新たに追加されました。活動内容は、①日本語を含む日本の文化及び日本国における一般的な生活様式を理解するための活動、②上記活動を行うために必要な資金を補うために必要な範囲内の報酬を受ける活動（風営法関係の業務に従事する活動は除く。）とされており、日本で多少は就労しやすいようにされています。

4　日本国内での日系人雇用サービス

既に日本に在留していて、「日本の配偶者等」又は「定住者」の在留資格を有している日系3世（日系2世）であれば、公共職業安定所（ハローワーク）等の職業紹介機関でも紹介を受けられます（日系人をはじめとする外国人に対する求職のサービスについてQ77参照）。

5　設問に対する回答

あなたがどのような経緯で日系3世を呼ぶことにしたのか分かりませんが、現在、2で紹介したブラジルのサンパウロ市の機関以外に、海外において合法的に日本での就職のあっせんを行っている日本の公的機関はありません（Q77参照）。外国で人を募集することについては、国によって厳しく規制しているところが多いので、その国の法律をよく調べてから適法なやり方で募集することが大切です。縁故等を頼って個人的に交渉して来てもらうのであれば、一応問題ないといえるでしょう。

Q81　外国人技能実習生の受入れ

技能実習制度とはどのような制度ですか。

1　はじめに

技能実習制度は1993年に設けられた制度ですが、2009年の入管法改正で新たに「技能実習」という在留資格が設けられることになり、2010年7月1日に施行されました。

さらに、「外国人の技能実習の適正な実施及び技能実習生の保護に関する法律」（以下「技能実習法」）が、2016年11月18日に成立し、2017年11月1日に施行されました。

2　設問に対する回答

⑴　技能実習制度の目的（と実態との乖離）

技能実習法は、1条で、その目的を「技能実習の適正な実施及び技能実習生の保護を図り、もって人材育成を通じた開発途上地域等への技能、技術又は知識（以下「技能等」という。）の移転による国際協力を推進することを目的とする」と規定し、また、3条2項で、その基本理念として「技能実習は、労働力の需給の調整の手段として行われてはならない。」と規定しています。

しかし、技能実習制度の現実の運用においては、主として、低賃金かつ厳しい労働条件のもとで日本人労働者が不足している分野における非熟練労働者の需要を満たすものとして機能してきており、このような受入れが様々な人権侵害を引き起こしてきたことが国内外から指摘されてきました。

⑵　受入れ機関別のタイプ

技能実習生の受入れ方法には、企業単独型と団体監理型の2種類があります。

企業単独型は、日本の企業等が海外の現地法人、合弁企業や取引先企業の職員を受け入れて技能実習を実施するタイプの受入れです。

団体監理型は、非営利の監理団体（事業協同組合、商工会等）が技能実習生を受け入れ、傘下の企業等（実習実施者）で技能実習を実施するタイプの受入れです。

法務省によれば、2017年末時点において、企業単独型での受入れは3.4％であるのに対して、団体監理型での受入れは96.6％となっており、技能実習生の大部分が団体監理型のもとで受け入れられています。また、団体監理型における実習実施者の半数以上が、従業員19人以下の中小・零細企業です。

なお、技能実習法は、監理団体を許可制とした上で（技能実習法23条以下）、監理団体に対し、以下の措置をとることを求めています。

・認定計画に従った実習監理を行うこと（技能実習法39条、同法施行規則52条）
・監理事業を行う事業所ごとに監理責任者を選任し、実習実施者が労働基準法、労働安全衛生法その他の労働に関する法令に違反しないよう必要な指導を行わせること（技能実習法40条、同法施行規則53条）
・主務大臣（の委託を受けた実習実施機構）に対し適切な監査報告を行うこと（技能実習法42条、同法施行規則55条）

⑶　技能実習の流れ

　従来、最長で３年間の在留を認めてきた技能実習制度は、技能実習法の成立により在留期間を３年から５年に延長することとなりました。

　「技能実習」は、５年の活動期間において、入国１年目は「技能実習１号」の在留資格で技能等の修得を図り、その後、一定の変更基準を満たすことにより、「技能実習２号」の在留資格への変更を受け、２～３年目は、修得した技能等の習熟を図り、さらに「技能実習３号」の在留資格への変更を受け、４～５年目は、習得した技能等の熟達を図るという構造となっています（技能実習法９条）。

　なお、技能実習２号から３号に移行するにあたっては、監理団体及び実習実施者は「優良であることが認められるもの」に限られ（技能実習法９条10号、25条７号、同法施行規則15条、31条）、また技能実習生は原則１か月以上一旦帰国する必要があるとされています。

　技能実習法において、技能等の修得・習熟・熟達を図る活動が「雇用契約に基づ」くとされることが要求されていることから、入国後原則２か月間（ただし、来日前に入国前講習を受講した場合は１か月間）実施される入国後研修の期間を除いて、技能実習生は、労働基準法、最低賃金法等の労働関係法令の適用を受けることとなります。

⑷　技能実習生の保護

　技能実習法は、主務大臣に、技能実習の適正な実施及び技能実習生の保護に関する基本方針を定めることを求めており、基本方針は、次に掲げる事項について定めるものとされています（技能実習法７条）。

①　技能実習の適正な実施及び技能実習生の保護に関する基本的事項

②　技能実習の適正な実施及び技能実習生の保護を図るための施策に関する事項

③　技能実習の適正な実施及び技能実習生の保護に際し配慮すべき事項

④　技能等の移転を図るべき分野その他技能等の移転の推進に関する事項

　さらに、技能実習法は、実習監理者等が暴行、脅迫、監禁その他精神又は身体の自由を不当に拘束する手段によって技能実習生の意思に反して技能実習を強制すること等、技能実習生に対する人権侵害行為等について禁止規定を設け、さらに違反に対する罰則も規定しています（技能実習法46条以下、108条以下）。

⑸　外国人技能実習機構

　技能実習法は、法の目的を実現するため、外国人技能実習機構を認可法人として新設しました（技能実習法第３章）。

　技能実習機構は、主務大臣の委託を受けて、以下の事務等を担うこととされています（技能実習法87条１号）。

・技能実習計画の認定（技能実習法12条）

・実習実施者・監理団体に報告を求め、実地に検査する事務（技能実習法14条）

・実習実施者の届出の受理（技能実習法18条）

・監理団体の許可に関する調査（技能実習法24条）

　さらに、技能実習機構は、技能実習生に対する相談・援助等を行うものとされています（技能実習法87条２号以下）。

⑹　技能実習制度の問題点

　前述のとおり、技能実習制度は、途上国への技術移転による国際貢献を目的として創設され

たものです。しかし、制度目的は形骸化し、受入れ機関の多くが、技能実習生を安価な労働力として受け入れてきました。

　そして、このような制度目的と現実との乖離ゆえに、制度上、労働者としての権利保護が不十分でした。

　具体的には、①在留資格が特定の雇用主のもとでの実習（就労）を前提としているために職場移転の自由が制限され対等な労使関係の構築が困難であり、また、②本国において、技能実習生が送出し機関に対し高額な手数料や違法な保証金（本国の年収の数年分）を支払って日本に来るため来日時には既に多額の借金に縛られているという構造的な問題が存在しています。かかる構造的な問題が最低賃金法違反・残業代未払い・強制貯金等の労働法令違反やパスポート取上げ・セクハラ・強制帰国等の人権侵害が相次ぐ原因となっています。

　技能実習法も、外国人技能実習機構を設立するなど技能実習生に対する人権侵害防止策の強化をうたっているものの、2009年入管法改正と同様、技能実習制度の枠組みを維持したまま、規制強化によって問題解決を図るアプローチをとっており、技能実習制度の構造的問題をそのままに人権侵害が止むことは期待しにくいとする意見もあります。

Q82　特定技能外国人の受入れ

特定技能とはどのような在留資格ですか。

1　はじめに

(1)　在留資格「特定技能」創設の経緯

これまで、日本政府は、外国人労働者の受入れの是非について、いわゆる「単純労働者」は「十分慎重に対応する」（すなわち、受け入れない）という基本方針を踏襲してきました（1988年の第6次雇用対策基本計画）。

しかし、2018年10月末時点での、「外国人労働者数」（外国人雇用状況届出数であり、届出の対象でない特別永住者は含まれていない）146万463人（2007年の届出義務化以来、過去最高を更新）のうち、専門的・技術的分野の外国人労働者は27万6770人（全体の19.0%）しかおらず、身分に基づく在留資格が49万5668人（同33.9%）、技能実習が30万8489人（同21.1%）、資格外活動（留学）が29万8461人（同20.4%）を占めています（厚生労働省「『外国人雇用状況』の届出状況まとめ（2018年10月末現在）」）。

このように、政府の基本方針とは異なり、実際には、日系人、技能実習生、留学生等の本来は労働力受入れのためでない在留資格を有する者を「サイドドア」から非熟練分野に受入れ、人手不足の産業における低賃金・重労働に従事させる形での受入れが進んできました。

このような状況の中でようやく、中小・小規模事業者をはじめとした深刻化している人手不足に対応するため、従来「単純労働者」といわれてきた分野に外国人労働者を正面から受け入れるための在留資格「特定技能」を創設する改正入管法が2018年12月8日成立しました。

(2)　特定技能をめぐる法規制の進捗

改正入管法2条の3第1項に基づき、政府は、2018年12月25日、「特定技能の在留資格に係る制度の運用に関する基本方針について」（以下「基本方針」）を閣議決定しました。

また、改正入管法2条の4第1項に基づき、法務大臣は、同日、各分野における「特定技能の在留資格に係る制度の運用に関する方針について」（以下「分野別運用方針」）を策定し、法務省、警察庁、外務省、厚生労働省及び各分野を所管する行政機関は、各分野における分野別運用方針について細目を定めた分野別運用要領を策定しました。

このように特定技能制度についての法規制は日々更新されている状況にありますが、2019年5月時点では、制度の最新情報については、法務省ウェブサイト「新たな外国人材受入れ（在留資格『特定技能』の創設等）」に更新されていますので、こちらを参照されるとよいでしょう。

また、特定技能制度が予定する制度の詳細については、「特定技能外国人の受入れに関する運用要領」（以下「特技要領」）に詳しいので、こちらも参照してください。

2　設問に対する回答

(1)　特定技能制度の概要

改正入管法別表1によれば、「特定技能」とは、概要、以下の活動のための在留資格とされています。

① 　（入管法2条の5第1項から4項までの規定に適合する）「適合特定技能雇用契約」に基づいて行う

② 「特定産業分野」に属する

③ 「相当程度の知識又は経験を必要とする技能」（1号）又は「熟練した技能」（2号）を要する業務を要する業務に従事する活動

以下、①～③の順に、制度の概要について説明した上で、受入れ側の要件などについても説明します。

⑵ ①適合特定技能雇用契約

特定技能外国人の受入れ機関（以下「特定技能所属機関」）と特定技能外国人との間の雇用に関する契約（入管法2条の5第1項に定める「特定技能雇用契約」をいう。以下同じ）については、外国人の報酬額が日本人と同等額以上であることを含め所要の基準に適合していることが求められ、特定技能所属機関自身についても、特定技能雇用契約の適正な履行が確保されるものとして所要の基準に適合していることが求められています。

さらに、特定技能雇用契約は、特定技能外国人が行う当該活動の内容及びこれに対する報酬その他の雇用関係に関する事項のほか、特定技能雇用契約の期間が満了した外国人の出国を確保するための措置その他当該外国人の適正な在留に資するために必要な事項が適切に定められているものとして、「特定技能雇用契約及び1号特定技能外国人支援計画の基準等を定める省令」で定める基準に適合するものでなければならないとされています。

⑶ ②特定産業分野

特定産業分野は、「出入国管理及び難民認定法別表第1の2の表の特定技能の項の下欄に規定する産業上の分野等を定める省令（平成31年法務省令第6号）」において、次のものが定められています。なお、2019年5月時点では、特定技能2号での受入れ対象は、建設分野及び造船・舶用工業分野に限られています。

1介護分野、2ビルクリーニング分野、3素形材産業分野、4産業機械製造業分野、5電気・電子情報関連産業分野、6建設分野、7造船・舶用工業分野、8自動車整備分野、9航空分野、10宿泊分野、11農業分野、12漁業分野、13飲食料品製造業分野、14外食業分野

⑸で述べるとおり「特定技能2号」の外国人の在留期限の上限は通算5年とされ定住化が回避されている一方で、永住の可能性のある特定技能2号の職種が限定されていることには、留意してください。

⑷ ③特定技能外国人に求められる技能水準等

ア　特定技能1号

「特定技能1号」で在留する外国人（以下「1号特定技能外国人」）に対しては、相当程度の知識又は経験を必要とする技能が求められています。当該技能水準は、分野別運用方針において定める当該特定産業分野の業務区分に対応する試験等により確認することとされています。

また、1号特定技能外国人に対しては、ある程度日常会話ができ、生活に支障がない程度の能力を有することを基本としつつ、特定産業分野ごとに業務上必要な日本語能力水準が求められています。当該日本語能力水準は、分野所管行政機関が定める試験等により確認することとされています。

国内試験を受験できるのは本邦に在留中の中長期在留者又は過去に中長期在留者として在留していた外国人ですが、「退学・除籍留学生」及び「失踪した技能実習生」のほか、「特定活動

（難民申請）」の在留資格等については、国内での受験資格が認められない運用とされています（特技要領15頁）。

なお、特定技能外国人の在留期間については、通算で上限5年までとされています（出入国管理及び難民認定法第7条第1項第2号の基準を定める省令の特定技能の項の1号へ）。

また、技能実習2号を良好に修了しており、従事しようとする業務と技能実習2号の職種・作業に関連性が認められる場合には、技能水準について試験その他の評価方法による証明は要しないこととされています。

イ　特定技能2号

「特定技能2号」で在留する外国人（以下「2号特定技能外国人」）に対しては、熟練した技能が求められます。

これは、長年の実務経験等により身に付けた熟達した技能をいい、現行の専門的・技術的分野の在留資格を有する外国人と同等又はそれ以上の高い専門性・技能を要する技能であって、例えば自らの判断により高度に専門的・技術的な業務を遂行できる、又は監督者として業務を統括しつつ、熟練した技能で業務を遂行できる水準のものをいうとされています（特技要領5頁）。

当該技能水準は、分野別運用方針において定める当該特定産業分野の業務区分に対応する試験等により確認することとされています。

このように「特定技能2号」は、「特定技能1号」よりも高い技能水準をもつ者に対して付与される在留資格ですが、当該技能水準を有しているかの判断は、あくまで試験の合格等によって行われることとなります。よって、「特定技能1号」を経れば自動的に「特定技能2号」に移行できるものでもなく、他方、試験の合格等により「特定技能2号」で定める技能水準を有していると認められる者であれば、「特定技能1号」を経なくても「特定技能2号」の在留資格を取得することができるとされています（特技要領9頁）。

⑸　その他

ア　転職は可能であるが、在留資格の変更が必要

特定技能外国人は、技能実習生とは異なり、転職（職場の移動）自体は可能な制度設計となっています。

しかし、特定技能外国人が、転職により指定書に記載された特定技能所属機関を変更する場合又は特定産業分野を変更する場合は、在留資格変更許可を受けなければなりません（改正入管法20条）。

イ　家族の帯同

特定技能1号では基本的に認められませんが、特定技能2号では要件を満たせば可能とされています（配偶者、子）。

すなわち、特定技能1号においては、技能実習修了生について、最長で10年間、家族の帯同を認めない制度設計となっています。この点については、家族生活の尊重を規定しその分離を制限する国際人権条約に照らして人権上問題があるとの指摘があります。

ウ　受入れ機関又は登録支援機関による支援の要否

特定技能1号は支援の対象ですが、特定技能2号は対象外です。

⑹　受入れ側の要件

特定技能外国人の受入れ機関（特定技能所属機関）は、前述のとおり「適合特定技能雇用契

約」を締結することのほか、特定技能雇用契約及び1号特定技能外国人支援計画の基準等を定める省令2条の基準を満たした上、適合1号特定技能外国人支援計画を実施するか、この計画の実施を登録支援機関に委託することが必要です（入管法2条の5第3項以下）。

　登録支援機関の登録の手続や要件等については入管法19条の23以下に規定されています。

　さらに、特定技能所属機関及び登録支援機関に対しては、特定技能雇用契約や登録支援機関の支援業務の内容の変更等に際して、出入国在留管理庁長官に対する届出が義務付けられています（入管法19条の18、19条の27）。

　また、出入国在留管理庁長官には、特定技能所属機関に対する指導及び助言、報告徴収、改善命令（入管法19条の19〜19条の21）の権限が、また特定技能所属機関に対する指導及び助言、報告又は資料の提出（同法19条の31、19条の34）等の権限が付与されています。

Q83　外国人の日本での経済活動の制限—職種の面から

　外国人が日本で働くに際し、職種によっては外国人にはできないものがありますか。公務員についてはどうでしょうか。

1　職業活動の全般の制限

　外国人には日本人と同様の職業選択の自由が認められているわけではなく、その在留資格によって我が国における活動内容について制限があります。そのため、在留外国人が誰でも自由に職業を選択できるというわけではありません。

　具体的には、永住者や永住者の配偶者等、日本人の配偶者等、定住者といった入管法別表第2の在留資格を有する外国人、あるいは特別永住者であれば、我が国における就労活動に制限がありません。しかし、別表第1の在留資格を有する外国人の場合、その在留資格が認める就労活動しか行うことができません（別表第1、別表第2の在留資格についてはQ2、特別永住者についてはQ17参照）。在留中に職業活動に従事することが認められている在留資格については、Q64を参照してください。

　なお、我が国は建前として単純労働者を受け入れないこととなっていましたが、昨今の日本の労働事情から特定技能制度が導入され、特定分野での技能を要する業務に従事するための在留資格が導入されることになりました（Q82参照）。

2　職業別の制限

　そもそも、外国人に許されない業種としては、放送事業（放送法93条）、航空運送事業（航空法101条）、無線通信事業（電波法5条1項1号）、鉱業権の取得（鉱業法17条）、公証人（公証人法12条）等があります。ただし、鉱業権の取得については、条約で別段の定めがあれば外国人でも権利の取得が可能です（鉱業法17条）。

　さらに、最近のように海外との交流が盛んになると、資格試験に基づく専門職を外国人がその出身国で得た資格をもとに行おうとするケースが増加することが考えられます。例えば、米国の弁護士が日本で弁護士業を行おうとする場合などです。

　専門職に対する規制は、業種によって様々ですので、以下に代表的な業種について説明します。弁護士の場合は、「外国弁護士による法律事務の取扱いに関する特別措置法」によって職務の範囲や活動の形態について規制がなされています。公認会計士については、相当の知識を有すれば、内閣総理大臣の資格承認及び日本公認会計士協会による名簿の登録を経て公認会計士業務を行うことが可能であり（公認会計士法16条の2）、特に活動内容に制限がありません。

　企業活動の国際化に伴い、会計士の業務が国際化している実情を反映しているものといえます。医師については、外国の資格において我が国で医師の活動を行うことは認められていません（医師法2条）。

　なお、前記の場合と異なり、外国人であっても日本の資格試験を通れば、ほとんどの専門職を日本人と同様に行うことができます。

3　公務員に関する制限

　公務員については、外務公務員法7条1項により、外務公務員（外交官）には外国人はなれ

ませんが、それ以外の一般の公務員については、法律上は日本国籍を就任要件として明記していません。しかし、1953年に、「法の明文の規定が存在するわけではないが、公務員に関する当然の法理として、公権力の行使又は国家意思の形成への参画に携わる公務員となるためには、日本国籍を必要とするものと解すべきである。」とする内閣法制局の見解（「当然の法理」）が示され、自治省（現総務省）も同様の見解を示し、国家公務員・地方公務員とともに、採用試験の受験資格につき日本国籍を必要とするようになっていました。国家公務員法は、任免の基準を人事院規則に委ねており、人事院規則8─18第9条1項3号には、日本国籍を有しない者は採用試験を受けることができないとしています。ただし、昭和24年人事院規則1─7第1項及び2項（政府又はその機関と外国人との間の勤務の契約）により、個人的基礎においてなされる外国人との勤務契約は一定の場合に許されていますので、政府又はその機関は個人的な勤務契約を締結して、外国人を雇用できる場合があるとされています。

　しかしその後、地方公共団体レベルでは、「公権力の行使又は公の意思の形成への参画に携わる」者以外の地方公務員については、国籍条項の撤廃の動きが広がりをみせ、公立病院の看護師、助手、技師のほか、技術職、保母、教員・講師、一般事務職等も、全国的に採用国籍条項が撤廃されました。ただし、消防職の採用については、現在でも多くの地方公共団体で国籍条項が残っています。

　そして、国公立大学では1982年9月に成立した「国公立大学における外国人教員の任用等に関する特別措置法」（現在、「公立の大学等における外国人教員の任用等に関する特別措置法」）で外国人の教員の任用が可能となっています。地方公務員に関しては、現在では、前述の「当然の法理」に代わって「公務員に関する基本原則」として、外国人は、公権力の行使又は公の意思の形成への参画に携わる職に就くことは許されていませんが、これ以外の職は、原則として外国人も採用可能となりました。

　しかしながら、公務員として就職できたとしても、昇進に関しては制限が設けられていることが多く、決裁権のある地位には昇進できない可能性があります。

　東京都が、韓国籍（特別永住者）の保健婦（現保健師）に、日本国籍を有しないことを理由に管理職選考試験を受験させなかったことに対し、受験資格確認と慰謝料の支払が求められた裁判で、最高裁判所は、課長級の管理職への昇任の途を2年にわたって閉ざされたことについて各20万円の慰謝料を認めた東京高判平成9年11月26日判時1639号30頁を破棄して、普通地方公共団体が、条例等の定めにより職員に在留外国人を任用することは禁止されるものではないとしつつも、管理職に昇進した職員に終始特定の職種の職務内容だけを担当させるという任用管理を行っておらず、管理職に昇任すれば、いずれは公権力行使等の地方公務員の職に当たる管理職のほか、これに関連する職を包含する一体的な管理職の任用制度を設けているということができるから、このような管理職の任用制度を適正に運営するために必要があると判断して、職員が管理職に昇任するための資格要件として日本国籍であることを定めたとしても合理的な理由に基づく区別であり、憲法や法律に違反するものではないと判断しました（最大判平成17年1月26日民集59巻1号128頁）。

　公務員制度改革が叫ばれる今日、本来市場経済に委ねるべき領域も多く、そうした領域の民営化や外国人を含む人材を広く求めるべきとの意見もあり、さらなる議論が必要と思われます。

4 設問に対する回答

前記のとおり、外国人の就労活動については、まず在留資格に応じて制限がなされます。また、無線通信事業や公証人等、職業の性質上外国人が行うことのできない職業が複数あります。

公務員については、国家公務員については採用試験を受験できないために、原則として就任自体制限されているのが実情です。他方、地方公務員については就任できることが多いものの、昇格、昇給等において差が設けられている実態があります。

Q84　外国人による土地・株式の購入

　私は日本に土地を買って自宅を建てたいと思っています。外国人であることによって何らかの制約があるのでしょうか。また、日本の会社の株式の取得についてはどうでしょうか。

1　土地所有の制約について

　日本では1925年に「外国人土地法」が制定されていますが、同法4条で、国防上必要な地区においては、政令によって外国人・外国法人の土地に関する権利の取得を禁止し、又は条件若しくは制限をつけることができると定めており、この4条に関しては、1926年に外国人土地法施行令が定められていましたが、1945年に廃止され、現在は、制限区域の基準や要件などを定める政令は存在していません。

　したがって、現在においては外国人あるいは外国法人の不動産所有そのものに格別の制限はないといえます。ただし、近年の外国資本による日本の森林や土地買収の動きを受け、2010年10月26日、日本政府は、外国人や外国資本による国内の不動産取得について「安全保障上の必要性や、個人の財産権の観点などの諸事情を総合考慮した上での検討が必要」とする政府答弁書を閣議決定し、また、2013年には自民党が「安全保障と土地法制に関する特命委員会」を設置して法規制に向けた提言を出すなどしており、外国人らの土地取得法制に関し、政府として法改正を検討する構えをみせていますが、いまだ法整備はなされていません。今後の動向が注目されています。

　他方、外国為替及び外国貿易法（以下「外為法」）上、非居住者による本邦にある不動産若しくはこれに関する権利の取得には、その都度、政令で定めるところにより、当該資本取引の内容、実行の時期その他の政令で定める事項を財務大臣に報告しなければならないとされています（外為法20条10号、55条の3第1項12号）。また、外国為替の取引等の報告に関する省令12条（本邦にある不動産の取得等に関する報告。以下「省令」という）では、非居住者が日本国内の不動産を取得する場合には、事後の報告が必要であり、「本邦にある不動産又はこれに関する権利の取得に関する報告書」（省令別紙様式22）1通を、契約締結日から起算して20日以内に、日本銀行を経て財務大臣に提出しなければならないと定められています。ただし、①非居住者本人又は当該非居住者の親族若しくは使用人その他の従業員の居住用目的で取得したもの、②本邦において非営利目的の業務を行う非居住者が、当該業務遂行のために取得したもの、③非居住者本人の事務所用として取得したもの、④他の非居住者から取得したものについては、報告は不要です（省令5条2項10号）。

　なお、「非居住者」か否かの判断基準は、次頁の表を参照してください（「外国為替法令の解釈及び運用について」昭和55年11月29日蔵国第4672号）。

2　株式の取得の制約について

　安全保障等様々な政策的観点から、個々の法令上、一定の事業を営む会社に関して外国人による議決権の取得・保有などが一定の範囲に制限されている場合があります。航空法、放送法、電波法、日本電信電話株式会社等に関する法律（以下「日本電信電話法」）による規制が、その代表例です。

　また、外国投資家が日本の会社の株式を取得するに当たり、外為法上、報告又は届出が必要

となる場合があります。外為法上、外国投資家とは、次のいずれかに該当するものをいいます（同法26条）。
- ・非居住者である個人
- ・外国法人
- ・会社でその投資比率（外資比率）が50％以上に相当するもの
- ・国内法人若しくは国内団体で、非居住者である個人が役員（取締役その他これに準ずるもの）又は代表権のある役員のいずれかの過半数を占めるもの

　ただし、外国投資家でなくても、外国投資家のために外国投資家の名義によらないで株式を取得する場合は、外国投資家とみなされます。

　さらに、外為法は、その国籍いかんではなく、経済活動の本拠をもって為替管理の対象とする行為や取引の主体を区分して管理するために居住者と非居住者を厳密に定義しています。外為法上の「居住者」とは、本邦内に住所又は居所を有する個人及び本邦内に主たる事務所を有する法人その他（外国法人の支店等を含む。）です。

　居住性の判定基準は、下記の表のとおりですが、その区別が明白でない場合には、財務大臣の定めるところによります。居住性の認定を受けようとするときは「居住性の認定申請書」を、日本銀行を経て財務大臣に提出します。

【居住性の判定基準】

	本邦（法）人	外国（法）人
居住者	(1)　本法人は原則として居住者 (2)　本邦の在外公館に勤務する目的で出国し、外国に滞在するもの (3)　法人等は本邦内にその主たる事務所を有するか否かにより判定 (4)　本邦の在外公館	(1)　本邦内にある事務所に勤務するもの (2)　本邦に入国後6か月以上経過するに至ったもの (3)　外国の法人等の本邦にある支店、出張所、その他の事務所
非居住者	(1)　2年以上外国に滞在する目的で出国し、外国に滞在するもの (2)　外国にある事務所(本邦法人の海外支店等及び現地法人並びに国際機関を含む。)に勤務する目的で出国し外国に滞在するもの (3)　(1)(2)に掲げるもののほか、本邦出国後外国に2年以上滞在するに至ったもの (4)　全各号に掲げるもので事務連絡、休暇等のため、一時帰国して、その滞在期間が6か月未満のもの (5)　本邦の法人等の外国にある支店、出張所、その他の事務所	(1)　外国人は原則として非居住者 (2)　外交官又は領事館及びこれらの随員又は使用人。ただし、外国において任命又は雇用されたものに限る。 (3)　外国政府又は国際機関の公務を帯びるもの (4)　アメリカ合衆国軍隊とその構成員、軍属、家族、軍人用販売機関等及び契約者 (5)　国際連合の軍隊とその軍隊の構成員、軍属、家族、軍人用販売機関等 (6)　本邦にある外国政府の公館（使節団を含む。）及び本邦にある国際機関

（「対日投資ハンドブック1995」107頁（日本貿易振興機構）より転載）

　仮に、外国投資家に該当する場合には、日本の会社の株式を取得するに当たり報告又は届出

Chapter 6　265

が必要となる場合があります。次頁のチャートを参照して、報告が必要な場合には日本銀行に「株式の取得に関する報告書」を、届出が必要な場合には「株式の取得に関する届出書」を提出する必要があります。なお、2017年の外為法改正で国の安全を損なうおそれが大きい業種について外国投資家による他の外国投資家からの非上場株式の取得を事前届出制の対象にしていますので注意してください。

これらの書式は日本銀行のウェブサイト（https://www.boj.or.jp/about/services/tame/t-redown2014.htm/）からダウンロードすることができます。

3　設問に対する回答

既に述べてきたとおり、外国人の土地取得に関して特段規制はありませんが、外為法上の報告義務を負う可能性があります。また、外国人による株式取得に関しては、航空会社や基幹放送事業者など一定の業種の株式については取得割合の制限がありますし、外為法上報告義務を負う可能性もありますから、個別に検討する必要があります。

【外国投資家による日本の会社の株式の取得についての外為法上の報告・届出】

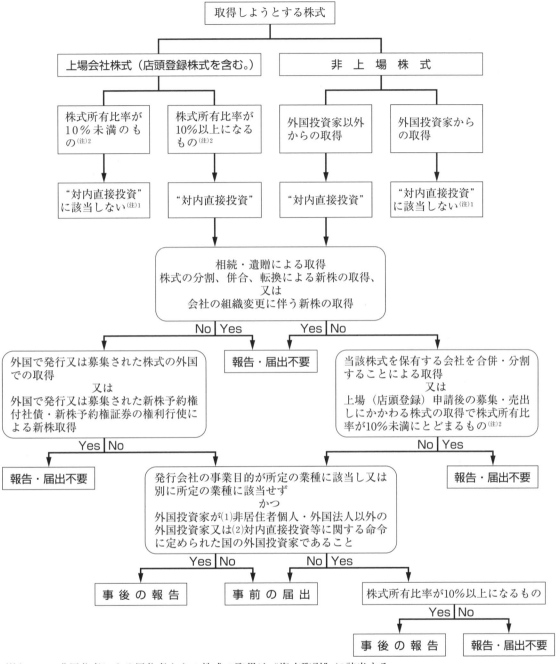

(注) 1 非居住者による居住者からの株式の取得は"資本取引"に該当する。
　　 2 上場会社の株式（店頭登録株式を含む。）の5％を超える株式を取得した者は、証券取引法（注：現金融商品取引法）上、5日以内に財務大臣に対し大量保有報告書を提出する必要がある。
　　 3 詳しくは日本銀行国際局（Tel：03-3277-2107）に照会。

（『対日投資ハンドブック（第7版）』35頁（日本貿易振興機構）より転載）

Q85　外国人による会社の設立及び会社の取得

　私は、日本で会社を設立することを考えていますが、外国人が会社を設立するに当たって注意すべき点があれば教えてください。
　また、外国人が日本の企業を買収する場合に注意すべき点があれば、教えてください。

---

[1]　会社の設立について

(1)　日本法人の設立

　外国人が日本法人を設立することはできますが、日本法人の設立に当たっては、日本人が設立する場合と同様に会社法その他関係法令の規定に従わなければなりません。また、法人設立後事業を開始する業種によっては、監督官庁の免許、登録、届出、許可等が必要な場合がありますので、事前に監督官庁へ照会したり、弁護士等に相談されるとよいでしょう。

　なお、外国投資家に出資してもらう場合には、外為法上、報告又は届出が必要となる場合があります。詳しくは、Q84を参照してください。

(2)　代表取締役への就任

　外国人も株式会社の代表取締役や取締役に就任できますが、登記実務上、代表取締役のうちの少なくとも1人は原則として日本に住所（居所）を有することが必要とされていました。

　しかし、法務省は、2015年3月16日、「商業登記・株式会社の代表取締役の住所について」において、前記実務の根拠であった「昭和59年9月26日民四第4974号民事局第四課長回答及び昭和60年3月11日民四第1480号民事局第四課長回答の取扱いを廃止し、本日以降、代表取締役の全員が日本に住所を有しない内国株式会社の設立の登記及びその代表取締役の重任若しくは就任の登記について、申請を受理する取扱いとします。」と公表しました。

　したがって、現在では、代表取締役の全員が日本に住所を有していなくても、会社の設立や代表取締役への就任の登記が可能となりました。

(3)　在留資格

　外国人が会社を設立、経営するためには、入管法別表第2の在留資格か「経営・管理」の在留資格を取得する必要があります（Q2参照）。当該在留資格を取得するためには、入管が会社の規模等について基準を設けています。この点についてはQ67に詳しい解説がありますので参照してください。

[2]　会社の取得について

(1)　株式取得に関する制限—会社・外為法、独禁法との関係

　企業買収は、通常は株式の取得によりますから、外国人の株式取得の制限がまず問題となります。

　会社法は、現在外国人について我が国の法人の株式の取得を制限していません。Q84で述べたように、対内直接投資は外為法による規制がありますが、我が国に居住する外国人についてはその規制対象から除外されています。

　また、企業買収は私的独占の禁止及び公正取引の確保に関する法律（以下「独占禁止法」）による規制がありますが（独占禁止法9条：事後支配力の過度集中の規制、同法10条：会社の株式保有の制限、届出義務）、日本人であれ外国人であれ、同様の規制に服するもので、外

国人特有の制限はありません。ただし、公共性の観点から、放送事業に関しては外国人又は外国法人が受託放送事業者を買収することは放送法により禁止されていますし（放送法93条1項6号イ・ロ・ハ）、外国人又は外国法人が経営を支配しているといえる外国法人も同様に禁止されています（同号ニ・ホ）。また、航空法等にも同様の規定があります（航空法101条1項5号イ）。

(2) 事業譲渡に関する規制

企業買収は、しばしば事業譲渡によってなされます。そこで、外国人が経営する会社が事業譲渡を受ける場合に制限を受けるかについても問題となります。

この点については現在、外国人の経営する会社について一般的に我が国の法人の事業譲渡を受ける資格を制限する法律はなく、外国人の経営する会社は日本人の経営する会社が買収する場合と同様の規制に服します（会社法467条以下）。したがって、これは外国人の経営する会社に特有の問題ではありません。

昨今、中国企業による日本企業（特に専門的な技術を有する中小企業）の買収が増え始めており、技術の海外流出を伴うため、規制の必要性を指摘する声も出始めています。

(3) 合併（吸収合併）に関する制限

吸収合併による企業買収も考えられます。しかし、この点についても外国人が経営する会社も日本人が経営する会社が合併をなす場合と同様の規制に服し（会社法748条以下）外国人所有会社特有の制限はありません。

(4) 定款による役員資格の制限

会社によっては、設立時に定める定款で、外国人が役員となれないなどの規定を置いていることがあります。このような規定が許されるか問題となりますが、日本法人である株式会社の定款が役員の資格を日本人に限定しているとしても、憲法14条の規定に違反し私的自治の原則を逸脱したものとはいえないとする裁判例があります（名古屋地判昭和46年4月30日判時629号28頁）。

(5) 在留資格

外国人が日本企業の株式を取得する場合、在留資格の制限はありません。

しかし、外国人が取締役等として経営に参与する場合には、在留資格が問題となります。この場合、「経営・管理」の在留資格、あるいは就労活動に制限のない入管法別表第2の在留資格を取得している必要があります（Q67参照、別表第2の在留資格についてはQ2参照）。

③ 設問に対する回答

相談者は、日本での会社設立を考えているようですので、在留資格との関係で会社の設立・経営活動が可能かどうか確認する必要があります。会社設立においては、放送事業や航空事業等の事業でない限り外国人特有の規制はありませんが（Q85）、「経営・管理」の在留資格を取得しようとする場合には、設立しようとする会社の規模等について一定の考慮が必要です。

相談者が日本の企業を買収しようとする場合、その会社が放送事業や航空事業に関する場合には、株式の割合に制限がありますが、その他特別な規制はありません。ただし、取締役等に就任して経営管理に携わる場合には、やはり在留資格に配慮する必要があります。

Q86　外国人による特許等の取得

　私はアメリカ人ですが、画期的な語学教育ソフトウェア（コンピュータ・プログラム）を開発しました。このソフトウェアに関して特許を日本国内で出願したいのですが、どのような手続が必要ですか。英語でも出願できますか。

　また、特許による保護のほかに、私の開発したソフトウェアの権利保護を受ける方法がありますか。その方法も教えてください。このソフトウェアに商標を付して商品として売りたい場合、どのように商標登録すればよいでしょうか。

1　特許法による保護

(1)　特許を受けることができる者

　外国人が、日本の特許法上特許権を取得できるのは、その外国人が日本国内に住所又は居所を有する場合（法人では営業所が日本にある場合）か、日本国内に住所又は居所がない場合には、①その外国人の国籍国の特許法が、日本国民に対してその国の国民と同一の条件により特許権その他特許に関する権利の享有を認めているとき、又は②日本国がその国民に対し特許権その他特許に関する権利の享有を認める場合にその国民と同一の条件で享有を認めるとき、あるいは③条約で別段の定めがある場合に限られます（特許法25条）。ここでいう住所は、生活の本拠を指し、客観的に定住の事実があればよいとされています。居所は、生活の本拠ではないが、継続して居住する場所をいうと解されています。

　したがって、相談者が、日本国内に住所又は居所を有している場合、また、住所又は居所がない場合でも、アメリカ合衆国はパリ条約加盟国であるので、アメリカ国籍を有するものは日本の特許を受けることができます。

　アメリカ以外の国籍を有する者は、この点について特許庁総務部国際政策課（代表：03-3581-1101）で確かめておくことが有益と思われます。

(2)　出願手続

　ア　出願手続前に注意すべき点

　特許制度は、新規でない発明を保護するものではないので、以下のような場合には、新規性を欠き、特許出願が却下されます。

①　特許出願前に日本国内又は外国において公然知られた発明（特許法29条1項1号）
②　特許出願前に日本国内又は外国において公然実施をされた発明（同2号）
③　特許出願前に日本国内又は外国において、頒布された刊行物に記載された発明又は電気通信回線を通じて公衆に利用可能となった発明（同3号）

　したがって、手続を開始する前に、既に同様の内容を有する特許が成立していないか否かを確かめる必要があります。出願予定の技術等が新現性を欠くか否かについて調査するためには、特許公報、公開特許公報、実用新案公報等を参照する方法や、インターネット上で独立行政法人工業所有権情報・研修館が提供している特許情報プラットフォーム（J-PlatPat。https://www.j-platpat.inpit.go.jp/web/doc/sitemap.html）において検索サービスを利用する方法もありますが、これらの資料は膨大であり、また、専門的でもありますので、特許を専門に扱う特許事務所等に相談するのが適当と思われます。

　さらに、当該発明に産業上利用可能性がない場合（特許法29条柱書）又は進歩性がない場

合（同条2項）にも特許の出願は却下されます。設問では、語学教育などサービス業での利用が予定されており、産業上の利用可能性はあると考えられます。進歩性については、「特許出願前にその発明の属する技術分野における通常の知識を有する者が前項各号に掲げる発明に基づいて容易に発明をすることができたとき」に該当するか否かは専門的な判断が要求されるので、進歩性について微妙と思われる事案では専門家に委ねるのが妥当と考えられます。これらの要件に加え、当該特許が公序良俗に反しないこと（同法32条）を要します。

なお、特許権の取得を考える者が日本国内に住所又は居所を有しない場合は、特許管理人によらなければ手続を行うことはできません（特許法8条1項）。特許管理人とは、特許に関する一切の手続及び特許について行政庁の行った処分を不服として訴えを提起する権限を有する代理人であって、日本国内に住所又は居所を有する者をいいます。

イ　具体的な出願手続

特許の出願のためには、以下の書類を特許庁長官に提出する必要があります。

① 特許願（願書）
② 明細書
③ 特許請求の範囲
④ 要約書
⑤ 図面（必要に応じて）
⑥ 代理権を証する書面

願書の様式は、特許法施行規則に定められており、発明者、出願人、出願人の国籍、手数料、代理人等の住所氏名等の記載事項を記載する必要があります。明細書等は、特許出願の日から1年4か月以内に翻訳文を提出する場合には、出願時には英語で提出することもできますが、願書だけは、日本語で提出する必要があります。

明細書は、特許権の客体となる特許出願に係る発明を明らかにし、特許権として保護されるべき発明の技術的範囲を特定する権利書としての役割のほか、新技術の公開のための技術的文献としての役割を有します。明細書の主な記載事項は、発明の名称、発明の詳細な説明、図面がある場合には図面の簡単な説明などがあります。

特許請求の範囲の記載（請求項）は、特許の範囲を確定する重要な部分であり、技術を詳細かつ簡潔に説明するための独自の方法で叙述されますので、自分の発明を適切に保護するためには専門家に依頼したほうがよいでしょう。

要約書は、公開公報に記載するための書面で、明細書又は図面に記載した発明の概要を「課題」「解決方法」などの見出しを付して平易かつ明瞭に記載する必要があります。

このほかに、願書の記載事項に疑義があるとされた場合には、国籍を証明する書面や外国人の権利の享有を証明する書面の提出を求められる可能性があります。

設問のコンピュータ・プログラムについては、従来特許権による保護になじむかについて議論がありましたが、2002年の特許法改正で物の発明としてプログラムに関する発明を含むことが明記され（同法2条3項1号）、プログラム自体も特許とされるようになりました。その性質上、請求項の記載としては抽象的にならざるを得ませんが、ソースコードまでは必要とされていません。

ウ　出願手続後

特許出願は、出願の日から1年6月経過したときは公開されます。この出願公開により、第

三者に発明の内容が知られてしまう危険が生じますが、公開された発明を第三者が実施することにより受けた損害から出願人を保護するために、特許出願に係る発明の内容を記載した書面を提示して警告をした後、相当額の補償金の支払を請求することができるようになります（補償金請求権／特許法65条）。

　一般に、特許を出願すれば、自動的に特許権を取得するものと思われがちですが、日本の特許法は出願のあったものを全て審査する方式をとっておらず、特許出願のみでは、当然に特許権を取得することはできません。出願をした者は、出願から３年以内に出願審査請求をしなければ特許出願は取り下げられたものと扱われてしまいます（特許法48条の３）。これは、特許出願から時間が経過し、技術的進歩があったために権利取得の意思を喪失した場合や、特許権を取得する意思まではないが、第三者の出願を恐れて防衛的に出願する場合にまで、特許権を取得させる必要がないと考えられたためです。

　ただし、出願の日から３年が経過し、出願が取り下げられたものとみなされる場合であっても、既に出願公開がされていますので、特許法29条の２の規定によって後の出願を排除することはできます。

(3) 費　　用

　特許の出願時にかかる費用は、通常の特許出願の場合で１万4,000円、外国語書面出願の場合で２万2,000円です。出願審査請求のときには、請求項の数によりますが14万2,000円以上かかります。また、特許料として、第１年から第３年まで毎年2,100円に１請求項につき200円を加えた額、第４年から第６年まで毎年6,400円に１請求項につき500円を加えた額、第７年から第９年まで毎年１万9,300円に１請求項につき1,500円を加えた額、第10年から第25年まで毎年５万5,400円に１請求項につき4,300円を加えた額を支払う必要があります。これは、出願人が長期間維持する特許にはそれ相応の経済的価値があるとの考え方により、その対価を負担させるべきとの考えに基づくものです。出願の態様や、経過年数等により差がありますし、料金の変更は、今後もなされる可能性もありますので、特許庁に問い合わせることが適当でしょう。

(4) 特許権の効果

　特許権者は、法律に定める例外的な場合を除き、当該発明を独占的に業として特許権を実施（生産、使用、譲渡、賃貸など）する権利を有します（積極的効力／特許法68条）。また、権原のない第三者が当該特許権に係る発明を実施したり、侵害とみなされる行為（同法101条）をした場合には、特許権者は実施行為差止め（同法100条）や損害賠償（民法709条）を請求することができます。この差止請求権の行使のためには、第三者の故意や過失といった主観的要件を必要としません。

　損害賠償請求については、過失の推定視定（特許法103条）及び損害額の立証の困難を考慮して損害の推定規定（同法102条）が設けられており、特許権の侵害による損害賠償請求について特許権者に有利なようになっています。

　なお、特許権の存続期間は、延長登録が認められる特許権を除いて出願後20年間です（特許法67条）。

② 著作権による保護

　保護を受ける著作権は、以下のとおりです。

① 日本国民（我が国の法令に基づいて設立された法人及び国内に主たる事務所を有する法人を含む。）の著作物

② 最初に国内において発行された著作物（最初に日本国外において発行された場合でも、その発行の日から30日以内に国内で発行されたものも含む。）

③ ①②のほか、条約（ベルヌ条約、WTO協定）により我が国が保護の義務を負う著作物

設問の語学教育ソフトウェアが、②に該当する場合には、我が国著作権法により保護されますし、②に該当しない場合でも、アメリカ合衆国は我が国同様万国著作権条約、ベルヌ条約加盟国であり、同条約によりアメリカ合衆国国民は内国民待遇を受けることとされていますので、日本国国民と同様の保護を受けることができます。

設問の語学教育ソフトウェアはコンピュータ・プログラムによるものであるとのことですので、特許法による権利保護のほかに、プログラムの著作物として著作権法による保護を受けることができます（著作権法10条1項9号）。日本の著作権法上、著作権は、何らの申請をすることなくその創作と同時に当然に発生（無方式主義）しますので、設問の場合にも特段の申請なしに著作権法による保護が受けられます。

後日の紛争を防止する観点からは、著作物について一定の推定効果を付与するために、実名登録、第一発行年月日の登録、著作権の移転等の登録をすることが認められていますので、これらの制度を利用することも考えられます（同法75条、76条、77条）。

なお、コンピュータ・プログラムについては、前記に加え、著作権法上の創作年月日の登録をすることが認められています（76条の2）。この登録により、反証がない限り、登録された日に当該プログラムが創作されたものと推定されます。ただし、この登録を受けるには、創作後6か月以内に申請する必要があります。

プログラムに関する登録をするためには、一般財団法人ソフトウェア情報センター（〒105-0003　東京都港区西新橋3丁目16番11号愛宕イーストビル14階、電話：03-3437-3071）に対して申請書、明細書等の必要書類のほか、プログラム著作物の複製物（マイクロフィッシュ）を提出する必要があります。これらの登録は外国人でも行えますが、これらの申請書は、名前や住所などを除き日本語で記載する必要があります。

登録にかかる費用は、1件当たり4万7,100円の登録手数料のほかに登録免許税がかかります。詳しい費用や手続については、ソフトウェア情報センターにお問い合わせいただくか、同センターの発行する「プログラム登録の手引き」を参照してください。

なお、著作権の保護期間は、一般に著作者の死後50年とされてきましたが、環太平洋パートナーシップ協定に基づいて、70年に延長されています（著作権法51条2項）。

3　商標法による保護

設問のコンピュータ・プログラムについて、独自の名称やマークを付して商品として売りたい場合、その名称やマークを商標として登録することができます。商標の出願をするためには、商標登録願を特許庁長官に対し提出する必要があります（商標法5条）。

この商標登録出願で複数の区分に属する商品又は役務を指定して登録することができます（商標法6条1項）。商品の区分は同法施行令2条により第1類ないし第34類の34類別に、また、役務の区分は第35類ないし第45類の11類別に分けられています。

出願から商標登録までは、通常の場合10か月前後かかりますので、出願前にあらかじめ商

標公報の検索やインターネット上で独立行政法人工業所有権情報・研修館が提供している前記特許情報プラットフォーム（J-PlatPat）において検索サービスを利用する方法により類似の商標が既に登録されていないか調べることが適切です。この調査も他の商品役務との類似（他類間類似）まで調べることが無難ですが、類似の判断には専門的な技術を必要とするので、専門家に依頼することも検討したほうがよいと思われます。

　商標についても、特許の場合と同様の要件で外国人も権利を取得することはできますが（商標法77条3項、特許法25条）、必要書類は全て日本語でなければなりません。ただし、海外の商標の登録又は出願をもとに、日本国を指定して国際商標登録出願（マドリッド・プロトコルによる手続／商標法68条の9以下）をする場合を除きます。

　商標登録の費用は、1区分2万8,200円で、更新には1区分3万8,800円が必要です（商標法40条1項2項）。

　商標を登録すると、特許と同じく、商標権者は指定商品・役務について登録商標の使用をする権利を占有し（商標法25条）、他人が登録商標と同一又は類似の範囲内で登録商標の使用等の行為をすると権利侵害となり、侵害者に対して侵害行為の停止又は予防等（同法36条）、損害賠償（民法709条）等の請求をすることができます。

　商標の存続期間は登録の日から10年間ですが、その存続期間は更新することが可能ですので（商標法19条）、更新する限り存続します。

4　まとめ

　以上の特許、商標の登録申請等は専門的な分野なので、本人の判断に基づいて出願を行うよりも、特許法、商標法に詳しい弁護士又は弁理士など専門家に依頼するほうが権利の保護も確実に図ることができますし、後日の紛争の予防にもなります。したがって、専門家に依頼するのが望ましいといえるでしょう。

Q87　外国人による実用新案出願

　私はアメリカの国籍を有する日本在住の者ですが、このたび通常のハンガーにちょっとした工夫を加えて、通常のハンガーよりも洗濯物を乾かしやすい形状にした物干しハンガーを考案しました。この物干しハンガーに関して特許か実用新案を日本国内で出願したいのですが、どのような手続が必要ですか。特許か実用新案かどちらを出願したらよいのでしょうか。英語でも出願できますか。

　私の考案した物干しハンガーはデザイン的にみても特殊で、優れているものだと思いますし、これをみた人から真似される可能性もありますが、どうしたらこのデザインを保護できるでしょうか。

　また、これらの出願をした後、本国に帰ろうと思いますが、日本国内で引き続き権利の保護を受けたい場合、どのようにすればよいのでしょうか。

1　特許法と実用新案について

　特許法と実用新案法について、その違いを一言で説明するならば、特許法は「発明」すなわち自然法則を利用した技術的思想のうち高度のもの、いわば「大発明」を保護する法律で、実用新案法は物品の形状、構造又は組合せに係る「考案」すなわち技術的思想の高低は問わず、自然法則を利用した技術的思想の創作、いわばライフサイクルの短い「小発明」を保護する法律であるということもできると思います。

　実用新案法による発明の保護は、特許法による場合に比べて、実体審査を経ることなく登録されるなど、保護される要件が緩和されていたり、保護される期間が特許の20年間に対し10年間（実用新案法15条）と短くなっていたりします。

　したがって、設問の「ちょっとした工夫」をどの程度の期間保護したいのか、あるいは簡単な審査で登録したいのか等の希望により、特許法による保護又は実用新案法による保護のいずれを選択するかを決めるとよいと思われます。もっとも、特許制度と実用新案制度は同じ技術的思想の創作を保護する制度であり、権利付与対象も類似しているため、出願が継続している間ならば、実用新案登録出願から特許出願への出願の変更も、特許出願から実用新案登録出願への出願の変更も認められていますし（特許法46条1項、実用新案法10条1項）、実用新案登録の場合は、実用新案登録後も一定の場合には実用新案権に基づく特許出願も認められています（特許法46条の2）。

2　特許法による保護

　特許の出願については、Q86を参照してください。

3　実用新案法による保護

⑴　実用新案の出願

　実用新案権の外国人の権利享有主体性については、特許法25条が準用されており（実用新案法2条の5第3項）、原則として日本国内に住所又は居所を有する外国人でなければ、権利を取得できません。あなたは日本在住とのことですので、この点は問題がないと思われます。詳しくはQ86を参照してください。

実用新案法は、1993年の改正により実体審査が廃止され、出願があったときは原則として登録されるという制度が採用されました。ただし、新規性、進歩性、拡大先願、不登録事由、先後願等の「登録無効の理由」があった場合、その実用新案権の行使により相手方に損害を与えた場合などにその損害賠償責任が原則として生ずる（同法29条の3）など、申請者に不利益となることがあります。また、請求項に係る考案が、「物品の形状、構造又は組合せ」に係るもの（保護適格）であること、公序良俗に反しないこと（同法4条）、請求項の記載様式が正しいものであること（同法5条6項4号、同法施行規則4条）、出願の単一性違反でないこと（同法6条）、明細書等に必要な事項が記載され、その記載が著しく不明確でないことなどの基礎的要件については審査され、これらの要件が具備されていないときは、補正を命じられる可能性があります（同法6条の2）。この補正命令に期間内に従わなかった場合は、特許庁長官は手続を却下することができます（同法2条の3）。

実用新案の申請は、願書に明細書、実用新案登録請求の範囲、図面及び要約書を添付した上、特許庁長官に提出するとともに（実用新案法5条）、出願料と第1年から第3年までの各年分の登録料を出願と同時に一時に納付する必要があります（同法32条2項）。この金額は、出願料1,400円と第1年から第3年までは毎年2,100円に1請求項につき100円を加えた額で、第4年から第6年までは毎年6,100円に1請求項につき300円を加えた額で、第7年から第10年までは毎年1万8,100円に1請求項につき900円を加えた額となります（同法31条1項）。また、特許出願と異なり、外国語による出願は認められていません。

明細書には、①考案の名称、②図面の簡単な説明、③考案の詳細な説明を記載する必要があります（実用新案法5条3項、考案の詳細な説明の内容については同条5項、6項に記載）。また、要約書に記載すべき内容は、同条7項に記載されています。

明細書、実用新案登録請求の範囲、図面又は要約書は、出願日から1か月以内の補正しか認められておらず、その範囲も限定されています（実用新案法2条の2第1項、2項、同法施行規則1条）。

なお、補正とは別に、実用新案権の設定登録後も、実用新案登録請求の範囲、明細書又は図面の「訂正」は所定期間内に1回に限りできるとされています（実用新案法14条の2）。

⑵　実用新案権者の権利

実用新案権者は、業として登録実用新案の実施をする権利を専有することができます（実用新案法16条）。実用新案権を有する者の許諾なしに登録実用新案を実施する行為及び実用新案権又は専用実施権の侵害とみなされる行為に対しては（同法16条）、実用新案技術評価書（同法12条）を提示して警告した後であれば（同法29条の2）、侵害行為の予防、停止等（同法27条）や損害賠償（民法709条）を請求することができます。この場合の損害の額については、推定規定が置かれています（実用新案法29条）。

なお、登録後に出国し、日本国内に住所又は居所を有しないことになった場合は、実用新案に関する一切の手続や無効審判などについて特許の場合と同様、在外者の管理人を国内在住の者から選任しなければなりません（実用新案法2条の5第2項、特許法8条）。

４　意匠法による保護

⑴　意匠の意義

設問のデザインを保護するためには、意匠法による登録が考えられます。

意匠とは、物品の形状、模様若しくは色彩又はこれらの結合であって、視覚を通じて美感を起こさせるものをいいます（意匠法2条1項）。ただし、意匠法で保護されるのは、「工業上利用することができる意匠」（同法3条1項）に限られます。

設問のデザインは、工業的な生産方法により同一の外形を有する物品を反復して大量に生産できる物品のデザインであると思われますので、意匠法上の保護対象になるものと思われます。

(2) 意匠登録出願

特許法、実用新案法と同じく、意匠権の外国人の権利享有主体性については、特許法25条が準用されており（意匠法68条3項）、日本国内に住所又は居所を有する場合か、日本国内に住所又は居所を有しない外国人の場合には、一定の要件を満たす場合のみ認められています。詳しくはQ86を参照してください。

外国語による意匠登録出願は認められていませんので、出願のためには日本語の書類を用意する必要があります。

意匠登録を受けるためには、次の要件を満たす必要があります。

① 工業上利用できる意匠であること（工業上利用性／意匠法3条1項本文）
② 新規な意匠であること（新規性／同法3条1項1号ないし3号）
③ 容易に創作することができる意匠でないこと（創作非容易性／同条2項）
④ 出願後に意匠公報に掲載された先願の意匠の一部と同一又は類似の意匠でないこと（先願意匠の一部との非同一性・非類似性／同法3条の2）
⑤ 公序良俗違反の意匠でないこと（同法5条1号）
⑥ 他人の業務に係る物品と混同を生ずるおそれがある意匠でないこと（同条2号）
⑦ 物品の機能を確保するために不可欠な形状のみからなる意匠でないこと（同条3号）

これらの要件のうち、特に②の新規性及び③の創作非容易性は判定が困難ですので、専門家に依頼したほうがよいでしょう。

意匠登録の出願をするためには、願書に図面を添付して特許庁長官に提出する必要があります（意匠法6条1項）。願書には、①意匠に係る物品、②意匠の創作をした者、③意匠登録出願人、④代理人、⑤提出の目録、⑥意匠に係る物品の説明、⑦意匠の説明等を記載します。

意匠については特許の場合とは異なり、登録申請を行った者は全て方式審査及び実体審査を受けることになります（同法16条）。

(3) 意匠権の効力

意匠権の存続期間は設定登録の日から20年です（意匠法21条1項）。

第1年から第3年は、毎年8,500円、第4年から第20年までは、毎年1万6,900円の登録料を支払う必要があります（同法42条1項2号）。

意匠権者は、業として登録意匠及びこれに類似する意匠の実施をする権利を専有することができ（意匠法23条本文）、意匠権を有する者の許諾なしに登録意匠を実施する行為、及び意匠権又は専用実施権を侵害するものとみなされる行為（同法38条）をする者に対しては、侵害行為の予防、停止等（同条）や損害賠償（民法709条）を請求することができます。

この損害の額については、推定規定が置かれています（意匠法39条）。

なお、登録後に出国し、日本国内に住所又は居所を有しないことになった場合は、登録意匠に関する一切の手続や無効審判などについて特許、実用新案の場合と同様、在外者の管理人を国内在住の者から選任しなければなりません（意匠法68条2項、特許法8条）。

5 まとめ

　以上の特許、実用新案及び意匠の登録申請等は非常に専門的な分野なので、この分野に詳しい弁護士又は弁理士など専門家に依頼するほうが権利の保護も確実に図ることができますし、後日の紛争を防ぐことにもなります。

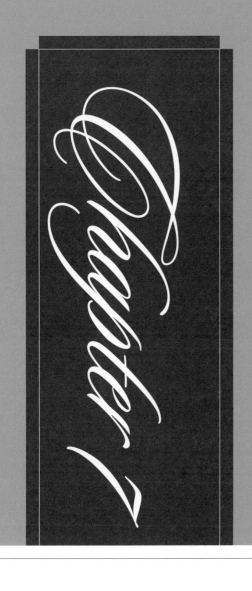

第7章　留　学

Q88　留学、その資格・要件と手続

　私（外国人）は、日本の大学に留学して勉強したいと考えています。留学の手続はどのようにしたらよいでしょうか。

1　「留学」の在留資格

(1)　対象となる教育機関

　外国人が日本の大学に留学し、勉強するためには、入管法別表第1に定められた「留学」という在留資格を取得する必要があります（Q2参照）。

　「留学」という在留資格は、日本の教育機関において教育を受ける活動に対して与えられます。ここでいう教育機関とは、本邦の大学、高等専門学校、高等学校や特別支援学校の高等部、中学校や特別支援学校の中学部、小学校若しくは特別支援学校の小学部、専修学校若しくは各種学校又は設備及び編制に関してこれらに準ずる機関を意味します（入管法別表第1参照）。

　細かい要件に関しては、出入国管理及び難民認定法第7条第1項第2号の基準を定める省令（以下「基準省令」。Q2参照）において詳細が定められていますから、確認してみてください。なお、夜間において授業を行う大学院の研究科で夜間通学して教育を受けるほかは、専ら夜学通学、通信による教育を受ける場合は「留学」とは認められませんので注意してください（基準省令参照）。

(2)　近時の改正

　2014年の入管法改正により、日本の小学校や中学校に児童生徒として通う外国人にも、在留資格「留学」が付与されることになりました（2015年1月1日施行）。

2　要求される日本語の教育課程や日本語能力について

　制度的に入学前後の日本語教育がなされている国費留学生や外国政府派遣留学生以外の私費による外国人の留学希望者が、日本の大学の入学許可を得るためには、相当程度の日本語能力が必要とされます。まず母国で一定期間日本語の教育を受けた後来日して受験するか、あるいは来日後、まず日本語教育を受ける教育機関に入学し、日本語学校等で日本語の勉強をしてから大学を受験するのが現実的です（日本と外国の大学間で交流協定が結ばれている場合は、事情がやや異なるでしょう）。

　留学生に要求される日本語の学習歴や日本語能力については、教育機関の種類に応じて基準省令で定められていますから、基準省令を確認してみてください（Q89参照）。

3　留学の在留資格を取得するための手続

　留学で来日しようとする場合の手続について説明します（Q89参照）。

　留学の在留資格を得ようとする場合、通常、入管に対し「留学」の在留資格に該当していることをあらかじめ認定してもらう「在留資格認定証明書」（入管法7条の2）の交付申請をします。「在留資格認定証明書」とは、その外国人の入国（在留）目的が入管法に定める在留資格に該当していることを法務大臣があらかじめ認定したことを証明する文書です。この申請は、来日しようとする外国人が外国にいる場合は自ら申請することはできませんから、日本の受入教育機関の職員や日本にいる親族が代理人として行うことになります（Q3参照）。

「在留資格認定証明書」の発給を受けた外国人は、これを在外の日本国領事館などに提出すれば、通常スムーズに査証（ビザ）が発給され、日本に到着して上陸の審査を受ける際にこの証明書を提示すれば、事前に法務大臣において在留資格に該当しているかどうかの審査が完了していますので、原則として容易に上陸許可が得られることとなります。

「留学」の在留資格を取得するためには、①当該教育機関等の入学試験等に合格し入学許可を得ていること、②学費・生活費の支弁能力を有することのほかに、③教育機関に応じて学歴や年齢制限があります（基準省令「留学」の欄参照）。申請に際しては、これらの事実を証明するため、指定された書類の提出が求められていますが、必要書類は受入教育機関によって異なり、また、個別の案件によって、その他の資料の提出を求められる場合もあります。

不法残留者を多く発生させている国、地域等からの留学生の場合は、経費支弁能力に関する証明書類等より多くの必要書類を求められ、審査が厳しく行われる傾向にあります。

④ 在留期間

「留学」の在留期間について、現在は、個別の事情に応じて在留期間を設定できるように、「4年3月、4年、3年3月、3年、2年3月、2年、1年3月、1年、6月又は3月」の10種類があります（入管法規則別表第2参照、2018年7月現在）。

⑤ 設問に対する回答

相談者は、日本の大学への入学を希望していますから、「留学」の在留資格による来日を検討することになります。相談者が、来日と同時に日本の大学に進学するのか、ひとまず日本語学校に通うのか等によって、準備の内容が異なってきます。

「留学」の在留資格で日本の大学に進学しようとする外国人は、①入学したい日本の大学の入学許可（夜間課程や通信教育では認められません）、②在留中の生活費支弁に関する資産の証明書が必要です。なお、大学進学について、③年齢制限はありません（基準省令参照）。ところで、日本の大学に入学しようとする場合、学校教育法により、高等学校に対応する学校課程を修了していなければ大学の受験資格がありませんから（学校教育法90条、同法施行規則150条）、この点は日本の大学を受験するに当たって確認しておく必要があります。

他方、来日後まずは日本語学校に通った後で日本の大学に通うというのであれば、日本語学校入学を理由として留学の在留資格をとることになります。日本語学校に関してはQ89を参照してください。

どちらがよいかは、あなたの日本語能力や希望等によって異なってきます。

Q89　日本語学校

私（外国人）は、日本で日本語の勉強をしたいと思います。どうしたらよいでしょうか。「日本語学校」に入る必要があると聞きましたが、「日本語学校」とはどういう学校ですか。

1　日本語学校に通うための在留資格

日本語学校に通う活動に着目して与えられる在留資格は、「留学」です。この「留学」の在留資格の対象となる通学先教育機関は、入管法別表第1「留学」の下欄に記載されています。日本の大学、高等専門学校、高等学校（中等教育学校の後期課程を含む。）若しくは特別支援学校の高等部、中学校（中等教育学校の前期課程を含む。）若しくは特別支援学校の中学部、小学校若しくは特別支援学校の小学部、専修学校若しくは各種学校又は設備及び編制に関してこれらに準ずる機関です。したがって、外国人が日本において独学で、あるいは私塾のようなところで日本語を勉強しようとしても「留学」の在留資格は認められません。

2　「留学」の在留資格が認められる日本語学校

かつては、入管法上「留学」（及びかつての「就学」）の在留資格が認められる日本語教育機関は、一般財団法人日本語教育振興協会が文部科学省の定めた「日本語教育施設の運営に関する基準」に適合する旨審査認定した上で、法務大臣が告示した日本語教育機関で教育を受ける場合に限られていました。現在では、同協会の認定を受けずに、入管の認定だけを受ければ、法務大臣が告示した日本語教育機関（日本語教育機関等告示、平成2年法務省告示第145号参照）となることができる仕組みに改められたため、同協会の適合認定がないが法務大臣の日本語教育機関等告示の対象となっている日本語教育機関が増加しています。現在でも、入管法上「留学」の在留資格が認められる日本語教育機関は、法務大臣が告示した日本語教育機関で教育を受ける場合に限られています。

こうした教育機関は一般に「日本語学校」と呼ばれており、2018年8月16日現在、日本語教育機関等告示の対象となっている日本語教育機関は711校あります。

これらの日本語学校に関する基準については、出入国管理及び難民認定法第7条第1項第2号の基準を定める省令「留学」欄6号や日本語教育機関等告示（平成2年法務省告示第145号）、さらには内部規則である入国在留審査要領等によって詳細に定められています。とくに、日本語教育機関等告示には日本語学校の学校名が載っていますから、これを参考にするとよいでしょう。

2018年7月26日に、日本語教育機関の告示基準が一部改定され、教育課程について「修業期間1年当たりの授業期間が、定期試験等の期間を含め、35週にわたること」（日本語教育機関の告示基準1条1項6号）と基準が変更され、そのほかにも校長の資格についての要件の改定（同項10号）等の基準の見直しが加えられました。

ところで、一般に用いられる「日本語学校」という呼称は法律用語ではなく、正式な名称でもありません。「日本語学校」の多くは専修学校の高等課程や一般課程、各種学校、学校教育法上何の位置付けもされていないところの「各種学校に準ずる」教育機関です。

③ 日本語学校の選択

　日本語学校の中にも、学校教育法上の位置付け、経営母体、歴史や伝統、規模、留学生の国籍、そして授業内容等に関し、著しい差異が存在します。告示されている学校であるからといって、一概に教育条件が良好で日本語教育を行うのに適切とはいいかねます。

　日本語学校は、主に在籍者の不法残留者の発生率の大小により在籍管理能力が判定され、過去１年間の不法残留者数が在籍者数の５％を超える学校は「非適正校」、「非適正校」以外は「適正校」と選定されています（この区分については、2000年１月24日に公式にアナウンスされています。http://www.mext.go.jp/b_menu/hakusho/nc/t20000124001/t20000124001.html参照）。

　この「適正校」「非適正校」の選定の結果は、直接日本語学校に知らされます。学校によっては、「適正校」として選定された旨を学校のホームページで告知している学校も多いので、参考にしてください。

　そして通常、非適正校の入学者には６月という短い在留期間しか認めない運用をしています。また、非適正校の場合は、審査方法は厳しく、より多くの必要書類が求められています。したがって、学校選択の際にはこの点に注意すべきです。

④ 日本語学校入学及び在留資格取得の手続

　通常の手続としては、入学手続を完了した後、当該教育機関の職員等が代理人となって、地方出入国在留管理局に「在留資格認定証明書」（入管法７条の２）の交付申請をします。「在留資格認定証明書」とはその外国人の入国在留目的が入管法に定める在留資格（「留学」）に該当していることを法務大臣があらかじめ認定したことを証明する文書です。

　「在留資格認定証明書」の発給を受けた外国人は、これを在外の日本国領事館などに提示すれば、通常スムーズに査証（ビザ）が発給されますし、日本に到着して上陸の審査を受ける際にこの証明書を提示すれば事前に法務大臣において在留資格に該当しているかどうかの審査が完了していることが明白ですから、原則として容易に上陸の許可が得られることとなります。

　在留資格認定証明書の申請に際しては、「非適正校」に入学しようとする場合や、また、不法残留者を多数発生させている国、地域から入学しようとする場合には、より慎重な審査を行うとされており、提出を求める書類が多いなど異なった扱いとなっています。

　日本語学校の留学生として在留資格認定証明書の交付申請をする場合、入学許可の事実や経費支弁能力の存在、それに勉学の意思及び能力に係る書類などの提出が必要になります。

⑤ 設問に対する回答

　これまで説明してきたように、日本語学校と一言でいっても、学校によって法的にも入管実務上も様々な違いがあります。留学先として日本語学校を検討するに当たっては、入管から「適正校」と認定された学校を選ぶとよいでしょう。

Q90　日本語学校の転校

　私（外国人）は、日本語学校で勉強している留学生ですが、今の学校の授業内容等に不満があるため、友人の通っている日本語学校に転校したいと思います。転校することは、入管法上何か問題があるのでしょうか。

　また、現在の日本語学校を辞めた後、転校に時間がかかった場合には、私の在留資格が取り消されることがありますか。

1　転校と在留資格

　日本語学校を転校すること自体は、入管法上で制限されているわけではありません。つまり、転校したからといって直ちに在留資格が取り消されるというわけではありません。

　ただし、入管法は、その別表第1の在留資格をもって在留する者が、当該在留資格に応じた別表に掲げられている活動を継続して3か月以上行わないで在留していることを在留資格の取消事由の一つとしています（入管法22条の4第1項6号、Q11参照）。

　したがって、現在の日本語学校を辞めた後、3か月以上次の日本語学校に在籍・通学していない状態になると、在留資格が取り消される可能性があります。もっとも、当該活動を行わないで在留していることにつき正当な理由がある場合は取消事由となりません（同号括弧書）。

2　転校の手続について

　転校（退学と編入）についての手続は、日本語学校に共通する統一的な基準はないようです。一般的に退学は自由ですが（在学を強制することはできませんので）、編入を受け入れるかどうかは編入を希望する学校の方針いかんです。編入を受け入れる日本語学校もあれば、編入は受け付けない日本語学校もあります。

　転校が可能な場合は、既に在学している日本語学校を退学して、その際に在籍証明や退学の証明の書類を取得するとともに、新しい日本語学校に編入の手続をとることになると思います。この場合、退学する前に転校先の学校をみつけて、その手続について十分調査することが不可欠です。また、転校先の入学許可があっても、退学する学校が認めなければ転校手続ができない場合がほとんどのようです。退学（転校）手続に協力的でない日本語学校もありますので、注意が必要です。

　日本語学校は、日本語を習得して検定試験を受けた上で、より専門的な学習を大学等で行うための準備段階と考えられているので、転校ということ自体想定されていません。国も日本語学校に対し、学生の在籍管理を厳しく要求しています。日本語学校も、適正な運営を心掛けているところは、一旦入学した学生の面倒を最後までみるべきであるという考えが強いので、転校には消極的な傾向があります。そのため、日本語学校から日本語学校への転校はほとんど行われていないのが現状のようです。

3　適正校と不適正校

　日本語学校には適正校と不適正校という運用上の区分があります。日本語学校の中には、従来は不法就労の隠れ蓑のようなものもあり、一般財団法人日本語教育振興協会の設立による審査や自主管理、また、平成2年法務省告示第145号（平成12年改正）による留学生の受入校の

指定などの方法により、適正化の努力がなされてきました。しかし、それでも、在籍者から不法残留者をかなりの割合で出す日本語学校があるため、不法残留者の輩出率が5％以下の学校を「適正校」として、在留期間で優遇措置を図ったり（入管法上は6月又は1年だが、最初から1年間の在留資格を付与する）、提出書類の簡素化を図ったりしています（Q89参照）。

この点も注意を要するところで、適正校から非適正校への転入をすれば在留期間更新が不許可となる危険性は高くなるでしょう。

4 入管行政上の不利益の有無

入管法は所属機関等に関する届出義務を定めていますので、退学時にこれを届け出なければならず（同法19条の16）、日本語学校も退学について届け出る努力をすべきこととなっています（同法19条の17）。また、在留期間の更新（転校後に留学資格の在留期間が満了となる場合）の際に不利益を被るのではないかという疑問があります。この点については、入管法や同法施行規則等の明文での定めはありません。

あくまで、運用上の問題なのですが、在籍していた日本語学校が倒産したような真にやむを得ない理由を除き、一般的には在留期間の更新を不許可とする運用がなされている可能性があります。むろん、一般論であり、更新拒絶がなされると決まっているわけではありません。元の学校の転校許可証と転校先の学校の承諾証を提出し、転校した具体的理由が正当な理由と認められ、双方の学校の出席率や成績に問題がなければ、更新されるでしょう。

過去には、出席率と成績が優良な留学生が、通学の便を理由に日本語学校を転校して、在留期間更新が許可されたケースもあり、出席率や成績との関係で、転校理由の正当性が判断されているのが実態のようです。逆に、出席率が悪く成績が不良の留学生の場合、真にやむを得ない事情がないと在留期間の更新を許可されない可能性もあります。

5 学納金の返還トラブル

日本語学校を退学する際、既に支払済みの授業料等の返還についてトラブルとなる可能性もあります。外国語を使用する幼稚園類似の施設で、退学（在籍契約の解除）意思を授業開始の直前に伝えた場合には、学納金の不返還特約があっても消費者契約法9条1号により契約は全部無効として、全額返還が認められた裁判例はあります（東京地判平成24年7月10日判例集未登載）。しかし、既に在籍して授業を受けている場合には、学納金の返還は難しいと考えます。

6 設問に対する回答

前記のとおり、日本語学校を転校すること自体は入管法上問題にはなりません。ただし、授業内容等に不満があるとの理由で退学し、その後、別の日本語学校に入学していない状態が3か月以上続いた場合は、在留資格が取り消される場合があります。退学する際には、次の転校先をみつけて転校が可能であることを十分確認してから、退学手続をとるほうがよいでしょう。

また、転校後に在留期間が満了となる場合は、在留期間更新の手続の際に、双方の学校の出席率や成績によっては転校理由に正当性が認められず、在留期間更新が不許可となる場合があります。そのため、転校する際には出席率や成績を調べ、転校理由に正当性が認められるかよく考える必要があります。

Q91　休学後の在留期間の更新

　私（外国人）は、日本語学校に在学中の留学生ですが、病気で学校を休まないといけません。学校を休んでいる間に在留資格が取り消されることがありますか。

　また、6か月の在留期間が切れた後、在留期間更新の手続をする必要がありますが、病気で学校を休むと学校の出席率や成績は悪くなります。この場合でも在留期間の更新は認められるでしょうか。同じように、大学に通っている留学生の友人が休学した場合には、在留資格取消しや在留期間の更新はどのようになるのですか。

1　在留資格の取消し

　入管法は、その別表第1の在留資格をもって在留する者が、当該在留資格に応じた別表に掲げられている活動を継続して3か月以上行わないで在留していることを在留資格の取消事由の一つとしています（入管法22条の4第1項6号、Q11参照）。つまり、日本語学校を休んで3か月以上通学していない状態になると、在留資格が取り消される可能性があります。

　ただし、入管法は、当該活動を行わないで在留していることにつき正当な理由がある場合は取消事由にならない旨を定めています（入管法22条の4第1項6号括弧書）。

2　在留期間の更新

　在留期間の更新は、更新を適当と認めるに足りる相当の理由があるときに許可されるとされています。「留学」の場合の在留期間更新の際には、出席率・成績等が判断材料となります。したがって、出席率や成績が悪くなれば、更新の際に不利に影響するのが一般的です。

　しかし、長期の入院・療養を必要とする病気が理由で出席率や成績が悪くなったことが明らかで、その前後の出席率や成績は良好であるなどの事情があれば、必ずしも、更新が拒絶されるわけではないでしょう。ただし、更新時にも留学活動ができる状態でなく、近い将来、日本語学校に復帰できないとすると、いかに本人に留学の意欲が強いとしても、そもそも留学に耐える身体的要件を満たさないとして更新が拒絶される可能性が高いでしょう。

3　日本語学校の信用性

　日本語学校は、学校により様々であり、非常に良心的な経営を行っているところもあれば、運営に問題があるところもあります。

　また、その教育の質の差が甚だしいことから、平成2年法務省告示第145号（平成27年改正）により、入管法の留学の条件を満たすための日本語学校が定められています。これらの学校はいずれも法務省に認定を受けている学校です（同告示）。

　このように指定がなされているため、日本語学校が悪質なものであることは考えられませんが、出席率や日本語検定試験の合格率に差があることは否定できないので、在留期間の更新の手続の際にも、在籍する学校によって入管サイドの対応に差が生ずる可能性があることは否定できません。

　日本語学校の信用性という点では、在籍者の管理の観点から適正校と非適正校という区分があります。これはあくまで運用上の区分なのですが、かなり明確に差をつけた扱いが入管行政上なされているので、学校の信用性という点に大きくかかわるものとして説明します。

過去１年間の不法残留率が３〜５％である日本語学校（在籍者が20人以下の場合は不法残留者が１人以下）は適正校とされ、原則として在留期間は１年とされるとともに、提出書類が簡素化されています。その反面、不法残留率が５％を超える日本語学校（在籍者が20人以下の場合は不法残留者が２人以上）は非適正校とされ、在留期間は６か月とされるとともに、その中でも不法残留者を多く発生させている国あるいは地域出身者については必要提出書類も多く、審査は極めて厳しく行われています。入管当局の信用の厚い適正校であれば設問における事情を理解してもらえる可能性が高いと思われます。

④　設問における具体的な在留期間更新許可申請

　在留期間更新許可申請に必要な書類は一般的には以下の５点です。
　・在留期間更新許可申請書
　・在学証明書（在学期間の明記されたもの）
　・出席証明書及び成績証明書
　・経費支弁能力を証明する資料
　・（パスポート及び外国人登録証明書（提示のみ））

　さらに、2003年11月11日付けの入国管理局（当時）の審査方針によれば、在留期間更新許可申請の際には、送金等の事実、経費支弁状況、資格外活動の状況の確認等の審査が実施されます。入管は、出稼ぎ目的ではないかという観点からのチェックを厳しく行っていますが、設問の場合、在留期間更新手続の際、前記の書類に加えて、休んだ理由が病気であることを証明する書類（診断書等）、留学の意思を示す本人の上申書、学習態度は真面目である旨の学校側の報告書などを提出すべきでしょう。

　結論として、更新が認められるか否かは、経費支弁能力のほか、学校の信用と本人の意欲がどこまで示せるかにかかっています。

⑤　大学生の場合

　留学生が大学生の場合も、基本的には日本語学校の生徒の場合と同様に考えられます。

　大学生でも、出席率や成績が悪くなれば、更新の際に不利に影響するのが一般的です。しかし、長期の入院・療養を必要とする病気が理由で出席率や成績が悪くなったことが明らかで、その前後の出席率や成績は良好であるなどの事情があれば、通常は、在留期間の更新が不許可となることはないでしょう。

⑥　設問に対する回答

　医師の診断書・入退院を証明する書類・病院の領収書等客観的資料と具体的な事情説明によって、病気で学校を休まなければならない状態であったことが証明され、留学活動をしていなかったことに正当な理由があると認められれば、３か月以上休学していても在留資格が取り消されることはないでしょう。同様に、学校を休んだことについて、正当な理由が客観的な資料で示せれば、在留期間の更新は認められます。

　留学生が大学生の場合も日本語学校の生徒と同様、病気で学校を休まなければならなかったことが証明され、留学活動をしていなかったことに正当な理由があると認められれば、在留資格が取り消されることはないでしょう。

Q92　留学生とアルバイト

　私は留学生ですが、学費や生活費の不足を補うためアルバイトをしたいと思います。アルバイトをするには許可を受ける必要があると聞いていますが、どうすればよいのでしょうか。許可を受けずにアルバイトをするとどのような不利益がありますか。

1　在留資格と資格外活動

　日本に在留する外国人は、在留資格に応じた活動ができるとされています（入管法2条の2）。そして収入を伴う資格外の活動については、資格外活動の許可を要するものとして規制されています。経済的な理由で多数の外国人が来日し、資格外の就労を行うことを防止するための規制といえます。

　入管法の規制は、かかる資格外活動（就労）を原則的に禁止し（同法19条1項）、例外的に法務大臣が許可することができるとしています（同条2項）。

　違反の場合の対処は、①資格外活動を専ら行っていたと明らかに認められる場合は退去強制事由とするとともに（入管法24条4号イ）、罰則（3年以下の懲役若しくは禁錮又は300万円以下の罰金、同法70条4号）を適用し、②かかる活動が「専ら」といえないときは罰則のみ対象（1年以下の懲役若しくは禁錮又は200万円以下の罰金、同法73条）とされています。

　罰則の問題と退去強制は別の手続ですが、退去強制事由であるにもかかわらず罰則のみで終わることは稀であり、仮に罰則のみで終わっても次の在留期間の更新は不許可となるでしょう。在留期間の更新が不許可になったにもかかわらず日本の在留を継続すれば、オーバーステイとなり、それもまた退去強制事由に該当することはいうまでもありません（入管法24条4号ロ）。

2　資格外活動許可が不要な収益活動

　入管法及び入管法施行規則は、一定のカテゴリーの活動についてはそれが収益を伴うものであっても、資格外活動の許可は不要と定めています。具体的には、講演活動、鑑定、著作物の制作、催し物への参加等の活動は、業として行うものでなければ、報酬を得るものでも資格外活動が可能です（同規則19条の3第1号）。日常生活の中である種の知的生産活動を行って常識的な対価を得ることまでも規制するものではないという趣旨と思われます。同じように親族や知人の家事を手伝って報酬を得ることも、業として行うものでない限りはあえて規制の対象とすることはないとの考えから許可は不要です（同2号）。

3　留学生とアルバイト

　留学の目的からすれば、アルバイトは報酬を受ける目的の活動として、許可を得る必要のある資格外活動となります。ただ、留学生の場合、他の在留資格と比較すれば、ある程度は緩和された要件で許可の取得が可能です。経済的な意味からも、また、日本の社会に触れ合うという面からも、ある程度のアルバイトは認めざるを得ないという現実を踏まえたものです。

　アルバイトをしたい場合は、資格外活動許可申請書を提出し、許可がなされると資格外活動の許可書が交付されます（入管法19条4項）。

　留学生のアルバイトについては、以下の運用がなされています。

　大学の正規生及び専修学校の専門課程の学生については1週間につき28時間以内、研究生

及び聴講生についても、同様に1週間につき28時間以内の範囲で包括的にアルバイトを認めます。1日当たり何時間アルバイトをするかは、本人の裁量に委ねられます。夏期休暇、冬季休暇、春季休暇の期間中は1日8時間以内の範囲で包括的にアルバイトを認めます（入管法規則19条5項1号）。

　留学生の家族滞在者についても、アルバイトの必要があれば資格外活動として許可するという取扱いがなされていますが、家族滞在者については、留学生に扶養されることを前提に在留資格が認められることから、アルバイトのための資格外活動許可がどの程度の範囲で認められるかどうかは、ケース・バイ・ケースの判断となっています。

　また、アルバイトの業種についても制限があります。認められた時間内であっても、風俗営業等の規制及び業務の適正化等に関する法律2条に定める「風俗営業」の営業所など、風俗営業関連の業種（バー・キャバレーなど客席に同席してサービスする業種、店内の照明が10ルクス以下の喫茶店・バー、ソープランド、ラブホテル、アダルトショップなど性風俗に関連する業種、パチンコ屋、マージャン屋のような業種）で働くことは禁止されています（入管法規則19条5項1号）。

　こうした業種の店で皿洗いや清掃のアルバイトをすることもできません。テレホンクラブの営業、インターネット上でわいせつな映像を提供する営業などのアルバイトもできません。

4　無許可アルバイトに対する制裁

　無許可アルバイトは禁止された資格外活動として、前述のように強制退去・処罰の対象となります。

5　設問に対する回答

　前記のとおり、アルバイトをする場合は、資格外活動許可申請書を提出し、許可を得る必要があります。もし、許可を得ずにアルバイトをした場合、強制退去・処罰の対象となりますので、必ず許可を得てからアルバイトをしてください。

Q93　留学生等の卒業後の就職

　大学や専門学校を卒業したら日本で就職することができますか。日本語学校を卒業した場合はどうでしょうか。卒業後、就職活動や起業活動をするために在留することはできますか。

1　就職と在留資格

　大学やいわゆる専門学校（学校教育法上の専修学校。以下「専修学校」）を卒業した外国人が日本企業に就職して日本に在留するためには、就労可能な在留資格に変更しなければなりません。「技術・人文知識・国際業務」等、専門的職業に就くことを目的とする在留資格に変更するか、2018年の入管法改正で導入された特定技能1号又は特定技能2号の在留資格を、試験に合格して取得し、当該在留資格の対象業種に就くことが必要となります。

2　専修学校や日本語学校の卒業生の場合

　専修学校を卒業した留学生については、専門課程を修了し「専門士」又は「高度専門士」の称号を取得している者に限り、「技術・人文知識・国際業務」等の就労可能な在留資格への変更が認められる取扱いになっています。ただし、この場合においては、専修学校専門課程における修得内容と就職先の業務内容との関連性が必要とされています。

　専門士の称号を取得していない専修学校卒業生や日本語学校卒業生は、従来は、母国において大学等の高等専門教育を受けているとか、長期の実務経験により専門的な技術・知識を修得しているといった稀なケースでないと在留資格の変更が認められない状況でした。

　2018年の入管法改正によって、特定技能1号、特定技能2号の在留資格が創設されたため、専修学校や日本語学校のみを卒業した外国人でも、試験に合格し特定技能の在留資格を取得することによって、卒業後も日本での就労を引き続き希望した場合には、就労することができるようになりました。したがって、上記の改正前に比べて、専修学校や日本語学校のみを卒業した外国人には日本における就労と就労目的で在留できる可能性が高まったといえます。

3　在留資格変更の手続と要件

　留学生等が就職をするための在留資格変更手続は、新卒者が4月から就職できるよう、卒業する年の1月ないし前年12月頃から受け付ける取扱いになっています。

　在留資格の変更に当たっては、新たに行おうとする活動が「技術・人文知識・国際業務」等の就労可能な在留資格のいずれかに該当し、かつ、出入国管理及び難民認定法第7条第1項第2号の基準を定める省令に定められた要件に適合することが求められます。

　「技術・人文知識・国際業務」という在留資格は、2015年4月1日以前は、「技術」と「人文知識・国際業務」という別々の在留資格でしたが、外国人を受け入れる企業のニーズに柔軟に対応するために、改正によって一本化されたものです。

　2018年の入管法の改正前には、留学生等が就職目的で許可された在留資格で最も多いのが「人文知識・国際業務」、次に多いのが「技術」で、この2つで約9割を占めていました。しかし、「教授」「投資・経営」「研究」などへの変更許可も少ない割合ながら認められていました。

　かつての「人文知識・国際業務」の在留資格は、いわゆる文科系の分野の専門知識や外国人特有の感性を必要とする業務に従事する外国人を対象とするものです。翻訳・通訳、語学教師、

海外取引業務などの職種がこれに当たります。

　かつての「技術」の在留資格は、いわゆる理科系の分野に属する技術又は知識を必要とする業務に従事する外国人を対象とするものです。技術開発、情報処理などの職種がこれに当たります（なお、法務省入国管理局「留学生の在留資格『技術・人文知識・国際業務』への変更許可のガイドライン」http://www.moj.go.jp/content/001132222.pdfを参照）。改正による一本化で、在留資格の変更を経ずに、同一企業内で技術開発などの職種から海外取引業務などの職種への配置転換が可能になりました。

　「特定技能1号」は、試験に合格すれば、学歴要件・実務経験が不問で、対象業種は、建設業、介護職等、2019年4月現在で14業種です。

　「特定技能2号」は、1号同様に、試験に合格すれば、学歴要件・実務経験が不問で、対象業種は、2019年4月現在、建設業と造船・舶用工業の2業種です。（Q82参照）

　2019年5月30日からは、日本の大学又は大学院を卒業・修了した留学生には、他の在留資格についての改正と合わせて、外国人の留学生が就職できる業種の幅を広げる趣旨で、就職支援のための在留が認められました。この改正は、日本の大学又は大学院を卒業・修了した留学生が、日本語を用いた円滑な意思疎通を要する業務を含む幅広い業務に従事することを希望する場合は、「特定活動」による入国・在留が認められるようになるという改正です（http://www.moj.go.jp/nyuukokukanri/kouhou/nyuukokukanri07_00210.html）。

　2007年11月からは、卒業後も継続して起業活動を行う有望な留学生に対して、一定の要件のもとに最長180日間の在留が認められていましたが、後記のとおり2019年からは、起業希望者に「特定活動」の在留資格を最長1年認める制度運用が始まりました。

4　卒業後の就職活動の取扱い

　2009年4月から、留学生が卒業後に継続して就職活動を行う場合は最長1年間の滞在が認められることになりました。

　卒業までに就職先が決まらず、継続して就職活動を行いたい場合は、「特定活動」に在留資格を変更しなければなりません。この在留資格変更には、原則として卒業した教育機関からの推薦状が必要です。

　「特定活動」への在留資格変更により、卒業後6か月間就職活動を継続できます。それでも就職活動が決まらなかった場合は1回だけ更新ができ、最長1年間就職活動のための滞在が可能となります。この期間中は資格外活動許可を受けることにより、週28時間以内のアルバイトをすることも認められています。

5　卒業後の起業活動の取扱い

　2007年11月から、卒業後も継続して起業活動を行う有望な留学生に対して、一定の要件のもとに最長180日間の在留が認められることになりました。

　具体的には、①大学の卒業生か大学院の修了者であること、②在学中から起業活動を行い、大学の推薦があること、③事業計画書が作成され、卒業後180日以内に会社を設立し起業し、「経営・管理」への在留資格変更が見込まれること、④滞在中の経費を支弁する能力があること、⑤起業の必要資金として500万円以上を調達できること、⑥起業に必要な事業所を確実に確保できることなどの要件を満たした場合に、「短期滞在」への在留資格変更が認められ、更

新により卒業後最長180日間の滞在が可能となります（詳細は、http://www.immi-moj.go.
jp/news-list/071031kigyoukatudou.html参照）。

　また、2019年からは、経済産業省の定める告示に沿って地方公共団体から起業支援を受け
る外国人起業家に対し、最長１年間、「特定活動」の在留資格を最長１年認める制度運用が始
まりました。具体的には、１年以内に起業する見込みがある場合、地方公共団体に対して「起
業準備活動計画」を提出して、告示の要件を満たす審査を経て、起業準備活動計画確認証明書
の交付を受けた上で、入管に同証明書の確認を受けることで、６か月間の「特定活動」在留資
格が付与されます。そして、起業準備の必要があれば、さらに６か月間の在留資格の更新・延
長が可能です（詳細は、https://www.meti.go.jp/policy/newbusiness/startupvisa/index.
html参照）。

6　設問に対する回答

　大学や専門学校を卒業した後、就職して在留資格を取得するには、「技術・人文知識・国際
業務」等に該当する専門的職業に就くか特定技能１号又は特定技能２号の在留資格の取得の必
要があるので、専門的職業に就ける会社又は特定技能の対象となる業種の会社であれば就職で
きます。

　しかし、専門士又は高度専門士の称号を取得していない専修学校卒業生や日本語学校卒業生
は、一般に「技術・人文知識・国際業務」等の専門職に就く在留資格への変更が認められない
ので、就職して日本に在留するには、試験に合格して特定技能の対象業種の職業に就職するこ
とになるでしょう。

　将来、就職して在留することが可能であれば、卒業した教育機関からの推薦状を得て、「特
定活動」に在留資格を変更することにより、卒業後６か月間就職活動を継続できます。その後
は１回だけ更新ができ、最長１年間、就職活動のために滞在することができます。

　また、起業する場合も、前記 5 に記載した要件を満たせば、短期滞在への在留資格変更が
認められ、最長180日間在留することができ、経済産業省の定める告示の要件を満たせば「特
定活動」の在留資格で最長１年間は、起業準備のために在留することが可能です。

第7章　留　学

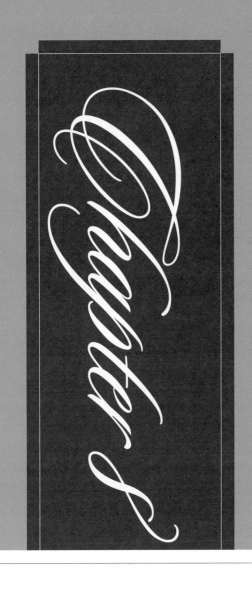

第8章　刑事手続

Q94　外国人の生活にかかわる刑罰

外国人が日本で生活するに当たり、とくに留意すべき刑罰にはどのようなものがありますか。
① 在留資格・在留期間に関するもの（入管法）
② 労働に関するもの（入管法）
③ 在留カードに関するもの（外国人登録法の廃止及び入管法の改正）
④ 外国為替及び外国貿易法（外為法）に関するもの

1　在留資格・在留期間に関するもの（入管法）

(1)　入管法の罰則規定

入管法には70条以下に罰則規定がありますが、その中でもよくあるケースは「不法残留」（同法70条1項5号）と「不法在留」（同法70条2項）です。

ア　不法残留罪（入管法70条1項5号）

在留期間の更新又は変更を受けないで在留期間を経過して本邦に残留する者（いわゆるオーバーステイ）は、3年以下の懲役若しくは禁錮又は300万円以下の罰金となり、懲役刑等と罰金刑は併科されることがあります。

なお、2003年10月17日に、法務省入国管理局（当時）、東京入国管理局（当時）、東京都及び警視庁より、「首都東京における不法滞在外国人対策の強化に関する共同宣言」が出されて以降、東京では単純な不法残留罪については起訴されないという扱いになりましたが、余罪がある場合には公判請求の上、重く罰せられる傾向もみられます。いずれにせよ、その運用は固定的、確定的なものではありませんので、今後は運用が変わる可能性があります。

イ　不法在留罪（入管法70条2項）

本邦に不法入国又は不法上陸した者が、上陸後も引き続き不法に在留する場合も、3年以下の懲役若しくは禁錮又は300万円以下の罰金となり、懲役刑等と罰金刑は併科されることがあります。

(2)　偽装滞在者に係る罰則

なお、2016年入管法改正により、偽装滞在者対策の一環として、偽装滞在者に係る罰則が新たに整備されました。

これにより、例えば、偽りその他不正の手段により上陸許可を受けて上陸したり、在留資格の変更許可を受けたり、在留期間の更新許可を受けたりした場合等は、3年以下の懲役若しくは禁錮又は300万円以下の罰金となり、懲役刑等と罰金刑は併科されることがあります（入管法70条1項2の2号等）。

2　労働に関するもの（入管法）

入管法の別表第1に記載された在留資格（留学、短期滞在や家族滞在などもこれに含まれます）は、その外国人が行おうとする活動に着目して与えられます。これらの在留資格で日本に在留する外国人は、与えられた在留資格に対応する活動以外の就労活動を行うことは、原則、許されていません（同法19条1項）。したがって、その活動は資格外活動（不法就労）とされ、処罰対象となる可能性があります（Q69参照）。

(1)　不法就労罪（入管法70条1項4号、73条）

資格外活動を専ら行っていると明らかに認められる者については、3年以下の懲役若しくは

禁錮又は300万円以下の罰金に処せられます（入管法70条1項4号）。また、専ら行っていると明らかに認められる場合ではなくとも、資格外活動を行った者については、1年以下の懲役若しくは禁錮又は200万円以下の罰金に処せられます（同法73条）。いずれも、懲役又は禁錮と罰金が両方とも科せられることがあります。

(2) 不法就労助長罪（入管法73条の2第1項）

①〜③の一に該当する者は、3年以下の懲役若しくは300万円以下の罰金に処し、又はこれを併科するものとされています。

① 事業活動に関し、外国人に不法就労活動をさせた者

② 外国人に不法就労活動をさせるためにこれを自己の支配下に置いた者

③ 業として、外国人に不法就労活動をさせる行為又は②の行為に関しあっせんした者

なお、法人の代表者又は法人の従業者などが入管法73条の2の罪を犯したときは、その行為者を罰するほか、その法人についても300万円以下の罰金を科することができることとなっていますので（両罰規定／同法76条の2）、会社の担当者だけでなく会社も合わせて罰金を科せられることがあります。また、当該外国人の活動が資格外活動であることの認識については、過失がない場合を除き、これを知らなかったことでは処罰を免れることができません（同法73条の2第2項）。

3 在留カードに関するもの（外国人登録法の廃止及び入管法の改正）

従前は外国人登録法により、日本に滞在する外国人については、在留資格の有無を問わず市町村により外国人登録証明書が発行され、その常時携帯義務、提示義務等が課され、その違反行為については罰則が定められていました。

しかし、2012年7月9日から前記外国人登録制度に代わって、3か月を超えて適法に滞在する外国人に限り、入国審査官によりICチップ及びカード番号が記録された「在留カード」が交付され（Q18参照）、その常時携帯義務・提示義務が課せられることとなり、その違反行為についても同様の罰則が科されることになりました。なお、特別永住者については「特別永住者証明書」が発行され（Q17参照）、常時携帯義務・提示義務は負わないこととなりました。

在留カードに関する入管法の主な刑罰は以下のとおりです。

(1) 在留カードの携帯義務違反（入管法75条の3）

中長期在留者が在留カードの常時携帯義務（入管法23条2項）に違反した場合は、20万円以下の罰金となります（同法75条の3）。

(2) 在留カードの提示義務違反（入管法75条の2）

特別永住者を除く中長期在留者は、入国審査官、入国警備官、警察官等が、在留カードの提示を求めた場合にはこれを提示しなければならず（入管法23条3項）、これを拒めば1年以下の懲役又は20万円以下の罰金に処せられます（同法75条の2）。

4 外国為替及び外国貿易法（外為法）に関するもの

日本と外国との間において、多額（例えば日本円で億単位）な「資金の移動」や「物・サービスの移動」等の対外取引には、外国為替及び外国貿易法（外為法）の規制、罰則が適用されます。

例えば、日本と外国の間で多額の取引がなされた場合は、原則として日本銀行を窓口として財務大臣に事後報告することが必要であり（外為法55条1項）、報告違反は6月以下の懲役又

は50万円以下の罰金に処せられます（同法71条2号）。

　また、テロ国家関係者など一定の国との取引には経済産業大臣の事前許可が必要となる場合があり（外為法25条）、許可違反には7年以下の懲役又は2000万円以下の罰金等（同法69条の6等）が科されます。さらに、取引相手の外国法人の事業が漁業、皮革又は皮革製品の製造業等に該当するときは、財務大臣への事前届出が必要となり（同法23条1項、外国為替令12条1項1号、外国為替に関する省令21条）、届出違反には3年以下の懲役又は100万円以下の罰金が科されます（同法70条1項10号）。いずれも、懲役と罰金が併科されることがあります。

　詳しくは、日本銀行のウェブサイトを参照してください。

Q95　外国人が逮捕されたら

友人（外国人）が捕まってしまいました。
① 弁護人を付けたほうがよいと思うのですが、どうすればよいでしょうか。
② 勾留されてしまい、弁護人を依頼することを希望していますが、お金がありません。
　どうすればよいでしょうか。
③ 面会・差入れで注意すべきことはありますか。
④ 友人の本国の領事は力になってくれるのでしょうか。

1　日本国の刑罰法規の人的適用範囲

　日本国内における外国人の刑事事件も、以下の①～③の場合を除いて、日本人と同様に、日本の刑事訴訟法（以下「刑訴法」）に則って刑事手続が進みます。
① 日本に駐在する外国の大公使、各種代表部又は外交使節団の職員で外交上特権及び免除を有する者による事件
② アメリカ合衆国軍隊の構成員、軍属並びにその家族による事件
③ 国際連合の軍隊の構成員、軍属並びにその家族による事件

　このうち、①については、条約又は国際法上外交特権が認められるため日本の裁判権に服さず、②及び③については、それぞれの軍隊の地位に関する協定並びにその協定の実施に伴う刑事特別法の適用を受けることとなります。

2　逮捕後の手続と弁護人選任権

(1)　逮捕後の手続

　逮捕されると、まず警察官による取調べがあり、48時間以内に検察庁に送られ、検察官が勾留の理由及び必要性があると考えた場合、24時間以内に裁判官に勾留請求がなされ、理由及び必要性がないと判断した場合、釈放となります。

　勾留請求がされると、裁判官による勾留質問がなされ、勾留されるか否かが判断されます。勾留されることになると、原則として勾留請求の日から10日間留置されます。その間に捜査が終わらない場合はさらに10日以内の日数で延長される場合があります。

　検察官は、勾留期間内に、起訴するかどうかを決めます。処分保留又は不起訴の場合は釈放されます。起訴された場合、裁判所により起訴された事実について審理され、有罪か無罪かの判決がなされます。

　有罪の場合でも、刑の執行が猶予される場合があり、その場合は釈放となります（Q99参照）。

(2)　弁護人選任権

　被告人又は被疑者は、何時でも弁護人を選任することができます（憲法37条3項、刑訴法30条1項）。取調官は日本語で取調べを行い、供述調書も日本語で作成されます。日本語を母国語としない外国人は、捜査段階で十分な能力を有する通訳を付けてもらえないまま、自分が述べていないことを述べたことにされたり、述べたことの真意を曲解されたりした内容の供述調書を作成されないよう、できるだけ早期に弁護士と接見（面会）する機会をもち、取調べを受ける際のアドバイスをもらうことが大切です。

　そして、被告人又は被疑者となった本人だけでなく、その配偶者、直系の親族や兄弟姉妹な

ども弁護人選任権をもっています（刑訴法30条2項）。弁護人は、私選弁護人として選任することもできますが、経済的に余裕がない場合には、次のような各制度を利用することができます。

3 被疑者国選制度

　被疑者に対して勾留状が発っせられている場合や勾留請求がなされている場合で、被疑者が貧困その他の事由により自費で弁護人を選任することができないときは、被疑者が裁判所に請求することにより、被疑者のために国費で弁護人が選任されます（被疑者国選制度／刑訴法37条の2）。

4 当番弁護士制度

　弁護士を依頼したいが被疑者国選対象事件に当たらず、弁護士の知り合いもいない方のために、各弁護士会では当番弁護士制度を設け、初回の接見に限り、弁護士会の費用負担で弁護士を派遣しています。また、日本語が通じない外国人被疑者の場合には、初回の接見に限り、通訳費用も弁護士会が負担する扱いになっています。なお、被疑者本人からの弁護人選任依頼があればもちろんのこと、刑訴法30条2項所定の弁護人選任権者から弁護人選任依頼があれば、当番弁護士が出動します。同項所定の弁護人選任権者以外の友人、知人からの弁護人選任依頼によって当番弁護士が出動するかどうかは、各都道府県の弁護士会によって取扱いが異なっていますので、各弁護士会に確認してください。

5 当番弁護士制度での弁護士費用、通訳費用

　既に述べたとおり、当番弁護士の初回の接見に限り、弁護士費用も通訳費用も弁護士会が負担します。また、被疑者国選事件の場合は、国選弁護人選任以後の弁護士費用、通訳費用ともに国費で賄われます。

　しかし、当番弁護士を勾留請求前に私選弁護人として選任する場合には、やはり弁護士費用や接見に同行する通訳の費用の支払が必要となります。この場合の弁護士費用等の額は、弁護士と相談して決めることになりますが、費用の基準を設けている弁護士会もありますので、各弁護士会の法律相談センター（巻末資料参照）に確認してください。

　なお、以上のような弁護士費用等の支払が困難な方のために、後述の被疑者弁護援助制度があります。

6 被疑者弁護援助制度

(1) 概　　要

　前記 3 のとおり、勾留中などの場合には、国の費用で国選弁護人（被疑者国選）を付するようになりましたが（刑訴法37条の2）、これに該当しない場合は被疑者には国の費用で国選弁護人を付する制度がありません。そこで、せっかくの当番弁護士と接見できたのに経済的な理由で勾留請求前に弁護士を依頼することができない、といった事態にならないよう、日本弁護士連合会が被疑者弁護援助制度を実施（ただし、法テラスに業務委託しています）し、一定の条件のもとで、弁護人の費用と通訳費用等の実費を援助しています。

⑵　援助の範囲

援助される費用の範囲は、弁護人に支払うべき弁護士費用と、接見に同行する通訳に支払うべき通訳費用及びその交通費等の実費です（なお、東京三弁護士会では、日本弁護士連合会からの援助に加えて、独自に、成果に応じた加算援助を行っています）。

弁護士への実際の援助金の支払いは、事件終了後になります。

⑶　援助された費用の償還

被疑者又は被疑者以外の弁護人選任権者は、起訴前弁護を受任する弁護士との間で定型の申込書を作成して弁護士から法テラス宛て（窓口は、東京では東京三弁護士会法律援助事務センター）に提出する必要があります。審査の結果によっては、援助を受けた費用の一部又は全部を後に支払わなければならない場合や援助を受けられない場合もあります。しかし、実際の運用では、起訴・不起訴の処分が出た後、弁護人が費用の償還は困難と判断し、その旨の意見を法テラスに報告した場合には、ほぼ償還を免除されているようです。

７　起訴前の釈放

日本の刑事訴訟法上は起訴前の保釈制度は存在しません。

そのため、起訴前に身柄の釈放を求める場合には、検察官に対し勾留請求や延長請求をしないよう働きかけたり、裁判官に対しこれらを認めないように働きかけたり、勾留決定や延長決定の裁判を取り消すよう求める必要があります。

８　接見に行く際の注意事項

⑴　接見のタイミング

弁護人又は弁護人となろうとする者（以下「弁護人等」）以外の者は、被疑者が勾留された後にしか接見できません。

⑵　事前の電話確認（接見禁止決定による接見や書類その他の物の授受の制限等）

接見に行く前に、被疑者又は被告人の勾留場所の担当者（例えば、警察の留置場なら留置係）に電話をかけて、その日の取調べの予定の有無や「接見禁止決定」、すなわち、弁護人等以外の者との接見や、弁護人等以外の者との間の書類その他の物の授受の制限がないかについて、確認しておくとよいでしょう。接見禁止決定がなされていると、勾留場所までわざわざ出掛けても、結局接見することはできません。

薬物事案その他関係者が多数の事案においては、接見禁止決定がなされることが多いです。なお、接見が禁止されていても、一般的には書籍の差入れは可能です。ただし、外国語の本について、弁護人等以外の者が差し入れるのは事実上困難なのが現状です。

⑶　外国語による接見

弁護人等以外の者が勾留中の被疑者又は被告人と外国語で接見（面会）しようとする場合は、発言内容を確認するための通訳費用を、被疑者又は被告人が負担しなければならず、現実的には難しい場合もあります（刑事収容施設及び被収容者等の処遇に関する法律148条、228条）。

これに対して、弁護人等による接見の場合には、このような制限はありません。

９　領事への連絡

「領事関係に関するウィーン条約（1963年採択、日本は1983年加入）」36条１項は、要旨

以下のとおり規定しています。

① 接受国（この場合、日本）の権限ある当局は、派遣国（この場合、外国人被疑者の母国）の国民が逮捕された場合、留置された場合、その他拘禁された場合において、当該国民の要請があるときは、その旨を遅滞なく当該領事機関に通報する。

② 前記拘禁されている者から領事機関に宛てたいかなる通信も、接受国の権限ある当局より遅滞なく送付される。

③ 当該当局は領事交通権につき当該拘禁者に遅滞なく告げる。

したがって、拘禁中の外国人被疑者又は被告人の要請があるときは、関係当局は当該外国人の母国の領事機関に通報することになります。逆に、当該外国人の要請がない場合は、英国、旧ソビエト連邦の各国、ハンガリーなど、要請の有無にかかわらず関係当局に領事機関への通報を求める規定を含んだ個別の領事条約を締結している国の国民である場合を除き、領事機関への通報は行われません。

なお、「領事関係に関するウィーン条約」36条2項は、前記のような権利を「接受国の法令に反しないように行使する。もっとも、当該法令は、本条に定める権利の目的とするところを十分に達成するようなものでなければならない。」と規定しています。したがって、接見禁止の裁判は差し当たり領事の接見にも及びますが、領事から個別に接見許可の申立て（接見禁止の一部解除の申立て）があった場合には、裁判所は接見交通の許可を与えなければなりません。

また、日米領事条約、日英領事条約は、法文上接見禁止の裁判の効力が領事官には及ばない旨規定していますので（日米領事条約16条1項、日英領事条約22条1項）、この両国の領事官は接見禁止の場合であっても自由に自国民と接見交通ができます。

10 設問に対する回答

(1) ①について

友人は前記3 4のとおり、当番弁護士制度や被疑者国選制度により、弁護士からアドバイスを受けたり、弁護士に弁護活動を行ってもらったりすることができます。

また、友人の家族等も弁護人を選任することができるので、家族等に弁護人を付けるようお話するのがよいでしょう。

(2) ②について

前記3のとおり、勾留されている被疑者が貧困その他の事由により自費で弁護人を選任することができないときは、国費で弁護人が選任されます。

(3) ③について

前記8のとおり、事前に友人が勾留されている場所に電話をかけ、接見や差入れが可能か確認する必要があります。また、外国語で接見する場合は、事前に許可を得る必要があります。

(4) ④について

友人の本国の領事が力になってくれるか否かは、事件の性質や本国の考え方等により異なるため分かりませんが、友人の要請があれば領事機関に通報がなされるので、力になってほしいと依頼してみるのがよいでしょう。

Q96　在留期間の更新・在留資格の変更の際の影響

　　友人（外国人）が警察に捕まりました。起訴はされませんでしたが、これからも日本に在留できますか。
　　① 在留資格が「日本人の配偶者等」で、「覚せい剤自己使用」の嫌疑をかけられた場合
　　② 在留資格が「技能」で、「傷害」の嫌疑をかけられた場合

1　不起訴の場合の在留資格への影響

　逮捕・勾留されたとしても不起訴となった場合、そのことを理由として直ちに在留資格が失われることはありません。ただ、将来、在留期間の更新・在留資格の変更を行おうとした際、その審査において影響が生ずる場合があります。

2　「素行が不良でないこと」が考慮されること

　在留期間の更新や在留資格の変更は、「適当と認めるに足りる相当の理由があるとき」（入管法20条3項本文、21条3項）に認められますが、その判断に当たっては、入管による「在留資格の変更、在留期間の更新許可のガイドライン」に明示があるとおり、「素行が不良でないこと」が考慮されます。

　ですから、不起訴に終わったとしても、犯罪の嫌疑をかけられて身柄を拘束されたことについては、素行にかかわる事情として在留期間の更新や在留資格の変更の審査において考慮対象になります。

　したがって、設問の①、②いずれの場合も、将来的に在留期間の更新や在留資格の変更ができなくなり、日本に在留することが難しくなる可能性はあります。

　具体的に在留期間の更新や在留資格の変更が認められるかは、個別具体的な事案によるので、一概にはいえないのですが、以下、設問につき、①と②を比較しつつ一般論として検討していきます。

3　設問に対する回答

(1)　設問①の場合

　「日本人の配偶者等」の資格は、家族関係を根拠とするもので法規定上在留期間も長めであることからして、在留資格としては比較的安定したものといえます。しかし、そうはいっても、覚せい剤の自己使用は、覚せい剤取締法違反（覚せい剤取締法19条、41条の3第1項1号）であり、もし有罪判決が確定すれば、退去強制事由（入管法24条4号チ）や、上陸拒否事由（同法5条1項5号）にも当たるとされることからも分かるように、我が国はこれに厳しい姿勢をとっています。この意味で、在留期間の更新や在留資格の変更に当たっては、相当に不利に考慮される可能性があります。

(2)　設問②の場合

　在留資格が「技能」の場合は、滞在中の活動内容を基礎として在留資格が認められているにすぎず、法規定上の在留期間としても「日本人の配偶者等」と違って最短3か月という短期が設定されていることからも、「日本人の配偶者等」ほど安定した在留資格とはいえません。他方、「傷害」という罪状は、覚せい剤取締法違反のように有罪判決が確定しただけで退去強制事由

304

になるということはないのですが、こと「技能」という入管法別表第1に定められた資格の場合、「傷害」であっても懲役・禁錮刑の判決が確定すれば（執行猶予も含みます）退去強制（同法24条4の2号）になる上、刑が1年以上なら同法5条1項4号、そうでなくとも同法5条1項9号ロないしハに定められた限りで上陸拒否事由にも当たりますから、この点からしても、在留期間の更新や在留資格の変更に当たっては、かなり不利に考慮される可能性があると考えられます。

④　とり得る手段

なお、このような場合に、在留期間の更新・在留資格の変更を認めてもらうためにとり得る手段としては、例えば①捜査機関から、一面的に自分に不利な情報ばかりが強調されて入管に伝わっている可能性もあるので、自分からも、事件の実情について、否認したいことや酌むべき事情を書面にして提出したり（設問②の場合は、被害者との示談成立を証明する示談書があれば有効と思われます。）、②家族や身近な方（社会的に影響力のある方であれば一層望ましいです）の嘆願書を提出することなどが考えられます。

Q97　保釈請求

　私の夫（外国人）は、身柄拘束のまま起訴されました。弁護人に頼んで保釈を請求したいと思いますが、どのような点に留意すべきでしょうか。

1　保釈の概要

　保釈は刑事訴訟法88条以下に定められ、89条で権利保釈、90条で裁量保釈、91条で義務的保釈について規定があります。

　勾留されている被告人又はその弁護人、法定代理人、保佐人、配偶者、直系の親族若しくは兄弟姉妹等は、保釈を請求することができます（刑事訴訟法88条1項）。

　保釈を受けるためには、保釈保証金（被告人が逃走等した場合は返還されないことがあります。刑事訴訟法96条）を納めることが必要であり、近親者等の身元保証人の書いた身元引受書も要求されます。

2　外国人と保釈

　被告人である外国人につき保釈の請求をするに当たって留意すべき事項は、在留資格の有無によって異なります。

(1)　在留資格がある外国人の場合

　在留資格がある場合、保釈と同時に入管に収容されるということはありませんから、保釈の実益について、後記(2)のように悩む必要はありません。

　弁護士に保釈の請求を頼むのであれば、被告人の妻としては、まず、前述の保釈保証金（金額は事案によりますので、弁護士に相談してみてください。なお、弁護士から被告人の経済的状況を裁判官によく説明してもらって、適正な額になるように働きかけてもらうことも有用です）の準備と、身元引受書の用意は、最低限必要でしょう。

　また、保釈を認められやすくするための材料として、例えば被害弁償がなされていなかったために起訴されてしまったというような場合は、弁護人に早急に被害者との示談を進めてもらうなどして、その状況も裁判官に主張してもらうとよいでしょう。

(2)　在留資格がない外国人の場合

　在留資格がない場合に保釈が認められても、刑事手続による身柄拘束が解かれると入管法上の退去強制手続が開始され、保釈と同時に入管に収容されますので、身柄解放という保釈の目的を達し得ません。また、保釈後入管に収容されると、入管には被告人を裁判所に押送する義務がなく、公判期日の被告人の出頭が困難となることからも、一般的には保釈が認められることは極めて少ないのが実情です。

　しかし、入管法54条の仮放免が認められるのであれば、入管から身柄が解放されるので、必ずしも保釈の実益がないとはいえず、公判への被告人の出頭も困難になるわけではありません。なお、保釈に当たっては保釈保証金の納付が要求されますが、仮放免についても、これとは別に改めて一定額の保証金を納付する必要があります。

　したがって、被告人とその身元保証人や家族等関係者には、保釈されても仮放免を得るまでは釈放されるわけではないこと、それぞれの手続に保証金を納付する必要があることを説明し、希望があれば、積極的に保釈及び仮放免を得る努力をすべきです。

保釈請求をするに当たっては、事前にまず入管と交渉し、仮放免について内諾を得る等した上で、その事情を裁判官に説明しつつ保釈を求めてもらい、保釈の見込みがあれば、裁判官や入管それぞれに、保証金を二重に納めなければならない事情を説明の上で、金額をできる限り下げてもらうよう説得することが重要です。

例えば、幼い子がいる外国人女性がオーバーステイで起訴されて被告人となっており、被告人も夫も入管に収容される見通しの場合などは、被告人が幼い子の面倒をみる必要があること、夫が入管に収容されている状況で妻子だけで逃亡する可能性は低いことから、仮放免が受けられる可能性があるといえます。また、被告人が、病気のための特殊な検査入院の必要があるといった場合も、仮放免が受けられる可能性があるといえます。さらに、在留特別許可申請中に逮捕・勾留された被告人の場合も、在留特別許可を得られる可能性があるのであれば、仮放免が受けられる可能性も比較的高いといえます（なお、不法入国者に保釈を認めたものとして、東京地決昭和51年12月2日判時837号112頁）。

(3) 旅券の取扱い

なお、外国人に保釈を認める場合、通常は海外渡航禁止の条件が付けられます。このこととの関係で、保釈中は被告人の旅券を弁護人が預かるよう、裁判官から求められることが多いです。

③ 保釈保証書発行事業

なお、保釈保証金の全額を用意することが困難な場合でも、全国弁護士協同組合連合会の運営する「保釈保証書発行事業」を利用することで、保釈が可能になることがあります。

保釈の可能性が見込まれるにもかかわらず、資力が十分ではない場合には、当該事業の利用について、担当弁護人に相談してみるとよいでしょう。

④ 設問に対する回答

夫に在留資格がある場合は、弁護人と相談して、保釈保証金を用意し、身元引受書を作成する必要があります。また、被害者との示談を成立させる等保釈が認められる材料を集める必要があります。

夫に在留資格がない場合は、保釈が認められても入管に収容されてしまうので、前記のほかに仮放免が認められるための情報を集め、また、保釈保証金のほかに仮放免の際の保証金も用意する必要があります。

Q98　外国人の弁護活動の留意点

外国人の被疑者・被告人について弁護人となりましたが、どのような点に注意すればよいでしょうか。

1　被疑者・被告人との接見

弁護人として選任されたときは、速やかに接見に行き、被疑者・被告人の無用な不安を取り除くために日本の刑事裁判制度を説明し、被告人が被疑事実や公訴事実について理解しているのか（起訴状に被告人の第一言語での訳文が付されているかどうか）、宗教上の理由のため食事等の不便をしていないか、通訳人と十分にコミュニケーションをとることができているのかどうか、第一言語について裁判所から照会が来ているときにはどのような回答をしたのか等について確認をし、不都合があるときには弁護人は申入れ等をすることが望まれます（Q95参照）。

なお、実務上、後記の点については特に被疑者・被告人が誤解しやすい、ないし関心が高い部分ですので、きちんと説明してあげるとよいでしょう。

(1)　刑事手続と入管法の手続とは別個独立であること

刑事訴訟手続と入管法上の手続とは、目的も性質も異なり別個独立のものです。身柄拘束にしても、事情聴取にしても、被疑者・被告人は刑事訴訟手続の対象となるとともに、他方では退去強制手続の対象ともなり得るのです。弁護人が活動するのは、原則として刑事訴訟手続の領域に限られますが、刑事手続の結果がその後に入管法の手続に与える影響や、刑事手続後の入管法の手続を被告人に説明し、これらを踏まえた弁護活動を行うべきでしょう。

(2)　執行猶予制度

国によっては執行猶予制度がなかったり、日本とは内容に大きな相違がある国もありますので、執行猶予が言い渡される見込みのある被疑者・被告人に対しては、あらかじめ執行猶予制度について説明をしておくべきです。

(3)　執行猶予判決後の被告人の身柄

被疑者・被告人の在留資格の有無を確認して、それを踏まえて、執行猶予が言い渡された時点で当該被疑者・被告人の身柄がどのように扱われることになるのか（Q99参照）について説明しておくとよいでしょう。

(4)　公判での通訳費用などの訴訟費用の負担

公判での通訳費用については被告人に負担させない実務が定着しています（これは市民的及び政治的権利に関する国際規約14条3項(f)が、全ての者に「裁判所において使用される言語を理解すること又は話すことができない場合には、無料で通訳の援助を受けること」を保障していることからも当然の権利というべきでしょう（東京高判平成5年2月3日東高刑時報44巻1〜12号11頁、東京地判平成11年9月10日判例集未登載等））。

国選弁護人報酬等その他の訴訟費用を被告人が負担するかについては刑事訴訟法第15章に規定がありますのでそれに従います。

2　接見時の通訳について

(1)　通訳の手配

弁護人は就任後、通訳を要する被疑者・被告人の場合は、速やかに通訳と連絡をとって、一

緒に被疑者・被告人と接見することとなります。

　国選弁護の場合のうち、被疑者国選については、少なくとも東京では（扱いは地方によって異なります）、法テラスから通訳候補者の連絡先を教えてもらえますし、被告人国選の場合も、裁判所から法廷通訳の情報を得て連絡をとればよいので、同行可能な通訳をすぐに確保できるのが通常です（なお、いずれの場合も、通訳の方は、必要であれば翻訳も行ってくれます）。もちろん、弁護人が自ら通訳を探しても構いません。

　他方、私選弁護の場合は、弁護人が自ら、同行する通訳を用意しなければなりません（通訳を探す場合は、弁護士会が便宜を図ってくれることも多いようですので、問い合わせてみてください）。

　ところで、通訳を伴っての接見は、通訳とのスケジュール調整が必要なため場合によっては時間や回数が事実上制限されてしまう場合もあります。弁護人としては、できるだけ効率よく接見を行えるよう準備しておくことが重要です。

(2)　接見時の注意

　接見の際、被疑者・被告人と通訳とが弁護人抜きで長いやりとりをするときには、弁護人は通訳に対してその内容の説明を求め、弁護人の方針との齟齬がないことを確認したほうがよいでしょう。なお、通訳は事実上、外国人事件の具体的取扱等の実情を熟知していることが多いので、弁護人としては通訳からの情報も大切にすべきです。

　また、通訳個人の氏名や連絡先を被疑者・被告人に教えてしまうと、場合によっては被疑者・被告人が、言葉が通ずるという安心感から通訳に個人的な頼みごとや相談をもちかけてしまい、通訳に迷惑がかかってしまうという可能性もありますので、厳に注意してください。

(3)　通訳・翻訳費用

　私選の事件では、被疑者・被告人との接見における通訳・翻訳費用は被疑者・被告人の負担となります（ただし、Q95「6　被疑者弁護援助制度」参照）。

　他方、国選の場合については、事件終了後に法テラスに対して実際にかかった通訳・翻訳費用を報告することで、法テラスの規定に従って法テラスから弁護人宛てに支払われます。

　通訳・翻訳費用が支払われる条件等については、法テラスにその都度相談してみるとよいでしょう。

　ところで、法テラスから通訳・翻訳費用が支払われるまでの間、通訳に対して弁護人が一旦通訳・翻訳料を立替払いする必要があるかどうかについては、通訳と相談することになります。ただ、通訳に支払をしばらく待ってもらって、法テラスからの通訳・翻訳費用の入金後にそれを通訳に送金する方法が一般的なように思われます。

3　公判の準備1—日本語で作成された外国人被告人の供述調書の争い方

　(1)　現在、外国人被疑者等の取調べは、捜査機関が選任した通訳者に捜査官の質問や被疑者の供述を通訳させ、その内容を日本語で調書に記載し、その調書の読み聞かせを通訳により外国語で行うという方法が広く行われています。この方法では、通訳者の通訳能力などの関係で、微妙な言い回しや言葉のニュアンスがうまく伝わらず、供述内容が正確に調書に記載されなかったり、読み聞かせが十分に行われていなかったりという事態も十分に起こり得ます。しかも、供述調書に証拠能力を認める制度のない国の外国人は、供述調書の意味、重要性などを理解しないまま署名してしまう可能性もあります。

このように、外国人の場合には、日本人の場合と比べてもより一層、不正確な供述調書が作られる危険性が高いといえ、弁護人としては慎重に調書を検討すべきです。

(2) 録画DVDの開示請求

取調べ状況の録画DVDがある場合には、公判前整理手続において開示請求を行い、誤訳や通訳人の能力について、あらかじめチェックをすることが必要です。

(3) 外国人が署名してしまった供述調書は法的には次のような扱いが考えられます。

ア　捜査官による全くの「作文調書（母国語での供述と全く異なる翻訳のなされた内容の調書）」が証拠として公判に出された場合には、その調書は「被告人の」供述調書ではないので自然的関連性がないものとしてその証拠能力を否定することが考えられます。なお、不同意にした後に検察官が刑事訴訟法322条の書面として証拠請求をした場合には、当該書面がそもそも同条にいう「供述を録取した書面」ではないことを主張して、同条の適用がないことを主張する余地もあります。

イ　アで述べたように原供述の不存在を主張した場合、その点の立証をする必要が出てきますが、その立証方法としては、捜査通訳者の証人尋問の実施が有効と考えられます。

弁護人としては、捜査通訳者の証人尋問を請求するには、可能な限り原供述の内容と調書の記載内容の差異を明らかにして、証人として採用を働きかけるべきです。

ウ　そして、前記の証人尋問によって立証されるべき事項としては、原供述の内容、原供述を翻訳する過程、被告人の通訳言語の言語能力、捜査通訳者の通訳言語の言語能力などを対象とすべきです。

エ　刑事訴訟法が検察官の供述調書に高い証拠能力を認めた根拠は、検察官という法律専門職が自ら直接被疑者と問答して供述調書を作成し、また、被疑者が検察官の読み上げを直接聞いて調書の内容をチェックしていることも、その正確性を担保するものであると考えられるからです。ところが、外国人の取調べに通訳を使用したときはこれらの要素が著しく欠けることになります。それゆえ、本来捜査機関が作成した外国人被疑者の調書には、その外国語の訳文が添付されることが望ましく、その旨の裁判例もあります（東京高判昭和51年11月24日高刑29巻4号639頁）。

なお、外国人被疑者の調書の証拠能力に関する裁判例としては、「被告人の取調べにあたった捜査官において、日本の法律制度に無知な外国人を相手にしているとの問題意識が明らかに欠けており、知識や言語の点で著しく不利な条件を抱える外国人被疑者に対し、日本国憲法及び刑事訴訟法による被疑者の諸権利の行使を実質的に保障しようとする熱意や配慮が全く認められないということは、その結果作成された自白調書の任意性の判断上相当程度重視せざるを得ない」と指摘し、外国人の被疑者の自白の任意性・信用性を否定した浦和地判平成2年10月12日判時1376号24頁（いわゆるパキスタン人放火事件）、外国人の被疑者の自白について、内容が具体性に乏しい上これを裏付ける証拠がなく、供述経過、取調状況等に照らすとその信用性を肯定することができないとした東京地判平成3年9月30日判時1401号31頁等があります。

4　公判の準備2―在留資格のない証人・参考人の供述調書

在留資格のない証人・参考人の供述調書については、刑事被告事件の公判廷で本人が証言する前に退去強制になるおそれがあります。そうなると、刑事訴訟法321条1項2号の「国外にいるため公判準備若しくは公判において供述することができないとき」に該当するとして、弁

護人の反対尋問を経ない検面調書が証拠採用されてしまう可能性が生じます。ですから、弁護人としては証拠保全に基づく証人尋問の請求を早急に検討すべきです。刑事手続と退去強制とは別個の手続であり、証人尋問決定があっても退去強制により証人尋問ができなくなることも十分あり得ます。

(1) 刑事訴訟法上の証拠保全の利用

刑事訴訟法179条1項は、「被告人、被疑者又は弁護人はあらかじめ証拠を保全しておかなければその証拠を使用することが困難な事情があるときは、第1回の公判期日前に限り、裁判官に押収、捜索、検証、証人の尋問又は鑑定の処分を請求することができる」と定めていますが、証人となり得る者が公判廷で証言する前に退去強制になるおそれがある場合は、まさに同条項の事情に当たります。よって、この刑事訴訟法上の証拠保全としての証人尋問を請求するべきです。

(2) 刑事訴訟法上の証拠保全を利用できない場合—民事訴訟法上の証拠保全

刑事訴訟法上の証拠保全は第1回公判期日前に限ってなし得るため、第1回公判期日後に証人が退去強制となるおそれが生じた場合は、(1)の手段は使えないことになります。

この場合には、例えば、被告人の傷害事件の実情について捜査機関に虚偽の申告をしたことを理由に証人予定者に対して民事上の損害賠償請求を提起することとし、この証人予定者の証言内容が刑事裁判のみならずこの損害賠償請求訴訟でも証拠となり得ることを利用し、民事訴訟法上の証拠保全（民事訴訟法234条）を申し立てることもあり得ます。なお、この証拠保全は、民事の損害賠償請求訴訟を提起する前でも申し立てることができます。

(3) 証人尋問が間に合わなかった場合

もし証人尋問が間に合わなかった場合も、当該調書の証拠能力を争うことになります。この点、最三小判平成7年6月20日刑集49巻6号741頁は、「検察官において当該外国人がいずれ国外に退去させられ公判準備又は公判期日に供述することができなくなることを認識しながら殊更そのような事態を利用しようとした場合はもちろん、裁判官又は裁判所が当該外国人について証人尋問の決定をしているにもかかわらず強制送還が行われた場合など、当該外国人の検察官面前調書を証拠請求することが手続的正義の観点から公正さを欠くと認められるときは、これを事実認定の証拠とすることが許容されないこともあり得る」ことを認めました。

5 公判の準備3—情状立証

外国人被告人事件の情状立証は、当該犯行について外国人特有の背景事情を十分理解しないとその動機・目的等の正確な理解に困難を伴うことも少なくありません。したがって、情状を解明するためには日本人以上に外国人被告人の言い分を聴取する必要が生じます。

そこで、被告人自身から、生い立ち、家族、本国での生活、なぜ日本に来たのか、日本で何をしていたのか、どうして犯行に及んだかなどの事情を細かく聴取することが大切です。特に外国人の場合には、裏付けがとれないことを理由に捜査記録中の情状部分が日本人より簡単で不正確なことが多いので、捜査記録からの情報はさほど期待できず、弁護人自ら積極的に情報を収集する必要性が高いというのが現状です。

なお、限られた接見時間内で被告人の背景事情を全部聞き出すことが困難である場合には、被告人に自己の事情を手紙に書いて弁護人に送付してもらうことが有益な場合もあります。その手紙も場合によっては証拠とすることができます。

また、被告人が日本人であれば、弁護人が被告人の家族と連絡をとり、家族を通じて被告人の情状を理解することが可能であるのに対し、外国人の場合は家族との連絡に時間と手間がかかってしまうという現実があります。とはいえ、本国に家族がいる場合にはぜひ手紙、ファクシミリ、電子メール、電話などの手段を活用して（大使館・領事館が協力してくれることもあります）情状証拠の送付を依頼すべきです。大学の卒業証書・賞状・戸籍・上申書、父母や兄弟等の肉親が書いた手紙、供述調書、被告人と家族等の写真などです。なお、これらの文書が検察官によって不同意とされた場合には、刑事訴訟法321条1項3号又は323条1号による証拠調べ請求も考えられます。

　ただし、これら外国語で書かれた外国文書については訳文の提出が要求されます。そして証拠調べの方法は訳文の朗読（要旨の朗読）をもってなされるのが通常です。なお、「日本語ではない文字による文書を証拠とする場合には、その文書自体が証拠であって、翻訳それ自体が証拠となるわけではない」（大阪高判昭和26年9月5日高刑4巻8号1048頁）とされています。

　また、日本に来てからの情状は、雇い主・保証人等の関係者の協力が得られれば有利になるので、弁護人としてもこれら関係者への働きかけには最善の努力をすべきでしょう。

　なお、情状立証の準備として、被害者との示談交渉を行う場合もありますが、被告人から被害者への謝罪文を用意したにしても翻訳文を付さなければなりませんし、示談金が日本で用意できない場合、本国の家族等から送金してもらわなければならない（本国の家族等に送金を依頼する際は、被告人の直筆の依頼文を送付したほうが、安心して送金できるでしょう）という事態もあり得ます。このように、外国人事件では、示談交渉も、日本人の事件に比べて時間と手間がかかりますから、特に早急に進めることが必要です。

[6] 公判での通訳について

(1) 法廷通訳

　訴訟手続では日本語を用いなければならない（裁判所法74条）ので、日本語を解さない者の陳述は、これを日本語に表現し直さなければなりません。そこで刑事訴訟法175条は「国語に通じない者に陳述をさせる場合には、通訳人に通訳をさせなければならない。」と規定しています。このように、日本語会話能力が不十分な外国人が刑事裁判を受ける際は、法廷通訳が付されることになっているのです。

(2) 法廷通訳を付すべき場合

　法廷通訳をどのような場合に付すべきかは、当該外国人の日本語の会話能力によりますが、「陳述者をして日本語を用いさせるか、外国語を用いさせて通訳を介するかを決定することは、専ら裁判所の訴訟指揮権の範囲に属することである」とされています（大阪高決昭和27年1月22日高刑5巻3号301頁）。弁護人としては、被告人が多少日本語を理解するとしても、積極的に通訳人を付するよう裁判所に要求していくべきです。また、被告人自身が「自分は日本語で会話ができるので、通訳は必要ない」と言っている場合でも、法廷では日常会話と異なる専門的な用語が用いられたり、複雑な内容が述べられたりする可能性がある上、法廷でのやりとりは、被告人の利害に重大な影響を与えることも多いということを、念のため被告人に説明した上で、通訳の要否について再確認しておくことが望ましいといえます。

　また、通訳人の確保が困難な少数言語の場合でも、とくに、複雑な事件や否認事件の場合には、被告人の第一言語の通訳人を確保するよう裁判所に働きかけるべきです（例えば、中国語

も多くの方言があり、中国人といっても必ずしも標準語の北京語に通じているわけではありません）。

(3) ワイヤレス通訳システム

ワイヤレス通訳システムとは、被告人がワイヤレスマイクを装着して、通訳人からの言葉を同時通訳で聴けるようにするというシステムです。なお、実務上は、起訴状や冒頭陳述、論告、弁論などのように、事前に用意されている書面を読み上げる場面では、あらかじめ通訳人が日本語の原稿を翻訳しておき、公判廷で、それを日本語での読み上げと同時に読み上げるという扱いも併用しているようです。

ワイヤレス通訳システムを使用すると、一般に、裁判に要する時間を短くできるというメリットがあるといわれます。しかし、被告人には通訳人の言葉と法廷での言葉が混じって聞こえ、はっきりと聴き取れないことがあり、通訳人の通訳が適切であるかもチェックできません。また、傍聴席にいる被告人の家族には法廷でのやりとりが理解できないこともあります。

そこで、公判前に、被告人に対し、ワイヤレス通訳システムの使用に応ずるかどうかを確認した上で、不都合があれば公判の途中でも使用を拒絶できることを説明しておくべきでしょう。

また、事前に用意されている書面を読み上げる場面では、日本語での書面の読み上げよりも早く、通訳人の読み上げのほうが終わってしまうこともあるということもあらかじめ被告人に知らせておくと、被告人が過度に不安になることがなく親切かもしれません。

(4) 通訳人の資格

通訳人となり得る者は、通訳の能力を有すればよく、特別の資格は問いません。

ただし、この通訳の能力は「裁判の趣旨を了解させる」ことができる能力でなくてはならないのですから、刑法・刑事訴訟法などの知識も相当程度有していなければならないのは当然のことです。

もし、法廷通訳人の能力に疑義が生じたときは、事案にもよりますが、原則的には一旦手続を中断し、裁判所に法廷通訳人の交代を求めるべきでしょう。

(5) 通訳・翻訳費用

前記 1 (4)のとおりです。

7 外国人に対する尋問（質問）の注意点

外国人を尋問（質問）する際には、以下の点に注意してください。

つじつまの合わない問答となったときは質問の意図を正確に理解しているかよく確認してください。訳した言葉が外国人に理解できなかったときやニュアンスが異なるときには、つじつまの合わない問答となりがちです。

尋問（質問）は、できるだけ短く、ゆっくり、はっきりとしたほうがよいでしょう。1つの質問が長いと通訳人は記憶しきれなくなり通訳のミスを誘発しますので、一問一答式が望まれます。通訳しやすいように、「〜ではなかったのですか？」などの否定疑問文を使わず、できるだけ平易な表現で、主語・述語を明確にした言葉のやりとりを心がけるべきです。

通訳を挟んだ尋問（質問）は、通訳時間の関係で、通常の尋問（質問）の約2倍の時間がかかると考えたほうがよいでしょう。この点、事前準備の際に注意が必要です。ことに、短時間で審理を終えて即日で判決を下すことが予定されている裁判では、時間に余裕がないので気をつけましょう。

8 弁論要旨

弁論要旨は、実務上法廷通訳人が事前に翻訳しておき、公判当日に外国語での翻訳文を読み上げるという運用が一般です。したがって、弁護人としては、公判の前日以前に（いつまでに提出するかは法廷通訳人と相談のこと）法廷通訳人に弁論要旨の写しを提出しておく必要があります。

9 即日判決

単純なオーバーステイのような事件で、オーバーステイの事実が明白で被告人も起訴事実を争わない場合には、第1回公判期日に判決を言い渡すことが少なくありません。そして例えばオーバーステイの事件では、即日判決で執行猶予が言い渡されれば被告人は即座に退去強制手続に移行し（入管法24条4号ロ）、早く帰国できるので、被告人にも即日判決を受けると大きなメリットがあります。

それゆえ、弁護人としても、即日判決がふさわしい事案では、即日判決をしてもらえるように、事前に裁判所及び検察官と打合せをし、期日前に弁論要旨を準備し通訳人にも送付しておくことが必要となります。

10 判決後

(1) 判決に不服がある場合

判決に不服がある場合、上訴により上級裁判所にその救済を求めることができます。第1審判決に対しては控訴、控訴審判決に対しては上告という手続となり、判決言渡しの日の翌日を初日と数えて14日以内に、上級裁判所宛ての控訴申立書又は上告申立書を、判決を言い渡した裁判所に差し出さねばなりません。ただし、在監中の被告人の場合は、上訴期間内に監獄の長又はその代理者に申立書を差し出せばよく、また、被告人が申立書を作成できない場合は監獄の職員等に代書してもらうこともできます（刑事訴訟法366条1項2項）。

(2) 判決に服する場合

上訴期間中に上訴の申立てをしなければ、判決は確定します。

実刑判決の場合は、外国人であっても日本の刑務所で服役することになり、分類処遇のための調査を経て収容される刑務所が決定されます。なお、受刑終了後、直ちに退去強制令書に基づく国外退去となる場合もある点、注意が必要です。

(3) その他、退去強制手続との関係や身柄の扱われ方については、Q99を参照してください。

Q99　外国人事件の判決後の手続

　外国人の刑事事件において、判決後、被告人の身柄はどうなるのでしょうか。また、判決後も日本に滞在できるのでしょうか。

1　有罪判決後の被告人の身柄

(1)　実刑判決が下された場合

　実刑判決が確定すれば、日本人と同様、刑務所に収監されることになります。そして、無期又は1年を超える懲役若しくは禁錮の場合には、併せて退去強制手続も進行します（入管法24条4号リ）。

(2)　執行猶予付き判決が下された場合（在留資格あり）

　被告人に在留資格がある場合、執行猶予付き判決によって日本人同様釈放されるのが原則です。

　ただし、執行猶予付きであっても、例えば薬物事犯については、判決確定の時点で「有罪の判決を受けた者」として退去強制事由に該当することとなる（入管法24条4号チ）ほか、旅券法違反や入管法違反など一定の犯罪についても刑の確定の時点で「刑に処せられた者」として退去強制事由に該当することになります（同ニ、ホ等）。これらの場合は判決時に一旦釈放され、判決が確定した後に入管に収容されることがありますから注意が必要です。

　また、入管法別表第1の在留資格で本邦に在留する者については、同法24条4号の2に規定する犯罪（住居侵入や文書偽造、賭博、殺人、傷害、逮捕監禁、人身売買、窃盗、詐欺、盗品譲渡等）により懲役又は禁錮に処せられた場合には、たとえ執行猶予付き判決を得た場合であっても退去強制事由に該当するとされています。

　また、売春関係の業務に従事した者（人身取引等により他人の支配下に置かれている者を除く。）については、刑事裁判によって刑に処せられたことや判決の確定とは関係なく、入管が独自に違反事実を認定した上で、執行猶予付き判決が下され刑事手続から被告人の身柄が解放された時点で直ちに入管に収容し、退去強制手続を開始することがあります（入管法24条4号ヌ）。

　なお、入管法24条に当たらない限り、有罪判決は現に有する在留資格には影響しませんが、次回の更新が困難になることがあります（Q96参照）。

(3)　執行猶予付き判決が下された場合（在留資格なし）

　被告人に在留資格がない場合、たとえオーバーステイ等では起訴されていなくても、「在留期間の更新又は変更を受けないで在留期間（……）を経過して本邦に残留する者」（入管法24条4号ロ）に該当しますので、執行猶予付き判決の後直ちに入管に収容されることになります。この場合、通常は入管職員が判決期日の法廷傍聴席に待機し、判決後すぐに被告人の身柄を引き取り、退去強制手続開始となります（一旦釈放にはなりませんので注意が必要です）。

　現行制度では、刑事手続と行政手続は別個に運用されていますので、判決に不服があり上訴している場合でも、入管の退去強制手続が進められてしまいます。

2　無罪判決後の被告人の身柄

　無罪判決であれば釈放されます。もっとも、無罪判決が下されているにもかかわらず、被告

人の身柄が刑事手続によって拘束されることがあります。いわゆる「東電OL殺人事件」では、強盗殺人罪に問われたネパール国籍の被告人が第1審で無罪判決を受けましたが、検察が控訴して勾留請求し、高裁の決定により被告人は再び勾留されることになりました。

弁護側は勾留異議を申し立てた後、勾留取消しを求める特別抗告をしましたが、最高裁は、「控訴審裁判所は、記録等の調査により、右無罪判決の理由の検討を経た上でもなお罪を犯したことを疑うに足りる相当な理由があると認めるときは、勾留の理由があり、かつ、控訴審における適正、迅速な審理のためにも勾留の必要性があると認める限り、その審理の段階を問わず、被告人を勾留することができ、所論のいうように新たな証拠の取調べを待たなければならないものではない。また、裁判所は、勾留の理由と必要性の有無の判断において、被告人に対し出入国管理及び難民認定法に基づく退去強制の手続が執られていることを考慮することができると解される。」（最一小決平成12年6月27日刑集54巻5号461頁）として、勾留を認めました。

しかし、この最高裁決定には、勾留状発付を適法とした原決定を取り消さなければ「著しく正義に反する場合に該当する」とする反対意見が付されています。この反対意見は、刑事訴訟法に基づく身柄拘束処分と入管法に基づく退去強制手続との間での法の不備を指摘し、「現行法を前提とする限り、入管当局としては、無罪判決の宣告により勾留状が失効した不法残留の外国人に対しては速やかに退去強制令書を執行せざるを得ず（入管法63条2項）、一方、司法当局としては、その執行を阻止するため無罪判決により勾留状が失効した被告人の身柄を確保すべき法的根拠を有しない。正に法の不備といわざるを得ないが、法の不備による責任を被告人に転嫁することは許されるべきことではない。」と述べています。

なお、前記の事件で強盗殺人罪に問われていたネパール国籍の男性は、捜査段階から無罪を主張しており、2003年10月20日に最高裁で無期懲役の有罪判決が確定した後も再審で争い、2012年11月7日に東京高裁で無罪判決が言い渡され、同日確定しました。

1997年5月の逮捕（オーバーステイ容疑での別件逮捕）時から実に15年間、男性は無実の罪で身柄を拘束され続けたことになります。

3 設問に対する回答

懲役や禁錮の実刑判決を受けた場合、日本人と同じく刑務所に収監されます。多くの場合、刑期を終えた後直ちに入管に送られ、退去強制手続が開始されます。

また、在留資格を有している外国人が執行猶予付きの判決を受けた場合に退去強制事由に該当することとなるかどうかは、その外国人の在留資格の種類や犯した罪の種類、言い渡された刑の内容によります。担当する弁護人等によく確認してください。

なお、退去強制事由に該当しなくとも、素行不良と認定され、在留期間の更新・在留資格の変更等が困難になることがあります。

そして、在留資格を有していない外国人の場合には、たとえ執行猶予付きの判決を得たとしても、退去強制事由に該当しますので、判決直後から入管による退去強制手続が開始されて、釈放されることなく収容されてしまいます。

Q100　外国人の受刑

　友人（外国人）が刑事裁判で懲役３年の実刑判決を受けましたが、今後の刑務所での生活に不安を感じているようです。外国人という理由で、日本人とは違う不便があるのでしょうか。なお、友人はイスラム教徒です。

1　外国人受刑者の処遇

(1)　「Ｆ指標受刑者」

　外国人に対して実刑判決が下された場合、外国人であっても日本の刑務所に服役することとなり、分類処遇のための調査を経て収容される刑務所が決定されます。刑務所では、受刑者に対する矯正処遇を行うに当たり、処遇が適切に実施できるよう、受刑者の特性・適正に応じて収監先の刑務所や、収監後の処遇方針を定めるための様々な処遇指標があります。これが受刑者の特性に応じて定められることになりますが、一般的に日本人とは別の処遇を要する外国人受刑者は「Ｆ指標受刑者」に分類されます。

　受刑者の処遇等について定める「刑事収容施設及び被収容者等の処遇に関する法律」及び「刑事施設及び被収容者の処遇に関する規則」では、「外国人」の受刑者の処遇に着目した規定として、外国語による面会等に関する規定（同法148条）のほか、風俗習慣等が異なる外国人の特殊性に配慮した規定をいくつか置いています（宗教上の行為等に関して同法67条、68条）。また、訓令や通達レベルで「日本人と異なる処遇を必要とする外国人」をＦ指標と指定することが「受刑者の集団編成に関する訓令」で定められ、さらに「受刑者の集団編成に関する訓令の運用について（依命通達）」において、Ｆ指標を含む処遇指標ごとの判定基準、刑事施設の収容対象、属性等に応じた処遇の標準等が定められています。

　Ｆ指標受刑者とされる判定基準は、前記依命通達によると「日本語の理解力若しくは表現力が不十分なこと又は日本人と風俗習慣を著しく異にすることにより日本人と同一の処遇をすることが困難な者」並びに日米地位協定及び国連軍協定に基づく軍人・軍属、並びにその家族とされ、外国人受刑者の相当数に上ります。

(2)　具体的な処遇等

ア　宗教上の行為等について

　前述のとおり、「刑事収容施設及び被収容者等の処遇に関する法律」には宗教上の行為等に関する規定があり、「被収容者が一人で行う礼拝その他の宗教上の行為は、これを禁止し、又は制限してはならない。」（同法67条本文）、「刑事施設の長は、被収容者が宗教家（民間の篤志家に限る。以下この項において同じ。）の行う宗教上の儀式行事に参加し、又は宗教家の行う宗教上の教誨を受けることができる機会を設けるように努めなければならない。」（同法68条１項）とされています。もっとも、刑務所内の規律・秩序維持や管理運営上の支障を生じさせるおそれがある場合には宗教上の行為等であっても制限され得る旨の規定もあり（同法67条ただし書、68条２項）、具体的な状況によることになります。

イ　食事について

　食事については、一応外国人用のものも用意され、食習慣のほか、宗教上の戒律に応じて可能な限り配慮している、と法務省は述べています（法務総合研究所研究部報告53「外国人犯罪に関する研究（第４章　外国人受刑者の処遇等）」等）。法務省によると、イスラム教徒につ

いての食事（ハラル食）、イスラム暦のカレンダーや礼拝（余暇時間等に許可）用マットの貸与、ラマダン月の断食における単独室使用や食事時間・内容の配慮等がなされているとのことです。イスラム教徒だけではなく、キリスト教徒、仏教徒、ユダヤ教徒やその他の宗教信者への配慮が必要な施設もあり、拘禁目的や秩序維持等に支障がない範囲で可能な限りの配慮が行われているとのことです。

　　ウ　面会や信書の授受について

　外国語での面会については、内容確認のための通訳が必要とされることがあり、通訳費用を外国人受刑者が負担しない場合には面会が不可とされることもあります。

　また、外国語で書かれた手紙を刑務所外に送ることも可能ですが、やはり内容確認のための翻訳がされることがあり、その翻訳作業のために手紙の発着が相当遅れたりしています。

⑶　自国領事官等との連絡について

　刑務所内での処遇で何か問題があった場合等には、国籍国の領事官又は大使館等に連絡し、領事官等と面会をすることが可能です。その場合には、一般外部者との面会とは異なり、通訳費用は受刑者に原則として負担させない等の様々な便宜が図られています（領事関係に関するウィーン条約、「矯正施設における領事関係条約に関する事務について（通達）」等参照）。これについては、Q95の「⑨　領事への連絡」の項も参照してください。

② 仮釈放について

　日本人受刑者と同じく外国人受刑者に対しても、仮釈放は、懲役又は禁錮に処せられた者に改悛の状があるときに行われます（刑法28条）。

　もっとも、仮釈放決定が得られるかどうかについては刑務所内での受刑者の生活態度等、個別的事情に大いに依存するので一概にいえませんが、統計上は、Ｆ指標受刑者の仮釈放率は非Ｆ指標受刑者の者よりも高くなっているようです（法務総合研究所研究部報告53「外国人犯罪に関する研究（第２章　外国人の出所受刑者）」等）。

　なお、たとえ仮釈放決定を得ても、退去強制事由（入管法24条４号リ「無期又は１年を超える懲役若しくは禁錮」等）が存在すればそのまま退去強制手続に入り、入管に収容されることになります。

③ 設問に対する回答

　外国人受刑者という理由による日本人受刑者とは違う不便といえば、以上のようなものになります。イスラム教徒の場合には、前記①のとおり、宗教上の行為や食事について、可能な限り配慮がされているようですが、予算上、対応しきれないこともあるようです。

　そもそも、日本国の受刑施設内における人権状況は、日本人受刑者にとっても外国人受刑者にとっても劣悪なものと問題視されてきました。近年、国連自由権規約委員会や弁護士会、そして世論等の指摘を受けて改善がなされているといわれますが、外部の目による人権状況の監視は引き続き行われる必要があります。外国人受刑者の場合、領事官等の公的な役職の者に監視・注意してもらうことが有用と考えられます。

第 9 章　税　　金

Q101　納税義務者・税金の種類

日本にいる外国人も納税の義務がありますか。外国法人はいかがですか。

1　納税義務者の区分

(1)　所得税法2条1項は、納税義務者を次のように区分しています。

個　　人	①居住者	③永住者（非永住者以外の居住者）
		④非永住者
	②非居住者	
法　　人	⑤内国法人（国内に本店又は主たる事務所を有する法人）	
	⑥外国法人（内国法人以外の法人）	

(2)　所得税法2条1項は、前記の用語について定義をしています。

① 居住者　国内に住所を有し、又は現在まで引き続いて1年以上居所を有する個人（3号）

② 非居住者　居住者以外の個人（5号）

③ 永住者　非永住者以外の居住者。我が国に居住し日本国籍を有する自然人は、常に永住者となります（4号参照）。

④ 非永住者　居住者のうち、日本国籍を有しておらず、かつ、過去10年以内において国内に住所又は居所を有していた期間の合計が5年以下である個人（4号）

⑤ 内国法人　国内に本店又は主たる事務所を有する法人（6号）

⑥ 外国法人　内国法人以外の法人（7号）

(3)　居住者、非居住者、非永住者については、所得税基本通達2－3で、以下のように区分されています。

ア　入国後1年を経過する日まで住所を有しない場合

　①　入国後1年を経過する日までの間は非居住者

　②　1年を経過する日の翌日以後は居住者

イ　入国直後には国内に住所がなく、入国後1年を経過する日までの間に住所を有することとなった場合

　①　住所を有することとなった日の前日までの間は非居住者

　②　住所を有することとなった日以後は居住者

ウ　日本の国籍を有していない居住者で、過去10年以内において国内に住所又は居所を有していた期間の合計が5年を超える場合

　①　5年以内の日までの間は非永住者

　②　その翌日以後は非永住者以外の居住者

(4)　「住所」と「居所」

　その者が非永住者、非居住者かどうかによって、課税範囲（Q102参照）や課税方法（Q104参照）が異なります。そこで、住所・居所の有無、居住期間の把握をしなければなりません。

ア　住所とは各人の生活の本拠をいい、生活の本拠であるかどうかは客観的事実によって判

定します（所得税基本通達2−1）が、民法での解釈と同じように考えてよいでしょう。

　イ　それに関連し、所得税法施行令は規定を置いています。すなわち、国内に居住することとなった個人が、国内において継続して1年以上居住することを通常必要とする職業を有するときは、その者は国内に住所を有するものと推定され、国外に居住することとなった個人が、国外において、継続して1年以上居住することを通常必要とする職業を有するときは、その者は、国内に住所を有しないものと推定されますので、参考にしてください（所得税法施行令14条1項1号、15条1項1号）。

2　外国法人の課税

　外国法人に対する法人税と源泉所得税については、概ね非居住者に対する課税関係と同様ですが、課税対象となる国内源泉所得の確定、納税方法、租税条約との関係もあり、慎重に検討する必要があります。実務で具体的な問題に直面した場合には、専門家に相談したり、税務署に確認して正確を期してください。

3　所得税以外の税金

　本書では所得税を中心に扱っていますが、他の税金についても簡単に説明します。

(1)　贈　与　税

　個人が、遺贈、死因贈与、贈与によって財産を取得した場合、その者がその時に国内に住所を有するか否かにより次表のように区分されます。その区分に従って納税する義務が生ずることは、外国人も同じです。

　相続税については、Q103を参照してください。

【贈与税の課税区分】

財産取得の時に日本に住所を有しているか	課税の対象
あ　　り	取得した全財産
な　　し	原則として国内所在財産

（相続税法1条の3〜2条の2）

(2)　住　民　税

　都道府県税と市町村税は、日本国内に住所がある外国人も納税義務があります。その住所の認定は一定の基準によってなされますが、留学生や就学生については、在留期間と活動の制限などがありますので、住民税を納めなければならない場合は少ないと思われます。

4　設問に対する回答

　外国人も外国法人も日本で経済活動をすれば、それに応じて納税義務があります。ただし、その取扱いは居住状態や活動形態により異なります。

Q102　所得税の課税範囲

次の収入は、日本で課税されますか。
① 在外外国人Ａが日本に所有するマンションを賃貸して受け取る家賃
② 日本の会社に勤務し日本に住んでいる外国人Ｂが本国で土地を売却した場合の売却代金

1　課税所得の範囲

所得税の課税対象となる所得の範囲は、以下のとおり、納税義務者が「居住者」であるか、「非居住者」であるかなどの区分によって異なります。

（1）永住者である居住者の場合

「永住者」は、全ての所得、すなわち、①国内で生じた所得（国内源泉所得）及び②それ以外の所得（国外源泉所得）について、所得税の納付義務を負います（所得税法５条１項、７条１項１号）。

（2）非永住者である居住者の場合

「非永住者」は、①国内で生じた所得（国内源泉所得）及び②それ以外の所得（国外源泉所得）で国内において支払われる所得又は国外から送金された所得について、所得税の納付義務を負います（所得税法５条１項、７条１項２号）。

（3）非居住者の場合

「非居住者」は、国内で生じた所得（国内源泉所得）について、所得税の納付義務を負います（所得税法５条２項、７条１項３号）。

2　国内源泉所得と国外源泉所得

「国内源泉所得」とは、国内で生じた所得のことです。これ以外の所得は全て「国外源泉所得」に当たります。

どのような所得が「国内源泉所得」に該当するかについては、所得税法161条が詳細に規定しています。その概要を以下の表に示します（橋本秀法編『Ｑ＆Ａ外国人の税務（三訂版）』44～46頁（税務研究会出版局、2014年）の表を参考にして筆者作成。その後の改正に対応しています）。

【国内源泉所得に当たる所得】

種　　　類	内　　　　　容
① 事業により生じる所得	非居住者が恒久的施設を通じて事業を行う場合において、当該恒久的施設が当該非居住者から独立して事業を行う事業者であるとしたならば、当該恒久的施設が果たす機能、当該恒久的施設において使用する資産、当該恒久的施設と当該非居住者の事業場等（当該非居住者の事業に係る事業場その他これに準ずるものとして政令で定めるものであつて当該恒久的施設以外のものをいう。次項及び次条第２項において同じ。）との間の内部取引その他の状況を勘案して、当該恒久的施設に帰せられるべき所得（当該恒久的施設の譲渡により生ずる所得を含む。）

② 国内にある資産の運用又は保有により生じる所得	国内にある資産の運用又は保有により生ずる所得（第8号から第16号までに該当するものを除く。）
③ 国内にある資産の譲渡により生じる所得	国内にある資産の譲渡により生ずる所得として政令で定めるもの
④ 組合契約に基づいて行う事業から生ずる利益(所得税法161条4号)	国内において民法667条1項に規定する組合契約（これに類するものとして政令で定める契約を含む。）に基づいて恒久的な施設において行う事業から生ずる利益で当該組合契約に基づいて配分を受けるもののうち政令で定めるもの
⑤ 土地等の譲渡による対価（同条5号）	国内にある土地若しくは土地の上に存する権利又は建物及びその附属設備若しくは構築物の譲渡による対価（政令で定めるものを除く。）
⑥ 人的役務の提供に係る対価（同条6号）	国内において人的役務の提供を主たる内容とする事業で政令で定めるものを行う者が受ける当該人的役務の提供に係る対価
⑦ 不動産の貸付け等による対価（同条7号）	国内にある不動産、国内にある不動産の上に存する権利若しくは採石法の規定による採石権の貸付け（地上権又は採石権の設定その他他人に不動産、不動産の上に存する権利又は採石権を使用させる一切の行為を含む。）、鉱業法の規定による租鉱権の設定又は居住者若しくは内国法人に対する船舶若しくは航空機の貸付けによる対価
⑧ 利子所得（同条8号）	23条1項に規定する利子等のうち次に掲げるもの イ 日本国の国債若しくは地方債又は内国法人の発行する債券の利子 ロ 外国法人の発行する債券の利子のうち当該外国法人恒久的施設を通じて行う事業に係るもの ハ 国内にある営業所、事務所その他これらに準ずるものに預け入れられた預貯金の利子 ニ 国内にある営業所に信託された合同運用信託、公社債投資信託又は公募公社債等運用投資信託の収益の分配
⑨ 配当所得（同条9号）	24条1項に規定する配当等のうち次に掲げるもの イ 内国法人から受ける所得税法24条1項に規定する剰余金の配当、利益の配当、剰余金の分配、金銭の分配又は基金利息 ロ 国内にある営業所に信託された投資信託（公社債投資信託及び公募公社債等運用投資信託を除く。）又は特定受益証券発行信託の収益の分配
⑩ 貸付金の利子（同条10号）	国内において業務を行う者に対する貸付金（これに準ずるものを含む。）で当該業務に係るものの利子（政令で定める利子を除き、債券の買戻又は売戻条件付売買取引として政令で定めるものから生ずる差益として政令で定めるものを含む。）

⑪　工業所有権等の使用量又は対価（同条11号）	国内において業務を行う者から受ける次に掲げる使用料又は対価で当該業務に係るもの イ　工業所有権その他の技術に関する権利、特別の技術による生産方式若しくはこれらに準ずるものの使用料又はその譲渡による対価 ロ　著作権（出版権及び著作隣接権その他これに準ずるものを含む。）の使用料又はその譲渡による対価 ハ　機械、装置その他政令で定める用具の使用料
⑫　人的役務の提供に起因する給与、報酬又は年金（同条12号）	次に掲げる給与、報酬又は年金 イ　俸給、給料、賃金、歳費、賞与又はこれらの性質を有する給与その他人的役務の提供に対する報酬のうち、国内において行う勤務その他の人的役務の提供（内国法人の役員として国外において行う勤務その他の政令で定める人的役務の提供を含む。）に基因するもの ロ　35条3項に規定する公的年金等（政令で定めるものを除く。） ハ　30条1項に規定する退職手当等のうちその支払を受ける者が居住者であった期間に行った勤務その他の人的役務の提供（内国法人の役員として非居住者であった期間に行った勤務その他の政令で定める人的役務の提供を含む。）に基因するもの
⑬　事業の広告宣伝のための賞金（同条13号）	国内において行う事業の広告宣伝のための賞金として政令で定めるもの
⑭　保険契約等に基づいて受ける年金(同条14号)	国内にある営業所又は国内において契約の締結の代理をする者を通じて締結した保険業法2条3項に規定する生命保険会社又は同条4項に規定する損害保険会社の締結する保険契約その他の年金に係る契約で政令で定めるものに基づいて受ける年金（209条2号に掲げる年金に該当するものを除く。）で⑩ロに該当するもの以外のもの（年金の支払の開始の日以後に当該年金に係る契約に基づき分配を受ける剰余金又は割戻しを受ける割戻金及び当該契約に基づき年金に代えて支給される一時金を含む。）
⑮　給付補てん金、利息、利益又は差益(同条15号)	次に掲げる給付補てん金、利息、利益又は差益 イ　174条3号に掲げる給付補てん金のうち国内にある営業所が受け入れた定期積金に係るもの ロ　174条4号に掲げる給付補てん金のうち国内にある営業所が受け入れた同号に規定する掛金に係るもの ハ　174条5号に掲げる利息のうち国内にある営業所を通じて締結された同号に規定する契約に係るもの ニ　174条6号に掲げる利益のうち国内にある営業所を通じて締結された同号に規定する契約に係るもの ホ　174条7号に掲げる差益のうち国内にある営業所が受け入れた預貯金に係るもの ヘ　174条8号に掲げる差益のうち国内にある営業所又は国内において契約の締結の代理をする者を通じて締結された同号に規定する契約に係るもの

第9章　税　金

⑯ 匿名組合契約に基づいて受ける利益の分配（同条16号）	国内において事業を行う者に対する出資につき、匿名組合契約（これに準ずる契約として政令で定めるものを含む。）に基づいて受ける利益の分配
⑰ 政令で定めるもの（同条17号）	前各号に掲げるもののほかその源泉が国内にある所得として政令で定めるもの

　なお、租税条約（Q105参照）が所得税法161条と異なる規定をしているときは租税条約が優先することになっています（所得税法162条）。例えば、工業所有権等の使用料について、同法161条１項11号は使用地主義（工業所有権の使用場所の所在地国を源泉地国とする。対立概念として使用料等の支払者の居住地国を源泉地国とする債務者主義がある）を採用していますが、中国との租税条約12条では債務者主義を採用し、例外的に恒久的施設（「PE」（Permanet Establishment））について生じ、その支払もPEがする場合は使用地主義を採用するなどしています。このように、所得の種類や租税条約によって細かな規定があるので、専門家に相談して正確を期してください。

3　設問に対する回答

　外国人Ａが受け取る家賃は、「国内源泉所得」に当たります（所得税法161条１項７号）ので、その全額が課税範囲に含まれます。外国人であっても、確定申告をしなければなりません。

　外国人Ｂの場合は、「国外源泉所得」ですから、租税条約に別異の定めがない限り、①永住者である場合、②非永住者であるが、売却代金が日本国内で支払われたか又は日本国内に送金された場合に日本で課税されます。ただし、本国で課税されている場合には、外国税額控除制度（所得税法95条）を適用して申告しないと二重課税となってしまいますので注意してください。

Q103　相続税について

　私（外国人）は日本人の夫と結婚していましたが、先日、夫が亡くなりました。子どもはいません。夫の財産を相続するに当たり、相続税の申告はどこの国で行うことになりますか。

1 　相続税の課税対象となる財産の範囲について

　被相続人又は相続人の国内における住所の有無（さらに国内に住所があり一時居住者に当たるか否かや、国内に住所がなく相続開始前10年以内に国内の住所があるか否か）、及び日本国籍の有無により、課税される財産の範囲が異なり、国内財産のみの場合と国内財産及び国外財産いずれにも課税される場合があります。

　なお、財産の所在については、以下の【表 I 】を参照してください。

【表 I 】

財産の種類	所在の判定
動産	その動産の所在による。
不動産又は不動産の上に存する権利 船舶又は航空機	その不動産の所在による。 船舶又は航空機の登録をした機関の所在による。
鉱業権、租鉱権、採石権	鉱区又は採石場の所在による。
漁業権又は入漁権	漁場に最も近い沿岸の属する市町村又はこれに相当する行政区画による。
預金、貯金、積金又は寄託金で次に掲げるもの (1)　銀行、無尽会社又は株式会社商工組合中央金庫に対する預金、貯金又は積金 (2)　農業協同組合、農業協同組合連合会、水産業協同組合、信用協同組合、信用金庫又は労働金庫に対する預金、貯金又は積金	その受入れをした営業所又は事業所の所在による。
生命保険契約又は損害保険契約などの保険金	これらの契約を締結した保険会社の本店又は主たる事務所の所在による。
退職手当金等	退職手当金等を支払った者の住所又は本店若しくは主たる事務所の所在による。
貸付金債権	その債務者の住所又は本店若しくは主たる事務所の所在による。
社債、株式、法人に対する出資又は外国預託証券	その社債若しくは株式の発行法人、出資されている法人、又は外国預託証券に係る株式の発行法人の本店又は主たる事務所の所在による。
合同運用信託、投資信託及び外国投資信託、特定受益証券発行信託又は法人課税信託に関する権利	これらの信託の引受けをした営業所又は事業所の所在による。
特許権、実用新案権、意匠権、商標権等	その登録をした機関の所在による。
著作権、出版権、著作隣接権	これらの権利の目的物を発行する営業所又は事業所の所在による。

上記財産以外の財産で、営業上又は事業上の権利（売掛金等のほか営業権、電話加入権等）	その営業所又は事業所の所在による。
国債、地方債	国債及び地方債は、法施行地（日本国内）に所在するものとする。外国又は外国の地方公共団体その他これに準ずるものの発行する公債は、その外国に所在するものとする。
その他の財産	その財産の権利者であった被相続人の住所による。

2 課税範囲について

(1)　相続開始時に相続人が日本に居住している場合

　ア　相続人が「一時居住者」に当たらない場合

　相続開始の時点において、入管法別表第1上欄の在留資格を有する者であって、その相続開始前15年以内において、日本国内に住所を有していた期間の合計が10年以下である人を、「一時居住者」とし、相続人が「一時居住者」に当たらず、国内に住所を有する場合には、国内・国外財産ともに課税され、納税義務が生じます。

　イ　相続人が「一時居住者」に当たる場合

　相続人が、上記アの「一時居住者」に当たる場合、次頁の【表Ⅱ】のとおり、相続開始時点における被相続人の国内の住所の有無、住所がある場合に「一時居住者」に当たるか否か、住所がない場合に「非居住被相続人（相続開始の時点において、日本国内に住所を有さず、①相続開始前10年以内のときにおいて日本国内に住所がある人のうち、そのいずれの時においても日本国籍を有していなかった人、又は②相続開始前10年以内に日本国内に住所を有していたことがない人）」に当たるか否かによって、課税範囲が異なります。

(2)　相続開始時に相続人が外国に居住し日本に住所がない場合

　ア　相続人が日本国籍を有しており10年以内に住所がある場合

　相続開始の時において、相続人が日本国籍を有し、相続開始前10年以内に国内に住所がある場合は、国内・国外財産ともに課税され、納税義務が生じます。

　イ　相続人が日本国籍を有しており10年以内に住所がない場合

　相続開始の時において、相続人が日本国籍を有し、相続開始前10年以内に国内に住所がない場合は、【表Ⅱ】のとおり、被相続人の住所や国籍に関する上記(1)のイと同様の区別により課税範囲が異なります。

(3)　相続開始時に相続人が日本国籍を有しておらず国内に住所がない場合

　相続開始の時において、相続人が日本国籍を有さず、国内に住所がない場合は、【表Ⅱ】のとおり、被相続人の住所や国籍に関する上記(1)のイ及び(2)のイと同様の区別により、課税範囲が異なります。

【表Ⅱ】

被相続人の住所		課税範囲
国内に住所あり		国内・国外財産ともに課税
	一時居住者	国内財産のみ
国内に住所なし	10年以内に住所あり	国内・国外財産ともに課税
	日本国籍なし （非居住被相続人（上記(1)イ①））	国内財産のみ
	10年以内に住所なし （非居住被相続人（上記(1)イ②））	国内・国外財産ともに課税

③ 設問に対する回答

　前記のとおり、被相続人又は相続人の国内における住所の有無（さらに国内に住所があり一時居住者に当たるか否かや、国内に住所がなく相続開始前10年以内に国内の住所があるか否か）、及び日本国籍の有無により、国内の財産に限らず国外の財産についても相続税の課税対象となる場合があります。

　あなたが相続した財産に相続税の課税対象となる財産が含まれる場合には、日本国内で相続税の申告をする必要があります。

　住所の認定や財産が国内財産か国外財産かなどについては専門家に相談して正確を期してください。

　所得税は、課税範囲（Q102）だけでなく課税方法についても、日本国内における居住形態や日本国籍の有無によって異なります。したがって、納税者が居住者であるか非居住者かが納税方法についても問題となります。

Q104　納税方法

外国人はどのような方法で所得税を納めるのですか。

　所得税は、課税範囲（Q102）だけでなく課税方法についても、日本国内における居住形態や日本国籍の有無によって異なります。したがって、納税者が居住者であるか非居住者かが納税方法についても問題となります。

1　居住者である外国人について

　(1)　居住者は、原則としてその年の全ての所得を総合して、申告課税の方式により所得税を納付します（所得税法21条、22条）。その年の所得について、翌年の2月16日から3月15日までの間に税務署に確定申告書を提出します（同法120条1項）。
　なお、非永住者は国籍、居住期間等を記載した書類を確定申告書に添付しなければなりません（所得税法120条7項）。
　(2)　ただし、利子所得、配当所得など特定の所得については分離して税額を計算し源泉徴収の方式により課税が完結し（源泉分離課税）、給与所得や退職所得については一定の要件（①給与支払額2,000万円以下、②給与支払先が1か所のみの場合で、年末調整済み、③給与所得及び配当所得以外の所得に係る所得金額が20万円以下の場合などの場合）を満たす場合に源泉徴収で課税が完結し申告を不要とされ（申告不要制度）、また、土地建物の譲渡所得は、他の所得と分離して税額を計算して確定申告（申告分離課税）により、それぞれ税金を納付します（所得税法121条）。

2　非居住者である外国人について

　非居住者については、国内源泉所得についてのみ課税されますが（Q102参照）、その納税方法は、その非居住者が国内にいわゆる恒久的施設を所有しているかどうかによって異なります。恒久的施設（「PE」（Permanent Establishment））とは、事業を行う一定の場所や代理人などをいいます（所得税法164条1項、同法施行令289条、290条）。
　(1)　国内に恒久的施設を有していない非居住者
　この場合、原則として分離課税とされ、源泉徴収による納税だけで課税関係は終了します。源泉徴収による納税は、国内源泉所得の支払者に対して課せられている義務です。恒久的施設を有しない非居住者は、原則として源泉徴収によってのみ課税関係が終了し、確定申告を行う必要はありません。
　なお、源泉徴収の際に適用する税率は、原則として20％（土地等の譲渡による対価の場合には10％、利子所得などの場合には15％）とされていますが、居住国と日本との間で租税条約が締結されている場合には、租税条約で定められた税率によることになります。
　ただし、人的役務提供事業の対価、不動産所得、不動産等の譲渡所得など一定の所得については、総合課税とされ、恒久的施設を有しない非居住者であっても申告納税の方法により所得税を納付します（所得税法164条1項2号）。
　(2)　国内に恒久的施設を有している非居住者
　原則として全ての国内源泉所得を総合し、確定申告をして納税することが必要となります（所得税法164条1項、165条）。

なお、非居住者の国内源泉所得について総合して申告納税方式により課税される場合には、雑損控除、寄附金控除、基礎控除及び配当控除についてのみしか適用されません（所得税法165条）ので、注意が必要です。

　⑶　なお、PEに当たるか否か、所得の種類や源泉税率などは、租税条約によりそれぞれ異なりますので、詳細については必ず専門家に相談してください。

Q105　租税条約

　租税条約とはどのような条約ですか。租税条約が適用される場合は、適用されない場合に比べて課税にどのような違いがあるのですか。

1　租税条約とは

(1)　租税条約

　一般に租税条約といわれているものは、正式には、「所得に対する租税に関する二重課税の回避及び脱税の防止のためのA国とB国との間の条約」又は「所得に対する租税に関する二重課税の回避のためのA国とB国との間の条約」という名称の条約（以下「租税条約」）であり、税のうち所得に対して課される租税を対象としています。

(2)　租税条約の意義

　海外で経済活動を行った場合に、居住地国と源泉地国の双方で課税されると二重課税となり、国際的な活動を阻む要因となりかねません。そこで、当事国間でルールを定め、二重課税を回避するための方策が租税条約です。台湾との間では、租税条約を結んでいませんが、租税条約に相当する枠組みを構築しています。

(3)　租税条約相手国

　日本との間で租税条約の適用のある国は、2019年7月1日現在、以下のとおりです（租税条約についての最新情報は、財務省のウェブサイトでみることができます）。

　アイルランド、アゼルバイジャン、米国、アラブ首長国連邦、アルメニア、イギリス、イスラエル、イタリア、インド、インドネシア、ヴィエトナム、ウクライナ、ウズベキスタン、エジプト、オーストラリア、オーストリア、オマーン、オランダ、カザフスタン、カナダ、韓国、キルギス、クウェート、ジョージア、サウジアラビア、ザンビア、シンガポール、スイス、スウェーデン、スペイン、スリ・ランカ、スロヴァキア、タイ、タジキスタン、チェコ、中国、デンマーク、ドイツ、トルクメニスタン、トルコ、ニュー・ジーランド、ノルウェー、パキスタン、ハンガリー、バングラデシュ、フィジー、フィリピン、フィンランド、ブラジル、フランス、ブルガリア、ブルネイ、ベラルーシ、ベルギー、ポーランド、ポルトガル、香港、マレイシア、南アフリカ、メキシコ、モルドヴァ、ルクセンブルグ、ルーマニア、ロシア、エストニア、カタール、チリ、スロベニア、ラトビア、リトアニア、アイスランド（以上71か国・地域）。

2　租税条約の適用

　租税条約が適用された場合には、適用されない場合と比べて、課税にどのような違いがあるかについて、以下では、具体的な事例を用いて検討します。

〈事　例〉

　米国法人で勤務する米国人A氏（米国法上、米国の「居住者」に該当）は、同米国法人の日本子会社に、派遣期間を2018年10月1日から2019年3月1日までとして、派遣された。この間、A氏の給与は、米国親会社から支給され、日本子会社により負担されることはなかった。A氏は、同派遣以外で来日したことはない。

〈検　討〉

(1)　国内法のみを適用した場合

　ある者の所得について国内で課税される範囲は、その者が「居住者」であるか「非居住者」であるかにより異なります（Q102参照）。A氏は、日本での滞在期間が1年未満であり、また、当初から5か月の予定で来日していることから、「非居住者」に当たると解されます（所得税法2条1項3号及び5号、3条2項、同法施行令14条1項）。

　「非居住者」は「国内源泉所得」につき課税されます（所得税法7条1項3号、164条）。そして、「非居住者」が国内において行う勤務その他の人的役務提供に関して受け取る給与は、「国内源泉所得」に該当します（同法161条12号イ）。

　したがって、日本の国内法のみを考慮した場合、A氏は、日本子会社での勤務に対し米国法人から支払を受けた給与につき、「国内源泉所得」として日本で源泉分離課税されることになり、日本ではなく居住地国である米国で申告することになります。（前記事例の場合、A氏は日本国内にPEを有しませんので、所得税法164条2項2号より日本では源泉分離課税で完結し、居住地国である米国での申告の際に、日本での源泉分離課税額が外国税額控除の対象となるか検討することになります）。

(2)　租税条約を適用した場合

　日本と米国との間には、租税条約（所得に対する租税に関する二重課税の回避及び脱税の防止のための日本国政府とアメリカ合衆国政府との間の条約（以下「日米租税条約」））が締結されています。租税条約は国内法（すなわち日本の租税法）よりも優先して適用されるため、前記事例においても、日本の国内法に優先して、日米租税条約が適用されます。そこで、前記事例に日米租税条約を適用するとどうなるかを以下で検討します。

　前記事例において、A氏は、米国法上米国の「居住者」に該当します。日米租税条約14条1項は、一方の国の「居住者」である個人が、他方の国で勤務する場合、その勤務から生ずる報酬については、居住地国と勤務地国（源泉地国）の双方で課税される旨の原則を規定しています。これに対し、同条2項は、以下の3要件を満たす場合には、短期滞在者免税として勤務地国（源泉地国）での課税が免除される旨を規定しています。

①　当該個人の勤務地国における滞在期間が、その滞在期間をもって終了又は開始するいずれの12か月を通じても、合計183日以内であること

②　報酬が勤務地国の居住者でない雇用者（又はこれに代わる者）から支払われること

③　報酬が雇用者の勤務地国にある恒久的施設によって負担されるものでないこと

　A氏の場合、勤務地国である日本滞在期間が152日と、（2019年3月1日で終了する12か月及び2018年10月1日に開始する12か月のいずれを通じても）183日以内であり、前記①の要件を満たしています。また、A氏は、米国の親会社に雇用されており、その給与は日本の居住者でない米国親会社から支払われ、日本子会社が負担しているわけでないことから、前記②及び③の要件も満たしています。したがって、A氏は、日米租税条約14条2項の適用により、その給与について源泉地国である日本の課税を免除されることになります。同免税の適用を受けるためには、A氏は「租税条約に関する届出書」を所轄税務署長宛てに提出する必要があります。

　なお、仮に、A氏の日本滞在期間が2018年10月1日～2019年6月1日の場合、A氏の日本滞在期間は244日となって、（2019年6月1日で終了する12か月及び2018年10月1日に開

始する12か月のいずれを通じても）183日を超えるため前記①の要件を満たさなくなることから、日米租税条約による前記免税の適用はありません。よって、この場合、Ａ氏は、日本子会社での勤務に対する給与につき、前記 2 (1)のとおり、国内法に基づき「国内源泉所得」として日本国内で課税されることになります。

3 設問に対する回答

　租税条約は、国外で収入を得た場合に二重課税を防ぐために結ばれている条約です。租税条約の適用により課税が免除される可能性があるので、適用される租税条約がないかを検討する必要があります。

　このように、租税条約などによって取扱いが異なることとなりますので、専門家に相談して正確を期してください。

第10章　暮らしの法律相談

〈公的機関の利用〉
Q106　役所等への届出

　私たちは外国人同士の夫婦です。先日長男が生まれたのですが、息子の出生に関してどのような届出が必要なのでしょうか。その他、結婚、住所の変更などの届出についても教えてください。

①　出生の届出

(1)　市区町村役場での手続

　外国人同士の夫婦に子が生まれた場合には、子について戸籍係に出生届を提出することが必要となります。具体的には、両親が居住地の市区町村の戸籍係に、出生後14日以内に子の出生証明書とともに出生届を提出し（この際、母子健康手帳も持参してください）、出生届受理証明書の発行を受けてください。

(2)　大使館等での手続

　子が国籍を有することとなる国の大使館・領事館で、出生の登録を行うとともにパスポートの交付を申請します。申請に当たっては出生届等いくつかの書類が必要となりますので、具体的な必要書類については事前に大使館等に問い合わせてください。

(3)　入管での手続

　また、入管において、出生後30日以内に、出生証明書、出生届受理証明書など出生を証する書面、扶養者の旅券の写し等とともに、在留資格取得許可申請書を提出し、在留資格取得許可申請を行います（入管法22条の2、同法規則24条）。

　在留資格の取得申請を30日以内に行わなかった場合にも、特別受理される場合もありますので、最寄りの入管に相談してください。

　在留資格を取得したら、中長期在留者としての在留資格を得た子については、14日以内に市町村長に届け出て、住民基本台帳に記載することが必要です（住基法30条の47）。

(4)　特別永住者の場合

　なお、出生した子の父母の一方又は両方が特別永住者である場合は、出生の日から60日以内に、居住地の市区町村の窓口に、特別永住許可申請書の必要書類を持参して、特別永住許可の申請をします（入管特例法4条、同法規則1条以下）。

②　結婚の届出

　外国人同士が日本の方式で結婚する場合には、戸籍係に婚姻要件具備証明書等を添付して婚姻届を提出します（民法739条1項、戸籍法74条）。結婚によって氏名が変更された場合には、14日以内に法務大臣に届出を行う必要があります（入管法19条の10）。法務大臣は、この変更を市町村に通知して住民票に反映させることになります（住基法30条の50、Q28参照）。

③　住所の変更等の届出

　住所に変更が生じた場合、新住居地に移転した日から14日以内に、その市区町村長に在留カード等を提示し「転入届」（同じ市区町村内の場合は「転居届」）を提出しなければなりません（住基法30条の46、入管法19条の9）。また、別の市区町村に移る場合には、あらかじめ旧住所地の市区町村長に「転出届」の提出も必要になります（Q20参照）。

Q107　印鑑と印鑑登録

　私（アメリカ人）は、母国では全てサインで済ませていましたが、日本では印鑑がよく使われているようで、印鑑登録という制度があると聞きました。日本において印鑑はどのような働きをしており、その取扱いについてはどのようなことに注意をしたらよいのでしょうか。また、私でも印鑑登録をすることができますか。

1　印鑑の使われ方

　日本において、日本人が運送物等を受領する場合には、確かに受け取ったということを確認する意味で、通常サイン（自署）をするのではなく、印鑑を押します（認印）。銀行や郵便局等の金融機関で預金口座を作るときなどは、銀行等に印鑑を届け出ます（銀行印）。また、重要な財産を処分するときなど、例えば所有不動産を売却する際には、その所有権移転登記をするために後述の印鑑登録を済ませた印鑑（実印）が必要になります。なお、登記手続についてはQ108を参照してください。認印、銀行印、実印は同じ印鑑でも構いませんが、3つの異なった印鑑を持っている人も少なくありません。

　また、日本において、契約は原則として口頭でも有効に締結できるため、必ずしも契約書を作成する必要はありませんし、契約書を作成する場合にもサイン（自署）だけで十分とも考えられます。しかし、日本では、氏名のゴム印等と印鑑を押すか（記名押印）、サイン（自署）した上にさらに印鑑を押す（署名捺印）のが通常です。また、重要な契約の場合は、実印を押して後記 3 の印鑑登録証明書を添付することが一般に行われています。

2　印鑑の管理

　サインと異なり、印鑑の場合は、その印鑑さえ持っていれば誰でも同じ印影を作ることができるわけですから、印鑑の保管には十分気を付けなければなりません。また、印鑑登録をすると印鑑登録証の発行を受けることになりますが、印鑑登録証さえあれば誰でも印鑑登録証明書を入手することが可能です。日本では実印が重視されていますから、実印と印鑑登録証をむやみに他人に預けてはなりませんし、盗難等の場合に備えて、実印と印鑑登録証はそれぞれ別の場所に保管するほうがよいでしょう。また、銀行印と預金通帳があれば、預金の払戻しを受けることができますので、同様にそれぞれ別の場所に保管するほうがよいと思います。

　ところで、印鑑を紛失した場合は他人に悪用される危険がありますので、直ちにこれを防止するための措置をとらなければなりません。紛失した印鑑が実印であれば、すぐに印鑑登録をした役所に紛失した旨を届け出て、別の印鑑に改印する必要がありますし、銀行印についても、同様に銀行等の金融機関に届け出る必要があります。

3　印鑑登録の資格及び手続

　外国人も、住民登録をされている15歳以上の人であれば、印鑑登録が可能です。

　登録の手続については、本人が直接住民登録をしてある市区町村の窓口に、登録しようとする印鑑と在留カード等本人であることが確認できる書類を持って行き、印鑑登録の申請をすれば、印鑑が登録に適するか等の審査をした上で即日登録ができます（手数料が必要）。

　本人が登録に行けない場合は、代理人に手続を頼むこともできます。代理人は、登録のため

の印鑑と本人の住民基本台帳カード等のほか、本人が自分で書いた委任状を持参し、本人の住民登録をしてある市区町村の窓口に行って申請します。この場合、印鑑の登録はその日には完了せず、代理人による手続の受付後、市区町村から本人宛てに照会文書が郵送されますので、本人が回答文書を持参して窓口に行くか、代理人が回答文書と本人が自分で書いた委任状（登録手続をするときのものとは別に作らなければなりません）を持参して窓口に行けば手続が完了します。登録手続が完了すると印鑑登録証が交付されます。

4 登録できない印鑑

(1) 住民票に記載されている氏名（又は通称名）で表示されていない印鑑は登録できません。

外国人登録証明書が漢字で記載されている場合には印鑑も漢字で表示し、アルファベットで記載されている場合にはアルファベットで表示しなければなりません。ただし、氏名の一方をイニシャルで表示することはできます。

通称名とは、外国人が日本において生活するに当たり使用し、周囲の人がその名称をみれば本人であることが分かるような名称をいいます。このような通称は、住民票に記載することができます。例えば、アルファベットで氏名を表示する国の人が、日本ではカタカナで氏名を表示し名刺などを作っている場合、そのカタカナ名を、住民登録をした窓口で通称名として登録することができます。この登録をするためには、通称名が記載された名刺、他の人から通称名宛てに送られてきた手紙等を窓口に持参しなければなりません。通称名が登録されると、通称名で印鑑登録をすることができます。

(2) そのほかにも、「印影の大きさが一辺の長さ8mmの正方形に収まるもの又は一辺の長さが25mmの正方形に収まらないもの」、「印影を鮮明に表しにくいもの」、「ゴム印その他の印鑑で変形しやすいもの」は登録できないなどの制限があります。

5 印鑑登録証明書の交付

印鑑登録が完了すると、印鑑登録証明書の交付を受けることができます（手数料が必要）。交付を受けるには、印鑑登録手続の完了時に交付された印鑑登録証を市区町村の窓口に提示する必要がありますが、提示さえあれば代理人でも交付を受けることができ、委任状は不要です。なお、印鑑登録に関する手続は、各市区町村によって少しずつ異なっていますので、住民登録をしている市区町村に確認してから手続をするようにしてください。

6 設問に対する回答

前記 1 、 2 のとおり、印鑑は、本人がその書類を確認したこと、本人による法律行為がなされたこと等を示すものとして、様々な場面で頻繁に使用されています。

特に、実印は重要な契約の締結の際に使用されており、後日契約について争いが生じた場合、契約書に実印が押され印鑑登録証明書が添付されていれば、本人が契約書どおりの契約をする意思があったことを証明するための有力な証拠となり、知らなかったと反証することは著しく困難となります。このため、実印や印鑑登録証（印鑑登録証があれば、委任状なく誰でも印鑑登録証明書を入手できます）の使用や保管には、十分に気を付けてください。

また、アメリカ人のあなたが印鑑登録をすることができるかについてですが、住民登録されている15歳以上であれば、住民登録されている市区役所・町村役場で手続が可能です。

Q108　不動産売買における登記手続

外国人が日本で不動産を購入したときの登記手続、譲渡したときの登記手続について教えてください。

1　購入した場合の登記手続

外国人が日本の不動産を売買したときの登記手続については、日本の法令によりますが、不動産を購入したときには、まず、所有権取得の登記申請をすることになります。登記手続をするためには、不動産登記法により、法務局（登記所）に対し申請書と添付書類を提出する方法が主流です。

申請書は日本語（漢字やカタカナ）で記載しなければならず、申請者が外国人の場合、申請書に国籍を記載するのが相当とされています（昭和23年9月16日民事甲第3008号民事局長回答）。また、外国人が通称名をも外国人登録しており、あえてその通称名で登記申請した場合には、受理されることになっています（昭和38年9月25日民事三発第666号民事局第三課長回答）。

添付書類として、登記原因証明情報（売渡証書など）、登記権利者の住所を証する書面、代理人によって登記申請する場合には代理権限を証する証書（委任状）が要求されます。

添付書類で外国語のものは翻訳文を付さなければいけません（外国在住の日本人に関する昭和33年8月27日民事甲第1738号民事局長心得通達参照）。もっとも、その翻訳が正しいことを証する書類までは要求されないようです（船舶担保に関する昭和26年12月7日民事甲第2339号法務総裁官房長事務代理回答参照）。訳文を記載した書面に、翻訳者が「右は訳文である」旨記載し、署名押印することで足りるようです。住所を証する書面として、住民登録をしていれば住民票の写しで足りますが、住民登録をしていない場合でも、本国の官公署の証明書のほか、本国の公証人の証明に係るものでも認められるようです（住所変更書面に関する昭和40年6月18日民事甲第1096号民事局長回答参照）。代理権限を証する書面としての委任状については、外国人の場合は署名のみで足ります（外国人ノ署名捺印及無資力証明ニ関スル法律1条1項）。

2　譲渡した場合の登記手続

これに対し、不動産を譲渡したときには、登記義務者ということになって登記義務者の権利に関する登記識別情報又は登記済証が原則として必要です。

また、登記義務者の場合は印鑑の証明書が原則として要求されますが（不動産登記法施行細則42条）、外国人の場合は、印鑑登録証明書がなくとも、自身の帰属する国の官公署（本国の官公署、在日公館など）の署名証明書の提出することをもって足ります（昭和25年2月15日民事甲第432号民事局長回答、昭和59年8月6日民三第3992号民事局第三課長依命通知）。また、外国公証人から証明を受けたものも署名証明として認められています（昭和40年6月18日民事甲第1096号民事局長回答）。その場合の署名証明の方式としては、委任状あるいは申請者の署名したものに奥書する方式ではなく、単に何某の署名に相違ない旨の証明であってもよいものとされていますが（昭和49年10月12日不登第658号東京法務局民事行政第一部長回答）、奥書方式のほうがより確実でしょう。この署名証明書の場合、3か月の有効期間（不動産登記

法施行細則44条）の適用はないものとして扱われているようです。

　他方、外国人で印鑑登録をしている場合は、その居住地の市区町村長から印鑑登録証明書を取得しこれを添付すれば足ります。

　なお、売主の外国人が登記簿上の住所地から転居しているときには注意が必要です。

　この場合、まず、現住所地に登記名義人としての住所地を変更する必要があり、そのために、登記簿上の住所地から現住所地までの住所の移転を全て証明しなければなりませんが、外国人の住民票は、2011年7月9日以前の転居前の情報は記載されていません。

　住民票では移転が確認できない場合には、行政機関の保有する個人情報の保護に関する法律に基づき、法務省に対して外国人登録原票の開示請求を行う必要があります。

第10章　暮らしの法律相談

Q109　住宅問題

外国人にとっては、日本人以上に住宅問題が深刻です。私の友人の外国人が今、日本の住宅を探しているのですが、どのようなことに気を付ければよいでしょうか。公共の住宅に入居できればありがたいのですが、友人も入居の申込みをすることができるでしょうか。また、住宅を購入するときに、住宅金融支援機構からお金を借りられますか。

1　敷金と礼金と更新料

日本で住居を借りる際、外国人には、敷金、礼金、更新料という日本の文化をよくわからないという方がいますので、事前に説明をしてあげたほうがよいでしょう。

敷金は、借主が部屋を汚したり、損傷させたりしたときに修繕費用として充てるために、貸主が事前に預かるお金です。

賃貸借の期間が満了する際、住居を荒らして出て行くと、敷金だけで修繕費用を賄えない場合があり、追加費用を請求される場合があることを説明してあげたほうがよいでしょう。

また、礼金は、部屋を所有する大家さんに対して、お礼の意味として支払うもので、こちらは返却されません。

さらに、契約を更新する際には、更新料も必要となります。

2　保証人探し

さらに、入居の際に、保証人を求められることが多いです。

諸外国では、保証人という制度は少なく、「緊急連絡先」として知人の名前と連絡先でも問題ない場合がほとんどです。

保証人がみつけられない場合は、保証会社のサービスを取り扱っているか確認してみましょう。保証会社は借主から保証料を受け取り、家賃が滞納した際に、借主に変わって家賃の支払を家主に対して行ってくれるシステムです。外国人の入居に特化した保証会社もありますので、インターネットで調べてみましょう。また、外国人の住まいについてサポートを行うNPO法人もあります（例えば、NPO法人かながわ外国人住まいサポートセンターなどがあります）。

3　複数人での共同生活

単身者向け居室に複数人で住むことや同居者が入れ替わることが普通な国もありますが、日本では契約違反とされる可能性があります。

なお、国土交通省では、外国人の民間賃貸住宅への円滑な入居を目的として、賃貸人、仲介業者・管理会社のための実務対応マニュアル「外国人の民間賃貸住宅入居円滑化ガイドライン」を参考資料として公表していますので、特にトラブルになりやすい事例について参考となります。

4　公共の住宅

公共の住宅には、⑴都市再生機構（従前の「都市基盤整備公団」）によるもの（UR住宅）、⑵各都道府県住宅供給公社によるもの（公社住宅）、⑶各都道府県によるもの（公営住宅）等があり、その入居の申込資格は、それぞれ別個に定められています。日本人が申込みをする場合でも、収入基準や単身ではないこと等の申込資格の制限があり、これらの制限は、外国人が

申し込む場合でも当然に適用になります。そのほかに、外国人特有の申込資格の制限もありますので、そのことについて以下に説明します。

(1) UR住宅

都市再生機構の賃貸住宅については、永住者や特別永住者に入居申込資格が認められるほか、入管法19条の3に定める「中長期在留者」（Q20参照）又は同法別表第1の上欄に掲げる「外交」若しくは「公用」の在留資格を有する者で、都市機構賃貸住宅賃貸借契約の内容を十分に理解できる外国人にも、入居申込資格が認められています。

(2) 公社住宅

東京都住宅供給公社を例にとると、賃貸住宅の場合、申込者本人が日本国内に居住している成年者（20歳未満の既婚者を含みます）で、申込者及び同居予定親族全員が住民票によって在留資格などを確認でき、かつ、日常生活に必要最低限欠かせない日本語が理解できる方に入居申込資格が認められています。

(3) 公営住宅

都営住宅（賃貸住宅のみ）を例にとると、東京都内に居住している成年者（20歳未満の既婚者を含みます）で、そのことを住民票によって証明でき、かつ、日本国に永住・定住することが認められているか又は日本国に1年以上在留していることが住民票で確認できる方に入居申込資格が認められています。

5 住宅金融支援機構

住宅金融支援機構と金融機関が提携して提供するフラット35などの住宅ローンでも外国人特有の資格制限として、永住者又は特別永住者の在留資格を有していることが申込資格とされています。

6 設問に対する回答

以上のとおり、外国人にとっては日本の賃貸文化が自国と違うことも多いので、ガイドラインを参考に事前に説明してあげるとよいでしょう。また、公共の住宅への入居や住宅金融支援機構は誰でも利用できるわけではありません。詳細は、ウェブサイトやパンフレット等で、申込みをする前によく確認してください。

Q110　外国人と民泊サービス

　私は今、観光ビザ（短期滞在）で日本に来ていますが、日本人の知り合いから日本の家を購入して、今後は、日本で暮らしたいと思います。また、生活に慣れてきたら自国からの観光客に民泊サービスを提供したいと考えています。気を付けることはありますか。

1　外国人の不動産購入

　外国人が自国の不動産を所有することを認めない国もありますが、日本においてそのような制限はありません。

　しかし、不動産の売買契約の場合、必要書類を揃える必要があり、とりわけ、中長期在留者等以外・海外在住者は、住民票や印鑑証明書を取得することが難しい状況にあります（住民票や印鑑証明書の取得についてはQ20、Q107を、登記手続についてはQ108を参照）。この場合、代替資料を揃える必要があります。

⑴　住民票を所持していない場合の代替資料

　このときに住民票に代わって提出する書類として、その国の公証人や大使館で発行される住所・氏名・生年月日・性別などが記載された公文書の用意が必要となります（代表的なものとして「住所の宣誓供述書」）。

⑵　印鑑証明書を登録していない場合の代替資料

　その外国人が来日していれば、当該外国在日大使館で署名証明書を発行してくれるところが多いので、それで代えることができます。

　しかし、その署名証明書と司法書士に依頼する登記委任状に署名するサインとの同一性の識別の観点から、事前に司法書士に登記委任状を作成してもらい、それを当該外国人に交付し、その外国人がこれに当該国の在日大使館において認証を受けることにより、それぞれ印鑑証明書の代替とすることができます（昭和59年8月6日民三3992号民事局第三課長依命通知参照）。

　なお、外国人が来日しなかったときの印鑑証明書の代替措置としては、これも同様に事前に司法書士が宣誓供述書を作成し、それを当該外国人の住所宛てに郵送し、現地の公証人の面前で署名を認証してもらい、それを日本に返送してもらうことにより、登記申請の添付書類としての代替が可能です。

　もっとも、国によって手続が異なる場合もあるので、具体的なケースごとに、それぞれの本国ないし在留国の官公署に確認することが必要です。

2　民泊の運営

⑴　民泊サービスの法規制

　民泊サービスについて、厚生労働省は、「法令上の定めはありませんが、住宅（戸建住宅、共同住宅等）の全部又は一部を活用して宿泊サービスを提供することを指します。住宅宿泊事業法による住宅宿泊事業の届出を行う場合や、国家戦略特別区域法の特区民泊の認定を受ける場合を除くと、簡易宿泊営業として旅館業法上の許可を取得して実施する場合が一般的です」（厚生労働省ウェブサイト「厚生労働省民泊サービスと旅館業法に関するQ＆A」参照）としています。

　従来は、旅館業法の簡易宿所として許可を得るか、国家戦略特区内で特区民泊を活用するし

かありませんでしたが、2018年6月15日に住宅宿泊事業法が施行され、一定の基準を満たす住宅については、都道府県知事への届出により、年間180日の民泊サービスの営業が可能となりました。

住宅宿泊事業法対象の建物は「住宅」なので、住居専用地域でも営業は可能ですが、各自治体の条例により規制がされている場合もありますので、確認が必要です。また、マンションの管理規約で民泊サービスが禁止されている場合もあります。

(2) 民泊サービスと在留資格

仮に、日本に住んで会社を設立して民泊ビジネスを始める場合、「経営・管理」の在留資格が必要となります。なお、就労に制限のない在留資格（「永住者」、「日本人の配偶者等」、「永住者の配偶者等」、「定住者」）であれば、特に在留資格上の問題はありません。

住宅宿泊事業法による住宅宿泊事業の届出を行えば、民泊サービスの提供は可能ですが、営業日数が180日と限定され（180日を超える場合は旅館業法上の許可が必要です。）、利益を上げられるかには疑問があり、仮に、「経営・管理」の在留資格が認められても、事業の赤字が原因で在留資格の更新が認められない可能性もあります。

3 設問に対する回答

相談者は短期滞在者なので、不動産売買契約にあたり、住民票や印鑑証明書の取得が困難ですが、代替資料の取得が可能と考えられます。

しかし、所有した建物で民泊サービスの営業を行うことについては、「経営・管理」の在留資格に基づき行う場合、在留資格の取得・更新が認められるかも疑問があり、就労に制限のない在留資格で日本に在留するのでなければ、慎重に検討するべきです。

第10章　暮らしの法律相談

Chapter 10　345

〈教　育〉
Q111　小学校入学

　　私（外国人）は、子ども（外国人）を公立の小学校に通わせたいのですが、外国人でも入学することができるのでしょうか。子どもが在留資格のない外国人である場合はどうでしょうか。入学できるとすれば、その手続を教えてください。また、授業料など費用についても説明してください。

　　逆に、自宅で家庭教育をするため子どもを小学校に通わせたくない場合は、通わせないことも許されるのでしょうか。

1　入学の可否

　公立学校とは、地方公共団体の設置する学校をいいますが、日本における公立の小学校は、市区町村立によるものです。これら全ての市区町村において、現在外国籍の小学生の受入れをしているかどうかの資料はありませんが、当該地域に居住していること等を条件に認めているところが多いようです。

　そして、在留資格の有無については、特に問題にせずに入学を認めています。

　1979年に日本が批准した社会権規約13条1項及び2項により、在留資格の有無にかかわらず外国人の子女にも無償の義務教育を受ける権利が保障されるためです。在留資格のない子は住民登録されないため就学案内を送ることに困難が生じますが、各市町村において就学手続をするよう広報などで告知するなどの対策がとられているようです。

2　入学手続

　入学手続についてですが、日本国籍の子については、小学校へ就学する前に、市区町村の教育委員会から就学通知があり、比較的簡単に入学手続をとることができます。

　しかし、外国籍の子については、市区町村の教育委員会に申請をして許可を受けるといった手続が必要になります。ただし、その手続の具体的内容については、各市区町村によって取扱いを異にしているようですので、現在居住している市区町村の教育委員会に対して必要な手続をできるだけ早めに確認しておく必要があります。なお、市区町村では、市区町村のほうから住民登録をしている子に対して個別に案内を出したり、広報などで告知しています。

3　授業料・教科書代

　日本国籍の子については、授業料や教科書代は無償とされています（教育基本法5条4項、義務教育諸学校の教科用図書の無償に関する法律）。そのため、外国籍の子についても同様の無償措置をとるところが多いようですが、後記のとおり外国籍の子については義務教育として行われるわけではないので、法律的に無償であることが保障されているわけではないと考えられます。したがって、費用の点についても市区町村の教育委員会に事前に確認をしたほうがよいでしょう。

4　教育を受けさせる義務

　ところで、日本国籍の子については、教育を受ける権利がある一方で、その保護者が子に対して教育を受けさせる義務を負っています（憲法26条）。義務教育を子に受けさせなければ、

場合によっては罰金が課されることもあるのです（学校教育法144条）。

　しかし、これは日本人の保護者に対する規定であり、一般に外国籍の子については、教育を受けさせることを義務としてまでは考えられていません。しかし、今後、外国籍の子の教育を受ける権利の保障のためには再考が必要かもしれません。

5 設問に対する回答

　在留資格の有無にかかわりなく、公立の小学校は外国籍の子の入学を認めています。

　入学に当たっては、市区町村の教育委員会に申請をして許可を得る手続が必要となりますが、詳しくはお住まいの市区役所・町村役場に相談に行くとよいでしょう。また、授業料や教科書代についても、市区町村で取扱いを異にしていますので、事前に確認しましょう。

　小学校ではなく自宅での家庭教育が許されるかについてですが、外国人の子に義務教育を受けさせる義務はないと考えられており、小学校に通わせる代わりに家庭教育をすることは可能です。

　ただし、将来、大学への入学資格を得るためには、別途、高等学校卒業程度認定試験を受験する必要があります（Q115参照）。

第10章　暮らしの法律相談

Chapter 10　347

Q112　高校入学前の教育

私たち夫婦は、母国（ブラジル）から、子ども2人を連れて一緒に来日しました。
① 　下の子は中学1年生の年齢ですが日本語がほとんどできません。地元の中学校に入って勉強についていけるか不安ですが、日本語ができない子どものためのサポートはありますか。また、上の子は中学校を卒業しておりませんが、既に16歳であるため、地元の中学校には入学を断られてしまいました。どうしたらよいでしょうか。
② 　2人とも高校に入学するには、どのようにしたらよいでしょうか。

1　外国籍の子どもの教育

外国籍の子どもには、日本の義務教育への就学義務はありませんが、学齢期の満6歳から満15歳までの子どもが公立の小学校中学校への就学を希望する場合には、日本人児童生徒と同様に、無償で受入れが認められ、日本人と同一の教育を受ける機会が保障されています（小学校入学についてQ111参照）。

2　日本語教育のための様々なサポート

⑴　日本語指導のための特別の教育課程等

現在、日本語指導が必要な児童生徒が多いため、日本語指導の充実性を図るための「特別の教育課程」が編成・実施されている学校があります。

具体的には、日本語指導を担当する教員や、教員による指導を支援するための支援員や通訳等の外部人材を配置し、年間10単位時間から280単位時間を標準とする授業を行います。ただし、日本語指導が必要か否かは当該小学校・中学校の判断であり、外国人児童生徒の受入れが少ないなどの事情から、指導体制が十分構築されていない学校もあります。

⑵　補習教室等の活用

学校で十分な日本語指導を受けられない地域においても、ボランティア等による、日本語指導や学校で受ける授業の補習教室等が行われている場合があります。

県や市の国際交流協会に問い合わせてみるとよいでしょう。

⑶　夜間中学への進学

満15歳を過ぎているため昼間の中学校に入学できない（自治体や学校によって入学を認める場合もあります）子どもが日本語を学んだり、高等学校へ進学するために中学校の卒業資格を得たりするための選択肢として、中学校夜間学級（いわゆる夜間中学）があげられます。

近年、夜間中学の生徒の約8割が外国籍で、本国で義務教育を修了していない方々等の就学の機会の確保に重要な役割を果たしており、日本語指導も熱心に行われているようです。

2019年現在、公立の夜間中学は9都府県に33校が設置されているにすぎませんが、政府は、2022年までに、全都道府県で公立の夜間中学の設置を目指す方針です。ボランティア団体などが運営する自主夜間中学も日本各地に存在しますが、これらの学校では、中学校の卒業資格を得ることはできません。

3　高等学校への進学

(1)　入学資格

　高等学校へ入学する者は、基本的に日本の中学校卒業生が想定されていますが（入学資格について学校教育法57条、及び中学校を卒業した者と同等以上の学力があると認められる者として同法施行規則95条各号参照）、外国籍の子どもは、日本の中学校を卒業しているとは限りません。

　日本の中学校を卒業していない場合（日本の中学校ではなく、これに相当する外国人学校中等部を卒業した場合を含む）に、入学資格が認められるかについては自治体によって対応は様々ですが、年１回実施される中学校卒業程度認定試験に合格することを条件とする場合（学校教育法施行規則95条５号）や、同程度の学力があると出願先の高等学校長が判断する場合など、自治体や学校によってその扱いが異なりますので、事前に教育委員会や学校に確認することが必要です。

(2)　入学試験

　高等学校は義務教育ではないため、基本的には、日本人の中学校卒業生と同じ高等学校入学試験を受ける必要がありますが、日本語を母語としない外国籍の子どもにとって、日本人と全く同じ条件で入学試験を受けることは困難な場合があるでしょう。

　そのような子どもたちのために、日本人と同じ入学試験でも、試験時間の延長や辞書の持ち込み、科目数減、試験問題にルビを付すなど試験の際に特別措置を実施している自治体・学校や、あるいは、来日後３年以内のような一定の要件を満たす場合に入学条件を緩和するなど、一般の入学定員とは別の特別入試枠を設けている自治体・学校もあります。

　このような情報は、教育委員会等を通じて入手することができますが、お住まいの地域の国際交流協会や、外国人教育支援のNPO団体などに相談してみてもよいでしょう。

　また、今後、外国人との共生を目指す総合的対応策の一環として一部自治体で設置される多文化共生総合相談ワンストップセンターでも、教育について多言語・無料での相談を受け付ける予定です。

4　設問に対する回答

(1)　①について

　昼間の中学校では、日本語指導担当教員による特別の教育課程を受けられる場合があります。また、夜間中学では熱心な日本語指導が行われており、高等学校進学のため中学校の卒業資格を得ることができます。その他地域によって、ボランティア等による補習教室や、自主夜間中学に通える場合もあります。

(2)　②について

　高等学校へ進学するためには、まず、中学校を卒業するか、中学校卒業程度認定資格を得るなど、それと同等の学力があることを認めてもらう必要があります。

　加えて、各学校の入学試験に合格する必要がありますが、外国籍の子どものために試験の際に特別措置を実施したり、特別入試枠を設けたりしている自治体・学校もあります。

(3)　日本語教育推進法の成立

　2019年６月28日、日本語教育を受けることを希望する外国人等のために日本語教育を受け

る機会が最大限確保されるよう、日本語教育の推進のための基本理念や、国、地方公共団体及び事業主の責務を定める日本語教育推進法が施行されました。今後はさらなる教育機会の拡充が期待されます。

Q113　高校卒業後の在留資格

　私は、３年前に両親に連れられて来日し、現在、「家族滞在」の在留資格で地元の公立高校に通う３年生です。卒業後は進学せずに就職したいと思っておりますが、専門的な知識がなくとも働くことができる在留資格に変更することは可能ですか。

1　家族滞在の在留資格での就労

　家族滞在の在留資格のままでは原則として就労することができず（Q64の 4 参照）、例外的に資格外活動許可を得て就労する場合にも週28時間以内という制限があります。

　このような制限なく就労するためには在留資格の変更が必要ですが、高等学校卒業の学歴では、「技術・人文知識・国際業務」等の就労に係る在留資格の学歴等要件を満たしません。

　しかし、日本の義務教育の大半を終了した方については、「定住者」への在留資格の変更が、また、義務教育の大半を終了していなくても、一定の要件を満たせば、就労可能な「特定活動」の在留資格への変更が認められる可能性があります。

2　定住者または特定活動への変更

(1)　定住者への変更

以下の要件全てに該当する方は、定住者への変更が認められる可能性があります。

① 　現在、在留資格「家族滞在」で我が国に滞在していること
② 　我が国において義務教育の大半を修了していること
③ 　我が国の高等学校を卒業していること又は卒業見込みであること
④ 　就労先が決定（内定を含む）していること
⑤ 　住居地の届出等、公的義務を履行していること

　この中で、上記③の要件は、小学校中学年までに来日し、小学校、中学校及び高等学校を卒業する方が対象となります（少なくとも小学校４年生の概ね１年間を在学し、その後引き続き在学していることが必要です）。また、上記④の要件については、資格外活動許可の範囲（１週につき28時間）を超えて就労する場合に対象となります。

(2)　特定活動への変更

　来日の年齢により上記(1)②の要件を満たさない場合、定住者の在留資格への変更は認められません。しかし、少なくとも中学校３年生の概ね１年間を在学して中学校及び高等学校を卒業する方について、扶養者である父又は母との同居を条件に、上記(1)のその余の要件を全て満たす場合には、「特定活動」の在留資格への変更が認められる可能性があります。

3　設問に対する回答

　上記 2 記載のとおり、あなたが中学校３年生の概ね１年間を在学して卒業し、高校卒業見込みであること、１週間につき28時間を超えて就労する勤務条件で就職先が決まっており、扶養者である父又は母と同居して生活すること、その他公的義務を履行しているという要件を満たせば、就労可能な特別活動の在留資格に変更できる可能性があります。

Q114　奨　学　金

　私（外国人）は、今度、大学進学を予定していますが、親の収入からみて学費が十分ではありません。そこで、奨学金を受けたいと思っていますが、奨学金は外国人でも受けられますか。また、教育資金を借りることはできますか。

1　奨　学　金

　外国人の受けられる奨学金には、日本政府（文部科学省）奨学金、地方自治体奨学金、国際交流団体奨学金、民間団体奨学金、学内奨学金（学校が在籍する学生を対象に奨学金を支給するもの）等があり、公的なものから私的なものまで様々です。また、返還の必要のないものだけでなく、返還の必要のある貸与にすぎないものもあります。

　したがって、個別の奨学金制度については、それぞれの応募資格、給付内容、出願方法等を問い合わせる必要があります。例えば、独立行政法人日本学生支援機構では、在留資格によっては、奨学金の申込みができない場合があります。各大学には外国人学生の相談にのる窓口があるはずですから、その窓口に相談すれば、奨学金についての情報を得られると思います。そのほかにも、例えば、公益財団法人日本国際教育支援協会の留学情報センターでは、奨学金に関する情報を提供しているようですので、問い合わせてみるとよいでしょう。

2　教育資金

　次に、教育資金の借入れですが、これにも公的なものと私的なものとがあります。

　(1)　公的なものとして、日本政策金融公庫からの借入れができる場合があります。在留資格のある外国人であれば、その在留期間内に返済が終わるように返済期限を定めることが前提となるようですが、教育資金の借入れも可能とのことです。

　ただし、収入額による制限など日本人と同様の条件を満たす必要がありますので、その点も含めて詳しい条件については同公庫に相談してみてください。

　(2)　また、私的なものとして、銀行の教育ローン等を利用することもできます。

　ただし、この場合は保証人や担保の有無等によって審査条件が大きく異なりますから、各金融機関に相談してください。

3　設問に対する回答

　前記1で述べたとおり、外国人の受けられる奨学金は様々あります。あなたにとって適した奨学金は何か、ご自身の在留資格が応募資格を満たすものか、現在通っている学校や進学予定の学校に相談してみるとよいでしょう。

　また、公益財団法人日本国際教育支援協会の留学情報センターのウェブサイトには、奨学金に関する情報が多数掲載されています。

　前記2で述べたとおり、教育資金の借入れも条件を満たせば可能ですので、各金融機関に相談してみるとよいでしょう。

Q115　大学入学の資格

　私（外国人）は、来年3月に外国人学校を卒業する予定ですが、日本の大学に行きたいと思っています。外国人学校を卒業すれば大学の入学資格を取得することができますか。また、高等学校卒業程度認定試験（旧大学入学資格検定）を受験することはできますか。

1　大学の入学資格

　大学の入学資格は、学校教育法90条により、①高等学校又は中等教育学校を卒業した者、②通常の課程による12年の学校教育を修了した者（通常の課程以外の課程によりこれに相当する学校教育を修了した者を含む。）、③文部科学大臣が定めるところによってこれと同等以上の学力があると認められた者に与えられています。

　ところで、外国人学校は学校教育法1条に定める高等学校や中等教育学校とは認められていませんし、卒業しても「通常の課程による12年の学校教育を修了した」とも認められません。したがって、前記①②には該当しません。

　このため、従来は、外国人学校卒業者には原則大学受験資格を認めていませんでしたが、2004年から、一定の外国人学校やインターナショナルスクールの卒業者は前記③に該当するものとして一律に大学受験資格を認める取扱いになりました。また、これには当たらない学校の中でも、例えば朝鮮学校の卒業者などについては大学の自主的な判断に委ねられることになり、ほとんどの大学で受験資格が認められています。ただし、在留資格によっては、大学の受験資格が認められない場合もあります。

2　高卒認定試験の受験資格

　高等学校卒業程度認定試験（旧大学入学資格検定）に合格した者は、大学受験資格が認められます。通っている外国人学校の卒業者に大学受験資格が認められない場合は、この試験に合格して大学受験資格を得る必要があります。

　この点、以前は文部省令（大学入学資格検定規程）で定められた大学入学資格検定の受検資格について、義務教育の終了が前提となり、外国人学校を卒業しても義務教育終了と認定されないため、外国人学校の卒業者は大学入学資格検定の受検資格が認められず、外国人学校の卒業者や何らかの理由で義務教育を終了していない人は進学の道が閉ざされてしまうという問題がありました。

　現在の高等学校卒業程度認定試験では、このような問題は解消され、義務教育を終了していない人でも「受検しようとする資格検定の日の属する年度（4月1日から翌年3月31日までをいう。）の終わりまでに満16歳以上になる者」であれば受験資格が認められています。

3　設問に対する回答

　まず、あなたの学校が日本での大学受験資格を認められる学校であるか確認しましょう。大学受験資格が一律には認められない学校の場合は、次に、受験したい大学に問合せをしてその大学があなたの学校の卒業者に受験資格を認めているのかどうかを確認してみましょう。また、あなたの在留資格が大学受験資格を満たすものか否かについては、各大学に問い合わせてみましょう。

Chapter 10　353

それでもあなたに大学受験資格がない場合には、高等学校卒業程度認定試験に合格する必要があります。あなたは来年3月に外国人学校を卒業する予定とのことですので、年齢要件を満たせば、高等学校卒業程度認定試験の受験資格は認められます。

〈差別の禁止〉
Q116　ヘイトクライム／ヘイトスピーチ

　私の子どもは朝鮮学校に通っていますが、人種差別主義的な団体が毎日のように学校に押し掛け、「朝鮮人は帰れ」などと大声をあげています。子どもたちの教育にも支障が出ていますが止めさせることはできないのでしょうか。

1　設問について

⑴　ヘイトスピーチとは

　ヘイトスピーチとは、差別的表現一般を指す語として用いられることが多いですが、近時、特に、人種及び民族に基づく偏見・憎悪・差別煽動の目的・効果をもつ表現行為として用いられる場面が増えています。

　日本における人種主義的ヘイトスピーチの状況について、マスメディアやインターネット等で大きく報道されるなど、社会的関心が高まっています。

　2014年7月の国連自由権規約委員会による日本政府報告審査における最終見解及び同年8月の国連人種差別撤廃委員会による同審査における最終見解でも、政府に対してヘイトスピーチを含む人種差別への対処が勧告されています。さらに、2018年8月30日、国連人種差別撤廃委員会は、定期審査に基づく最終見解を公表し、政府に対し、ヘイトスピーチ対策のさらなる強化を勧告しています。

⑵　ヘイトクライムとは

　ヘイトクライムとは、「偏見や憎悪に基づいて動機付けされた行為であると被害者や第三者によって認知・理解され、かつ、現行法上の犯罪を構成する行為」を指します。前項で述べた「ヘイトスピーチ」には、現行刑事法上の犯罪行為にまで至り、ヘイトクライムとして罰せられるべきものも含まれます。

⑶　京都朝鮮学校襲撃事件

　設問と同様に、ヘイトスピーチ／ヘイトクライムが民族学校に対する街宣活動の形で行われた事例としては、2009年12月4日、「市民団体」の会員を名乗る11名の男性らが、京都市内の京都朝鮮第一初級学校の校門前で、生徒を含む学校関係者に向かって人種差別的・排外主義的街宣活動を行った事件（以下「京都事件」）があります。

　この京都事件では、街宣活動に参加した会員らを被告人とする刑事事件、団体及び会員らに対する街宣活動禁止の仮処分、民事訴訟（損害賠償請求訴訟）など多数の法的手続が遂行されました。

ア　刑事事件

　2010年8月10日、街宣活動参加者のうち4名が威力業務妨害、侮辱、器物損壊等の被疑事実で逮捕され、8月31日、京都地方裁判所に起訴されました。そして、京都地方裁判所は2011年4月21日、公訴事実の全てについて犯罪の成立を認め、執行猶予付きの有罪判決を言い渡しました。なお、2012年2月23日、地裁判決を争った1名の被告人の上告が棄却され、全員の有罪が確定しています（最一小決平成24年2月23日判例集未登載）。

イ　民事事件（仮処分・本案訴訟）

　学校側は、団体側が街宣活動を繰り返したことから、2010年3月19日に仮処分の申立てをし、京都地方裁判所は同年3月24日、学校周辺での街宣活動の差止めを命ずる決定を出しま

した。この仮処分決定に対し団体側が起訴命令を申し立てたため、学校側は2010年6月28日、本案訴訟として損害賠償請求訴訟を提起し、京都地方裁判所は2013年10月7日、学校側の請求を（一部）認容する判決を下しました。なお、2014年12月9日に団体側の上告が棄却され、同地裁判決を維持した高裁判決が確定しています（最三小決平成26年12月9日判例集未登載）。

(4) 設問に対する回答

設問でも、刑事告訴、街宣禁止の仮処分、損害賠償請求訴訟の提起等の方法で、団体の街宣活動を差し止め、また、被った被害の賠償を求めることが考えられます。

2 ヘイトスピーチ／ヘイトクライムに対する法的手段について

1 で述べた京都事件で遂行された一連の法的手続は、ヘイトスピーチ／ヘイトクライムへの対応例として高い先例的価値がありますが、他方で、被害救済方法として現行の法制度の限界を示すものともいえます。

(1) 刑事手続中の規制

例えば、京都事件の刑事事件では、名誉毀損罪ではなくそれより法定刑の軽い侮辱罪での起訴が行われています。これはヘイトスピーチの場合には、名誉毀損罪の要件である「事実摘示」行為がないためと思われますが、ヘイトスピーチによる法益侵害の甚大さを反映して適切に処罰することの難しさを示しているといえます。

また、京都事件に関して威力業務妨害、侮辱、器物損壊の罪責の当否が問われた刑事裁判においては、被告人らの排外主義・人種主義的な動機が考慮されることはありませんでした（判決は執行猶予）。

そしてその後、被告人らはことごとく自身らの排外主義・人種差別的主張を改めることがなく、中には執行猶予付き判決後の2012年3月にいわゆる「ロート製薬強要事件」と呼ばれるヘイトクライムに及んだ者もいます。

現行の刑事司法実務においては、そもそもヘイトクライムである場合の量刑加重を定める規定がありません。また、前記のように犯罪行為の動機が排外主義・人種主義的な偏見・憎悪に基づくものであってもその犯情の悪質性をどのように考慮するかという点で現行法の不備を指摘する意見もあります。この点については、憲法が定める表現の自由の保障との関係で慎重な考慮が求められるとの意見もあり、今後の議論が必要です。

(2) 民事手続による規制

前記のとおり、街宣活動禁止の仮処分、事後的には慰謝料等の損害賠償請求の訴訟などが考えられます。民事仮処分では直接強制はできず、京都事件でも団体側は仮処分決定を知りながら禁止区域内で街宣活動を強行しました。さらに、民事の仮処分は、学校周辺等の特定の区域内での街宣活動を禁止するもので、区域外でのヘイトスピーチを法的に阻止することはできません。

また、たとえヘイトスピーチであっても、特定個人等ではない集団一般に対する差別煽動行為は、「被害者が特定できない。」というときは、現在の日本法では司法的に処置されません。京都事件に関する民事の地裁判決でも、「例えば、一定の集団に属する者の全体に対する人種差別発言が行われた場合に、個人に具体的な損害が生じていないにもかかわらず、人種差別行為がされたというだけで、裁判所が、当該行為を民法709条の不法行為に該当するものと解釈し、行為者に対し、一定の集団に属する者への賠償金の支払を命ずるようなことは……新たな

立法なしに行うことはできないものと解される。」と明言されています（京都地判平成25年10月7日判時2208号74頁）。

　⑶　立法の動向

　ヘイトスピーチ解消のために、2016年5月24日には、本邦外出身者に対する不当な差別的言動の解消に向けた取組の推進に関する法律（以下「ヘイトスピーチ解消法」）が、成立しました（2016年6月3日施行）。

　この法律は、本邦外出身者に対する不当な差別的言動の解消に向けた取組について、基本理念を定め、国等の責務を明らかにするとともに、基本施策を定めた上で、これを推進しようとするものです。同法2条では、「本邦外出身者に対する不当な差別的言動」を、「専ら本邦の域外にある国若しくは地域の出身である者又はその子孫であって適法に居住するもの（以下この条において『本邦外出身者』という。）に対する差別的意識を助長し又は誘発する目的で公然とその生命、身体、自由、名誉若しくは財産に危害を加える旨を告知し又は本邦外出身者を著しく侮蔑するなど、本邦の域外にある国又は地域の出身であることを理由として、本邦外出身者を地域社会から排除することを煽動する不当な差別的言動」と定義しています。

　同法施行から3年が経ち、同法は、理念法であり禁止規定や罰則規定がないこと、ヘイトスピーチの定義が「専ら本邦の域外にある国若しくは地域の出身である者又はその子孫であって適法に居住するもの」に限られ適用範囲が狭いという問題があること（人種差別撤廃委員会2018年の最終報告書等参照）、一方不法行為の認定が容易になることが考えられること等が指摘されています。

　地方自治体独自のものとして、大阪市において「大阪市ヘイトスピーチの対処に関する条例」が制定されています（2016年1月15日成立）。同条例は、ヘイトスピーチの定義を示すとともに、市民からの申出等に基づき、専門家で構成する「大阪市ヘイトスピーチ審査会」において、ヘイトスピーチに当たるか否か審査し、該当する場合、拡散防止に必要な措置、発信者の氏名又は名称の公表などを行うこととしています。

　東京都では、「東京都オリンピック憲章にうたわれる人権尊重の理念の実現を目指す条例」が制定されました（2018年10月5日成立、同月15日公布）。同条例は、ヘイトスピーチ規制と、性的少数者に対する不当な差別の禁止（性的指向・性自認を理由とする差別禁止）を柱とし、ヘイトスピーチ対策として、公園やホールなど都の施設の利用制限、拡散防止措置及び公表制度を定めています。

３　おわりに

　昨今、特別永住者、特に在日朝鮮人に対するヘイトスピーチが問題となっており、その際、特別永住者の前記法的地位を「在日特権」などとして、声高に偏見を煽るような主張がなされています。

　しかし、特別永住者の地位にある方々は、戦前は「帝国臣民」すなわち「日本人」として日本国内で生活していた旧植民地である朝鮮半島又は台湾出身者及びその子孫であり、戦後、1952年4月28日の平和条約発効時に、一方的に日本国籍を喪失させられて「外国人」となった特殊な歴史的経緯のある外国人です。

　このような歴史的経緯を踏まえて、これらの方々は、「日本国との平和条約に基づき日本の国籍を離脱した者等の出入国管理に関する特例法」（いわゆる入管特例法）によって特別の地

位を認められ（Q17参照）、その多くは、様々な事情から継続して日本で生活し、日本社会に定着しています。これらの方々に対して地域社会から排除することを煽動し、差別・偏見を煽る言動は、決して許されないものです（ヘイトスピーチ解消法附則参照）。

〈社会保障〉
Q117　社会保障総合

　私（外国人）は、先日来日したばかりでよく分からないのですが、日本において外国人が受給できる社会保障にはどのようなものがあるのでしょうか。

　日本における社会保障には、①保険料を負担し給付を受ける社会保険、②税を財源とし特定の対象者を支援する社会福祉、③税を財源とし無差別平等に最低限度の生活を保障する公的扶助（生活保護）の３つの制度があります。①の社会保険には、⑴医療保険、⑵年金保険、⑶介護保険、⑷労働保険があります。②の社会福祉制度は、児童・高齢者・障害者・母子などを対象とします。③の公的扶助は、社会保険や社会福祉を活用してもなお生活できないときに、「最後のセーフティネット」として、生存権を無差別平等に保証します。以下、その概要と外国人への適用について説明します。

①　社会保険

⑴　医療保険

　日本の医療保険には、大別して、職域保険、地域保険及び後期高齢者医療制度の３つがあります。職域保険とは、職域ごとに加入する保険で、事業者等に雇用されている者を被保険者とする、健康保険組合や共済組合が運営する医療保険です。地域保険とは、職域保険に加入していない自営業者などの地域住民が加入し、市町村・都道府県が保険者となって運営する国民健康保険のことを指します。また、後期高齢者医療制度は、75歳以上の者と65歳以上で一定の障害のある者を対象とし、都道府県ごとの広域連合が運営する医療保険です。

　これらの医療保険は、日本に在住する外国人もその対象となるのが原則です。職域保険に加入する事業者等に雇用されていれば、国籍に関係なく、被保険者となります。また職域保健の被保険者とならない場合も、３か月以上滞在見込みの外国人は、国民健康保険の被保険者となります。ただし、原則として在留資格のない外国人は被保険者とならないとされています（Q118参照）。なお、業務上の負傷・疾病、通勤災害については別の制度である労働保険で保障されることになっています（Q74、Q75参照）。

⑵　年金保険

　年金保険は、老齢、障害、働き手の死亡（遺族）などによる所得低下に対して生活を保障する制度です。これには、全ての住民に共通の基礎年金が支給される国民年金、さらに被用者等を対象として基礎年金に上乗せした金額が支給される厚生年金保険があります。日本に在住する外国人も、基本的にその対象となっています（国民年金についてはQ119、厚生年金保険についてはQ120参照）。

⑶　介護保険

　介護保険は、介護を必要とする人を国全体でサポートするために始まった制度です。原則、40歳以上の誰もが納める介護保険料と税を財源に、要支援者・要介護者に対する支援を行います。国民健康保険同様、３か月以上滞在見込みの外国人も、介護保険の被保険者となり、公的介護サービスを受けることができます。

⑷　労働保険

　ア　雇用保険

　雇用保険は、労働者の生活と雇用の安定のために、労働者に所得の保障を行う失業給付を行

うこと等を主目的とする保険です。外国人であっても、①１週間の所定労働時間が20時間以上であり、②31日以上の雇用見込みがあれば、雇用保険の被保険者となります。雇用保険の被保険者が失業した場合、基本的には、失業した日より前の２年間に被保険者期間が１年以上あれば、失業保険の給付を受けることができます。なお、入管法別表第１の就労可能な在留資格で働く外国人が失業した場合であっても、在留資格が取り消されるまで又は在留期間が満了するまでの間は制度の対象となり得ますが、３か月以上就職先を探すことなく在留しているなど、正当な理由なく３か月以上在留資格に係る在留活動を行っていない場合は、在留資格が取り消されることがあります。

イ　労災保険

労災保険は、業務上の負傷・疾病、通勤災害に対して、労働者の過失の有無にかかわらず、必要な保険給付を行う保険です。労災保険は、保険料を事業主のみが負担する政府管掌強制保険であり、事業主が労働者を１人でも使用している限り、原則として全ての事業に適用されます。被用者が外国人であっても、さらにはオーバーステイなどの不法滞在であっても、事業所で働いている限りは被保険者となり、労災保険の給付を受けることができます。（Q74参照）。

② 社会福祉

日本の社会福祉は、児童・高齢者・障害者・母子などの支援を必要とする人々を対象に、児童福祉法、老人福祉法、障害者基本法、障害者総合支援法、母子保健法などに基づき行われています。このうち、児童手当、児童扶養手当など従来外国人には不適用とされてきたものも、1976年の難民条約加入を契機に国籍要件が撤廃された結果、原則として外国人であってもこれらのサービスを受けられることとなりました。しかしながら、在留資格のない外国人や短期滞在の外国人は、児童扶養手当、身体障害者手帳の交付など、ほとんどのサービスの対象から除外されています。

③ 公的扶助

公的扶助とは、現に生活不能若しくは生活困窮状態にある者に対して、拠出を要件とせず、また特定の支援が必要となる要件を定めずに、無差別平等に所得を保障する制度のことをいい、日本では生活保護制度がこれに当たります（Q121参照）。これによって、国家は、憲法の定める生存権、すなわち「健康で文化的な最低限度の生活」を保障します。

④ その他―生活者としての外国人に対する支援

近年の外国人人材の増加や、「特定技能１号」及び「特定技能２号」の新たな在留資格の創設を受けて、外国人人材を適正に受け入れ、共存社会の実現を図るための施策として、「外国人人材の受け入れ・共生のための総合的対応政策（2018年12月25日）」（以下「総合的対応策」）が政府により策定されました。総合的対応策においては、外国人が、在留手続、雇用、医療、福祉、出産・子育て・子どもの教育等の生活にかかわる様々な事柄について疑問や悩みを抱いた場合に、適切な情報や相談場所に迅速に到達することができるよう、都道府県、指定都市及び外国人が集住する市町村約100箇所において、地方公共団体が情報提供及び相談を行う一元的な窓口である「多文化共生総合相談ワンストップセンター（仮）」を設置することを支援することが明記されています。特に、医療、保険、防災対策等の外国人の生命・健康に関する分

野や社会保険（医療保険、年金、介護保険、労働保険）等の分野における情報提供・相談対応については、できる限り母国語による情報提供・相談対応等が可能となるよう、段階的な多言語対応の環境づくりを進めるものとされています。今後は、外国人が日本における社会保障やその他生活に関する疑問や悩みについて知りたい場合、居住地の地方公共団体等の専門窓口に問い合わせることで、適切な情報や助言が得られることが、期待されます。

Q118 医療保険

　私（外国人）は２年間の在留期間で日本に滞在していますが、国民健康保険への加入は認められるのでしょうか。私の妻の加入も認められるのでしょうか。認められるとすれば、加入する場合の手続や保険料はどのようになっているのでしょうか。

　また、加入後に引っ越した場合や本国へ帰国するときはどのような手続をしたらよいのでしょうか。

1　国民皆保険制度

　日本では、「国民皆保険制度」が採用されており、原則として日本に住んでいる人は全員、公的医療保険に加入しなければならないものとされています。

　一般には医療保険が、かかった医療費の７割を負担します。ただし、小学校入学前と70〜74歳では８割、75歳以上では９割が、公的医療保険の負担となります。

　さらに、入院や抗癌剤などで高額の医療費がかかる場合には、所得に応じて一定以上の金額の医療費については99％を医療保険が負担するなどの高額療養費制度が適用されます。例えば月収27〜51万円程度ならば、３割の自己負担額が月８万0,100円を超える場合、つまり月医療費が26万7,000円を超えた場合には、超えた部分の自己負担割合は医療費の１％に軽減されます。この結果、仮に月200万円の医療費がかかっても、自己負担は月９万7,430円つまり約５％にとどまります。このように、誰もが安心して医療にかかれる制度となっています。

　医療保険制度については、国籍による差異は原則として設けられていないため、外国人であっても公的医療保険（健康保険）に加入することができ、また、加入しなければならないのが原則です。

2　外国人労働者の場合の職域健康保険

⑴　常時雇用の場合

　国や地方公共団体、および株式会社などの法人の事業所は、職域健康保険の強制適応事業所となります。このため法人等の事業所に常時雇用されている労働者は、事業所を通して職域健康保険に加入し、医療保険の被保険者となります。また、個人事業所でも、農林漁業・サービス業の一部などを除くほとんどの事業では、常時５人以上の従業員を使用している場合には、強制適用事業所となり職域健康保険への加入義務があります。このような職場でも、労働者は勤務先を通して健康保険に加入します。

⑵　パートタイマー・アルバイト等の場合

　就労ビザを取得している場合には、常時雇用が前提となりますが、「資格外活動」の許可がある留学生や家族滞在の外国人でアルバイト等をしている場合には、原則として勤務先の職域健康保険の適用はありません。しかし、アルバイト等であっても、次の場合には適用事業所である勤務先を通じて健康保険に加入することになります。

　①　１週の所定労働時間及び１か月の所定労働日数が常時雇用者の４分の３以上である場合

　②　週の所定労働時間が20時間以上で、雇用期間が１年以上の見込みがあり、月額賃金が8.8万円以上で、常時501人以上が勤務する会社で働いている場合（学生は除く）

⑶　被保険者の被扶養者

被保険者の被扶養者は、保険料の追加負担なく、職域健康保険の適応を受けることができます。2019年現在は、職域健康保険加入者（被保険者）の配偶者などの被扶養者は、外国に居住していても被保険者の保険の適用を受けることができます。しかし、2020年４月施行予定の健康保険法等の改正により、被扶養者が健康保険の適用を受けるには、原則として日本国内に居住していることが求められることとなりました。このため同年４月以降は、被保険者の配偶者が日本にいない場合には、当該配偶者には職域健康保険は適用されません。

③　国民健康保険

⑴　加入資格

勤務先に職域健康保険がない場合や、自営業者や無職である場合には、後期高齢者医療制度に該当する場合や生活保護を受けている場合等を除き、国民健康保険に加入することになります。ただし、外国人の場合には、国民健康保険の被保険者となるために、次のような条件を要します。

①　住民登録を行っている者であること
②　３か月を超える在留資格を現に有するか、現に有している資格が３か月以下であっても客観的資料等から３か月を超えて滞在すると認められる外国人であること

したがって、設問にある２年の滞在期間ならば、加入に障害はありません。

なお、いわゆるオーバーステイの外国人に関しては従前から解釈に争いがあり、最高裁判所は平成16年の判決で、オーバーステイの外国人でも安定した生活を続けられるなど一定の条件があれば国民健康保険制度の適用対象になるとしましたが（最一小判平成16年１月15日民集58巻１号226頁）、その後国民健康保険法施行規則が改正され、オーバーステイの外国人を適用対象としないことが、法令上明確にされました。また、日本の医療を受ける目的で滞在しているいわゆる「医療滞在ビザ」による滞在者は、国民健康保険の適用対象とはなりません。なお、日本と公的医療保険制度に係る社会保障協定（Q119参照）を締結している国の人で本国政府からの社会保障加入の証明書がある人については、国民健康保険に加入する必要がない場合があります。

⑵　加入手続

住所地の市区町村で住民登録を済ませた後、国民健康保険窓口で加入申請してください。

⑶　保　険　料

保険料は前年度の世帯の所得と人数などを基本に計算します。外国人の場合は、初年度について前年度所得がないとみなされるため、保険料は最低金額となり、２年度以降は初年度の世帯の所得や人数などによって決定されます。

なお、保険料の滞納については、国民健康保険を運営する自治体と国が情報共有を行い、在留期間更新許可申請や在留資格変更許可申請を不許可とする事由とすることが予定されていますので、保険料を滞納しないよう注意する必要があります。

⑷　引っ越した場合、帰国する場合の手続

日本国内での引っ越しに際しては、転出する自治体に、国民健康保険証を添付して国民健康保険資格喪失の手続を行い、その後新しく居住する自治体において、転出した自治体からの転出証明書を添付して国民健康保険の加入の手続を行う必要があります。

帰国の際にも居住する自治体で国民健康保険の脱退手続を行い、保険証を返却します。また、保険料の過不足を清算する必要があります。

⑸　設問に対する回答

質問者が常時雇用をされている労働者等であり職場に職域健康保険が適用される場合には、職場を通じて健康保険に加入するはずですので、勤務先に確認してください。その場合、質問者の配偶者である妻が質問者の被扶養者であれば、保険料の追加負担なく、質問者の健康保険に入ることができますが、配偶者である妻が海外に居住している場合には、2020年4月以降は妻に対する健康保険の適用はありません。

質問者に職域健康保険の適用がない場合、2年間の在留期間で日本に滞在している外国人とのことですので、市町村役場で住民登録後、国民健康保険窓口で加入申請をすることで加入できます。質問者の配偶者である妻についても、配偶者自身が国民健康保険加入の要件を満たせば、質問者の同一世帯被保険者として国民健康保険に加入することになります。ただし、職域健康保険とは異なり、配偶者である妻が加入することにより、保険料の負担は増えます。なお、保険料は、前年度の世帯の所得や人数などから決定されます。引っ越しをする場合、帰国する場合に必要な手続は前記⑷を参照してください。

Q119　国民年金

　　私（日本人）の妻（アメリカ人）は専業主婦ですが、国民（基礎）年金の対象になりますか。退職後、妻とともにアメリカで暮らすことも考えているのですが、妻は国民年金に加入した場合、アメリカに帰ってからでも年金を受け取れますか。

　　また、妻の妹が２年間日本に滞在する予定で来日しました。このような外国人においても国民年金に加入する意味はあるのでしょうか。

　　さらに、友人（外国人）は本国の年金保険に加入していましたが、日本の老齢年金の受給要件である加入期間の算定のため、本国の加入期間との通算は認められますか。

1　国民年金の制度の概要

　国民年金は、老齢、障害又は死亡によって国民生活の安定が損なわれることを防止するため、全ての国民に共通の基礎年金を支給する公的年金保険です。日本国内に住所を有する20歳以上60歳未満の者全てが、被保険者となるとされており、被保険者には国民年金保険料納付の義務があります。国民年金被保険者は、以下の３種類に分けられます。①自営業・無職などで自ら保険料を納付する第１号被保険者、②厚生年金に加入し、厚生年金制度を経由して保険料を納付する第２号被保険者、③厚生年金加入者の被扶養配偶者として被保険者となる第３号被保険者であり、第１号被保険者の2019年の国民年金保険料は月額１万6,340円であり、国民年金を20歳から60歳まで480か月納付した場合の同年の年金額は、年額77万9,300円です。

2　外国人の国民年金加入

　前記のように「日本国内に住所を有する20歳以上60歳未満の者全ての者」が、国民年金の被保険者となると定められており、国籍の制限はありません。外国人も、適法に３か月を超えて在留し、日本国内に住所を有する場合は、強制的に国民年金の被保険者となり、国民年金保険料支払の義務を負います。ただし、2020年４月に施行予定の国民年金法の改正により、いわゆる医療滞在ビザで滞在する外国人については年金の対象外となるものとされています。

　質問者が、厚生年金制度の被保険者であれば、外国人である妻は国民年金の第３号被保険者となり、質問者の厚生年金保険料支払によって、妻も国民年金保険料を支払っているとみなされます。ただし、2020年４月に施行予定の国民年金法の改正により、第３号被保険者となるためには、日本国内に居住していることが必要となります。

　質問者が、個人事業主等で第１号被保険者である場合には、外国人である妻も日本国内に住所を有していれば、強制的に第１号被保険者となり、国民年金保険料を支払う義務を負います。

3　海外での年金の受給

　老齢年金を受け取るためには、保険料納付済期間（国民年金の保険料納付済期間や厚生年金保険等の加入期間を含む）と国民年金の保険料免除期間などを合算した資格期間が原則として10年以上必要です。資格期間が10年以上あれば、どの国に帰国しても、支給開始年齢になれば老齢年金を受給できます。ただし、年金を受ける資格ができたとき自動的に支給が始まるものではありません。自身で年金を受けるための手続（年金請求）を行う必要があります。受給のためには、年金機構所定の年金請求書に必要事項を記入し、所定の添付資料を添えて年金事

務所に送付してください。手続の詳細は日本年金機構のホームページ等でご確認ください。

4 短期間しか日本に滞在しない場合─脱退一時金および障害年金・遺族年金

　老齢年金を受給するためには、基本的には10年以上の資格期間が必要とされます。このため強制加入であるにもかかわらず、滞在期間の短い外国人では、老齢年金受給に結びつかず、年金保険料は掛け捨てとなってしまうことがあります。この問題への対応として、「短期在留外国人の脱退一時金」制度があります。日本国籍を有しない方は、6か月以上10年未満の被保険者期間があれば、国民年金の被保険者資格を喪失し、出国して日本に住所を有しなくなった日から2年以内ならば、脱退一時金を請求することができます。脱退一時金の額及び脱退一時金請求手続の詳細は、日本年金機構のホームページ等でご確認ください。なお、10年以上保険料を支払った場合には、脱退一時金の請求はできず、支給開始年齢となった後に老齢年金を受給することになります。

　このように、短期間の滞在外国人の場合でも、国民年金保険料を支払えば、脱退一時金が受け取れますし、10年以上の滞在となれば、老齢年金を受給できます。また、加入中に障害者となった場合や働き手の死亡により遺族となった場合などには、短期の加入でも障害年金や遺族年金が支給されます。このように、短期滞在の外国人にも、国民年金保険料を支払う意味はあります。ただし、脱退一時金は、支払保険料総額の半分以下であり、必ずしも支払保険料の全額が一時金として還付されるわけではありません。

5 社会保障協定─加入期間の通算制度など

　本国の年金保険に加入している外国人の資格期間と、日本の国民年金・厚生年金支払期間が通算されるかどうかは、当該外国との社会保障協定の締結の有無及び内容によります。

　2019年7月の段階では、日本はアメリカ・ドイツ・フランス、カナダ、ベルギー、オーストラリア、オランダ、チェコ、スペイン、アイルランド、ブラジル、スイス、ハンガリー、インド、ルクセンブルク、フィリピン、スロバキアとは、年金保険料の二重負担を防止するための適用調整に加えて、年金加入期間の通算を認める社会保障協定を結び発効しています。この協定を結んでいる当該外国との間では、日本での加入期間のみでは、受給資格を満たさない場合でも、当該外国での年金制度の加入期間を日本での加入期間とみなし、両国での年金加入期間を通算して10年以上の加入期間があれば、保険料支払期間に応じた日本の年金を受けられるようになります。この年金加入期間の通算を認める社会保障協定を結んでいる外国に戻る場合には、脱退一時金を請求するよりも、老齢年金の支給を受けるほうが有利となります。なお、年金加入期間の通算制度は、両国の年金加入期間をまとめての一方の国から年金を受けるという仕組みではなく、日本の年金は加入期間に応じて日本年金機構から、外国の年金も加入期間に応じてその国から支給されます。なおイギリスと韓国の2か国とは、年金保険料の二重負担を防止するための協定しか結んでおらず、年金加入期間の通算はできません。詳しい仕組みや手続は協定相手国ごとに異なりますので、日本年金機構のホームページを確認するか、直接お問い合わせください。

6 設問に対する回答

　日本の年金制度には、国籍の制限はありません。外国人も、適法に3か月を超えて在留し、

日本国内に住所を有する場合は、年金加入と、保険料支払の義務を負います。質問者の妻はアメリカ人であり、帰国する場合には、加入期間通算の社会保障協定を結んでいるアメリカに戻ります。このため、日本とアメリカの加入期間を通算して年金資格期間が判断されます。そして、アメリカに帰国して、受給年齢に達したときには、両国通算で10年以上の加入期間があれば、日本の年金も支給されます。

　質問者の妻の妹の場合も、質問者の妻と同じく、日本とアメリカの年金加入期間が通算されます。

　外国人である友人については、その方がどこの国の方かにより、年金加入期間が通算される場合とされない場合があります。これは、その国と日本が年金通算をする社会保障協定を結んでいるかどうかによります。

第10章　暮らしの法律相談

Q120　厚生年金

　私（外国人）は今年の春先に入国し、４月からＡ社で働いています。給料の明細をみますと、年金の保険料が差し引かれています。私の在留資格は短期ですので、保険料を納めることは意味がないと思うのですが、加入しないことはできるのでしょうか。もし、このまま年金保険に加入していた場合は掛け捨てになってしまうのでしょうか。

1　非加入の自由の有無

　あなたは会社にお勤めとのことですので、厚生年金保険に加入しているものと考えられます。厚生年金保険とは、適用事業所で働く会社員などに常時雇用されている人が主に加入する保険で、これには事業所単位で加入することになっています。そして、会社のような法人事業所の場合には、強制適用事業所に該当し、事業主や従業員の意思に関係なく必ず加入しなければなりません（Q118参照）。

2　加入の意味―脱退一時金制度と障害年金・遺族年金

　短期で帰国する場合でも、６か月以上の年金加入期間があれば、国民年金と同様、厚生年金保険でも、脱退一時金給付の制度があります。その要件や手続は国民年金の場合とほぼ同様ですので、詳細はQ119を参照してください。

　さらに厚生年金保険も、障害、働き手の死亡（遺族）の場合に、障害年金・遺族年金の給付を行います。厚生年金は働き手である被用者を対象とする年金であり、障害年金・遺族年金が国民年金より手厚くなっています。また、障害年金・遺族年金については、老齢年金のような最低加入期間はありません。このような働き手の障害や死亡などはいつ起きるか分かりませんので、この意味でも加入の意味があります。

3　通算制度など

　外国との年金の通算、二重加入の防止についても、国民年金と同様ですので、Q119を参照してください。

4　設問に対する回答

　あなたが保険に加入したくないと考えても、加入しなければなりません。日本があなたの国と社会保障協定を締結している場合は、保険加入期間を通算することができる場合があります。また、保険加入期間を通算できない場合にも、脱退一時金や障害年金・遺族年金を受給できる場合があります。

Q121　生活保護

　　私（外国人）は、定住者の在留資格で日本に在留しています。現在無職であるため、生活保護を受けたいのですが、可能でしょうか。
　　また、私のオーバーステイの友人は、先日大怪我をしてしまい、治療が必要な状態ですが、治療費を支払う能力がありません。どうしたらよいでしょうか。

1　生活保護とは

　生活保護とは、国民の生存権を保障する国の制度であり、「社会保障の最後のセーフティネット」といわれています。国民は、生活に困窮した場合には、生活保護法の定める要件を満たす限り、無差別平等に保護を受けることができます。ただし、生活保護はその世帯で利用できる資産、働く能力、年金・手当て・給付金など他の制度による給付、親子間などの扶養・援助などあらゆるものを活用しても、なお生活できないときに行われるものです。そのため、支給に当たってはその人が本当に活用できるお金などの所得や資産がないか調査することになっています。

2　外国人への適用、準用について―永住者、定住者等の場合

　生活保護は、生活保護法がその対象を「すべての国民」としていることから、対象を日本国民に限っているかのように解されます。この点について最高裁判所は、同法の文言を重視し、外国人は生活保護法に基づく受給権を有しないとの判断を下しました（最二小判平成26年7月18日判自386号78頁）。しかし従来、昭和29年5月8日社発第382号厚生省社会局長通知により、外国人であっても当分の間生活保護法による保護等に準ずる取扱いをするものとされており、このような通知に基づく行政措置による事実上の保護を受けることは前記最高裁判例によっても否定されたわけではありません。このような行政措置による保護の対象となる外国人は、適法に日本に滞在し、活動に制限を受けない永住、定住等の在留資格を有する外国人であり、具体的な滞在資格等としては、次のとおりとされています。
　①　入管法別表第2の在留資格を有する者（永住者、日本人の配偶者等、永住者の配偶者及び定住者）
　②　入管特例法の特別永住者
　③　入管法上の認定難民

3　適用、準用のない外国人

　他方、質問者の友人のようにオーバーステイの外国人の場合には、生活保護としての医療扶助は受けられません。このような場合には、以下のような方策が考えられます。
　⑴　社会福祉法人等が行う無料又は低額診療事業
　生活困窮者が、経済的な理由により、必要な医療を受ける機会を制限されることのないよう、社会福祉法人等が、無料又は低額な料金で診療を行うものです。この事業は、国籍や在留資格の有無を問わず適用されます。
　⑵　行旅病人及行旅死亡人取扱法に基づく制度
　この制度は、旅行中の行き倒れ又は死亡者につき、救護人又は遺体引取者のいない場合に、

369

市区町村がその救護又は埋葬等を行う制度です。この制度は、国籍や在留資格の有無を問わず適用されますが、「旅行中」であることが要件であることから、定住先や就労先がある場合には、対象になりません。

(3)　地方自治体による医療費補てん事業

　生活保護を受けられず、国民健康保険の被保険者からも除外される外国人が、必要な医療を受けられず、あるいは治療費の支払ができずに困窮し、あるいは病院側が治療費の支払がなされずに困っているという事態が生じています。そこで、いくつかの地方自治体では独自に医療費補てん制度を設けて、診療費の回収ができなかった医療機関に対し、当該未回収の医療費を補てんしています。ただし、この事業を行っている自治体でも、補助の割合や金額、適用条件などは、それぞれ異なります。

(4)　その他

　その他、横浜の「港町健康互助会」、群馬県太田市の特定非営利法人北関東医療相談会（通称AMIGOS）など民間団体による互助的組織の利用などが考えられます。

④　設問に対する回答

　前記②のとおり、一定の外国人には生活保護の受給が認められており、あなたは定住者の在留資格を有していることから、生活保護の対象となります。

　また、生活保護の対象とならないオーバーステイの外国人については、前記③にあげる諸制度等の利用を検討してください。

〈民事裁判手続の利用〉
Q122　裁判所の利用

　私（外国人）は、ある日本人に100万円を貸しましたが、期限を過ぎても返してもらえません。そこで、私自身が裁判所を利用して返還請求をしたいのですができるでしょうか。また、民事裁判手続等を弁護士に頼みたいのですが、まとまったお金がありません。どうしたらよいでしょうか。

1　民事調停、民事訴訟

　裁判所を利用して民事紛争を解決する方法としては、まず、民事調停の申立て、民事訴訟の提起が考えられます。

　民事調停は、民事に関する紛争につき、裁判所が、調停委員会により、当事者間をあっせんして条理にかない実情に即した解決を図る制度であり、民事訴訟は、具体的事実を確定し、確定された事実に法を適用し、公権的に争いを解決する制度です。民事調停は合意による解決を目的としますので争いの解決は任意的ですが、民事訴訟では、判決による強制的な解決が図られることとなります。

　その他の裁判所を利用する方法として、督促手続（民事訴訟法382条）や1996年改正により設けられた60万円以下の金銭の支払請求を目的とした少額訴訟制度（同法368条）のような、簡素な手続もあります。

2　当事者能力、訴訟能力

　民事調停の場合の当事者は、調停の申立てをする申立人と相手方であり、民事訴訟の場合の当事者は、訴えを提起した原告と訴えられた被告です。このような当事者となることのできる一般的な資格を当事者能力といいます。

　そして、実体法上の権利能力者は、全て当事者能力を認められています（民事訴訟法28条）。外国人は、法令又は条約によって禁止されている場合を除き、権利能力を有しています（民法3条2項）ので、この権利能力を有する限度において当事者能力を有します。

　次に、当事者となったあなた自身で、調停手続や民事訴訟手続を行うことができるかどうかということも問題になります。自ら訴訟進行に当たることのできる能力を訴訟能力といいます。そして、訴訟能力があるかどうかについては、民事訴訟法は民法等の法令によると規定しており（民事訴訟法28条）、民法において行為能力を認められている者は訴訟能力を有します。

　外国人の行為能力は、その本国法によります（通則法4条1項）ので、訴訟能力も本国法を基準とします。したがって、本国法上行為能力が認められれば、日本法上訴訟無能力であっても訴訟能力があることになります。ただし、本国法上訴訟能力が認められないときでも日本法によれば認められるときは、訴訟能力があるということになります（民事訴訟法33条）。

3　法律扶助制度

　法律問題を抱えていながら、弁護士を依頼して裁判手続を行う資力のない人を援助する法律扶助制度は、以前は財団法人法律扶助協会が行ってきましたが、2004年に施行された総合法律支援法に基づいて独立行政法人日本司法支援センターが設立され、現在では同センターが開設する「法テラス」によって行われています。

相談と審査の結果、資力が基準以下で、かつ、勝訴の見込みがないとはいえないと判断された場合には援助が決定され、弁護士費用や実費が立て替えられます。立替金の返還は、分割払いが原則です。

4 法律扶助の対象とならない事案の場合

ところで総合法律支援法は、民事法律扶助の対象を「民事裁判等手続」とし（同法4条）、かつ、援助対象者を「国民若しくは我が国に住所を有し適法に在留する者」（同法30条2号）としているため、行政手続である入管手続や、オーバーステイの外国人は本来的には援助できないことになってしまいます。

このため、現在、日本弁護士連合会（以下「日弁連」）は法テラスに依託し、費用も日弁連が負担して、在留資格がなくても受けられる法律相談や法律扶助、あるいは行政手続への援助を行っています。この制度は、法律相談を受けた弁護士が申込みを行うこととなっていますので、まずは、法テラスや弁護士会の運営する法律相談センターなどを利用して弁護士による法律相談を受けてください。

5 設問に対する回答

設問のような金銭消費貸借契約に関しては、法令又は条約において外国人に禁止する規定はありません。

したがって、あなたが申立人となって日本人を相手方として民事調停の申立てをすることや、あなたが原告となって日本人を被告として貸金返還請求の訴えを提起することが可能です。

次に、当事者となったあなたに訴訟能力が認められ、自身で調停手続や民事訴訟手続を行うことができるかどうかが問題となります。外国人の行為能力は、その本国法によります（通則法4条1項）ので、あなたの本国法上、行為能力が認められれば、訴訟能力が認められ、自身で訴訟手続を行うことができます。ただし、本国法上訴訟能力が認められないときでも日本法によれば認められるときは、訴訟能力が認められます。

また、裁判手続等を弁護士に依頼する場合には、前記 3 記載の法律扶助制度がありますので、お近くの法テラスや弁護士会の法律相談センターに問合せをしてみてください。

Q123　国際裁判管轄権、送達

　　私（日本人）は、取引先の外国人にお金を貸していたところ、返済しないまま本国に帰ってしまいました。相手が外国にいる場合でも、日本の裁判所に貸金返還請求訴訟を起こせますか。また、送達の問題があると聞きましたが、どういうことでしょうか。

1　外国にいる外国人に対する訴訟

　外国に住んでいる外国人に対して訴訟を起こそうとするには、まず、あなたがそのような訴訟を日本の裁判所で起こすことができるのか、つまり、日本の裁判所の管轄権が及ぶのかという問題があります。

　次に、日本の裁判所で訴訟を起こすことができたとしても、訴状の送達ができるかという裁判手続における事実上の問題があります。裁判の手続を進めるためには、訴訟に関する書類を一定の法定の手続に従って相手方に送り届けること（送達）が必要となりますが、外国に住んでいる人への送達には、その外国の協力が必要となるからです。

2　国際裁判管轄―日本の裁判所での裁判の可否

　まず、日本の裁判所で裁判を起こすことができるか（日本の裁判所の管轄権が及ぶのか）については、民事訴訟法３条の２から３条の８までに規定されており、その要件を満たせば原則として日本の裁判所の管轄が認められます。

　ただし、日本の裁判所のみに管轄を認める合意（専属的合意管轄）がある場合を除き、これらの規定によって日本の裁判所に管轄が認められたとしても、「事案の性質、応訴による被告の負担の程度、証拠の所在地その他の事情を考慮して、日本の裁判所が審理及び裁判をすることが当事者間の衡平を害し、又は適正かつ迅速な審理の実現を妨げることとなる特別の事情」があると認められる場合には、例外的に、日本の裁判所の管轄は否定されます（民事訴訟法３条の９）。

　また、法令により、訴えの管轄権について日本の裁判所に専属する旨の定めがある場合には、その定めが他の管轄原因を定める規律に優先して適用されることとなります（民事訴訟法３条の10参照）。

3　送達の可否

　日本の裁判所の管轄が認められた場合、審理の前提として送達をすることができるかが問題となります。

　(1)　日本の裁判所は、日本国内の居住者には送達をする権限がありますが、外国に住んでいる外国人に対して送達をする権限はありません。外国で送達をするには、条約等の取決めによって、外国の協力を得ることが必要になります（民事訴訟法108条）。

　(2)　取決めには、多国間で送達の仕組みを取り決めた多国間条約である「民事訴訟手続に関する条約」（以下「民訴条約」）、「民事又は商事に関する裁判上及び裁判外の文書の外国における送達及び告知に関する条約」（以下「送達条約」）があります。また、日本が外国との間で二国間の条約・取決めを結んでいることもあります。条約や取決めがない国との間でも個別の事件ごとに相手国の応諾を得て協力を得られている場合もあります。ただし、外交交渉の困難な

どの事情により送達ができない場合もあり得ます。

　以上のように、日本は、多くの国との間では協力を得られる体制となっており、日本の裁判所で提訴された事件については送達ができる可能性があります。ただし、翻訳文の作成が必要だったり、費用、時間がかかる（数か月から1年以上かかった例もあるようです）など、日本に住んでいる人を訴える場合に比べ、負担は重くなります。

　(3)　民訴条約による場合は、原則として外国の指定当局を経由して送達することになります（具体的には、受訴裁判所の長が最高裁判所・外務省を通じて我が国領事館に依頼し、我が国領事館が当該外国の指定当局に要請します）。この方法によるときは任意交付が原則ですが、その国の国内の送達方法等によること、ないしはその国の国内法に反しない範囲で特別の送達方法によることを表明することもできます。この場合翻訳文、翻訳者の証明書等の添付をすることが必要となります。

　送達条約による場合（なお、当該外国が民訴条約の締結国であると同時に送達条約の締結国である場合には、送達条約の方法によることとされています）は、当該外国の中央当局を経由する方法が原則となります（受訴裁判所が最高裁判所を経由して当該外国の中央当局に依頼します）。当該外国の国内の送達方法による場合及び特別の送達方法による場合には、翻訳が必要とされます。

　また、前記両条約のいずれにおいても、当該外国が拒否しない場合には、当該外国にいる自国の外交官、領事館に送達を行わせることができるとされています（ただし、強制によらないものに限る（送達条約8条参照））。二国間の取決めでも同様の方法を認めていることがあります。また、外国との取決め等により、外国の裁判所等の機関を通じて送達が行われることとなる場合もあります。

　(4)　なお、送達条約では、訴訟手続を開始する文書については、送達の証明書が戻ってこない場合、文書の発送の日から当該裁判所が事件ごとに適当と認める6か月以上の期間を経過したこと等の3条件（送達条約15条2項）を満たす場合に、日本の裁判所は公示送達ができるものとされています（民事訴訟手続に関する条約等の実施に伴う民事訴訟手続の特例等に関する法律28条、民事訴訟法110条）。送達不能の場合にも、公示送達によることはできます（民事訴訟法110条1項3号）。

　もっとも、離婚のように判決が得られればそれで解決する場合なら公示送達ができればよいでしょうが、貸金返還請求のように、その後相手方から支払を受けられなければ意味がない場合には、公示送達で手続を進めることに意味があるかどうか疑問です。

④　判決の執行

　また、財産が外国にある場合には、日本の裁判所の判決があっても、その国では当該判決による執行を認められるかが別途問題となり、当該国の法制度を確認する必要があります。

⑤　設問に対する回答

　設問は、貸し付けた金銭の返還を求めるものであり、契約上義務履行地が日本国内と定められているか、契約において定められた準拠法によれば義務履行地が日本国内となるのであれば、前記「特別の事情」（民事訴訟法3条の9）がない限り、日本の裁判所の管轄が認められることになります（同法3条の3第1号、3条の9）。ただし、外国の裁判所のみに管轄を認める

旨の書面による合意がある場合には、その外国の裁判所にのみ管轄が認められることとなります。

　送達については、前記 3 に指摘したとおり、外国の協力が必要となります。あなたが訴えようとしている外国人が居住している国が日本との間で何らかの取決め等をしていれば、送達が可能と考えられます。ただ、翻訳文の作成が必要になるなど、手間や時間、費用がかかります。仮に、何らかの事情により送達が不能な場合には、公示送達によることとなります。

　送達もでき、事件が日本の裁判所で審理されて、最終的にあなたが日本の裁判所で勝訴判決をもらったとしても、はたしてその判決に基づいて、相手の財産から強制的に貸金を回収することができるのか（執行できるか）、また、そのためにどの程度の手数がかかるのかという実際上の問題があります。

　以上のように、外国に住んでいる外国人に対して貸金返還請求をする場合には、裁判管轄、送達の問題に加え、費用、手数、時間、また、勝訴した場合の実際の貸金の回収可能性等日本に住んでいる人に対する裁判とは異なる実際上の問題があることを考慮して、訴訟を提起するか否か、提起する場合には、日本の裁判所に行うのか相手が住んでいる国の裁判所を利用するのか等を判断する必要があると考えられます。

（外国への送達に関する参考文献：最高裁判所事務総局民事局監修『国際民事事件手続ハンドブック』（法曹会、2013年））

Q124　外国判決の執行力

　私は、昨年アメリカ・カリフォルニア州の裁判所から「補償的損害賠償として42万ドル、懲罰的損害賠償として112万ドルを支払え」との判決を言い渡されました。この判決に基づき、日本にある私の預金１億円が差し押さえられることがありますか。

1　外国でなされた判決の我が国での効力

　外国でなされた確定判決は、我が国の民事裁判権に基づくものではありませんが、国際社会の現実からみて一定の条件を具備したときは、その効力を承認するのが望ましいものとして、我が国民事訴訟法は、一定の条件で外国判決を我が国の確定判決と同一の効力を有することとしています（民事訴訟法118条）。

2　判決と債務名義

　我が国において、債務者の預金を差し押さえる等の強制執行をするためには、債務名義が必要です。そして、我が国における確定判決はそれだけで債務名義となり（民事執行法22条１号）、これに基づいて財産の差押えなど強制執行が可能となります。

　一方、外国裁判所の確定判決は、民事訴訟法118条の各号に記載されている要件を具備すれば我が国の確定判決と同一の効力、既判力が認められるとされていますが、我が国の確定判決と異なり、直ちに債務名義としての執行力までは認められません。外国裁判所の確定判決と我が国の確定した執行判決、すなわち「執行を許可する」旨を宣言した判決とを合体させたものが債務名義となり（民事執行法22条６号）、これに基づいて、日本国内にある債務者の財産に対して、強制執行をすることが認められます。

　外国裁判所の確定判決に直ちに債務名義としての効力を認めず、このような執行判決を要求しているのは、民事訴訟法118条１号ないし４号の要件の中には判断の難しいものがあり、その判断を執行機関ではなく、裁判所にさせるためです。執行判決を求める訴えに関する規律は、民事執行法24条に定めがあり、債務者（外国裁判で敗訴した当事者）の住所地の普通裁判籍を管轄する地方裁判所に申し立てます。

　したがって、外国判決に基づいて強制執行をしようとする者は、まず、裁判所に対し、執行判決を求める訴えを提起し、裁判所による民事訴訟法118条の要件審査を経て、外国判決に基づく強制執行をすることを許可する旨を宣言した判決を得なければなりません。

3　執行判決の要件

　外国判決に対し、執行判決が与えられる要件は次のとおりです。

(1)　外国裁判所の確定判決であること（民事執行法24条３項）

　外国裁判所の確定判決とは、日本国以外の国家の裁判権の行使として、当事者双方の手続保障のもとに、実体私法上の法律関係についてなされた裁判であり、通常の不服申立ての方法では不服申立てができなくなったもの、すなわち、形式的に確定した判決です。

(2)　外国裁判所の確定判決が民事訴訟法118条の要件を具備すること（民事執行法24条３項）

　　ア　日本の法令又は条約で外国裁判所の裁判権が認められる場合であること（１号）

　外国裁判所の裁判権が認められることとは、我が国の国際裁判管轄の準則によって、当該外

国判決国の国際裁判管轄権が肯定されることを意味します。

そして、国際裁判管轄は、当事者間の公平及び裁判の適正、迅速、実効性を期するという我が国の国際民事訴訟法の基本理念である条理により決せられるべきものです。

具体的には、日本の裁判所の専属管轄と定められている場合や、外国では民事裁判権に属しているとされていても、我が国では民事裁判権として認めていない事項に属する訴訟事件についてなされた外国判決については、執行判決は許されません。

　　イ　外国判決における敗訴の被告が訴訟の開始に必要な呼出し若しくは命令の送達（公示送達その他これに類する送達を除く。）を受けたこと、又はこれを受けなかったが応訴したこと（2号）

外国の裁判において、被告が自己の利益を十分に防御する機会が与えられたことを要件とし、被告の手続保障を担保しようとするものです。送達は、被告が現実に訴訟手続の開始を知ることができ、かつ、その防御権の行使に支障のないものでなければなりません。さらに、外国判決国と我が国の間に「民事又は商事に関する裁判上及び裁判外の文書の外国における送達及び告知に関する条約」（送達条約）等、司法共助に関する条約があれば、条約に定められた方法を遵守する必要があります（最三小判平成10年4月28日民集52巻3号853頁）。

　　ウ　外国判決の内容及び訴訟手続が日本における公の秩序又は善良の風俗に反しないこと（3号）

判決内容の公序のみならず手続内容の公序も対象となっており、公序とは我が国の法制度を支えている基本的公序及び価値観、すなわち我が国の社会観念上善良の風俗に反しないものであることが求められています。

内容の公序として問題となっているものは、重婚における第二夫人の地位の承認、外為法に違反する給付、子の引渡命令、設問の懲罰的損害賠償等です。

手続の公序としては、法的審問請求権の保障、裁判官の中立性、独立性の保障の有無、判決手続の不当取得、偽造証拠による騙取などがあります。

　　エ　相互の保証があること

相互の保証のあることとは、外国判決国において、当該外国判決と同種の我が国の判決が、民事訴訟法118条と重要な点で異ならない条件のもとに効力を有するものとされていることをいいます（最三小判昭和58年6月7日民集37巻5号611頁）。

4　設問に対する回答

あなたは、カリフォルニア州裁判所から損害賠償の判決を受けたということですが、この判決に対し執行判決が言い渡されるか否かは、前記要件を全て満たしているか否かによります。

カリフォルニア州については、東京地判平成23年3月28日判タ1351号241頁が、カリフォルニア州民事訴訟法の規定を参照し、我が国の裁判所が言い渡した金銭の支払を命ずる給付判決が民事訴訟法118条所定の条件と重要な点で異ならない条件のもとに効力を有するものとされていると判示し相互の保証があることを認めているため、設問も相互保証の要件を具備していると考えられます。

問題は、懲罰的な損害賠償が、我が国の公序の要件に反しないかです。

カリフォルニア州民法典の定める懲罰的損害賠償制度は、悪性の強い行為をした加害者に対し、実際に生じた損害の賠償に加えて、さらに賠償金の支払を命ずることにより、加害者に制

裁を加え、かつ、将来における同様の行為を抑止しようとすることを意図するものです。

これに対し、我が国の不法行為に基づく損害賠償制度は、被害者に生じた現実の損害を金銭的に評価し、加害者にこれを賠償させることにより、被害者が被った不利益を補てんして、不法行為がなかったときの状態に回復させる、補償的な損害賠償を目的とするものであり、加害者に対する制裁及び一般予防を目的とする懲罰的損害賠償制度とは本質的に異なるものです。加害者に対する制裁や一般予防は、我が国においては、刑事上又は行政上の制裁に委ねられています。

したがって、不法行為の当事者間において、被害者が加害者から、実際に生じた損害の賠償に加えて、制裁及び一般予防を目的とする懲罰的な賠償金の支払を受けられるとする判決は、我が国における不法行為に基づく損害賠償制度の基本原則ないし基本原理とは相容れないものですので、巨額の懲罰的損害賠償については、我が国の公序に反するものとして執行判決の請求は認められません。

よって、カリフォルニア州の裁判所があなたに金員の支払を命じた部分のうち、懲罰的な損害賠償である金112万ドルについては執行判決は認められず、懲罰的損害賠償部分について、我が国におけるあなたの預金の差押え等の強制執行をされる可能性は小さいと思われます。

（参考判例）　最二小判平成９年７月11日民集51巻６号2573頁
　　　　　　　第一審：東京地判平成３年２月18日民集51巻６号2539頁
　　　　　　　控訴審：東京高判平成５年６月28日民集51巻６号2563頁

Q125　外国での仲裁と執行

私は中華人民共和国の会社の代表をしていますが、日本の会社との貿易でトラブルとなり、中国で仲裁判断をもらい、日本の会社に対し、損害賠償請求権を有することが確定しました。この仲裁判断に基づいて、日本で強制執行できるのでしょうか。

1　外国でなされた判決と仲裁判断の執行手続上の差異

外国でなされた判決や仲裁判断は、日本で当然に執行できるわけではありません。外国でなされた判決や仲裁判断は、日本の裁判所においてそれらが認められれば、それらに基づき国内においても執行することができます。

外国裁判所の確定判決に基づいて強制執行を行うためには、執行判決を得る必要があり、当該外国裁判所の確定判決が民事訴訟法118条の要件を充足するときは、執行判決が出されます（Q124参照）。

一方、仲裁判断（仲裁地が日本の領域内である仲裁判断も含みます。）に基づいて強制執行を行うためには、仲裁法46条の規定に基づき管轄する地方裁判所に執行決定を求める申立てを行い、執行決定を得る必要があります。仲裁判断はそれに対する執行決定を得ることで、債務名義となり、債務者の日本に所在する財産に対して強制執行を行うことができます（民事執行法22条6号の2）。

そして、仲裁判断の執行決定の要件は仲裁法45条が規定していますが、外国仲裁判断の承認と執行に関しては、後記のような多国間条約や、二国間通商条約等が締結されている場合が多く、その場合には仲裁法の規定よりも当該条約が優先的に適用されます（憲法98条2項）。

2　国際条約

(1)　ニューヨーク条約

日本を含めた多くの国は「外国仲裁判断の承認及び執行に関する条約」（ニューヨーク条約）を批准しており、2019年7月現在加盟国は160か国となっています（https://uncitral.un.org/en/texts/arbitration/conventions/foreign_arbitral_awards/status2）。中華人民共和国もニューヨーク条約を批准しており、1987年から発効しています。

仲裁判断の承認及び執行を求める国以外の領域でなされた仲裁判断について承認及び執行を求める場合、仲裁判断の承認及び執行を求める国がニューヨーク条約に加盟していれば、ニューヨーク条約5条の拒否事由に該当しない限り、仲裁判断の承認及び執行を求められた国は当該仲裁判断の承認及び執行を拒否することができません（ただし、加盟国は、相互主義に基づき他の締約国の領域においてなされた仲裁判断の承認及び執行についてのみニューヨーク条約を適用する旨を宣言することができます（同条約1条3項前段）。また、加盟国は、その国の国内法により商事と認められる法律関係から生じる紛争についてのみニューヨーク条約を適用する旨を宣言することができます（同項後段））。

そのため、外国仲裁判断を承認及び執行する際には、承認及び執行を求める国がニューヨーク条約に加盟しているかを慎重に確認する必要があります。

(2)　二国間条約

ニューヨーク条約が存在するだけで、日本との間に二国間条約がない場合には、ニューヨー

ク条約だけを検討することになります。

これに対し、ニューヨーク条約だけでなく、二国間条約も存在する場合があります。アメリカ、イギリスなどがそうです。また、中華人民共和国との間には、1974年6月22日に発効した「日本国と中華人民共和国との間の貿易に関する協定」（日中貿易協定）が存在しています。この場合は、両者の適用関係が問題となりますが、一般論としていえば、ニューヨーク条約における他の条約や国内法との関係を規定した条文の趣旨、二国間条約の規定内容、二国間条約の設けられた経緯、ニューヨーク条約と二国間条約の前後関係などを検討して、個別的に決することになるでしょう。

③ 日本と中華人民共和国の場合

日本と中華人民共和国の場合、日中貿易協定とニューヨーク条約の両者が存在するため、その適用関係が問題となります。

裁判例には、日中貿易協定とニューヨーク条約の双方が適用されるものとするもの（岡山地判平成5年7月14日判時1492号125頁）、日中貿易協定を適用するもの（東京地判平成5年7月20日判時1494号126頁）、ニューヨーク条約を適用するもの（東京地判平成6年1月27日判タ853号266号、東京地判平成7年6月19日判タ919号252頁）、日中貿易協定の適用を前提としつつ、国内法的効力を有するものとしてニューヨーク条約の要件を検討するもの（横浜地判平成11年8月25日判時1707号146頁）とがあります。裁判例としては、ニューヨーク条約4条以下の定める条件について検討するものが多いものといえます。

また、日中貿易協定8条4項は「両締約国は、仲裁判断について、その執行が求められる国の法律が定める条件に従い、関係機関によって、これを執行する義務を負う」と定めています。そのため、我が国において中国でなされた仲裁判断の承認及び執行を求める場合には、「法律が定める条件」、すなわち我が国の仲裁法第8章に規定された要件を充足するかが問題となります。そして、我が国の仲裁法はUNCITRALモデル仲裁法に依拠しており、仲裁判断の承認及び執行拒否事由は、ニューヨーク条約5条に規定される仲裁判断の承認及び執行拒否事由とほぼ同一であり、ニューヨーク条約と日中貿易協定の適用関係にかかわらず、実際の事件での検討内容は同一となることが多いといえるでしょう。

④ ニューヨーク条約の要件該当性

(1) 積極的要件

ニューヨーク条約4条は、外国仲裁判断の承認・執行を求める場合の積極的要件を定めており、原告側が申立て時に以下の書類を提出しなければならないものとされています。

ア　原告側において、次の書類を提出しなければなりません。
① 正当に認証された仲裁判断の原本又は正当に証明されたその謄本
② 仲裁合意書面の原本又は正当に証明されたその謄本

イ　そして、これらの書類が仲裁判断の援用される国の公用語で作成されていない場合には、公の若しくは宣誓した翻訳者又は外交官若しくは領事官による証明を受けた当該公用語への翻訳文を提出しなければなりません。

(2) 拒否要件

ニューヨーク条約5条は、外国仲裁判断の承認・執行についての拒否要件を定めており、拒

否を求める被告側には、以下の書類を提出しなければなりません。

　　ア　被告側が次の事項に関する証拠を提出した場合に限って、仲裁判断の承認・執行を拒否できます。

　　　　①　当事者が無能力であったこと、又は仲裁合意が有効でないこと

　　　　②　被告側が、仲裁人の選定若しくは仲裁手続について適当な通告を受けなかったこと又はその他の理由により防御することが不可能であったこと

　　　　③　仲裁判断が仲裁条項の範囲外の紛争に関するものであったこと

　　　　④　仲裁機関の構成又は仲裁手続が、当事者の合意や法令に従っていなかったこと

　　　　⑤　仲裁判断が、まだ当事者を拘束するものに至っていないこと、又は権限ある機関により取り消されたか若しくは停止されたこと

　　イ　また、裁判所が次のことを認めた場合にも、仲裁判断の承認・執行が拒否されます。

　　　　①　紛争の対象事項がその国の法令によって仲裁による解決ができないこと

　　　　②　仲裁判断の承認及び執行を認めることが公の秩序に反すること

⑶　延期要件

　ニューヨーク条約６条には、仲裁判断の取消し又は停止が申し立てられている場合の決定延期についての規定があります。

⑤　設問に対する回答

　中華人民共和国での仲裁判断について、あなたは中国の会社を代表して、債務者である日本の会社の財産の所在地を管轄する日本の地方裁判所等に当該仲裁判断の執行決定を求める申立てをすることができます。そして、ニューヨーク条約の積極的要件を立証でき、拒否要件が認められなければ、執行決定をもらえるでしょう。仲裁判断とこれに対する確定した執行決定を債務名義として、日本の会社の日本に所在する財産に対する強制執行をすることができるのです。

第10章　暮らしの法律相談

Q126 日本での交通事故と渡航費、治療費等

私の友人（アメリカ人）が日本で交通事故に遭い入院しました。その友人はアメリカに帰って治療を受けたのですが、アメリカでの治療費、アメリカへの渡航費などについても損害賠償として日本の裁判で認められるのでしょうか。

また、別の友人（外国人）が留学のため日本に来ていたところ、日本で交通事故に遭い死亡しました。遺族の日本への渡航費用も損害賠償請求することができるのでしょうか。

1 不法行為に基づく損害賠償請求における国際裁判管轄と準拠法

⑴ 国際裁判管轄

外国人が日本において交通事故に遭った場合に、日本の裁判所で裁判（不法行為に基づく損害賠償請求）を起こすことができるのかという国際裁判管轄権については、交通事故の発生した場所が日本で、日本国内が不法行為地ですから、民事訴訟法3条の3第8号により、日本の裁判所に国際裁判管轄が認められます。したがって、被害者あるいは遺族である外国人は、日本の裁判所に損害賠償請求訴訟を提起できるでしょう（Q123参照）。

⑵ 準 拠 法

次に、外国人が日本で交通事故に遭った場合に、どこの国の法律に基づいて損害賠償請求をすることができるのかという準拠法が問題になりますが、不法行為については、通則法17条によって、「加害行為の結果が発生した地」の法律によるものとされています。したがって、設問では日本での交通事故ですから、日本の法律によることになり、民法709条、自動車損害賠償保障法等が適用されることになります。

ただし、常居所を同じくする外国人同士の事故等の場合には、通則法20条によって事故当事者の常居所地法による場合もあり得ます。

2 損害賠償の内容

日本においては、不法行為に基づく損害賠償の内容としては入通院慰謝料として、受傷し入通院した場合には治療費、付添看護費、入院雑費、通院のための交通費、事故により仕事を休まなければならなかった場合には休業損害、後遺症が残った場合には後遺症慰謝料、逸失利益、さらに被害者が死亡した場合には死亡による逸失利益、死亡による慰謝料、葬儀費用等があげられます。

実費の賠償を求める積極損害については、渡航費や遺体搬送費、将来の介護費用を除き、問題となるところはほとんどありませんが、被害者の所得を基礎とする消極損害や被害者の本国の生活水準等が配慮される慰謝料については、所得水準や生活水準が日本に比べて著しく低い場合には調整が必要となる場合があります。

3 外国での治療費

治療費は一般には損害賠償の対象として考えられますが、それが外国（本国）での治療費の場合には、本件事故と相当因果関係のある損害か否かということが問題となります。外国での治療費が、医学的見地から必要性、相当性が認められ、かつ、その費用が妥当なものと判断される場合には、損害として認められるものと考えられます。しかし、例えば、日本では医学的

に承認されていない治療方法であった場合や、外国での医療費が高額な場合に、損害と認められるには困難が予想されます。

4 外国への渡航費

治療のための交通費は一般には損害賠償の対象として考えられますが、治療のために外国に渡航する費用まで本件事故と相当因果関係のある損害かということが問題になります。治療行為を本国で行うことの必要性、相当性が認められる場合に、損害として認められるものと考えられます。その際、日本語能力の有無及び程度、日本語能力がない場合には通訳者（家族）の有無、日本への定着度等が総合考慮されるものと考えられます。

裁判例としては、語学の講師をしていたフランス人が交通事故によって傷害を負い日本の病院で治療を受けていたが、入院中に肺炎に罹患し、精神状態が悪化したために、帰国して本国で治療を受けた事件について、治療のための帰国費用を損害として認めたものがあります（大阪地判平成3年3月7日交民24巻2号270頁）。

5 遺族の渡航費

外国人被害者が死亡したことによるその遺族の日本への渡航費用については、その渡航及び費用が必要かつ相当なものと認められる限り、相当因果関係のある損害として認められるでしょう。

裁判例としては、1984年12月、フランスに在住していた被害者が医師の医療上の過失により日本で死亡し、その妻が葬儀費用及びフランスへの往復渡航費として合計100万円以上を支出した事案で、医師自身が被害者らの生活の本拠地がフランスにあることを認識していたことも考慮して、相当因果関係のある損害と認めたもの（東京地判平成3年9月27日判時1424号75頁）、1989年7月、留学のために来日していた韓国人が交通事故のため日本で死亡した事案で、妻が韓国まで往復したこと、兄妹が日本へ渡航したことを認定し、約18万円の渡航費等に関する費用を、相当因果関係ある損害と認めたもの（東京地判平成5年9月10日交民26巻5号1176頁）などがあります。

6 外国人の逸失利益

逸失利益とは、将来得ることができた利益の喪失による損害を補てんするものです。

そのため、永住者資格やそれに準じる定住者資格等を有している外国人については、日本人と同様の算定方法によることが相当です。

他方で、上記以外の外国人については、在留期限が到来すると母国あるいは第三国に出国する可能性があるため、その場合には、労働能力喪失期間のうち、在留期間経過後については母国等の他国の賃金水準を基礎とすることもあり得ます。

この点、不法残留中の中国人の逸失利益について、症状固定後2年間は日本における実収入を基礎とし、その後は実収入の3分の1を基礎として算定した裁判例があります（東京高判平成9年6月10日判夕962号213頁）。

7 設問に対する回答

日本での交通事故については、日本の裁判所に裁判を提起することになり、日本の法律によ

り判断されることになります。

　日本で交通事故に遭った後、母国に帰国して治療を受けた場合の治療費については、外国で受けた治療が医学的にみて必要かつ相当であり、費用が妥当である場合には、交通事故による損害賠償が認められるでしょう。母国への渡航費については、アメリカ人の友人の日本語能力や日本社会への定着の程度からして、母国での治療が必要で相当と認められる場合には、渡航費も損害として認められます。

　外国人被害者の遺族の日本への渡航費についても、家族の渡航が必要であり、費用が相当な範囲であれば交通事故による損害として認められます。

巻末資料

出入国管理及び難民認定法（別表）

（最近改正：平成30年12月14日法律第102号）

別表第1（第2条の2、第2条の5、第5条、第7条、第7条の2、第19条、第19条の16、第19条の17、第19条の36、第20条の2、第22条の3、第22条の4、第24条、第61条の2の2、第61条の2の8関係）

1

在　留　資　格	本邦において行うことができる活動
外　　　　　交	日本国政府が接受する外国政府の外交使節団若しくは領事機関の構成員、条約若しくは国際慣行により外交使節と同様の特権及び免除を受ける者又はこれらの者と同一の世帯に属する家族の構成員としての活動
公　　　　　用	日本国政府の承認した外国政府若しくは国際機関の公務に従事する者又はその者と同一の世帯に属する家族の構成員としての活動（この表の外交の項の下欄に掲げる活動を除く。）
教　　　　　授	本邦の大学若しくはこれに準ずる機関又は高等専門学校において研究、研究の指導又は教育をする活動
芸　　　　　術	収入を伴う音楽、美術、文学その他の芸術上の活動（2の表の興行の項の下欄に掲げる活動を除く。）
宗　　　　　教	外国の宗教団体により本邦に派遣された宗教家の行う布教その他の宗教上の活動
報　　　　　道	外国の報道機関との契約に基づいて行う取材その他の報道上の活動

2

在　留　資　格	本邦において行うことができる活動
高　度　専　門　職	1　高度の専門的な能力を有する人材として法務省令で定める基準に適合する者が行う次のイからハまでのいずれかに該当する活動であつて、我が国の学術研究又は経済の発展に寄与することが見込まれるもの イ　法務大臣が指定する本邦の公私の機関との契約に基づいて研究、研究の指導若しくは教育をする活動又は当該活動と併せて当該活動と関連する事業を自ら経営し若しくは当該機関以外の本邦の公私の機関との契約に基づいて研究、研究の指導若しくは教育をする活動 ロ　法務大臣が指定する本邦の公私の機関との契約に基づいて自然科学若しくは人文科学の分野に属する知識若しくは技術を要する業務に従事する活動又は当該活動と併せて当該活動と関連する事業を自ら経営する活動 ハ　法務大臣が指定する本邦の公私の機関において貿易その他の事業の経営を行い若しくは当該事業の管理に従事する活動又は当該活動と併せて当該活動と関連する事業を自ら経営する活動 2　前号に掲げる活動を行つた者であつて、その在留が我が国の利益に資するものとして法務省令で定める基準に適合するものが行う次に掲げる活動 イ　本邦の公私の機関との契約に基づいて研究、研究の指導又は教育をする活動 ロ　本邦の公私の機関との契約に基づいて自然科学又は人文科学の分野に属する知識又は技術を要する業務に従事する活動 ハ　本邦の公私の機関において貿易その他の事業の経営を行い又は当該事業の管理に従事する活動

	ニ イからハまでのいずれかの活動と併せて行う1の表の教授の項から報道の項までの下欄に掲げる活動又はこの表の法律・会計業務の項、医療の項、教育の項、技術・人文知識・国際業務の項、介護の項、興行の項若しくは技能の項の下欄若しくは特定技能の項の下欄第2号に掲げる活動（イからハまでのいずれかに該当する活動を除く。）
経　営　・　管　理	本邦において貿易その他の事業の経営を行い又は当該事業の管理に従事する活動（この表の法律・会計業務の項の下欄に掲げる資格を有しなければ法律上行うことができないこととされている事業の経営又は管理に従事する活動を除く。）
法　律　・　会　計　業　務	外国法事務弁護士、外国公認会計士その他法律上資格を有する者が行うこととされている法律又は会計に係る業務に従事する活動
医　　　　　　　　療	医師、歯科医師その他法律上資格を有する者が行うこととされている医療に係る業務に従事する活動
研　　　　　　　　究	本邦の公私の機関との契約に基づいて研究を行う業務に従事する活動（1の表の教授の項の下欄に掲げる活動を除く。）
教　　　　　　　　育	本邦の小学校、中学校、義務教育学校、高等学校、中等教育学校、特別支援学校、専修学校又は各種学校若しくは設備及び編制に関してこれに準ずる教育機関において語学教育その他の教育をする活動
技　術　・　人　文　知　識　・国　　際　　業　　務	本邦の公私の機関との契約に基づいて行う理学、工学その他の自然科学の分野若しくは法律学、経済学、社会学その他の人文科学の分野に属する技術若しくは知識を要する業務又は外国の文化に基盤を有する思考若しくは感受性を必要とする業務に従事する活動（1の表の教授の項、芸術の項及び報道の項の下欄に掲げる活動並びにこの表の経営・管理の項から教育の項まで及び企業内転勤の項から興行の項までの下欄に掲げる活動を除く。）
企　業　内　転　勤	本邦に本店、支店その他の事業所のある公私の機関の外国にある事業所の職員が本邦にある事業所に期間を定めて転勤して当該事業所において行うこの表の技術・人文知識・国際業務の項の下欄に掲げる活動
介　　　　　　　　護	本邦の公私の機関との契約に基づいて介護福祉士の資格を有する者が介護又は介護の指導を行う業務に従事する活動
興　　　　　　　　行	演劇、演芸、演奏、スポーツ等の興行に係る活動又はその他の芸能活動（この表の経営・管理の項の下欄に掲げる活動を除く。）
技　　　　　　　　能	本邦の公私の機関との契約に基づいて行う産業上の特殊な分野に属する熟練した技能を要する業務に従事する活動
特　　定　　技　　能	1　法務大臣が指定する本邦の公私の機関との雇用に関する契約（第2条の5第1項から第4項までの規定に適合するものに限る。次号において同じ。）に基づいて行う特定産業分野（人材を確保することが困難な状況にあるため外国人により不足する人材の確保を図るべき産業上の分野として法務省令で定めるものをいう。同号において同じ。）であつて法務大臣が指定するものに属する法務省令で定める相当程度の知識又は経験を必要とする技能を要する業務に従事する活動 2　法務大臣が指定する本邦の公私の機関との雇用に関する契約に基づいて行う特定産業分野であつて法務大臣が指定するものに属する法務省令で定める熟練した技能を要する業務に従事する活動

技　能　実　習	1　次のイ又はロのいずれかに該当する活動 　イ　技能実習法第8条第1項の認定（技能実習法第11条第1項の規定による変更の認定があつたときは、その変更後のもの。以下同じ。）を受けた技能実習法第8条第1項に規定する技能実習計画（技能実習法第2条第2項第1号に規定する第1号企業単独型技能実習に係るものに限る。）に基づいて、講習を受け、及び技能、技術又は知識（以下「技能等」という。）に係る業務に従事する活動 　ロ　技能実習法第8条第1項の認定を受けた同項に規定する技能実習計画（技能実習法第2条第4項第1号に規定する第1号団体監理型技能実習に係るものに限る。）に基づいて、講習を受け、及び技能等に係る業務に従事する活動 2　次のイ又はロのいずれかに該当する活動 　イ　技能実習法第8条第1項の認定を受けた同項に規定する技能実習計画（技能実習法第2条第2項第2号に規定する第2号企業単独型技能実習に係るものに限る。）に基づいて技能等を要する業務に従事する活動 　ロ　技能実習法第8条第1項の認定を受けた同項に規定する技能実習計画（技能実習法第2条第4項第2号に規定する第2号団体監理型技能実習に係るものに限る。）に基づいて技能等を要する業務に従事する活動 3　次のイ又はロのいずれかに該当する活動 　イ　技能実習法第8条第1項の認定を受けた同項に規定する技能実習計画（技能実習法第2条第2項第3号に規定する第3号企業単独型技能実習に係るものに限る。）に基づいて技能等を要する業務に従事する活動 　ロ　技能実習法第8条第1項の認定を受けた同項に規定する技能実習計画（技能実習法第2条第4項第3号に規定する第3号団体監理型技能実習に係るものに限る。）に基づいて技能等を要する業務に従事する活動

備考　法務大臣は、特定技能の項の下欄の法務省令を定めようとするときは、あらかじめ、関係行政機関の長と協議するものとする。

3

在　留　資　格	本邦において行うことができる活動
文　化　活　動	収入を伴わない学術上若しくは芸術上の活動又は我が国特有の文化若しくは技芸について専門的な研究を行い若しくは専門家の指導を受けてこれを修得する活動（4の表の留学の項から研修の項までの下欄に掲げる活動を除く。）
短　期　滞　在	本邦に短期間滞在して行う観光、保養、スポーツ、親族の訪問、見学、講習又は会合への参加、業務連絡その他これらに類似する活動

4

在　留　資　格	本邦において行うことができる活動
留　　　　　学	本邦の大学、高等専門学校、高等学校（中等教育学校の後期課程を含む。）若しくは特別支援学校の高等部、中学校（義務教育学校の後期課程及び中等教育学校の前期課程を含む。）若しくは特別支援学校の中学部、小学校（義務教育学校の前期課程を含む。）若しくは特別支援学校の小学部、専修学校若しくは各種学校又は設備及び編制に関してこれらに準ずる機関において教育を受ける活動
研　　　　　修	本邦の公私の機関により受け入れられて行う技能等の修得をする活動（2の表の技能実習の項の下欄第1号及びこの表の留学の項の下欄に掲げる活動を除く。）

家 族 滞 在	1の表、2の表又は3の表の上欄の在留資格（外交、公用、特定技能（2の表の特定技能の項の下欄第1号に係るものに限る。）、技能実習及び短期滞在を除く。）をもつて在留する者又はこの表の留学の在留資格をもつて在留する者の扶養を受ける配偶者又は子として行う日常的な活動

5

在 留 資 格	本邦において行うことができる活動
特 定 活 動	法務大臣が個々の外国人について特に指定する活動

別表第2（第2条の2、第7条、第22条の3、第22条の4、第61条の2の2、第61条の2の8関係）

在 留 資 格	本邦において有する身分又は地位
永 住 者	法務大臣が永住を認める者
日本人の配偶者等	日本人の配偶者若しくは特別養子又は日本人の子として出生した者
永住者の配偶者等	永住者等の配偶者又は永住者等の子として本邦で出生しその後引き続き本邦に在留している者
定 住 者	法務大臣が特別な理由を考慮し一定の在留期間を指定して居住を認める者

公的機関及び民間団体による外国語対応の相談窓口（一部、日本語のみ）

1 弁護士会の法律相談（面談相談、大阪は面談相談と電話相談）

弁護士会		電話番号・住所	相談日	相談時間	受付日	受付時間	予約	相談料（税込）
東京三弁護士会法律相談センター外国人法律相談 新宿総合法律相談センター（昼間） 弁護士会蒲田法律相談センター（夜間）		（新宿） 03-5312-5850 東京都新宿区新宿3-1-22 NSOビル5階	月、火、金	13：00〜16：00	月〜土	9：30〜16：30	要	30分5,500円延長15分につき2,750円
			水	10：00〜12：00				
		（蒲田） 03-5714-0081 東京都大田区蒲田5-15-8 蒲田月村ビル6階	水、金	17：00〜20：00	月〜金	9：30〜19：30	要	
					土、日	13：30〜16：30	要	
		なお、英語、中国語、スペイン語、の電話受付の場合0570-055-289						
霞が関法律相談センター東京入管出張相談		03-3595-8632 東京都千代田区霞が関1-1-3	水、木	午前中	月〜金（東京入管に収容されている外国人からのみ予約受付）	10：00〜16：00	要	無料
神奈川県弁護士会外国人相談		045-211-7700 神奈川県横浜市中区日本大通9番地	第1、3水（英語・中国語・スペイン語・ハングル語）	13：15〜16：15	月〜金	9：30〜17：00	要（当日も空いていれば可）	60分7,500円
埼玉弁護士会法律相談センター外国人相談		048-710-5666 埼玉県さいたま市浦和区高砂4-2-1 浦和高砂パークハウス1階	水、金	13：00〜16：00	月〜金	9：00〜17：00	要	無料（2回まで）
					土	9：30〜11：30		
大阪弁護士会外国人相談	面談	06-6364-1248 大阪府大阪市北区西天満1-12-5	金（通訳は複数言語対応可能、事前に相談）	13：00〜16：00	月〜金	9：00〜20：00	要	30分5,500円ただし、通訳が必要な場合60分5,400円
					土	10：00〜15：30		
	電話	06-6364-6251	第2、4金	12：00〜17：00	第2、4金	12：00〜17：00	不要	無料

愛知県弁護士会 外国人相談	052-565-6110 愛知県名古屋市中村区名駅3-22-8 大東海ビル4階	木	14:10〜 16:25	祝日を含む 全曜日	9:10〜 16:30	要（通訳人 が必要な場 合には同伴 してくださ い。）	30分 5,500円
福岡県弁護士会 外国人相談	092-737-7555 福岡県福岡市中央区渡辺通5-14-12 南天神ビル2階	第2金(中国語、韓国語)、第4金(英語,中国語)	13:00〜 16:00	第2金(中国語、韓国語) 第4金(英語,中国語)	10:00〜 13:00	要	無料
				その他の月〜金(日本語のみ)	10:00〜 16:00		

2　日本司法支援センター（法テラス）

　相談者に資力がない場合、日本司法支援センター（通称「法テラス」）の法律相談を無料で受けることが可能です。法テラスの利用は、外国人でも可能です。全国の法テラスでは、通訳を介した法律相談を実施しています。その扱いは地方事務所ごとに異なるので、各地方事務所に問い合わせてください。

事 務 所 名	住　　　　　所	電話番号
本部	〒164-8721　東京都中野区本町1-32-2 ハーモニータワー8階	0503383-5333
法テラス東京	〒160-0023　東京都新宿区西新宿1-24-1 エステック情報ビル13階	0570-078301 0503383-5300 (IP電話の場合)
法テラス八王子	〒192-0046　東京都八王子市明神町4-7-14 八王子ONビル4階	0570-078307 0503383-5310 (IP電話の場合)
法テラス上野	〒110-0005　東京都台東区上野2-7-13 JTB・損保ジャパン日本興亜上野共同ビル6階	0570-078304 0503383-5320 (IP電話の場合)
法テラス多摩	〒190-0012　東京都立川市曙町2-8-18 東京建物ファーレ立川ビル5階	0570-078305 0503383-5327 (IP電話の場合)
法テラス神奈川	〒231-0023　神奈川県横浜市中区山下町2 産業貿易センタービル10階	0570-078308 0503383-5360 (IP電話の場合)
法テラス川崎	〒210-0007　神奈川県川崎市川崎区駅前本町11-1 パシフィックマークス川崎ビル10階	0570-078309 0503383-5366 (IP電話の場合)

法テラス小田原	〒250-0012　神奈川県小田原市本町１-４-７ 朝日生命小田原ビル５階	0570-078311 0503383-5370 （IP電話の場合）
法テラス埼玉	〒330-0063　埼玉県さいたま市浦和区高砂３-17-15 さいたま商工会議所会館６階	0570-078312 0503383-5375 （IP電話の場合）
法テラス川越	〒350-1123　埼玉県川越市脇田本町10-10 KJビル３階	0570-078313 0503383-5377 （IP電話の場合）
法テラス熊谷法律事務所	〒360-0037　埼玉県熊谷市筑波３-195 熊谷駅前ビル７階	0503383-5380
法テラス秩父法律事務所	〒368-0041　埼玉県秩父市番場町11-１ サンウッド東和２階	0503383-0023
法テラス千葉	〒260-0013　千葉県千葉市中央区中央４-５-１ Qiball（きぼーる）２階	0570-078315 0503383-5381 （IP電話の場合）
法テラス千葉法律事務所	〒260-0013　千葉県千葉市中央区中央３-３-８ 日進センタービル５階	0503383-0000
法テラス松戸	〒271-0092　千葉県松戸市松戸1879-１ 松戸商工会議所会館３階	0570-078316 0503383-5388 （IP電話の場合）
法テラス茨城	〒310-0062　茨城県水戸市大町３-４-36 大町ビル３階	0570-078317 0503383-5390 （IP電話の場合）
法テラス牛久法律事務所	〒300-1234　茨城県牛久市中央５-20-11 牛久駅前ビル４階	0503383-0511
法テラス下妻法律事務所	〒304-0063　茨城県下妻市小野子町１-66 JA常総ひかり県西会館１階	0503383-5393
法テラス栃木	〒320-0033　栃木県宇都宮市本町４-15 宇都宮NIビル２階	0570-078318 0503383-5395 （IP電話の場合）
法テラス群馬	〒371-0022　群馬県前橋市千代田町２-５-１ 前橋テルサ５階	0570-078320 0503383-5399 （IP電話の場合）
法テラス静岡	〒420-0031　静岡県静岡市葵区呉服町２-１-１ 札の辻ビル５階	0570-078321 0503383-5400 （IP電話の場合）
法テラス静岡法律事務所	〒420-0031　静岡県静岡市葵区呉服町２-１-１ 札の辻ビル５階	0503383-5404
法テラス沼津	〒410-0833　静岡県沼津市三園町１-11	0570-078322 0503383-5405 （IP電話の場合）

法テラス浜松	〒430-0929 静岡県浜松市中区中央1-2-1 イーステージ浜松オフィス4階	0570-078324 0503383-5410 （IP電話の場合）
法テラス浜松法律事務所	〒430-0929 静岡県浜松市中区中央1-2-1 イーステージ浜松オフィス4階	0503383-5408
法テラス下田法律事務所	〒415-0035 静岡県下田市東本郷1-1-10 パールビル3階　A号室	0503383-0024
法テラス山梨	〒400-0032 山梨県甲府市中央1-12-37 IRIXビル1階・2階	0570-078326 0503383-5411 （IP電話の場合）
法テラス長野	〒380-0835 長野県長野市新田町1485-1 長野市もんぜんぷら座4階	0570-078327 0503383-5415 （IP電話の場合）
法テラス新潟	〒951-8116 新潟県新潟市中央区東中通1番町86-51 新潟東中通ビル2階	0570-078328 0503383-5420 （IP電話の場合）
法テラス佐渡法律事務所	〒952-1314 新潟県佐渡市河原田本町394 佐渡市役所佐和田行政サービスセンター2階	0503383-5422
法テラス大阪	〒530-0047 大阪府大阪市北区西天満1-12-5 大阪弁護士会館B1階	0570-078329 0503383-5425 （IP電話の場合）
法テラス堺	〒590-0075 大阪府堺市堺区南花田口町2-3-20 三共堺東ビル6階	0570-078331 0503383-5430 （IP電話の場合）
法テラス京都	〒604-8005 京都府京都市中京区河原町通三条上る恵比須町427 京都朝日会館9階	0570-078322 0503383-5433 （IP電話の場合）
法テラス福知山法律事務所	〒620-0054 京都府福知山市末広町1-1-1 中川ビル4階	0503383-0519
法テラス兵庫	〒650-0044 兵庫県神戸市中央区東川崎町1-1-3 神戸クリスタルタワービル13階	0570-078334 0503383-5440 （IP電話の場合）
法テラス阪神	〒660-0052 兵庫県尼崎市七松町1-2-1 フェスタ立花北館5階	0570-078335 0503383-5445 （IP電話の場合）
法テラス姫路	〒670-0947 兵庫県姫路市北条1-408-5 光栄産業㈱第2ビル	0570-078336 0503383-5448 （IP電話の場合）
法テラス奈良	〒630-8241 奈良県奈良市高天町38-3 近鉄高天ビル6階	0570-078338 0503383-5450 （IP電話の場合）
法テラス南和	〒638-0821 奈良県吉野郡大淀町下渕68-4 やすらぎビル4階	0503383-0025

法テラス滋賀	〒520-0047 滋賀県大津市浜大津1-2-22 大津商中日生ビル5階	0570-078339 0503383-5454 （IP電話の場合）
法テラス和歌山	〒640-8155 和歌山県和歌山市九番丁15番地 九番丁MGビル6階	0570-078340 0503383-5457 （IP電話の場合）
法テラス和歌山法律事務所	〒640-8155 和歌山県和歌山市九番丁15番地 九番丁MGビル6階	0503383-5458
法テラス愛知	〒460-0008 愛知県名古屋市中区栄4-1-8 栄サンシティービル15階	0570-078341 0503383-5460 （IP電話の場合）
法テラス三河	〒444-8515 愛知県岡崎市十王町2-9 岡崎市役所西庁舎（南棟）1階	0570-078342 0503383-5465 （IP電話の場合）
法テラス三重	〒514-0033 三重県津市丸之内34-5 津中央ビル	0570-078344 0503383-5470 （IP電話の場合）
法テラス岐阜	〒500-8812 岐阜県岐阜市美江寺町1-27 第一住宅ビル2階	0570-078345 0503383-5471 （IP電話の場合）
法テラス岐阜法律事務所	〒500-8812 岐阜県岐阜市美江寺町1-27 第一住宅ビル5階	0503383-5472
法テラス可児法律事務所	〒509-0214 岐阜県可児市広見5-152 サン・ノーブルビレッジ・ヒロミ101	0503383-0005
法テラス中津川法律事務所	〒508-0037 岐阜県中津川市えびす町7-30 イシックス駅前ビル1階	0503383-0068
法テラス福井	〒910-0004 福井県福井市宝永4-3-1 サクラNビル2階	0570-078348 0503383-5475 （IP電話の場合）
法テラス石川	〒920-0937 石川県金沢市丸の内7-36　金沢弁護士会館内	0570-078349 0503383-5477 （IP電話の場合）
法テラス富山	〒930-0076 富山県富山市長柄町3-4-1 富山県弁護士会館1階	0570-078351 0503383-5480 （IP電話の場合）
法テラス魚津法律事務所	〒937-0067 富山県魚津市釈迦堂1-12-18 魚津商工会議所ビル5階	0503383-0030
法テラス広島	〒730-0013 広島県広島市中区八丁堀2-31 広島鴻池ビル1階	0570-078352 0503383-5485 （IP電話の場合）
法テラス広島法律事務所	〒730-0013 広島県広島市中区八丁堀2-31 広島鴻池ビル6階	0503383-5485

法テラス山口	〒753-0072 山口県山口市大手町9-11 山口県自治会館5階	0570-078353 0503383-5490 （IP電話の場合）
法テラス岡山	〒700-0817 岡山県岡山市北区弓之町2-15 弓之町シティセンタービル2階	0570-078354 0503383-5491 （IP電話の場合）
法テラス鳥取	〒680-0022 鳥取県鳥取市西町2-311 鳥取市福祉文化会館5階	0570-078357 0503383-5495 （IP電話の場合）
法テラス倉吉法律事務所	〒682-0023 鳥取県倉吉市山根572 サンク・ピエスビル202号室	0503383-5497
法テラス島根	〒690-0884 島根県松江市南田町60	0570-078358 0503383-5500 （IP電話の場合）
法テラス浜田法律事務所	〒697-0022 島根県浜田市浅井町1580番地 第二龍河ビル6階	0503383-0026
法テラス西郷法律事務所	〒685-0015 島根県隠岐郡隠岐の島町港町塩口24-9 NTT隠岐ビル1階	0503383-5326
法テラス福岡	〒810-0004 福岡県福岡市中央区渡辺通5-14-12 南天神ビル4階	0570-078359 0503383-5501 （IP電話の場合）
法テラス北九州	〒802-0006 福岡県北九州市小倉北区魚町1-4-21 魚町センタービル5階	0570-078360 0503383-5506 （IP電話の場合）
法テラス佐賀	〒840-0801 佐賀県佐賀市駅前中央1-4-8 太陽生命佐賀ビル3階	0570-078361 0503383-5510 （IP電話の場合）
法テラス佐賀法律事務所	〒840-0801 佐賀県佐賀市駅前中央1-4-8 太陽生命佐賀ビル3階	0503383-5512
法テラス長崎	〒850-0875 長崎県長崎市栄町1-25 長崎MSビル2階	0570-078362 0503383-5515 （IP電話の場合）
法テラス佐世保法律事務所	〒857-0806 長崎県佐世保市島瀬町4-19 バードハウジングビル402	0503383-5516
法テラス五島法律事務所	〒853-0018 長崎県五島市池田町2-20	0503383-0516
法テラス対馬法律事務所	〒817-0013 長崎県対馬市厳原町中村606-3 おおたビル3階	0503383-0517
法テラス壱岐法律事務所	〒811-5135 長崎県壱岐市郷ノ浦町郷ノ浦174 吉田ビル3階	0503383-5517
法テラス平戸法律事務所	〒859-5114 長崎県平戸市岩の上町1507-1 NTT平戸ビル本館2階	0503383-0468
法テラス雲仙法律事務所	〒854-0514 長崎県雲仙市小浜町北本町14 雲仙市小浜総合支所3階	0503383-5324

法テラス大分	〒870-0045 大分県大分市城崎町2-1-7	0570-078363 0503383-5520 （IP電話の場合）
法テラス熊本	〒860-0844 熊本県熊本市中央区水道町1-23 加地ビル3階	0570-078365 0503383-5522 （IP電話の場合）
法テラス高森法律事務所	〒869-1602 熊本県阿蘇郡高森町大字高森1609-1 NTT西日本高森ビル1階	0503383-0469
法テラス鹿児島	〒892-0828 鹿児島県鹿児島市金生町4-10 アーバンスクエア鹿児島ビル6階	0570-078366 0503383-5525 （IP電話の場合）
法テラス鹿児島法律事務所	〒892-0828 鹿児島県鹿児島市金生町4-10 アーバンスクエア鹿児島ビル6階	0503383-0077
法テラス奄美法律事務所	〒894-0006 鹿児島県奄美市名瀬小浜町4-28 AISビルA棟1階	0503383-0028
法テラス指宿法律事務所	〒891-0402 鹿児島県指宿市十町912-7	0503383-0027
法テラス鹿屋法律事務所	〒893-0009 鹿児島県鹿屋市大手町14-22 南商ビル1階	0503383-5527
法テラス徳之島法律事務所	〒891-7101 鹿児島県大島郡徳之島町亀津553番地1 徳之島合同庁舎2階	0503381-3471
法テラス宮崎	〒880-0803 宮崎県宮崎市旭1-2-2 宮崎県企業局3階	0570-078367 0503383-5530 （IP電話の場合）
法テラス宮崎法律事務所	〒880-0803 宮崎県宮崎市旭1-2-2 宮崎県企業局3階	0503381-1399
法テラス延岡法律事務所	〒882-0043 宮崎県延岡市祇園町1-2-7 UMK祇園ビル2階	0503383-0520
法テラス沖縄	〒900-0023 沖縄県那覇市楚辺1-5-17 プロフェスビル那覇2・3階	0570-078368 0503383-5533 （IP電話の場合）
法テラス宮古島法律事務所	〒906-0012 沖縄県宮古島市平良字西里1125 宮古合同庁舎1階	0503383-0201
法テラス宮城	〒980-0811 宮城県仙台市青葉区一番町3-6-1 一番町平和ビル6階	0570-078369 0503383-5535 （IP電話の場合）
法テラス南三陸	〒986-0772 宮城県本吉郡南三陸町志津川字沼田56 （ベイサイドアリーナ横）	0570-007831 0503383-0210 （IP電話の場合）
法テラス山元	〒989-2203 宮城県亘理郡山元町浅生原字日向13-1	0570-007835 0503383-0213 （IP電話の場合）

法テラス東松島	〒981-0503 宮城県東松島市矢本字大溜1-1 （市コミュニティセンター西側）	0570-007838 0503383-0009
法テラス福島	〒960-8131 福島県福島市北五老内町7-5 イズム37ビル4階	0570-078370 0503383-5540 （IP電話の場合）
法テラス二本松	〒964-0904 福島県二本松市郭内1-196-1 福島県男女共生センター4階	0570-078375 0503381-3803 （IP電話の場合）
法テラスふたば	〒979-0407 福島県双葉郡広野町広洋台1-1-89	0570-078376 0503381-3805 （IP電話の場合）
法テラス会津若松法律 事務所	〒965-0871 福島県会津若松市栄町5-22 フジヤ会津ビル1階	0503383-0521
法テラス山形	〒990-0042 山形県山形市七日町2-7-10 NANA BEANS 8階	0570-078381 0503383-5544 （IP電話の場合）
法テラス岩手	〒020-0022 岩手県盛岡市大通1-2-1 岩手県産業会館本館2階	0570-078382 0503383-5546 （IP電話の場合）
法テラス岩手法律事務所	〒020-0022 岩手県盛岡市大通1-2-1 岩手県産業会館本館2階	0503383-0465
法テラス大槌	〒028-1115 岩手県上閉伊郡大槌町上町1-3 （大槌町役場敷地内）	0570-078383 0503383-1350 （IP電話の場合）
法テラス気仙	〒022-0003 岩手県大船渡市盛町字宇津野沢9-5	0570-078385 0503383-1402 （IP電話の場合）
法テラス宮古法律事務所	〒027-0076 岩手県宮古市栄町3-35　キャトル宮古5階	0503383-0518
法テラス秋田	〒010-0001 秋田県秋田市中通5-1-51 北都ビルディング6階	0570-078386 0503383-5550 （IP電話の場合）
法テラス秋田法律事務所	〒010-0001 秋田県秋田市中通5-1-51 北都ビルディング6階	0503383-5549
法テラス鹿角法律事務所	〒018-5201 秋田県鹿角市花輪字下花輪50 鹿角市福祉保健センター2階	0503383-1416
法テラス青森	〒030-0861 青森県青森市長島1-3-1 日本赤十字社青森県支部ビル2階	0570-078387 0503383-5552 （IP電話の場合）
法テラス青森法律事務所	〒030-0861 青森県青森市長島1-3-1 日本赤十字社青森県支部ビル2階	0503383-5554
法テラスむつ法律事務所	〒035-0073 青森県むつ市中央1-5-1	0503383-0067

法テラス鰺ヶ沢法律事務所	〒038-2761 青森県西津軽郡鰺ヶ沢町大字舞戸町字後家屋敷9-4 鰺ヶ沢町総合保健福祉センター内	0503383-8369
法テラス札幌	〒060-0061 北海道札幌市中央区北1条西9-3-1 南大通ビルN1・1階	0570-078388 0503383-5555 （IP電話の場合）
法テラス函館	〒040-0063 北海道函館市若松町6-7 ステーションプラザ函館5階	0570-078390 0503383-5560 （IP電話の場合）
法テラス江差法律事務所	〒043-0034 北海道檜山郡江差町字中歌町199-5	0503383-5563
法テラス八雲法律事務所	〒049-3106 北海道二海郡八雲町富士見町21-1	0503383-8366
法テラス旭川	〒070-0033 北海道旭川市3条通9-1704-1 TKフロンティアビル6階	0570-078391 0503383-5566 （IP電話の場合）
法テラス香川	〒760-0023 香川県高松市寿町2-3-11 高松丸田ビル8階	0570-078393 0503383-5570 （IP電話の場合）
法テラス徳島	〒770-0834 徳島県徳島市元町1-24 アミコビル3階	0570-078394 0503383-5575 （IP電話の場合）
法テラス高知	〒780-0870 高知県高知市本町4-1-37 丸ノ内ビル2階	0570-078395 0503383-5577 （IP電話の場合）
法テラス須崎法律事務所	〒785-0003 高知県須崎市新町2-3-26	0503383-5579
法テラス安芸法律事務所	〒784-0003 高知県安芸市久世町9-20 すまいるあき4階	0503383-0029
法テラス中村法律事務所	〒787-0014 高知県四万十市駅前町13-15 アメニティオフィスビル1階	0503383-0467
法テラス愛媛	〒790-0001 愛媛県松山市一番町4-1-11 共栄興産一番町ビル4階	0570-078396 0503383-5580 （IP電話の場合）

巻末資料

3 外国人労働相談

(1) 外国人労働者向け相談ダイヤル

労働条件等について、外国語で電話相談いただける窓口です（外国人労働者相談コーナーにつながります）。

言語	開設曜日	開設時間	電話番号
英語	月～金	午前10時～午後3時（正午～午後1時は除く）	0570-001701
中国語			0570-001702
ポルトガル語			0570-001703
スペイン語			0570-001704
タガログ語	火、水、木、金		0570-001705
ベトナム語	月～金		0570-001706
ミャンマー語	月、水		0570-001707
ネパール語	火、木		0570-001708

(2) 労働条件相談ほっとライン

「労働条件相談ほっとライン」は、厚生労働省が委託事業として実施している事業です。都道府県労働局及び労働基準監督署の閉庁後又は土日・祝日の相談に対応し、全国どこからでも、無料で労働条件等について、外国語で電話相談いただけます。

言語	開設曜日	開設時間	電話番号
日本語	月～日（毎日）	○平日（月～金）午後5時～午後10時 ○土日・祝日 午前9時～午後9時	0120-811-610
英語			0120-004-008
中国語			0120-150-520
ポルトガル語			0120-290-922
スペイン語	火、木、金、土		0120-336-230
タガログ語	火、水、土		0120-400-166
ベトナム語	水、金、土		0120-558-815
ミャンマー語	水、日		0120-662-700
ネパール語			0120-750-880

⑶　労働局の外国人労働者相談コーナー

労働条件等について、外国語で相談いただける窓口はこちらです（2019年3月現在）。

開設場所		対応言語	相談日時
北海道労働局	監督課 札幌市北区北8条西2-1-1　札幌第1合同庁舎3・6・8・9階 011-709-2311	ベトナム語	月（9：00-16：30）
	函館署 函館市新川町25-18 函館地方合同庁舎 0138-87-7605	中国語	火（9：00-16：30）
	釧路署 釧路市柏木町2-12 0154-42-9711	中国語	金（9：00-16：30）
宮城労働局	監督課 仙台市宮城野区鉄砲町1　仙台第4合同庁舎 022-299-8838	中国語 ベトナム語	月、火、木（9：30-17：00） 火、水、金（9：00-16：30）
茨城労働局	監督課 水戸市宮町1-8-31 茨城労働総合庁舎 029-224-6214	英語、スペイン語 中国語	月（第1・第2）、木（第5を除く）9：00-16：30 月（第5を除く）、火（第1・第2）9：30-17：00
栃木労働局	監督課 宇都宮市明保野町1-4　宇都宮第2地方合同庁舎 028-634-9115	英語、スペイン語、ポルトガル語	月、水、金（9：00-16：30）
	栃木署 栃木市沼和田町20-24 0282-24-7766	中国語	水（8：30-16：00）
群馬労働局	監督課 前橋市大手町2-3-1　前橋地方合同庁舎8階 027-896-4735	ベトナム語	火～金（9：30-17：00）
	太田署 太田市飯塚町104-1 0276-45-9920	ポルトガル語	月～金（9：00-16：30）

埼玉労働局	監督課 さいたま市中央区新都心11-2　ランド・アクシス・タワー15階 048-816-3596(英語) 048-816-3597（中国語） 048-816-3598（ベトナム語）	英語 中国語 ベトナム語	火〜金 月〜木 月・火・木・金 時間は、いずれも9：00-16：30
千葉労働局	監督課 千葉市中央区中央4-11-1　千葉第2地方合同庁舎 043-221-2304	英語	火・木（9：30-17：00）
	船橋署 船橋市海神町2-3-13 047-431-0182	中国語	月・木（9：30-17：00）
東京労働局	監督課 東京都千代田区九段南1-2-1　九段第3合同庁舎13階 03-3816-2135	英語 中国語 タガログ語 ベトナム語 ミャンマー語 ネパール語	月、水（第1・第3）、木、金 月（第2・第4）、火、木 火、水、金（第2・第3・第4） 月、火、水、金 月、水 火、木（第5を除く） 時間は、いずれも10：00-16：00
神奈川労働局	監督課 横浜市中区北仲通5-57　横浜第2地方合同庁舎8階 045-211-7351	英語 スペイン語 ポルトガル語	月 火、木 水、金 時間は、いずれも9：00-16：00
	厚木署 厚木市中町3-2-6 厚木Tビル5階 046-401-1641	スペイン語、ポルトガル語	月、水、金（9：30-16：30）
新潟労働局	監督課 新潟市中央区美咲町1-2-1　新潟美咲合同庁舎2号館3階 025-288-3503	ベトナム語	金（9：00-16：30）

富山労働局	監督課 富山市神通本町1-5-5　富山労働総合庁舎 076-432-2730	中国語	木（第4）9：00-16：30
	高岡署 高岡市中川本町10-21　高岡法務合同庁舎2階 0766-23-6446	スペイン語 ポルトガル語	火、金（9：30-17：00）
石川労働局	監督課 金沢市西念3-4-1 金沢駅西合同庁舎5階・6階 076-200-9771	中国語 ベトナム語	金 木 時間は、いずれも9：00-16：30
福井労働局	監督課 福井市春山1-1-54 福井春山合同庁舎9階 0776-22-2652	中国語 スペイン語、ポルトガル語	水 月、木 時間は、いずれも9：30-17：00
山梨労働局	甲府署 甲府市下飯田2-5-51 055-224-5620	スペイン語、ポルトガル語	水、金（9：00-16：30）
長野労働局	監督課 長野市中御所1-22-1　3階 026-223-0553	ポルトガル語	火、木（8：30-16：00）
岐阜労働局	監督課 岐阜市金竜町5-13 岐阜合同庁舎 058-245-8102	スペイン語、ポルトガル語	火〜木（9：00-16：00）
	岐阜署 岐阜市五坪1-9-1 058-247-2368	中国語	火（9：00-16：00）
	多治見署 多治見市音羽町5-39-1　多治見労働総合庁舎 0572-22-6381	タガログ語	木（9：00-16：00）

静岡労働局	監督課 静岡市葵区追手町9-50　静岡地方合同庁舎3階 054-254-6352	英語 中国語 スペイン語 ポルトガル語 ベトナム語	月、火、金（10：00-16：00） 水（9：00-11：30） 水、木（10：00-16：00） 月～金（10：00-16：00） 金（10：00-15：30）
	浜松署 浜松市中区中央1-12-4　浜松合同庁舎8階 053-456-8148	ポルトガル語	月～金（10：00-16：00）
	三島署 三島市文教町1-3-112　三島労働総合庁舎3階 055-986-9100	英語	水、木（10：00-16：00）
	磐田署 磐田市見付3599-6　磐田地方合同庁舎4階 0538-32-2205	ポルトガル語	月、木（10：00-16：00）
	島田署 島田市本通1-4677-4　島田労働総合庁舎3階 0547-37-3148	スペイン語、ポルトガル語	月、火（10：00-16：00）
愛知労働局	監督課 名古屋市中区三の丸2-5-1　名古屋合同庁舎第2号館 052-972-0253	英語 ポルトガル語	火、木 火～金 時間は、いずれも9：30-16：00
	名古屋西 名古屋市中村区二ツ橋町3-37 052-481-9533	ベトナム語	木（9：30-16：00）
	刈谷署 刈谷市若松町1-46-1 0566-21-4885	ポルトガル語	月、木（9：30-16：00）
三重労働局	四日市署 四日市市新正2-5-23 059-342-0340	英語 スペイン語 ポルトガル語	水（第4） 火 金（第2・第4） 時間はいずれも10：00-16：00
	津署 津市島崎町327-2　津第2地方合同庁舎（1階） 059-227-1282	英語 スペイン語 ポルトガル語	水（第2） 月（第1・第3）、金 火、水（第1・第3） 時間はいずれも10：00-16：00

滋賀労働局	大津署 大津市打出浜14-15 滋賀労働総合庁舎3階 077-522-6616	ポルトガル語	水、金（9：00-16：30）
	彦根署 彦根市西今町58-3 彦根地方合同庁舎3階 0749-22-0654	スペイン語、ポルトガル語	水（9：30-17：00）
	東近江署 東近江市八日市緑町8-14 0748-22-0394	スペイン語、ポルトガル語	月、火、木（9：30-17：00）
京都労働局	監督課 京都市中京区両替町通御池上ル金吹町451 075-241-3214	英語	火、水（第2・第4）、木（9：00-16：30）
大阪労働局	監督課 大阪市中央区大手前4-1-67 大阪合同庁舎第2号館9階 06-6949-6490	英語 中国語 ポルトガル語	月（第4を除く）、水、金 水 水、木 時間はいずれも9：30-17：00
	大阪中央署 大阪市中央区森ノ宮中央1-15-10 06-7669-8726	英語	水（第1・第3）9：30-17：00
	天満署 大阪市北区天満橋1-8-30 OAPタワー7階 06-7713-2003	英語	水（第2・第4）9：30-17：00
	堺署 堺市堺区南瓦町2-29 堺地方合同庁舎3階 072-340-3829	英語	月（第4）9：30-17：00
兵庫労働局	監督課 神戸市中央区東川崎町1-1-3 神戸クリスタルタワー16階 078-367-9151	中国語	火、水（9：30-17：00）
	姫路署 姫路市北条1-83 079-256-5788	ベトナム語	木、金（第1・第3・第5）9：30-17：00

巻末資料

鳥取労働局	監督課 鳥取市富安2-89-9 0857-29-1703	英語 ベトナム語	火、木（第5除く）9：00-16：30 月、水（第5除く）9：00-12：00
島根労働局	監督課 島根県松江市向島町134-10　松江地方合同庁舎5階 0852-31-1156	中国語	月（第2・第4）9：00-16：30
岡山労働局	監督課 岡山市北区下石井1-4-1　岡山第2合同庁舎 086-201-1651	中国語 ベトナム語	火、木 水 時間はいずれも9：00-16：30
広島労働局	監督課 広島市中区上八丁堀6-30　広島合同庁舎第2号館（5階・4階） 082-221-9242	中国語 スペイン語、ポルトガル語	金 火、金 時間はいずれも9：00-16：30
	広島中央署 広島市中区上八丁堀6-30　広島合同庁舎2号館1階 082-221-2460	ベトナム語	火（9：30-17：00）
	福山署 福山市旭町1-7 084-923-0005	中国語	水（9：00-16：30）
徳島労働局	監督課 徳島市徳島町城内6番地6　徳島地方合同庁舎1階 088-652-9163	中国語	月（第1・第3）、木（9：00-16：00）
愛媛労働局	監督課 松山市若草町4-3 松山若草合同庁舎5階、6階 089-913-6244	中国語 ベトナム語	水 木 時間はいずれも9：00-16：00
	今治署 今治市旭町1-3-1 0898-25-3760	ベトナム語	月（9：00-16：00）

福岡労働局	監督課 福岡市博多区博多駅東2-11-1　福岡合同庁舎新館4階 092-411-4862	英語	火、木（9：00-16：00）
	福岡中央署 福岡市中央区長浜2-1-1 092-761-5607	中国語	月、木（9：00-16：00）
	北九州西署 北九州市八幡西区岸の浦1-5-10 093-622-6550	ベトナム語	火、木（9：00-16：00）
熊本労働局	監督課 熊本市西区春日2-10-1　熊本合同庁舎A棟9階 096-355-3181	中国語	火、木（9：30-17：00）
	八代署 八代市大手町2-3-11 0965-32-3151	中国語	月、水、金（9：30-17：00）
鹿児島労働局	鹿児島労働基準監督署　鹿児島市薬師1-6-3 099-223-8275	ベトナム語	水（9：00-16：30）
沖縄労働局	監督課 那覇市おもろまち2-1-1　那覇第2地方合同庁舎（1号館）3階 098-868-1634	英語	金（9：00-16：00）

4　東京都の労働相談情報センターの外国人労働相談

労働相談情報センター各事務所	相談時間	相　　談　　日
労働情報相談センター（飯田橋） 東京都千代田区飯田橋3-10-3 東京しごとセンター9階 03-3265-6110	いずれも 午後2時〜4時	英語（月〜金） 中国語（火〜木）
大崎事務所 東京都品川区大崎1-11-1 ゲートシティ大崎ウエストタワー2階 03-3495-6110		英語（火）
国分寺事務所 東京都国分寺市南町3-22-10 042-321-6110		英語（木）

いずれも事前に電話連絡が望ましい。

なお、電話相談については「東京ろうどう110番　0570-00-6110」まで。

この他スペイン語、ポルトガル語、韓国・朝鮮語、タイ語、ベトナム語については、通訳派遣制度あり。事前に各窓口に申し込みのこと。

5　外国人在留総合インフォメーションセンター等問合せ先

(1)　総合案内

0570-013904（IP・PHS／海外からは03-5796-7112）

(2)　地方出入国在留管理局・支局内の外国人インフォメーションセンター

外国人在留総合インフォメーションセンター		住　　所	電話番号
	仙台	〒983-0842 宮城県仙台市宮城野区五輪1-3-20	TEL 0570-013904 （IP、PHS、海外：03-5796-7112） 平日　午前8：30～午後5：15 ※一般の方に間違い電話が掛かることが多発しているため、お問合せの前に電話番号の再確認をお願いします。
	東京	〒108-8255 東京都港区港南5-5-30	
	横浜	〒236-0002 神奈川県横浜市金沢区鳥浜町10-7	
	名古屋	〒455-8601 愛知県名古屋市港区正保町5-18	
	大阪	〒559-0034 大阪府大阪市住之江区南港北1-29-53	
	神戸	〒650-0024 兵庫県神戸市中央区海岸通29	
	広島	〒730-0012 広島県広島市中区上八丁堀2-31	
	福岡	〒810-0073 福岡県福岡市中央区舞鶴3-5-25	
相談員配置先	札幌	〒060-0042 北海道札幌市中央区大通西12丁目	
	高松	〒760-0033 香川県高松市丸の内1-1	
	那覇	〒900-0022 沖縄県那覇市樋川1-15-15	

(3)　ワンストップ型相談センター

	住　　所	電話番号	対応言語
外国人総合相談支援センター 東京都内の外国語サービスのある窓口案内については東京外国人雇用サービスセンターホームページをご覧ください。	〒160-0021 東京都新宿区歌舞伎町2-44-1 東京都健康センター「ハイジア」11階 しんじゅく多文化共生プラザ内	TEL 03-3202-5535 TEL・FAX 03-5155-4039	中国語・英語（月～金（第2第4水曜は除く）） ポルトガル語（木） スペイン語（月・木） ベンガル語（火） インドネシア語（火） ベトナム語（木・金）

外国人総合相談 センター埼玉	〒330-0074 埼玉県さいたま市浦和区北浦和5-6-5 埼玉県浦和合同庁舎3階	TEL 048-833-3296 FAX 048-833-3600	入国・在留手続相談・案内 ポルトガル語（月・水・金）
			外国人に対する就業等に関する相談・案内 英語・ポルトガル語・スペイン語・中国語・ハングル・タガログ語・タイ語・ベトナム語（火）
			生活その他各種生活関連サービスに係る案内 英語・ポルトガル語・スペイン語・中国語 ハングル・タガログ語・タイ語・ベトナム語（常時対応）
浜松外国人総合 支援ワンストッ プセンター	〒430-0916 静岡県浜松市中区早馬町2-1 クリエート浜松4階	TEL 053-458-2170 FAX 053-458-2197	入国・在留手続相談及び情報提供 英語・ポルトガル語・スペイン語（水）
			生活その他各種生活関連サービスに係る相談及び情報提供 英語（火〜金) ポルトガル語（火〜金・土・日) 中国語（金)・スペイン語（水) タガログ語（木）

事項別索引

【英字】

F指標受刑者　317
ICチップ　64
PE　330
UR住宅　343

【あ行】

アルバイト　289
異議申出　40
意見聴取通知書　33
意見聴取の実施　34
遺言執行者　201
遺言書　199
　　——の検認　200
遺産分割　190
慰謝料　132,140
意匠　276
遺族年金　368
一時居住者　328
逸失利益　383
一方的要件　92,107
医療保険　359,362
印鑑　338
印鑑登録　338
姻族間の扶養義務　114
氏の変更　101,137
営業秘密　232
永住　79
永住許可申請　80
永住許可に関するガイドライン　80
永住許可の特則　56
永住許可の要件　80
永住者　156,321
オーバーステイ　40,105

【か行】

解雇　248
外国裁判所の確定判決　376,379
外国所在の不動産　191
外国人学校　353
外国人技能実習機構　255
外国人住民登録制度　69
外国人登録原票　71,195
外国人登録証明書　63
外国人の就労　205
外国人配偶者の呼寄せ　97
外国人夫婦の離婚　139
外国籍の離脱　99
外国投資家　265
外国判決の承認　125,165
外国返還援助申請　168
外国法人　321
外国離婚判決　125
介護保険　359
解雇予告手当　250
会社の取得　268
会社の設立　268
学納金の返還　286
家族の帯同　259
家族の呼寄せ　10,56
活動の真実性　15
合併　269
株式の取得の制約　264
仮釈放　318
仮滞在許可　54
仮放免　41,306
仮放免許可申請　54
監護権　134
間接管轄　119
間接的一般管轄　125
帰化　79,178
　　——の要件　83
帰化申請の手続　84
起業活動　292
企業内転勤　209
技術者の呼寄せ　10
基準省令　16
偽装請負　243
偽装認知　149
技能　214
技能実習1号　255
技能実習2号　255
技能実習3号　255
技能実習制度　254

義務教育　346
義務的保釈　306
吸収合併　269
求人広告　244
教科書代　346
協議離婚　121,128
供述調書　309
行政訴訟　26
共通常居所地法　139
共通本国法　114,121
協定永住　59
業務請負　242
居住者　321,330
経済活動の制限　261
結婚の届出　337
血族　114
血統主義　145
源泉分離課税　330
権利保釈　306
公営住宅　343
恒久的施設　330
公共の住宅　342
公示送達　374
公社住宅　343
公序良俗　126
更新料　342
厚生年金保険　368
公的扶助　360
高等学校　349
高等学校卒業程度認定試験　353
口頭審理の請求　40
公務員　261
公立学校　346
国外源泉所得　323
国際結婚　99
国際裁判管轄　108,119,123,125,130,373,377,382
国際私法　91
国際条約　379
国籍取得　145,148
国籍証明書　103
国籍選択　99,153
国籍喪失　100
国籍の留保　151
国内源泉所得　323

国費出国　41
国民皆保険制度　362
国民健康保険　363
国民年金　365
個人通報制度　42
戸籍　86,100
子の氏　154
子の嫡出性　109
子の連れ去り　172
子の引渡し　168
子の引渡請求　166
子の返還　172
雇用保険　237,359
婚姻証明書　95
婚姻手続　94
婚姻届　103
婚姻の効力　104,107
婚姻費用の分担　130
婚姻要件具備証明書　94

【さ行】

再婚禁止期間　111
財産分与　132,140
再審情願　43
再申請　26
最低賃金制度　227
在日韓国人　194
在日朝鮮人　194
再入国許可　17,29,60
再入国許可書　56
裁判離婚　122,128
債務者主義　326
債務名義　376
在留カード　62,66,217
　　――の再交付　66
在留カード偽造罪　65
在留期間　7
　　――の更新　7,19,25,26,286,287,304
在留資格　3,5
　　――の種類　5
　　――の取消し　7,34,213,287
　　――の変更　7,20,23,25,26,156,291,304,351
在留資格該当性　6,19
在留資格取消事由　31

在留資格取消制度　31,68,212
在留資格取消通知書　34
在留資格認定証明書　10,209,281,284
在留資格変更許可申請　27,208,211
在留資格変更申請　23
在留資格変更不許可処分　23
在留特別許可　28,41,57,105,157
在留特別許可に係るガイドライン　42
裁量保釈　306
査証　3
査証事前協議　17
査証免除措置　3
参与員　49
資格外活動　36,220
資格外活動許可　206
敷金　342
事業譲渡　269
自庁処理　122
失業給付　238
実刑判決　315
執行判決　376
執行猶予制度　308
執行猶予付き判決　315
実用新案　275
自費出国　41
自筆証書遺言　199
氏名権　154
社会福祉　360
社会保険　359
社会保障　359
住居地　63
重国籍　99
重婚　107
　　──の解消方法　108
就職活動　292
住所等の変更手続　71
住所の変更　337
住宅金融支援機構　343
住民税　322
収容令書　41
就労活動　220
就労資格証明書　207,211
授業料　346
受刑者　317

出国禁止命令　170
出国先賃金基準説　234
出国命令手続　43
出生地主義　145
出生の届出　337
準拠法　91,123,130,183,382
渉外認知　147
障害年金　368
渉外離婚　119,139
奨学金　352
常居所　113,121,158
証拠保全　311
情状立証　311
上訴の申立て　314
使用地主義　326
商標法　273
上陸　3
上陸許可基準　12,16
上陸許可要件　3,15
上陸拒否期間　15,43
上陸拒否事由　16
上陸拒否の特例　17,29
上陸審査　14
上陸手続　3
上陸特別許可　15,17
職域健康保険　362
職域保険　359
職業紹介　242
所得税　323
署名証明　340
新規性　270
親権　134,158
申告不要制度　330
申告分離課税　330
人身取引　221,246
人身売買罪　221
人身保護請求　166
申請取次者　73
審判離婚　122,128
進歩性　271
尋問　313
生活援助　55
生活保護　55,369
生地主義　145

整理解雇　249

セクシャルハラスメント　228

接見時の通訳　308

宣誓書　95

専属的合意管轄　373

相互の保証　126,377

創設的届出　182

相続税　327

相続統一主義　189

相続登記　194

相続人不存在　197

相続の限定承認　192

相続の放棄　192

相続分割主義　189,190

送達　125,373

送達不能　374

双方的要件　92,107

贈与税　322

即日判決　314

属人法　56

訴訟能力　371

租税条約　332

損害賠償　382

損害賠償請求権　191

【た行】

大学の入学資格　353

退去強制事由　36

退去強制手続　36,40

退去強制令書　15

退去強制令書執行停止の申立て　43

退去強制令書発布処分取消訴訟　43

退去命令　14

胎児認知　147

退職金　250

退職金減額　231

退職後の就職　231

台湾出身者　59

短期在留外国人の脱退一時金　366,368

短期滞在　23

　　──の在留期間更新　24

地域保険　359

嫡出否認　149

中学校卒業程度認定試験　349

中国大陸出身者　59

仲裁判断　379

中長期在留者　62

中途退職　229

懲戒解雇　249

朝鮮半島出身者　59

調停前置主義　122,134,140

調停離婚　122,128

懲罰的損害賠償　377

直接管轄　119

著作権　272

治療費　382

賃金仮払いの仮処分　251

賃金差別の禁止　227

賃金支払の5原則　239

賃金不払い　239

通称名　339

通訳人の資格　313

通訳費用　308,309

連れ子　176

連れ去り親　163

定住支援　57

定住者　21,156,176

定住者告示　176

適合特定技能雇用契約　258

適正校　284,285,288

手続の公序　377

転職　210

登記手続　340

同業他社への転職禁止　232

当事者自治の原則　117

当事者能力　371

当然の法理　262

当番弁護士制度　301

特定技能　205,257

特定技能1号　258,292

特定技能2号　259,292

特定産業分野　258

特別永住者　337

特別永住者証明書　60,65

特別縁故者　197

特別受理　20

特別養子縁組　178,182,186

特例永住　59

渡航費　383
土地所有の制約　264
特許　270
特許管理人　271
トラフィッキング　244
取次申請人　11

【な行】

内国取引の保護　117
内国法人　321
内容の公序　377
難民　46
　——の帰化　57
難民申請者　53
難民認定　56
難民認定証明書　48
難民認定申請に関する代理人　74
難民認定手続　46
難民不認定処分　48
難民不認定処分取消訴訟　51,57
難民旅行証明書　56
二国間条約　379
二重国籍　135,151
日韓法的地位協定　59
日系人の在留手続　252
日本語学校　283,285
日本国籍の再取得　152
日本語指導　348
日本賃金基準説　234
入学手続　346
入管代理手続　73
入国　3
ニューヨーク条約　379
認知　147
　——の訴え　148
認知調停　149
年金加入期間の通算制度　366
年金保険　359
納税義務者　321
納税方法　330

【は行】

ハーグ条約　160,172,174
ハーグ条約実施法27条の要件　170

ハーグ条約非締結国　165
配偶者の帰化　86
売春関連業務従事者　37
賠償予定の禁止　229
パスポート　3
破綻主義　126
ハローワーク　242
パワーハラスメント　228
判決の執行　374
反致　93,189,190,194
非永住者　321
被疑者国選制度　301
被疑者弁護援助制度　301
非居住者　321,330
非居住被相続人　328
ビザ　3,5
非嫡出子　149
非適正校　284,285,288
ピンハネの禁止　227
夫婦財産契約　116
夫婦財産制　116
夫婦の氏　154
不許可処分に対する不服申立　26
不許可理由　27
普通裁判籍　122
普通養子縁組　178,180
部分反致　189
不法在留罪　297
不法残留　27
不法残留罪　297
不法就労　220
不法就労活動　218
不法就労罪　220,297
不法就労者　217
不法就労助長行為　36
不法就労助長罪　217,298
扶養義務　113
ヘイトクライム　355
ヘイトスピーチ　355
返還援助申請　172
変更申請　26
弁護人選任権　300
弁論要旨　314
法126-2-6該当者　59

415

傍系親族間の扶養義務　114
報告的届出　182
法廷通訳　312
法定夫婦財産制　116
法的援助　55
法律相談窓口　75
法律扶助制度　371
保険料　363
保釈　306
保釈保証金　306
保証金　41
保証人　41,342
翻訳費用　309

【ま行】

マタニティハラスメント　228
密接関連地法　116,121,139
ミドル・ネーム　101
みなし再入国許可　29,60
身元引受書　306
民事訴訟　371
民事調停　371
民泊サービス　344
無効な外国判決に対する不服申立方法　127
無国籍者　87
無罪判決　315
面会交流　174

【や行】

夜間中学　348
役員資格の制限　269
薬物関連　37
有責配偶者　126
有料職業紹介事業　243
養育費　135
養子縁組　178,180,183
養親　183

【ら行】

離縁　185
離婚給付　132
離婚の国際裁判管轄　119
離婚の裁判管轄　108
離婚の実質的成立要件　139

離婚の準拠法　120,139
留学　281
旅券　3
旅券提出命令　170
礼金　342
労災申請　235
労災保険　235,360
労災補償制度適用の原則　234
労働契約　248
労働者供給　243
労働者派遣　243
労働者保護法規適用の原則　223,226,239
労働条件の明示義務　227
労働審判　251
労働保険　359
録画DVD　310

【わ行】

ワイヤレス通訳システム　313

裁判例年月日索引

昭26. 9. 5大阪高判　312

昭27. 1.22大阪高決　312

昭33.11.28神戸家審　200

昭35. 9.14神戸家審　192

昭35.12. 6神戸家審　201

昭36. 6.23水戸家審　197

昭37. 4.27最二小判　145

昭37. 5.17大阪家堺支審　181

昭37.12.11神戸家審　201

昭38.11.18東京家調　191

昭39. 3.25最大判　120,133

昭40. 4.26東京地判　191

昭41. 5.14東京地判　191

昭41. 9.26東京家審　198

昭41.10.12大阪高判　191

昭43. 7. 4最一小判　166

昭44. 9.26岡山地玉島支判　229

昭45. 3.31東京家審　201

昭46. 4.30名古屋地判　269

昭47. 1.25仙台家審　198

昭47. 2.29東京高判　191

昭47. 5.31名古屋地判　191

昭48. 4.20東京家審　201

昭49. 7.22最一小判　248

昭51.11.24東京高判　310

昭51.12. 2東京地決　307

昭52. 1.31最二小判　249

昭52. 8. 9最二小判　229,231

昭52. 8.12大阪家審　198

昭52.11.18東京家審　198

昭53. 2.20東京高判　230

昭54.10.29東京高判　250

昭54.11. 5神戸地判　115

昭55.11.21東京地判　132

昭56. 7.16札幌高判　230

昭56. 9.21神戸家審　197

昭57. 7.15神戸家審　200

昭58. 6. 7最三小判　377

昭59. 7.20最二小判　132,141

昭59.12.24大阪地判　108

昭61.12. 4最一小判　248

昭62. 9. 2新潟地判　107

昭63.11.11東京地判　127

平 2. 8.31名古屋高判　232

平 2.10.12浦和地判　310

平 2.11.26最二小判　241

平 2.11.28東京地判　134,158

平 3. 1.16大阪高判　248

平 3. 2.18東京地判　378

平 3. 3. 7大阪地判　383

平 3. 5.14横浜家審　140

平 3. 9.27東京地判　383

平 3. 9.30東京地判　310

平 3.10.31横浜地判　132

平 4. 9.22神戸家審　130

平 5. 2. 3東京高判　308

平 5. 3.29東京高判　132

平 5. 6.28東京高判　378

平 5. 7.14岡山地判　380

平 5. 7.20東京地判　380

平 5. 9.10東京地判　383

平 5. 9.22東京高判　218

平 5.10.19最三小判　166

平 5.11.11東京高判　219

平 5.11.15東京高判　126

平 6. 1.27東京地判　380

平 6. 2.22神戸地判　132

平 6. 3.25名古屋家審　198

平 6.11.14東京高判　218

平 6.11.15東京高判　165

平 7. 2.17名古屋地判　108

平 7. 6.19東京地判　380

平 7. 6.20最三小判　311

平 7.10. 9東京家審　135

平 8. 6.24最二小判　127

平 9. 1.28最三小判　234

平 9. 3.18最三小決　219

平 9. 6.10東京高判　234,383

平 9. 7.11最二小判　378

平 9. 9.19東京地判　19

平 9.11.26東京高判　262

平 9.12.16大阪高決　248

平10. 2.16名古屋家豊橋支審　135

平10. 4.28最三小判　377

平10. 7.28熊本家審　130

平11. 8.25横浜地判　380
平11. 9.10東京地判　308
平12. 6.27最一小決　316
平13. 1.25東京高判　234
平13. 9.17東京家審　201
平14. 7.26大阪地判　234
平14.10.17最一小判　19
平16. 1.15最一小判　363
平16.10.19大阪地判　37
平17. 1.26最大判　262
平17. 5.19大阪高判　37
平17. 7.20横浜地判　178
平17.11.24東京高決　135
平18. 1.25大阪地判　37
平19. 1.31東京地判　37
平19. 9.11東京家判　126,127
平20. 2.29東京地判　105
平21. 7.17和歌山地田辺支判　241
平21.10.28東京地判　232
平23. 3.28東京地判　377
平23. 7.20東京高判　135
平23.12. 6東京地判　241
平24. 2.23最一小決　355
平24. 7.10東京地判　286
平24.12.25東京地判　132
平25. 2. 7名古屋地判　234
平25.10. 7京都地判　357
平26. 4.24最一小判　125
平26. 7.18最二小判　55,369
平26. 9.30千葉地判　235
平26.12. 9最三小決　356
平27. 3.10最三小判　152
平27.12.16最大判　111
平28. 1.15東京地判　231
平28.12.19東京地判　231
平30. 4.19東京高決　130
平30. 7.18東京地判　132

編集後記

　2016年2月に前書『外国人の法律相談Q&A〈第三次改訂版〉』が発刊されてから約3年が経過しました。

　この間、2016年改正の出入国管理及び難民認定法（以下「入管法」）が施行され、在留資格「介護」の創設、偽装滞在者対策の強化のために罰則・在留資格取消事由の整備が定められました。その後、2018年改正の入管法においては、在留資格「特定技能1号」「特定技能2号」の創設、出入国在留管理庁の設置等が規定されることとなりました。

　2018年の訪日外国人は、約3,119万人（前年比8.7％増、日本政府観光局発表）と増加の一途をたどっております。また、2018年末の在留外国人数は、273万1,093人で、前年末に比べ6.6％増加し、過去最高となっております（法務省入国管理局発表）。一方、難民認定申請は急増しておりましたが、2018年における難民認定申請者については、1万0,493人（前年比約47％減少。難民認定された外国人は42人。法務省入国管理局）であり、減少に転じております。2015年及び2018年に、難民認定制度の運用の見直しが行われましたが、現下の世界情勢の中、今後も難民として逃れてきた外国人の来日が予想され、難民認定のハードルがいまだ高く、長期間不安定な地位に置かれる難民認定申請者は、様々な法律上、社会生活上の困難を必然的に抱えることとなります。

　国際機関から、在日外国人をめぐる多種多様な問題について懸念が示されており、今後、これらの問題に対して真摯に取り組むことが国際社会に対する日本の責務ですが、私たち弁護士も、普段の外国人相談等の地道な活動を通じて、このような問題と向き合うことが必要になると考えます。

　本書は、以上のような法制度の改正や近時の社会情勢を踏まえて、新たな設問・解説を加えるとともに、前書の記述を大きく改訂いたしました。

　第1章（出入国管理概説・難民・在留管理制度）では、2018年改正入管法の特定技能の創設、出入国在留管理庁の設置、難民認定制度の見直しによる新たな入国管理制度の実施、第2章（帰化・無国籍）及び第4章（親子関係）では、2018年の成年年齢引き下げに関する民法の一部を改正する法律、第3章（結婚・離婚及び夫婦関係）、第4章（親子関係）及び第5章（相続）では2018年の国際裁判管轄を規律する人事訴訟法等の一部を改正する法律、第6章（就労・雇用及び経済活動）及び第7章（留学）では2018年改正入管法の特定技能の創設、第10章（暮らしの法律相談）では、2016年の本邦外出身者に対する不当な差別的言動の解消に向けた取組の推進に関する法律、2018年の外国人人材の受け入れ・共生のための総合的対応策を踏まえた解説を加えました。

　さらに、技能実習法及び特定技能、外国人の民泊サービス、高校入学前の教育、高校卒業後の在留資格について、それぞれ設問を加え、外国人の相続登記について設問を改め解説を加えました。

　外国人法律相談を数多く担当する当部会員の実際の相談経験を踏まえて、従来の設問をより外国人相談の現場に即したものに変更し、さらに、前書から索引を取り入れ、読者が、冒頭の目次や巻末の索引から探している解説部分に容易にたどり着けるよう工夫を加えました。

　本書は、弁護士や裁判所のほかに、地方自治体や国際交流協会の外国人相談担当者、外国人

を支援するNPO、ボランティア団体関係者、学校関係者など、外国人から様々な相談を受ける方々を対象としており、これらの皆様が法律上の詳しい予備知識がなくとも、一応の解決の指針を得ることができることを目標としております。

　また、出入国関係、難民、家族、相続、就業、経済活動、留学、税金、刑事手続、その他日本で生活する外国人が直面するあらゆる問題を網羅的に取り扱うことを心がけました。

　本書は、当部会が、2018年末から、前部会長の中島広勝のもとで、設問の改訂、新設問の検討を行い、引き続き中島前部会長は統括編集をご担当され、約1年をかけて、以下の分担で原稿を執筆、検討し、部会内で検討作業を繰り返して完成させたものです。検討作業では、前書に引き続き本書旧版の執筆・編集を担当した市川正司副会長（1・2・10章）、松村眞理子（3・4章）、依田公一（5章）、広津佳子（6・7・9章）、大木和弘（8章）に目を通していただき、貴重なご意見を賜りました。

　また、佐藤順哉会長をはじめ、市川正司副会長、土井智雄人権擁護委員会委員長にも、本書発刊のための合宿の機会を設定いただくなど、ご尽力を賜りましたことを厚く感謝申し上げます。

第1章　石原敬之、本田麻奈弥、鶴田美恵、小田川綾音、小嶋一慶、髙田智美、長澤淳哉、
　　　　高尾栄治、鍛治明、中島広勝、湧田有紀子、田代夕貴
第2章　田代夕貴、小田川綾音、髙井信也
第3章　志賀歩美、田代夕貴、川尻恵理子、松岡太一郎、髙田智美、髙井信也
第4章　白木麗弥、大久保奉文、高橋ひろみ、田代夕貴、水野雄介
第5章　柏崎元斉、岩山勝湖、鍛治明、金竜貴
第6章　長澤淳哉、田代夕貴、松岡太一郎、川尻恵理子、矢野篤、髙井信也、鍛治明、
　　　　岩山勝湖、大川新
第7章　森立、矢野篤
第8章　湧田有紀子、原田學植、中島広勝
第9章　辻本浩三、中島広勝、古川真佐代
第10章　矢野篤、石原敬之、中島広勝、大久保奉文、古川真佐代、鶴田美恵、稲岡優美子、
　　　　森立

　なお、前書は、小嶋一慶、髙井信也、本田麻奈弥、田川瞳、小田川綾音、髙田智美、高橋ひろみ、下田一郎、中島広勝、森立、志賀歩美、松岡太一郎、白木麗弥、柏崎元斉、佐藤大文、湧田有紀子、原田學植、辻本浩三、大久保奉文、針谷候一郎、古川真佐代らが執筆を担当しました（担当順）。

　末筆ながら、事務局本多さん、株式会社ぎょうせいの担当者の皆様に大変お世話になりましたことを感謝申し上げます。

　本書が、外国人相談にかかわる弁護士等専門家のみならず、外国人の支援にかかわる皆様のお役に立つことを願っております。

2019年9月

　　　　　　　　第一東京弁護士会　人権擁護委員会　第7特別（国際人権）部会

　　　　　　　　　　　　　　　　　　　　　　　部会長　大久保奉文

外国人の法律相談Ｑ＆Ａ　第四次改訂版
法的ポイントから実務対応まで

平成 4 年 3 月31日	初版第 1 刷発行	
平成13年 3 月26日	新版第 1 刷発行	
平成23年 3 月31日	第二次改訂版第 1 刷発行	
平成28年 2 月20日	第三次改訂版第 1 刷発行	
令和 4 年 3 月10日	第四次改訂版第 2 刷発行	

編　集　第一東京弁護士会人権擁護委員会国際人権部会
発　行　株式会社 ぎょうせい
　　　　〒136-8575　東京都江東区新木場1－18－11
　　　　URL：https://gyosei.jp

　　　　フリーコール　0120-953-431
　　　　ぎょうせい　お問い合わせ　検索　https://gyosei.jp/inquiry/

〈検印省略〉

印刷／ぎょうせいデジタル㈱　©2019　Printed in Japan.　禁無断転載・複製
※乱丁・落丁本はお取り替えいたします。
ISBN978-4-324-10722-5
(5108559-00-000)
〔略号：外国人法律（四訂）〕

外国人受入れ制度の"全容"が分かります！

改正入管法対応
外国人材受入れガイドブック

高度人材　　技能実習　　特定技能

弁護士 **杉田 昌平**【著】

- 在留資格の違いや採用手続などについて分かりやすく解説！
- 外国人材受入れに関する企業・事業者からの相談対応にも役立ちます！

詳しくはコチラから！

B5判・定価（1,200円＋税）　電子版（本体1,200円＋税）
※電子版は ぎょうせいオンラインショップ 検索 からご注文ください。

目　次（抜粋）

第1	はじめに	第5	外国人材と労働法令・労働慣行
第2	外国人材受入れ制度の変更と背景	第6	外国人材とコンプライアンス
第3	外国人材受入れに関する法令	第7	共生社会に向けて
第4	外国人材受入れのポイント		

著者紹介
○**杉田 昌平**（すぎた・しょうへい）／弁護士（センチュリー法律事務所）
平成23年弁護士登録（東京弁護士会）・入管届出済弁護士（平成25年〜）、日本弁護士連合会中小企業海外展開支援担当弁護士（平成30年度）、名古屋大学大学院法学研究科研究員、慶応義塾大学法科大学院・グローバル法研究所研究員、ハノイ法科大学客員研究員。
外国人材受入れに関する講演・研修を多数行っている。
※肩書きは、2019年9月現在のものです。

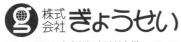
〒136-8575　東京都江東区新木場1-18-11

フリーコール
TEL：0120-953-431 ［平日9〜17時］　FAX：0120-953-495
https://shop.gyosei.jp　ぎょうせいオンラインショップ 検索

岡口マニュアル 7年ぶりの新作！

民事保全・非訟マニュアル
書式のポイントと実務

証拠保全付き

岡口 基一【著】

- ●実務家に必要な知識を集約しました。
  弁護士、新任判事補が、事件について、
  最新情報を収集する際に役立ちます！
- ●手続上必要となる記載例や書式を網羅的に
  収録しています。
  申請書、申立書、理由書など〝100点以上〟の
  書式のデータがダウンロードして
  利用できます！

A5判・定価（本体5,500円+税）
電子版（本体5,500円+税）

※電子版は ぎょうせいオンラインショップ 検索 からご注文ください。

目次

第1編　民事保全総論
- **第1章** 総論
  - 第1節 民事保全の概要／第2節 民事保全の手続／第3節 担保
- **第2章** 仮差押え
  - 第1節 仮差押え総論／第2節 不動産・動産仮差押え／第3節 債権仮差押え総論／第4節 債権仮差押え各論
- **第3章** 仮処分
  - 第1節 占有移転禁止の仮処分／第2節 処分禁止の仮処分／第3節 仮の地位を定める仮処分
- **第4章** 発令後の手続
  - 第1節 保全異議／第2節 保全取消し／第3節 抗告・再審／第4節 担保取消し等／第5節 保全執行

第2編　民事保全各論
- **第1章** 一般民事事件の民事保全
  - 第1節 不作為を命ずる仮処分／第2節 発信者情報開示に係る仮処分／第3節 その余の一般民事保全
- **第2章** 専門事件の仮処分

第3編　非訟事件
- **第1章** 非訟事件総論
- **第2章** 商事非訟
  - 第1節 商事非訟総論／第2節 会社の運営に係る商事非訟／第3節 会社の清算に係る商事非訟／第4節 株式に関する商事非訟
- **第3章** 借地非訟
- **第4章** 民事非訟

第4編　その他の非訟事件
- **第1章** DV保護命令事件
- **第2章** 商事過料事件

第5編　証拠保全

- ●事項別索引　●最高裁判例年月日別索引

 株式会社 ぎょうせい

フリーコール **TEL：0120-953-431** [平日9～17時] **FAX：0120-953-495**

〒136-8575 東京都江東区新木場1-18-11
https://shop.gyosei.jp　ぎょうせいオンラインショップ 検索